समाचार संकलन एवं संपादन

समाचार संकलन एवं संपादन

विजय शर्मा

इशिका पब्लिशिंग हाउस
जयपुर दिल्ली

इशिका पब्लिशिंग हाउस

ए -25, "गणेश सदन", गली न. 4, आदर्श बस्ती,
बी.एल. हाउस के पास, टोंक फाटक,
जयपुर-302018 (राजस्थान) भारत
फोन : 0141-2761280, Mob. 9887532741
Email: ishikapublishinghouse@yahoo.in

दिल्ली कार्यालय : 102, प्रथम मंजिल, 'सत्यम हाउस'
4324/3, अंसारी रोड़, दरियागंज, नई दिल्ली - 110 002
फोन : 011-45652440

ISBN: 9788189471781

टाइपसेटिंग : बी.एस. कम्प्यूटर्स, जयपुर

मुद्रक : थॉमसन प्रेस, नई दिल्ली

प्रस्तावना

वर्तमान समय सूचना क्रांति का दौर है। इस समय सूचना की उपयोगिता अत्यधिक बढ गई है। संचार के सभी माध्यमों का लक्ष्य समाचारों को जनता तक पहुंचाना है। शिक्षित वर्ग अपनी दिनचर्या का प्रारंभ समाचार पत्र के साथ करता है। समाचार-पत्र खबरों की प्राप्ति के लिए संवाददाताओं की नियुक्ति करते हैं। भिन्न-भिन्न क्षेत्रों से खबरों को संचयित कर इन्हें पढ़ने योग्य बनाया जाता है। इन खबरों की प्राप्ति के लिए संवाददाता को काफी मेहनत करनी पड़ती है। कुछ स्त्रोतों के माध्यम से भी खबर प्राप्त की जाती है।

समाचार-पत्रों का उत्तरदायित्व बनता है कि सरकारी क्रियाकलापों से आमजन को अवगत करायें। समय-समय पर संवाददाता को जीवन बीमा निगम और गहत्वपूर्ण बैंकों के समाचार सूचना विभाग से मिलते रहने चाहिए और उनके संपर्क से आँकड़े और जानकारी इकट्ठी कर जनता के समक्ष रखनी चाहिए। समाचार-पत्रों को चाहिए कि वह सरकार के प्रचार से प्रभावित होकर एक पक्षीय सूचना जनता के सामने न रखे। इसके साथ ही अगर किसी सार्वजनिक क्षेत्र अथवा सरकारी विभाग के विषय में उड़ती हुई अथवा आधाररहित टीका-टिप्पणी लोगों में हो रही हो, तो उसका सीधा ही प्रचार करने के बजाय उस विभाग से मिलकर वस्तुस्थिति जाननी चाहिए। इस तरह के मामलों में संवाददाता को स्वतन्त्र रहना चाहिए और किसी भी व्यक्ति अथवा संस्था के प्रति पूर्वाग्रह के कारण एक का पक्ष लेने से बचना चाहिए। परिवार-नियोजन जैसे विभागों द्वारा

होने वाले लोकहित के कार्यों को भी उसे उचित स्थान देकर पारदर्शी पत्रकारिता का उदाहरण पेश करना चाहिए।

सम्पादक पत्रकार मंडल का सबसे बड़ा अधिकारी होता है। उसे अपने कार्यों के बारे में जानकारी होनी चाहिए। सम्पादक को सम्पूर्ण विभाग के कार्यों के बारे में पता होना भी अति आवश्यक है। हालांकि सम्पादक न संवाद संकलन कार्य, न रिर्पोर्टिंग करता है, न प्रूफ संशोधन, न मेकअप करता है, न पत्र को सजाने का काम, तथापि उसे सभी विषयों और कार्यों का पूरा ज्ञाता होना आवश्यक है। जरूरत पड़ने पर वह सभी कार्य स्वयं करने में सक्षम हो। जब तक वह पत्र सम्बन्धी सब बातों का निपुण न होगा तब तक अपने अधीनस्थ कर्मचारियों का न हो पथ-प्रदर्शन कर सकता है और न ही उन पर अपने व्यक्तित्व की छाप बैठा सकता है। इसलिए उचित यह समझा जाता है कि जो व्यक्ति सम्पादक के पद पर विराजने के पूर्व इन सभी कार्य और स्तरों से गुजर चुका होता है वह वह सीधे कुर्सी पर बैठ जाने वाले सम्पादक की तुलना में कहीं ज्यादा कार्यक्षम और सफल साबित होता है। आधुनिक पत्र का सम्पादक किसी विशेष काम हेतु उत्तरदायी नहीं होता। अमेरिका और यूरोप के पत्रों के सम्पादक सम्भवतः एक पंक्ति भी लिखने का समय नहीं पाते। प्रस्तुत पुस्तक में समाचार-पत्र के संवाददाता से सम्पादक तक के विविध कार्यों की विवेचना की गई है। आधुनिक मुद्रण प्रणाली, उसमें कम्प्यूटर का प्रयोग पर भी प्रकाश डाला गया है।

विजय शर्मा

अनुक्रमणिका

1

समाचार के घटक एवं प्रकार

मनुष्य एक सामाजिक प्राणी है। समाज में ही जन्म लेता है और जीवन भर समाज में ही जीवन व्यतीत करता है। इसलिए मनुष्य सामाजिक घटनाओं से अवगत होना चाहता है। इस विभिन्न प्रकार की घटित घटनाओं को समाचार कहा जाता है।

समाचार की परिभाषा

समाज में घटित होने वाली विभिन्न घटनाएं समाचार है या दूसरे शब्दों में उत्तर से दक्षिण तक और पूरब से पश्चिम तक में जो कुछ भी नया हो रहा है वह समाचार है। इसलिए समाचार को अंग्रेजी में News कहा जाता है। जिसका अर्थ है :

में N-North,
E-East,
W-West,
S-South.

इस प्रकार चारों दिशाओं का ज्ञान समाचार से होता है। समाचार को प्रबुद्ध व्यक्तियों ने विभिन्न तरह से परिभाषित किया है। जो निम्न है–

जे.एम. सिडबर ने समाचार को परिभाषित करते हुए कहा–"पर्याप्त संख्या में मनुष्य जिसे जानना चाहे वह समाचार है, शर्त यह है कि वह सुरुचि एवं प्रतिष्ठा के नियमों का उल्लंघन नहीं करे।"

हरी सी हाथ के अनुसार–"उन महत्वपूर्ण घटनाओं की जिनमें जनता की दिलचस्पी हो, समाचार कह सकते हैं।"

ए. लाइल स्पेंसर ने समाचार के बारे में कहा कि—"वह सत्य घटना अथवा विचार जिसमें बहुसंख्यक पाठकों की अभिरुचि हो।"

जोल्ड डब्ल्यू. जॉनसर के अनुसार—"श्रेष्ठ समाचार की परिभाषा यद्यपि यही है, तथापि साधारण व्यवहार में समाचार वे हैं, जो अखबार में छपते हैं तथा अखबार वे हैं जिन्हें समाचार-पत्र में काम करने वाले तैयार करते हैं। यह कथन यद्यपि वेदनामूलक है तथापि कटु व्यंग्य होते हुए भी सत्य है।"

प्रेमनाथ चतुर्वेदी ने समाचार को परिभाषित करते हुए कहा—"सूखे तथ्यों को समाचार नहीं माना जाता। ये तथ्य ही समाचार हैं जो पाठक के जीवन, सुख-दुख, भावना और विचारों पर प्रभाव डालते, उसे रुचिकर प्रतीत होते और आनन्द देते हैं।"

विलियम एस. माल्सब के शब्दों में—"किसी समय होने वाली उन महत्वपूर्ण घटनाओं के सही और पक्षपात रहित विवरण को, जिनमें उस पत्र के पाठकों की अभिरुचि हो, हम समाचार कह सकते हैं।"

हेडन के कोश के अनुसार—"समाचार में सब दिशाओं की घटना दी गई है।"

प्रो. चित्तन बुश के मतानुसार—"समाचार सामान्यतः वह उत्तेजक सूचना है जिससे कोई व्यक्ति सन्तोष अथवा उत्तेजना प्राप्त करता है।"

प्रो. विलियम जी. ब्लेयर के शब्दों में— "अनेक व्यक्तियों की अभिरुचि जिस सक्षम बात में होती है, वह समाचार है। सर्वश्रेष्ठ समाचार वह है, जिसमें बहुसंख्यक लोगों की रुचि हो।"

हार्पर लीच और जॉन सी. कैनी के अनुसार—"समाचार अति गतिशील साहित्य है। समाचार-पत्र समय के करघे, इतिहास के बहुरंगे बेल-बूटेदार कपड़े को बुनने वाले तकुए हैं।"

डॉ. नन्दकिशोर ने समाचार को इस तरह परिभाषित किया है—"समाचार-पत्र का मौलिक कच्चा माल न कागज है, न स्याही—वह है समाचार। फिर चाहे प्रकाशित सामग्री ठोस संवाद के रूप में हो या लेख के रूप में, सबके मूल में वही तत्व रहता है जिसे हम समाचार कहते हैं।"

के.पी. नारायणन के मतानुसार—''जिन तत्त्वों से समाचार बनता है, उनमें सबसे महत्वपूर्ण तत्व है—सत्य का तत्त्व। सक्षमता मूल्यवान होती है किन्तु सत्य उससे भी ज्यादा मूल्यवान होता है।"

ऋषि कुमार मिश्र ने समाचार को इस तरह परिभाषित किया है—"समाज में किसी भी तरह का संघर्ष समाचार का सृजन करता है। यह संघर्ष प्रकृति के विरुद्ध भी हो सकता है, श्रमिकों का प्रबन्धकों और संचालकों के विरुद्ध संघर्ष हो

सकता है। एक इकाई का समूह के विरुद्ध संघर्ष हो सकता है। अत्याचार के विरुद्ध खड़ा होना भी तो संघर्ष ही है। साथ ही दो राष्ट्रों के बीच युद्ध भी संघर्ष की स्थिति में है। भले ही वह शीत-युद्ध हो। इसके अलावा राज्यों के बीच में किसी विवाद को लेकर संघर्ष हो या राज्य के क्षेत्रों के बीच में किसी विवाद को लेकर संघर्ष हो अथवा राज्य के क्षेत्रों में किसी विवाद को लेकर संघर्ष हो दोनों ही समाचार के लिए महत्वपूर्ण हैं।''

खाडिलकर के शब्दों में–"दुनिया में कहीं भी किसी समय कोई छोटी- मोटी घटना या परिवर्तन हो उसका शब्दों में जो वर्णन होगा, उसे समाचार या खबर कहते हैं।"

प्रवीण दीक्षित के अनुसार–"पत्र-पत्रिकाओं में प्रकाशित और रेडियो-टेलीविजन जैसे इलेक्ट्रॉनिक जनसंचार माध्यमों से प्रसारित होने वाले सक्षम महत्व के सार्वजनिक विचारों, घटनाओं और क्रिया-कलापों के उस विवरण को 'समाचार' कहते हैं जिससे हमें किसी तरह की शिक्षा, सूचना अथवा मनोरंजन प्राप्त होने की अनुभूति होती है।"

एक पत्रकार ने समाचार के बारे में कहा है–"बुराई में समाचार है।" आप ईमानदारी से काम करते हैं। इसमें समाचार का तत्व कुछ नहीं है पर यदि चोरी करते हुए पकड़े जाएँ तो वह समाचार हो जाएगा। पत्रकार के कहने का अर्थ यह था कि बुराई में कुछ-न-कुछ असाधारणता, कुछ नवीनता, कुछ सनसनी और लोगों के लिए कुछ कुतूहल रहता है, अतः उसका समाचार की दृष्टि से मूल्य है।"

मानक हिन्दी कोश (रामचन्द्र वर्मा) के अनुसार–''समाचार का अर्थ आगे बढ़ना, चलना, अच्छा आचरण या व्यवहार है। मध्य और परवर्ती काल में किसी कार्य या व्यापार की सूचना को समाचार मानते थे। ऐसी तेजी या हाल की घटना की सूचना जिनके सम्बन्ध में पहले से लोगों को जानकारी न हो।''

मैन्सीफील्ड ने इस तरह समाचार को परिभाषित किया है–"घटना समाचार नहीं है, बल्कि वह घटना का विवरण है, जिसे उनके लिए लिखा जाता है, जिन्होंने उसे देखा नहीं है।"

अम्बिका प्रसाद वाजपेयी के अनुसार–''हर घटना समाचार नहीं है। सिर्फ वही घटना समाचार बन सकती है जिसका कमोबेश सार्वजनिक महत्व है। अस्पतालों में लोग भरती होते रहते हैं। अच्छे होते हैं और मरते भी हैं। लेकिन कोई मरीज इसलिए मर जाए कि अस्पताल पहुँचने पर उसे देखने वाला कोई नहीं था, या डॉक्टर की गैरहाजिरी में कम्पाउंडर ने उसका गलत इलाज कर दिया या नर्स ने एक मरीज की दवा दूसरे को दे दी या ऑपरेशन करते समय कोई औजार पेट में रह गया और

पेट सी दिया गया, ये सब समाचार हो सकते हैं। इसी तरह यदि कोई नवीनतम ऑपरेशन हो, जैसे हृदय ट्रॉन्सप्लीन्टेशन, वह भी समाचार का विषय है।''

डॉ. श्याम सिंह शशि के अनुसार–''समाचार-पत्र कागज या स्याही का पुलिन्दा नहीं, बल्कि समाचारों का पुंज है। इस पुंज को संवाददाता दूर मुद्रक, तार अथवा सामान्य डाक से प्रेषित करता है और मुद्रणालय छापकर पाठक तक भेज देता है।''

कर्टिस डी. मैक्डेमेस के शब्दों में–''समाचार किसी भी घटना का ऐसा विवरण है, जिसे एक समाचार-पत्र केवल इसलिए मुद्रित करता है ताकि वह लाभ कमा सके।"

नार्थक्लिफ के अनुसार–"समाचार 'सामान्य से परे' कोई भी बात है और समाचार ही एक ऐसी बात है जो समाचार-पत्रों की विशाल संख्या को बेचने में सहायता कर सकती है।"

जार्ज एच. मैरिस ने समाचार को इस तरह परिभाषित किया है–''समाचार जल्दी में लिखा गया इतिहास है।''

डाउलिंग लेदरवुड के विचार में–"समाचार किसी घटना, परिस्थिति, स्थिति या रूप की सही और सक्षम सूचना है–ऐसी सूचना जिसमें उन लोगों को, जिनके लिए वह अभिप्रेरित हो, दिलचस्पी होगी।"

बूलस्ले और **कैम्पवेल** के अनुसार–''समाचार किसी वर्तमान विचार, घटना या विवाद का ऐसा विवरण है, जो उपभोक्ताओं को आकर्षित करे।''

इन परिभाषाओं के आधार पर हम इस निष्कर्ष पर पहुँचते हैं कि समाचार सत्य, सामाजिक एवं बहुसंख्यात्मक रुचि वाला होता है। यों तो समाचार-पत्रों में विभिन्न तरह के समाचार होते हैं लेकिन समाचार की सत्यता इसे ठोस आधार प्रदान करती है।

अतः समाचार सर्वथा नवीन होना चाहिए। इन सबके साथ समाचार ऐसा होना चाहिए जिसे ज्यादा से ज्यादा लोग पसन्द करें।

समाचार के घटक

विभिन्न विद्वानों द्वारा दी गई परिभाषा के आधार पर समाचार के प्रमुखतः पांच घटक होते हैं–

नयापन, सूचना, बहुसंख्यकों की ज्यादा से ज्यादा रुचि, परिवर्तन की सूचना तथा उत्तेजक सूचना।

चतुर्वेदी द्वारा बतलाए गए समाचार के घटक–

श्री चतुर्वेदी ने समाचार के पच्चीस घटकों की चर्चा की है जो इस प्रकार है।

नवीनता, सक्षमकता, नजदीकी, स्वहित, धन, काम वासना, संघर्ष और रोमानी, असाधारणतया, वीर पूजा, यश, रहस्य, मानवीय गुणों का उद्रेक, साहस और वीरता, आविष्कार और खोज, कुकृत्य, प्रगति की कहानी, नाटकीयता, विशिष्टता (व्यक्ति, स्थान और पद), परिणाम (व्यापक और सघन), संस्कृति, विश्वास, स्वास्थ्य, सुरक्षा, बन्धुत्व (अन्तर्राष्ट्रीय, राष्ट्रीय, प्रादेशिक, नगरीय और जातीय) तथा सामाजिक और आर्थिक परिवर्तन।

उपरोक्त के अलावा समाचार के कुछ अन्य घटक भी हैं। जैसे तात्कालिकता, निकटता, आकार एवं संख्या, महत्व तथा विचित्रता।

बलजीत सिंह मतीर ने समाचार के आठ घटक बतलाए हैं जो इस प्रकार हैं—नवीनता, स्थानीयता, प्रतिक्रिया, ख्याति, हिंसा, रहस्य, नारी और आँकड़े।

डॉ. नन्दकिशोर त्रिखा ने समाचार के दस घटकों की चर्चा की है जो इस प्रकार हैं – नवीनता, असामान्यतया, अनपेक्षित भाव, आत्मीयता, आकांक्षा, व्यक्तिगत प्रभाव, निकटता, करुणा और भय, धन, मानवीय पक्ष, सहानुभूति और रहस्य।

समाचार का विभाजन– समाचार का वर्गीकरण कुछ प्रमुख आधारों पर किया गया है जिसके बारे में संक्षिप्त विश्लेषण नीचे दिया गया है।

प्रसारण के आधार पर

1. सीधा समाचार—इसमें समाचार का सरल, स्पष्ट और सही तथ्यात्मक विवरण प्रस्तुत किया जाता है। इनमें तथ्यों को जैसे का जैसा प्रस्तुत किया जाता है, तथ्यों को तोड़ा-मरोड़ा नहीं जाता है।

2. व्याख्यात्मक समाचार—इसमें समाचारों की घटना की गहन खोजबीन की जाती है, उस पर समग्र रूप से प्रकाश डाला जाता है। इस समाचार में घटना का परिवेशपूर्व सम्बन्ध तथा उस खास परिणाम को लिखा जाता है जिससे सरलता से पाठक समझ सके।

घटना के आधार पर

इसके अनुसार समाचार को दो भागों में बांटा गया है जो इस प्रकार है :

1. व्यापक समाचार—ये समाचार अपने महत्व एवं प्रभाव की वजह से पृष्ठ पर ऐसा स्थान पाते हैं मानो उस पर छा गये हों उसका विस्तार भी बड़ा हो सकता

है। इसको विशिष्ट स्थान मिलता है और उसका शीर्षक भी ज्यादा आकर्षक तथा रोचक होता है। इस तरह के समाचार अपने में पूर्ण होते हैं।

2. खास समाचार–किसी भी घटना का अपना खास महत्व एवं प्रभाव होता है। वे समाचार अद्यतन एवं गरमागरम होते हैं। अपने गुणों के प्रभाव के कारण खास समाचार पृष्ठ पर मुख्य स्थान ग्रहण करते हैं। प्रभाव के कारण ये समाचार कम महत्व के समाचारों को मुख्य पृष्ठ से छीन लेता है। इस स्थिति में पूर्व निर्धारित ज्यादा महत्व के समाचार गौण रूप ले लेते हैं।

इस आधार पर समाचार को निम्न भागों में बांटा गया है :

1. स्थानीय समाचार–ये वो समाचार होते हैं जो किसी खास स्थान से सम्बद्ध होते हैं। विशेष रूप से जहाँ से समाचार-पत्र प्रकाशित होता है वहाँ से सम्बद्ध होते हैं।

2. प्रान्तीय समाचार–जिस प्रान्त से समाचार पत्र का प्रकाशन किया जाता है, उस स्थान के समाचार प्रान्तीय समाचार की श्रेणी में आते हैं।

3. अन्तर्देशीय समाचार–इसमें ऐसे समाचार होते हैं जो देश के सभी प्रदेशों से सम्बद्ध होते हैं।

4. अन्तर्राष्ट्रीय समाचार–ये विश्वस्तरीय समाचार होते हैं। कहने का अर्थ यह है कि ये समाचार संसार के लगभग सभी देशों से सम्बन्ध रखते हैं।

महत्ता के आधार पर

इसके आधार पर समाचार को महत्वपूर्ण, कम महत्वपूर्ण और सामान्य वर्गों में बांटा जा सकता है। जैसे–खेल समाचार, आर्थिक समाचार, वाणिज्य समाचार, सांस्कृतिक समाचार, अपराध समाचार, डाक समाचार, राजनीतिक समाचार, मौसम समाचार, न्यायालय समाचार, हर्ष व शोक समाचार, फिल्म समाचार, विदेश समाचार, युद्ध समाचार, संसदीय समाचार, विज्ञान समाचार इत्यादि।

समाचार प्राप्ति के आधार पर

इस आधार पर समाचार का निम्न भागों में बांटा गया है :

1. प्रत्याशित समाचार और 2. अप्रत्याशित समाचार।

समाचार का महत्व

इस प्रकार किसी घटना का विवरण समाचार है। राजनीतिक, सामाजिक,

धार्मिक या आर्थिक घटना में जब नयापन और विशिष्टता आ जाए तो वह समाचार बन जाता है। आनन्द और आन्दोलित करने वाली घटना ही समाचार है।

समाचार-पत्र

समाचार-पत्र की परिभाषा कुछ प्रमुख विद्वानों ने इस तरह दी है।

महात्मा गांधी के अनुसार समाचार-पत्र का प्रथम उद्देश्य जनता की इच्छाओं, विचारों को समझना और उन्हें व्यक्त करना है। द्वितीय उद्देश्य जनता में वाञ्छनीय भावनाओं को उजागर करना है। तीसरा सार्वजनिक दोषों को निर्भयतापूर्वक प्रकट करना है।

सी. वी. शान के अनुसार "दैनिक समाचार पत्र गरीब भाईयों का विश्व विद्यालय है।"

आर्थर मिलर के शब्दों में "अच्छा समाचार-पत्र वह है जो राष्ट्रहित में बात करता है। समाचार-पत्र दैनिक जीवन के अनिवार्य अंग हैं। यह ज्ञानी पाठकों के लिए एक ऐसा आइना है जिसकी मदद से वे विश्व की गतिविधि, स्वराष्ट्र के उत्थान-पतन व क्षेत्र-विशेष की ज्वलंत समस्याओं से सुपरिचित होते हैं। समाज का वास्तविक थर्मामीटर तो समाचार-पत्र ही है जिसमें सामाजिक वातावरण का तापमान स्पष्ट नजर आता है। पत्रों को दूरबीन कहा जाय तो अतिशयोक्ति नहीं होगी क्योंकि वे भविष्य में होने वाली बहुत दूर-दूर की घटनाओं का आभास दे देते हैं। यही वजह है कि शेख साहब कुरानशरीफ के पाठ के पहले समाचार-पत्र पढ़ना उचित समझते हैं।"

पण्डित विष्णुदत्त शुक्ल ने 'आधुनिक पत्रकार कला' में समाचार-पत्र को क्रमिक रूप से स्पष्ट किया है—"पहिले-पहिल समाचारपत्रों का जन्म विशेष कर्मचारियों अथवा संवाददाताओं द्वारा अधिकारियों के पास भेजे जाने वाली चिट्ठियों से हुआ। ये चिट्ठियाँ एकसाथ जिल्द बाँध कर सार्वजनिक मिसल (Public Record) की तरह रखी जाती थीं। इसलिए पहिले नाम 'न्यूज बुक' या समाचार-ग्रन्थ रखा गया। फिर जबकि संवाददाता अनेक अधिकारियों के पास समाचार चिट्ठियाँ भेजने लगा तब इसका नाम 'न्यूजलेटर' (समाचार चिट्ठी) व कुछ आगे चलकर 'न्यूज शीट'(समाचार कागज) पड़ा। इसके पश्चात धीरे-धीरे समाचार-पत्रों की विशेष वृद्धि हुई और इनका नाम 'न्यूजपेपर' (समाचार पत्र) पड़ा। हिन्दी ने इसी नाम को अपना लिया।"

समाचार-पत्र का क्षेत्र विस्तृत करने में मुद्रण कला का प्रमुख योगदान है। वर्तमान समय में समाचार-पत्र सर्वजन सुलभ ज्ञान-विज्ञान का संवाहक बन चुका है। इंग्लैंड के 'न्यूजपेपर लायबल रजिस्ट्रेशन एक्ट' के अनुसार "कोई भी पर्चा समाचार-पत्र कहा जायेगा, बशर्ते कि उसमें सार्वजनिक समाचार, सूचनाएँ छपी हों, या इन समाचारों के सम्बन्ध में कोई टीका-टिप्पणी हो और वह एक निश्चित समय के पश्चात, जो 26 दिन से अधिक भी न हो, बिक्री के लिए प्रकाशित होता हो।"

भारतीय प्रेस एक्ट के अनुसार समाचार-पत्र ऐसे नियतकालिक पत्र को कहते हैं जिसमें सार्वजनिक समाचार होते हैं अथवा उनसे सम्बन्धित टिप्पणी प्राप्त होती है।

ब्रिटिश संसद द्वारा परिभाषित तथ्य के आधार पर अम्बिका प्रसाद वाजपेयी ने लिखा है—"जिस कागज में सब लोगों की जानकारियाँ, समाचार, घटनाएँ हों और जो बिक्री के लिए नियत स्थान पर छापा जाता हो; समाचार-पत्र कहलाता है। इस परिभाषा के अन्तर्गत दैनिक ही नहीं, साप्ताहिक, मासिक, पाक्षिक, सभी तरह के प्रकाशन आ सकते हैं लेकिन समाचार दैनिक अथवा साप्ताहिक पत्र के अर्थ में रूढ़ हो गया है।"

सन् 1566 में यूरोप के शहरों में युद्ध तथा व्यापार से सन्दर्भित हस्तलिखित पत्र जब श्रोतागण सुनते थे तो उसके लिए उन्हें एक 'गजेटा' (छोटा सिक्का) देना पड़ता था। इसी 'गजेटा' के नाम पर समाचारपत्रों को 'गजेटा' कहा जाने लगा। सम्प्रति 'गजट' तो सूचना-पत्र व समाचार-पत्र का पर्याय हो चुका है।

मुगलकाल में 'फरमान', 'दस्तक', 'परवाना', 'महाजार', 'एकाउन्टपेपर' तथा 'बिक्रीनामा' पत्र के विभिन्न रूप प्रचलित थे। फारसी के 'खबर' का बहुवचन 'अखबार' है।

बंगला में अखबार को 'संवाद पत्र' और 'वार्त्तावह' कहा जाता था। मराठी में 'वृत्त' या 'वृत्तपत्र' कहने की प्रथा है। 'वर्तमान' और 'वर्तमान पत्र' का भी उपयोग समाचार-पत्र के रूप में हुआ है। मुंबई में सायंकाल को प्रकाशित होने वाला गुजराती का एक पत्र 'सांजवर्त्तमान' है।

'एनसाइक्लोपीडिया ब्रिटानिया' ने समाचार-पत्र और नियतकालिक पत्रिकाओं के अन्तर को सुस्पष्ट किया है—

"समाचार-पत्र एक अजिल्द धारावाहीक प्रकाशन है, जो नियमित समय के अन्तर से प्रकाशित होता है और जिसमें समाचारों को प्रमुखता दी जाती है। अधिकतर समाचार-पत्र दैनिक अथवा साप्ताहिक होते हैं। कुछ अर्द्ध साप्ताहिक भी

होते हैं। पाक्षिक मासिक समाचारपत्रों के उदाहरण शायद ही कभी मिले हों। समाचार-पत्र और पत्रिका का अन्तर भी रोचक है, विशेषरूप से साप्ताहिक प्रकाशनों के मध्य अगर प्रकाशन सजिल्द है, तो उसे पत्रिका कहा जाता है। समाचार-पत्रों के लिए पृष्ठ संख्या और आकार का निर्धारण कभी नहीं किया गया है।"[1]

उपर्युक्त परिभाषाओं से स्पष्ट हो जाता है कि सार्वजनिक समाचारों और उन पर टिप्पणियों से युक्त निरन्तर तौर पर प्रकाशित पर्चा ही समाचार पत्र कहलाता है जो पैसा देने पर सबको सुलभ हो। पत्र जन-हितकारिणी क्रिया-कलाप को बताता है व जनता के सामने उसे प्रस्तुत कर समाज में सौन्दर्य तथा शिवत्व का प्रसार करता है।

समाचार-पत्रों की विशेषताएँ

एडविन एमरी द्वारा लिखित 'दि प्रेस एण्ड अमेरिका' में समाचार-पत्रों की विशेषताओं को वर्णित किया गया है जो निम्न प्रकार है–

सप्ताह में एक बार समाचार पत्र का प्रकाशित होना आवश्यक है। हस्तलिखित पत्रों से भिन्न रूप में यान्त्रिक द्वारा इसका मुद्रण हो। वर्ग या रुचि-विशेष का ध्यान न रखकर यह उन सभी को सुलभ कराया जाय जो कीमत देने के लिए तत्पर हों। समाचार-पत्र धार्मिक तथा व्यापारिक प्रकाशनों की तुलना में साधारण जनता की रुचि के समान तथ्यों से पूर्ण हो। सामान्य तौर पर साक्षर व्यक्तियों की रुचि को प्रभावित करने में पत्र सक्षम हो। पत्रों के प्रकाशन में स्थायित्व हो, पूर्वकालिक पत्रों की तरह अल्पजीवी न हो।

अमेरिका में अगर किसी पत्र का प्रकाशन सप्ताह में एक बार हो जाता है तो वह समाचार-पत्र कहलाता है लेकिन भारत में "समाचारपत्रों में दैनिक, पाक्षिक, साप्ताहिक, मासिक तथा त्रैमासिक पत्र-पत्रिकाएँ आती हैं। ऐसे भी पत्र हैं जो आयुर्वेद, आदिवासी-कल्याण, ज्योतिष से लेकर जीवन-रहस्य तक पर सामग्री छापते हैं।"

वर्तमान में समाचार-पत्रों की प्रभुता स्वयंसिद्ध है। वेण्डेल फिलिप्स का कथन इसकी महता को स्पष्ट करता है–

"आज का समाचार-पत्र एकबारगी जन वर्ग का माता-पिता, स्कूल-कॉलेज, थियेटर, शिक्षक, आदर्श और उदाहरण, परामर्शदाता और साथी हो गया है। मुझे समाचार-पत्र निकालने दो; फिर इस बात कि मैं परवाह नहीं करता कि कौन धर्म का नियामक है और कौन कानून का निर्माता।"

समाचार-पत्र सामयिक सूचनाओं के वाहक होने के साथ-साथ जन-मन के दुःख-दर्द और भावनाओं की अभिव्यक्ति का साधन है।

समाचार-पत्रों के प्रकार

समाचार-पत्रों को प्रकाशन अवधि एवं विक्रय संख्या की दृष्टि से निम्न तरह विभाजित किया गया है।

(क) प्रकाशन अवधि के आधार पर–दैनिक, अर्द्धसाप्ताहिक, द्वि-दैनिक, साप्ताहिक, मासिक, पाक्षिक, द्वि-मासिक, अर्द्धवार्षिक, त्रैमासिक आदि अनेक पत्र प्रकाशित होते हैं। दैनिक पत्रों में 24 घण्टों की घटनाओं का वर्णन होता है जबकि किसी में दो दिनों की तो किसी में तीन दिन या एक सप्ताह की बातें मुद्रित होती हैं। मनुष्य के जीवन में दैनिक पत्रों का प्रभाव सर्वाधिक होता है क्योंकि इनमें अधिकतर समाचार और उन पर टिप्पणियाँ ही छपती हैं जिससे पूरा राष्ट्र प्रभावित होता है।

समसामयिकता और समाचारप्रधान रचनाओं के परिणाम के दृष्टिकोण से दैनिक पत्रों के पश्चात साप्ताहिक पत्रों की गणना होती है, उसके बाद, पाक्षिक पत्र। नियतकालिकता का समय ज्यों-ज्यों बढ़ जाता है, समाचारों का स्वर उतना ही धीमा पड़ता जाता है और विचारों का परिणाम उसी अनुपात में बढ़ता जाता है। दैनिक पत्रों में सपाटबयानी होती है जबकि साप्ताहिक और पाक्षिक पत्रों में भाषा की चुस्ती, विषय और चुटीलापन का विशद विश्लेषण प्राप्त होता है।

मासिक पत्रों में लेख, उपन्यास, गल्प की प्रधानता होती है। त्रैमासिक, अर्द्धवार्षिक व अन्य पत्रों में आलोचना, अनुसंधान एवं अन्य साहित्यिक विधाओं से जुड़ी सामग्रियाँ सुलभ होती हैं। निश्चित समय पर प्रकाशित होने वाली विद्यालय, जाति-विशेष और बाजार भाव देने वाली पत्रिकाएँ बहुत सीमित उद्देश्य रखती हैं व व्यापक सामाजिक परिप्रेक्ष्य से दूर रहती हैं फलतः इन्हें सच्चे अर्थों में पत्रिका नहीं कह सकते।

(ख) **विक्रय संख्या के आधार पर**– प्रतियों की विक्रय संख्या के आधार पर पत्रों के प्रकार इस तरह हैं–

1. मध्यम श्रेणी का दैनिक समाचार-पत्र : 15,000 से 50,000 तक।

2. छोटा दैनिक पत्र : 15,000 तक की बिक्रीवाला पत्र छोटा दैनिक पत्र माना गया है।

3. बड़ा दैनिक समाचार-पत्र : 50,000 से अधिक प्रतियाँ।

लघु समाचार-पत्र

समाचार-पत्रों को विक्रय, साधन, संख्या व आकार के आधार पर तीन भागों में बांटा गया है : लघु, मध्यम और बडे समाचार-पत्र। इनमें लघु समाचार-पत्र के सम्बन्ध में जानकारी प्राप्त कर लेने पर उसी अनुपात में अन्य पत्रों का अंदाजा लगाया जा सकता है।

लघु समाचार-पत्र वे हैं जिनके साधन सीमित हैं व कम संख्या में, कम पृष्ठों में प्रकाशित होते हैं और अधिकतर स्थानीय समस्याओं-खबरों को महत्व देते हैं। राष्ट्रीय तथा अन्तर्राष्ट्रीय खबरें भी छपती हैं तथा विद्वानों के लेखादि भी कभी-कभी प्रकाशित होते रहते हैं।

यदि हमें प्रजातंत्र को सशक्त बनाना है तो स्थानीय समस्याओं-प्रश्नों को हल करने, उनको प्रस्तुत करने वाले लघु समाचार-पत्रों की उपादेयता स्वयंसिद्ध है। छोटे समाचार-पत्र सीमित साधन होते हुए भी दूरदर्शिता, साहस, लोककल्याण को ध्यान में रखकर अधिक लोकप्रिय हो जाते हैं। जनहित में लिखने के कारण कभी-कभी मुकदमेबाजी में फँसकर पत्रों को आर्थिक क्षति भी सहनी पड़ती है।

महात्मा गांधी द्वारा सम्पादित-प्रकाशित 'हरिजन' को काया और प्रसार संख्या के नजरिये से लघु समाचार-पत्र कहा जा सकता है परन्तु उसने जन-जागृति तथा आदर्श समाज-रचना सम्बन्धी जो कार्य किया वह आज भी अनुकरणीय है।

समाचार-पत्रों के प्रमुख कर्त्तव्य

समाचार-पत्रों के ऊपर बहुत से कर्तव्यों के निर्वहन् की जिम्मेदारी होती है। उज्जवल सामाजिक चेतना के निर्माण की दिशा पत्रों से प्राप्त होती है साथ ही अन्याय को मिटाने, आदर्शों को फैलाने और व्यक्तिगत जीवन को सुखमय बनाने का मंत्र समाचार-पत्र देते हैं। राष्ट्र की प्रगति या अवनति समाचार पत्रों पर भी बहुत हद तक आश्रित है। अमेरिका का राष्ट्रपति तो चार वर्षों तक शासन करता है, लेकिन वहाँ के पत्र तो हमेशा शासन करते हैं।

वास्तविकता में सगाचार-पत्रों के निम्नलिखित कार्य हैं–

प्रतिदिन की न्यूनतम घटनाओं का उचित तरीके से विवरण प्रकाशित करना। विचारों के आदान-प्रदान का सफल माध्यम बनना। अग्रलेखों, स्तम्भों, समाचार-समीक्षाओं तथा विशिष्ट लेखों द्वारा स्वस्थ जनमत का निर्माण करना। समाजोपयोगी तथा स्वस्थ मनोरंजन के साधन मौजूद कराना। औद्योगिक, आर्थिक और सांस्कृतिक

विकास के लिए दिशानिर्देश करना। राष्ट्र की सुरक्षा के प्रति सतर्क रहना और राष्ट्रीय एकता को प्रोत्साहन देना।

शुरुआती दौर में समाचार-पत्र समृद्ध लोगों की थाती मानी जाती थी लेकिन समाचार-पत्रों ने इनका सामान्यीकरण कर दिया, हर संवाद को बिना किसी पंक्तिभेद के जन-जन तक पहुँचा दिया, उसे राष्ट्रव्यापी बनाया जैसा कि जे. टी. डेलान का अभिमत है।

एडीसन कमीशन की स्थापना सन् 1947 में हुई थी। इस कमीशन का गठन अमेरीकी समाचार-पत्रों को आजादी के विषय जांच करने लिए दिया गया था। इस कमीशन ने समाज के लिए समाचार-पत्रों के प्रति निम्नलिखित पाँच कर्त्तव्यों का उल्लेख किया—घटनाओं का प्रदर्शन इस प्रकार-हो कि उनका सच सामने आ जाए। समाचार-पत्र विचार तथा आलोचना के रूप में कार्य करें। वे समाज के वैधानिक क्षेत्रों का सत्य चित्र उपस्थित करें। वे समाज के उद्देश्यों व मूल्यों का विवेचन करें। प्रतिदिन के समाचारों का प्रकटीकरण उचित रूप में हो।

भारतीय धर्म ग्रन्थों में ईश्वर को सच्चिदानन्द कहा गया है। 'सत्' (यथार्थ) 'चित्' (सत् को जानने की प्रवृत्ति) जहाँ होती है वहीं संतोष व आनन्द है। समाचार-जगत् में 'सत्' वस्तु और 'चित्' पाठकों की जिज्ञासा का द्योतक है। पाठकों की जिज्ञासा के समान वस्तुस्थिति देकर उन्हें संतोष और आनन्द दिया जा सकता है जिसे समाचार-पत्र प्रतिदिन पूर्ण कर रहा है।

समाचार-पत्रों के आदर्श

भारत के भूतपूर्व मुख्य न्यायाधीश श्री के. सुब्बाराव ने समाचार-पत्रों के कर्त्तव्यों का विश्लेषण करते हुए उनसे यही अपेक्षा की कि वे—

शासन और शक्तिमान पूँजीपतियों के हाथ की कठपुतली न बनें। तथ्यों को सही-सही प्रकाशित करें व विचार प्रकट करते समय पक्षपात न करें। वे सर्वसाधारण को वैधानिक, आर्थिक, राजनीतिक और सामाजिक समस्याओं के विषय में प्रबुद्ध करने हेतु ईमानदारी से प्रयत्न करें और इस प्रकार प्रभावकारी लोकमत तैयार करें। वे न्यायालयों का व्यक्तित्व प्रतिबिम्बित करने का प्रयत्न करें, क्योंकि अन्ततः न्यायालय ही विधि-व्यवस्था के संरक्षक हैं। विधि-व्यवस्था या कानून बनाये रखने में शासन और प्रेस, ये दोनों एक-दूसरे के लिए कार्य करते हैं। प्रेस की स्वतन्त्रता की रक्षा कानून करता है, बदले में कानून की मर्यादा प्रेस कायम रखता है।

सामाजिक दोषों की शुद्धि सार्वजनिक अधिकारों की रक्षा, स्वस्थ जनमत का

निर्माण तथा समार्गों पर सतत् चलते रहने की प्रेरणा देना समाचार-पत्रों का मुख्य लक्ष्य होना चाहिए।

समाचार-पत्रों का स्वामित्व

समाज जनकल्याण व सम्पादक की आजादी समाचार-पत्रों के स्वामित्व पर निर्भर करती है, निर्धारक होती है। किसी निहित स्वार्थ वाले उद्योगपति के यहाँ कार्यरत सम्पादक पत्रकारिता के आदर्शों से च्युत होकर लोककल्याण को गौण बना देता है तथा स्वामी के संकेतों पर पत्र के पृष्ठों को गलत खबरों से पाठकों को भ्रमित करता रहता है। इस तरह पत्र की आत्मा मर जाती है तथा समाचार-पत्र चाटुकारिता, अर्थोपार्जन तथा पक्षविशेष का उद्घोषक मात्र रह जाता है। समाचार-पत्रों के स्वामित्व के विविध रूप हैं—

(1) एकल स्वामित्व—इसमें समाचार पत्र का स्वामी ही सम्पादक व प्रबंधक की भूमिका निभाता है। चूँकि पत्र के लाभ-हानि से मालिक प्रत्यक्षरूपेण प्रभावित होता है इसलिए पूरी जिम्मेदारी तथा निष्ठा से अहर्निश समाचार-पत्र की चतुर्दिक उन्नति हेतु वह कटिबद्ध रहता है। कभी-कभी पत्र के 'मालिक' की शिथिलता, अनवधानता व हठधर्मिता के कारण पत्र-व्यवसाय चौपट हो जाता है। इस तरह के प्रतिष्ठान को दीर्घकालीन ऋण-प्राप्ति में बहुत-सी कठिनाईयों का सामना करना पड़ता हैं। एक व्यक्ति द्वारा पत्र-संचालन के असीमित दायित्व का सफलतापूर्वक निर्वहन वर्तमान समय के औद्योगिक प्रगति के युग में मुशकिल है। सर्वश्री एन. एल. शाह (राजकोट), सैयद अबीसुर रहमान (दिल्ली), जी.बी. भौंसले (सांगली) और द्वारकाप्रसाद अग्रवाल (भोपाल) द्वारा दैनिकों का प्रकाशन चल रहा है।

(2) साझेदारी —जब पत्र व्यवसाय को चलाने में एक ही व्यक्ति समर्थ नहीं होता है तो साझेदारी अधिनियम सन् 1932 की धारा 4 के अनुसार साझेदारी में व्यापार के लाभ को आपस में बँटवारा का समझौता किया जाता है। इसमें सभी अथवा सबके प्रतिनिधि के रूप में एक व्यक्ति कार्यरत होता है। एक से अधिक व्यक्तियों के मस्तिष्क के लगने से व्यापार में चतुर्दिक् प्रगति होती है। साझेदारी में किसी पर बोझ अधिक नहीं पड़ता है। कभी-कभी छल-कपट के कारण एक नेक साझेदार को भी बदनामी और अर्थ-संकट का सामना करना पड़ता है। स्वयं की जिम्मेदारी को दूसरों पर मढ़ देने की प्रवृत्ति के कारण व्यापार में प्रत्याशित प्रगति नहीं हो पाती। फर्म आर. सी. सेठ तथा अन्य (अहमदाबाद), फर्म रामगोपाल माहेश्वरी तथा अन्य (नागपुर), फर्म के. नरेन्द्र तथा अनिल नरेन्द्र (दिल्ली) और

फर्म वाई. के. खाडिलकर तथा अन्य (बम्बई) द्वारा साझेदारी व्यवस्था में पत्र छप रहे हैं।

(3) मिश्रित पूँजी कम्पनी—वर्तमान समय में इस तरह की कम्पनियाँ बहुत अधिक है। भारतीय कम्पनी अधिनियम, 1956 की धारा तीन के अनुसार इन कम्पनियों का पंजीकरण होता है। इसमें अंशधारी का दायित्व समान होता है व व्यापार पूँजी बढ़ाकर आसानी से किया जा सकता है। कई तरह के कानूनी अवरोधों के अन्तर्गत कार्य करने में बड़ी मुश्किल होती है व कर में किसी तरह की सहूलियत नहीं मिलती

प्रमुख भारतीय समाचार-पत्रों पर मिश्रित पूँजी कम्पनियों का अधिकार है। इण्डियन एक्सप्रेस न्यूजपेपर्स प्राइवेट लिमिटेड, बम्बई; बेनेट कोलमैंन एण्ड कम्पनी लिमिटेड, बम्बई; आनन्द बाजार पत्रिका (प्राइवेट) लिमिटेड, कलकत्ता; हिन्दुस्तान टाइम्स तथा सम्बद्ध प्रकाशन, दिल्ली; न्यूजपेपर्स एण्ड पब्लिशर्स (प्राइवेट) लिमिटेड, पटना; एसोसिएटेड जर्नल्स लिमिटेड, लखनऊ और पायोनियर लिमिटेड, लखनऊ द्वारा अनेक गौरवशाली पत्रों के प्रकाशन का कार्य चल रहा है।

(4) ट्रस्ट—ट्रस्ट की स्थापना विशेष उद्देश्य के प्रचार-प्रसार के लिए की जाती है। समाचार-पत्र की सम्पत्ति समाज सेवा से जुड़े लोगों को दे दी जाती है। प्रकाशन से लाभ की उम्मीद न कर सभी ट्रस्टी सेवा-भाव से पत्र के निरन्तर प्रकाशन पर जोर देते हैं। थान्थी ट्रस्ट, सौराष्ट्र ट्रस्ट और लोक-शिक्षण ट्रस्ट द्वारा 'ट्रिब्यून' जैसे अनेक पत्र प्रकाशित हो रहे हैं।

(5) समितियाँ तथा संस्थाएँ—समितियों और संस्थाओं के लक्ष्यों को जनसामान्य तक पहुँचाने हेतु कुछ समाचार-पत्रों को प्रकाशित किया जाता है इसका उद्देश्य लाभ कमाना नहीं होता है। सर्वेण्ट्स ऑफ इण्डिया सोसाइटी, नागपुर; सर्वेण्ट्स ऑफ दी प्यूपिल सोसाइटी, कटक व आल इण्डिया कश्मीरी पंडित कान्फ्रेंस, श्रीनगर द्वारा अनेक पत्र निकाले जाते हैं।

समाचार-पत्रों के प्रकाशक अगर निष्ठावान हुए तो जनता के प्रति अपने दायित्वों का निर्वाह कर सकते हैं। प्रेस रजिस्ट्रार की रिपोर्टों से यह पता चलता है कि अपने देश में मिश्रित पूँजी कम्पनी का स्वामित्व प्रचलित है।

समाचार-पत्र समृद्ध व उच्च पद पर आरूढ़ व्यक्तियों की गलतियों को प्रकाशित करने से परहेज करता है। सामान्य नागरिकों की कमियों को खुलम-खुल्ला रुप से प्रकाशित करते हैं। यह भी पाया जाता है कि समाचार-पत्र से सम्बद्ध वित्तीय संस्थाओं के हितों के प्रतिकूल समाचारों को दबा दिया जाता है। स्वामित्व व

सम्पादकीय रुझान में कई अवगुण होते हैं। निजी संस्था की तुलना में सार्वजनिक संस्था को प्राथमिकता दिया जाना श्रेयस्कर है। ऐसे तो ट्रस्ट का स्वामित्व पत्रकारिता-जगत् में स्पृहणीय है। पत्रों के स्वामित्व अनेकात्मक और व्यापक आधार वाले हों तो अभिव्यक्ति-स्वातंत्र्य को प्राथमिकता प्राप्त होती है।

समाचार के प्रकार

विभिन्न तरह के समाचार-पत्रों पर नीचे विस्तृत प्रकाश डाला गया है।

खेल समाचार

वर्तमान समय में आकाशवाणी से खेलों का आंखों देखा हाल प्रसारण हो रहा है और दूरदर्शन पर इनका सीधा प्रसारण भी किया जाने लगा है। इस कारण श्रोता एवं दर्शक मैच के न सिर्फ परिणामों से अवगत रहता है वरन् प्रतियोगिता के उतार-चढ़ाव का भी द्रष्टा होता है। ऐसी स्थिति में समाचार-पत्रों के लिए समाचार लिखने वाले संवाददाता को चाहिए कि उसकी रिपोर्ट ऐसी हो जिसमें मैच के रोमांच को बनाये रखने की क्षमता हो। संवाददाता अपने लेखन क्षमता से मैच का सारा दृश्य पाठक के मन में जीवंत कर देता है। मैच के सम्पूर्ण संघर्ष को अभिव्यक्ति देने की क्षमता संवाददाता की लेखनी में होनी चाहिए। शब्दों व वाक्यों की पुनरावृत्ति से बचना चाहिए।

खेल समाचारों को प्रस्तुत करते समय तकनीकी शब्द और नीरस वाक्यों का प्रयोग करने की प्रवृत्ति से बचना चाहिए। तथ्यों का ध्यान रखना चाहिए। रन, गोल अथवा अन्य प्रकार के स्कोर को लिखने में पूरी सावधानी बरतनी चाहिए। विदेशी खिलाड़ियों के नामों की वर्तनी गलत न हो जाए— इसका ध्यान रखा जाना जरूरी है।

राष्ट्रीय-अन्तर्राष्ट्रीय स्पर्धाओं में विशेषकर एशियाड तथा ओलम्पिक खेलों के दौरान अनेक नये रिकॉर्ड बनते हैं। संवाददाता को इनसे सम्बन्धित जानकारी अपने पाठकों को देनी चाहिए। पुराने रिकॉर्डों की जानकारी देना भी अच्छे समाचार की श्रेणी में आता है।

खेल समाचार में संवाददाता को अधिक छूट होती है। समाचारों को रोचक बनाने के लिए विविध प्रकार के मुहावरों या वाक्यांशों का प्रयोग किया जा सकता है।

किसी भी खेल प्रतियोगिता में हार-जीत का फैसला प्रायः होता ही है। कौन

विजयी हुआ या कौन पराजित यह महत्वपूर्ण नहीं है। महत्वपूर्ण है मैच का वह संघर्ष और रोमांच जिसमें एक टीम ने मैच जीतने के लिए किया तो दूसरी ने पराजय टालने के लिए। खेल समाचार संवाददाता को व्यक्तिगत भावना से ऊपर उठकर लिखना चाहिए। खेल मैदान की रोचक घटनाओं पर झलकियां भी बनाई जा सकती है।

समाचार लिखते समय किसी भी खिलाड़ी, टीम या राष्ट्र का उपहास करना उचित नहीं। अम्पायर के फैसले की आलोचना करना या उस पर छींटाकशी करना भी खेल भावना के अनुरूप नहीं है। इससे न सिर्फ अम्पायरों का मनोबल टूटता है वरन् खेल के दौरान दो टीमों के मध्य वैमनस्य व तनाव भी बढ़ सकता है। कई बार दर्शक भी इस कारण हिंसक व्यवहार पर उतारू हो जाता है।

खेल आयोजित होने से बहुत पहले ही उसकी तिथियां निर्धारित हो जाती हैं अतः इन खेलों को 'कवर' करने वाले संवाददाता यदि उससे जुड़े रिकॉर्ड्स आदि की जानकारी पहले ही तैयार कर लें तो उसे अपने कार्य में सुविधा होगी। प्रतियोगिता में जनरुचि को विकसित करने की दृष्टि से जिस दिन प्रतिस्पर्धा आरंभ होने वाली हो उस दिन कोई रोचक समाचार का प्रकाशन किया जा सकता है। इन स्पर्धाओं में यदि कोई महान् खिलाड़ी भाग ले रहा हो तो उस पर भी चित्र आदि प्रकाशित किए जा सकते हैं।

विभिन्न खेल प्रतियोगिता

बॉस्केटबाल—नेशनल बॉस्केटबाल चैम्पियनशिप, जूनियर बॉस्केटबाल चैम्पियनशिप, अडवाणी स्मृति बॉस्केटबाल प्रतियोगिता।

टेनिस—राष्ट्रीय लॉन टेनिस चैम्पियनशिप।

बेडमिन्टन—इण्डियन मास्टर्स बेडमिन्टन, टूर्नामेन्ट, राष्ट्रीय बेडमिन्टन चैम्पियनशिप।

क्रिकेट—रणजी ट्रॉफी, ईरानी ट्रॉफी, दिलीप ट्रॉफी, देवधर ट्रॉफी, कूचबिहार ट्रॉफी तथा महिलाओं की राष्ट्रीय क्रिकेट चैम्पियनशिप, टेस्ट मैच वन-डे मैच व 20-20 मैच इत्यादि।

हॉकी—रंगास्वामी कप, जूनियर राष्ट्रीय हॉकी, बम्बई गोल्ड कप, बेगटन कप, नेहरू ट्रॉफी।

फुटबाल—संतोष ट्रॉफी, फेडरेशन कप, डॉ. बी. सी. राय ट्रॉफी, सब जूनियर राष्ट्रीय फुटबाल प्रतियोगिता, सीनियर वूमेन्स नेशनल फुटबाल, डी.सी. एम. कप, रोवर्स कप, आई.एफ. ए. कप, डूरण्ड कप, विट्ठल ट्रॉफी।

इसी तरह वॉलीबाल, ब्रिज, शतरंज, टेबल टेनिस आदि विभिन्न प्रतियोगिताओं में राष्ट्रीय चैम्पियनशिप की प्रतियोगिताएं आयोजित की जाती हैं। एथलेटिक्स, कुश्ती आदि की भी विभिन्न तरह की प्रतियोगिताओं का आयोजन होता है।

गावस्कर के दस हजार रन पूरे होने पर एक खेल समीक्षक के विचार देखिए—

हर अंदाज से 'अद्‌भुत'

सी. पी. स्नो बताते हैं कि सुप्रसिद्ध गणितज्ञ जी. एच. हार्डी ने एक 'ब्रेडमैन-वर्ग' को अपने प्रेरक 'आइन्स्टी-वर्ग' से कुछ ऊंचा स्वीकार किया था। हमारी पीढ़ी के लोग इसी प्रकार एक 'गावस्कर-वर्ग' की संकल्पना कर सकते हैं, खासकर टेस्ट क्रिकेट में उसके दस हजार रन पूरे होने के बाद। गावस्कर का रिकॉर्ड हर तरह से अद्‌भुत है। कुछ एक तुलनाएं हो रही हैं बिना इस बात पर ध्यान दिए हुए कि उसके ये रन एक सलामी बल्लेबाज के बतौर बनाए हुए हैं, ऐसे तेज गेंदबाजी का मुकाबला करते हुए जो न केवल 'तेज' शब्द के पूरे अर्थ में 'तेज' थे बल्कि जिन्होंने उसे धुंधली रेखा के पार भी नहीं बख्शा जो बाउंसर और खतरनाक बाउंसर के बीच खिंची होती है। कुछ समय पहले एक अंग्रेज आलोचक ने गावस्कर को यह कहते हुए छोटा बनाने की कोशिश की थी कि उसके चौंतीस शतकों में से अधिकांश भारतीय पिचों पर बने थे। इसमें शायद यह सुझाव था कि पिच और अंपायर उसके पक्ष में थे। लेकिन एक मामूली सी नजर डालने से ही इस बेतुके विचार की असलियत समाने आ जाती है।

सचाई यह है कि गावस्कार का बड़ा स्कोर किंगस्टन से कलकत्ता और बम्बई से ब्रिस्बेन तक तमाम बड़े टेस्ट केन्द्रों में फैला हुआ है और अगर कहावत का इस्तेमाल करें तो उसे अक्सर 'अकेले ही खेत गोड़ना' पड़ा है। क्योंकि उन शुरुआती दिनों में, यहां तक कि 1971 की अपनी उस पहली टेस्ट सीरिज में जब उसने वेस्टइंडीज की गेंदबाजी और पूरे क्रिकेट जगत पर तूफान बरगा दिया था, उसे 'ऐकला' ही चलना पड़ता था, जब तक कि मध्य क्रम में कोई टिकने वाला साथी न मिल जाए। सत्तर के दशक के अंत में चेतन चौहान और अब श्रीकांत के आने पर ही उसके कंधों से यह जुआ उतर पाया है।

क्रिकेट के दोनों दिग्गजों—गावस्कार और ब्रेडमैन की तुलना की जाती है। कई साल पहले सर लिओनार्ड हटन, जो बेकार बढ़चढ़ कर तारीफ नहीं करते, ने 'ऑब्जर्वर' में लिखा था—"गावस्कर छोटा, गठा हुआ आदमी है, ब्रेडमैन से कुछ भारी,

लेकिन कद में कुछ कम। क्रिकेट का सौन्दर्य ये हैं कि एक छोटा-सा आदमी चैम्पियन बन सकता हैं गावस्कर सभी महान खिलाड़ियों की तरह और मैं उसे उस श्रेणी का मानता हूं, दोनों तरफ बखूबी खेल सकता है। वह कट, पुल और हाफ वॉली को ड्राइव खूबसूरती से करता है। क्रिकेट खेलने की इच्छा रखने वाले किसी स्कूली लड़के के लिए उसकी बल्लेबाजी एकदम सही आदर्श है। वह धीमे गेंदबाज के सामने अपने पैरों का इस्तेमाल चपलता से करता है और बाउंसर से निबटने के लिए बिल्ली की तरह ही मुद्रा अपना लेता है। विल्फिरेड रोड्स ने कहा होता "ये अच्छा खिलाड़ी है", मैं और भी ज्यादा कहूं और इसे क्रिकेट के इतिहास के श्रेष्ठतम बल्लेबाजों की श्रेणी में रखूंगा।

चाहे जैसे आंका जाए, टेस्ट क्रिकेट में दस हजार रन चकित करने वाला आंकड़ा है। कई साल पहले जब फ्रेड टूमने ने पहला टेस्ट 'डबल' हासिल किया था तो उसने कहा था कि उसका रिकॉर्ड टूट सकता है लेकिन उसे तोड़ने वाला खिलाड़ी 'बहुत ही थका हुआ' खिलाड़ी होगा। फिलहाल कोई भी ऐसा खिलाड़ी ढूढ़ना मुशिकल है जो गावस्कार के रिकॉर्ड को चुनौती दे सकता हो और जब कभी अगर ऐसा होगा भी, तो वह खिलाड़ी, अहमदाबाद की एक दोपहार के ऐतिहासिक क्षण में गावस्कर की तरह, न केवल काफी थका हुआ होगा, बल्कि बेइन्तिहा प्रसन्न भी होगा कि उसने 'राष्ट्र' की कुछ सेवा की। क्योंकि गावस्कर ने भारतीय क्रिकेट को घूरे से उठा कर अधिकारपूर्ण ऊँचाई तक पहुंचने में मदद की है और इस काम को करते हुए उसने खेल के अनगिनत भक्तों को असीम सुख की अनुभूति भी कराई, यह बात उस 'लेट कट ' से और भी मुकम्मल होती है जिसने उसके दस हजार रन पूरे कराए।

दो सत्र पहले मेलबोर्न के खेल प्रमियों के सामने दूसरे आदर्श—सर डोनाल्ड ब्रेडमैन ने गावस्कर के प्रति क्रिकेट का आभार स्वीकारा था। हमारी पीढ़ी इस तथ्य पर प्रसन्न और गौरवान्वित हो सकती है कि "हमने जो देखा वह 'हमने' देखा।"

हॉकी के मैच की रिपोर्टिंग का उदाहरण

बंगाल संतोष ट्रॉफी के सेमी फाइनल में

कलकत्ता 14 अप्रैल (प्रेट्र)। संतोष ट्रॉफी जीतने की सशक्त दावेदार बंगाल ने धमाके के साथ राष्ट्रीय फुटबाल चैम्पियनशिप के सेमी फाइनल में प्रवेश कर लिया। ग्रुप के क्वार्टर फाइनल लीग मैच में आज उन्होंने महाराष्ट्र को तीन गोलों से पीट दिया। मोहन बागान मैदान पर खेले गए इस मैच में बंगाल टीम हाफ टाइम के समय एक गोल से आगे थी।

बंगाली टीम के सभी गोल भिन्न-भिन्न शैली में बने। 17वें मिनट में स्ट्राइकर एशिर घोष द्वारा बनाया पहला गोल शानदार रहा। मीडियों प्रशान्त बनर्जी द्वारा बनाया गया दूसरा गोल विवादास्पद रहा। दस मिनट की बहसबाजी के बाद रेफरी एम. एस. ऊष्टामूर्ति ने उसे कायम रहने दिया। विंग बैक कृषेन्दु बनर्जी के पेनल्टी किक की बदौलत तीसरी सफलता हासिल हुई।

तीन टीमों के ग्रुप में बंगाल चार अंकों से टाप पर रही। इसके साथ ही बंगाल ने राष्ट्रीय फुटबाल चैम्पियनशिप के क्वार्टर फाइनल में महाराष्ट्र के हाथों हुए एक गोल की हार का हिसाब चुकता कर लिया।

महाराष्ट्र ने हरियाणा के विरुद्ध मैच में बढ़िया फार्म दिखाई थी। उन्होंने यह मैच जीता था। लेकिन आज वे शक्तिशाली बंगाल के सामने टिक नहीं पाए। अपनी पूरी कोशिशों के बावजूद वे पूरे मैच में बंगाल के गोली भास्कर गांगुली की महानता को परख नहीं कर सके।

20 बार की चैम्पियन बंगाल अब ग्रुप 'बी' में केरल और कर्नाटक की विजेता से 17 अप्रैल को खेलेगी।

हरियाणा के साथ पहले मैच में निराशाजनक प्रदर्शन करने वाली बंगाल ने आज टीम में पांच बदलाव किए इससे उनका प्रदर्शन काफी सुधरा। विंगर सुबग सरकार कृषाणु डे की जगह आए। बाबू मणि के साथ खेल के शुरू में वे काफी आक्रमक लगे।

शिशिर घोष ने काफी अच्छा खेल दिखाया। विशेष तौर से पहले हाफ में 15वें मिनट में उन्होंने खतरनाक कोशिश की। अचानक लगाई उनकी शाट ने महाराष्ट्र के गोली हेनरी मेंजीस को पीट दिया। लेकिन रक्षक फारुक अहमद ने गोल लाइन पर बचाव कर खतरा टाल दिया। लेकिन दो मिनट बाद शिशिर घोष ने शानदार गोल बना दिया। दायीं ओर से विजय कुमार के क्रास पर वे अन्दर बढ़े और कोणीय शाट से गोल भेद दिया।

इस झटके के बाद महाराष्ट्र ने कुछ प्रयास किये जिसे बंगाल की मजबूत रक्षा पंक्ति ने व्यर्थ सिद्ध कर दिया। महाराष्ट्र को एक झटका और लगा। उनके विंगर जसवंत सिंह को चोटिल होकर बाहर जाना पड़ा। जसवंत ने हरियाणा के खिलाफ 'हैट ट्रिक' जमाई थी।

कोण बदलने के बाद खेल इसी पद्धति से चलता रहा। तब 70वें मिनट में विवादास्पद गोल बना। बदलू खिलाड़ी देवाशीष राय के साथ प्रशान्त ने अच्छा 'वाल'

पास बनाया। महाराष्ट्र के गोली को बाहर निकाला और कोणीय जमीनी शाट से गोल भेद दिया। लेकिन नैट में बड़े छेद से गेंद बाहर चली गई। तब रेफरी को लगा कि गेंद बाहर चली गई। उन्होंन गोल किक को इशारा दे दिया। बंगाली खिलाड़ियों के जोरदार विरोध के बाद कर्नाटक के रेफरी कृष्णामूर्ति ने लाइंसमैन देवी सिंह बिष्ट (दिल्ली) से परामर्श किया और गोल दे दिया। तब महाराष्ट्र के खिलाड़ियों ने 'वाक आउट' की धमकी दी। दस मिनट खेल रुकने के बाद फिर शुरू हुआ।

खेल समाप्त होने से दो मिनट पूर्व बंगाल ने खाता पूरा किया। देवाशीष राय को बाक्स में गिरा दिया। रेफरी ने पेनल्टी दी। कृषेन्दु राय ने शक्तिशाली शाट से गोल भेद दिया।

ओलम्पिक खेलों के समापन समारोह की रिपोर्ट

अलविदा अटलांटा, सिडनी में फिर मिलेंगे

अटलांटा, 5 अगस्त (वार्ता)। अटलांटा की धरती पर सोलह दिन तक 271 स्पर्धाओं से गौरव लूटने वाले विजेताओं की मुस्कुराहटों, जबरदस्त आतिशबाजी और पश्चिमी संगीत पर थिरकते लाखों लोगों के हर्षोन्माद के बीच आधुनिक ओलम्पिक का सौ साल का सफर कल रात पूरा हो गया।

धरती की शान बढ़ाने वाले हजारों युवा एथलीट स्टेडियम में गर्व के साथ उतरे और ओलम्पिक की सौवीं वर्षगांठ का समापन समारोह मनाने के साथ उन्होंने चार साल बाद फिर ऑस्ट्रेलिया के सिडनी शहर में इकठ्ठा होने का वायदा किया।

शताब्दी ओलम्पिक के समापन की घोषणा करते हुए अंतर्राष्ट्रीय ओलम्पिक समिति के अध्यक्ष युआन एंतोनियो समारांच ने दुनिया के युवाओं से चार साल बाद सिडनी में एकत्र होने का आह्वान किया। समारांच ने अटलांटा ओलम्पिक के आयोजकों को मुबारकबाद दी लेकिन उन्होंने इन खेलों को सर्वश्रेष्ठ नहीं कहा जैसा वह हर ग्रीष्म या शीतकालीन ओलम्पिक के सम्पादन पर कहा करते हैं। समारांच ने कहा शाबाश अटलांटा। वह भावुक स्वरों में बोले...ओलम्पिक खेलों ने सौ साल तक सपनों को पालापोसा और आज वे सब सपने अटलांटा के लिए पूरे हो गये। अब इस शहर को हमेशा ओलम्पिक नगर के नाम से पुकारा जायेगा।

अटलांटा ओलम्पिक पर पिछले सप्ताह हुए बम विस्फोटों का जो धब्बा लगा था उसकी छाया समापन समारोह में दिखाई दी। अस्सी हजार से अधिक लोगों ने इस घटना के शिकार हुए लोगों की स्मृति में दो मिनट का मौन रखा। ऐसी पहली

बार हुआ जब ओलम्पिक के किसी समारोह में समारांच ने इस्राइल के उन ग्यारह एथलीटों को याद किया जो 1972 के म्यूनिख ओलम्पिक के दौरान मारे गये थे।

समारांच ने कठोर शब्दों में घोषणा की कि आतंकवाद की कोई भी कार्रवाई ओलम्पिक आंदोलन को तबाह नहीं कर पाई और न ही कर पायेगी। इस मौन का अंत अमरीकी गायक स्टीव वंडर के इमेजिन गीत से हुआ जिसमें विश्व शांति और एकता की प्रार्थना की गयी है। दर्शकों ने हाथ उठाकर स्टीव के गीत के आह्वान को स्वीकृत किया।

उद्घाटन की तरह ही समापन समारोह भी पूरी दुनिया में टेलीविजन के द्वारा करोड़ों लोगों की गवाही में हुआ। लिटिल रिचर्ड, आर. बी. किंग वेंटन मारसलिस अल ग्रीन और अन्य के समूह स्वरों में गाये गये गीत के साथ तीन घंटे का समापन समारोह सम्पन्न हुआ। इससे पहले परम्परा के मुताबिक एथेंस ओलम्पिक से लेकर अटलांटा तक के ओलम्पिक ध्वज स्टेडियम में आये और आखिरकार अटलांटा के एयर ब्रिल कैम्पबेल से लिया हुआ ध्वज सिडनी के मेयर फ्रेंक सारतोर को सौंपा गया। पॉप स्टार ग्लोरिया एस्ट्रीन और कंट्री गायक त्रिशा इयरवुड ने गीत प्रस्तुत किया और अटलांटा के 600 नन्हें मुन्नों ने विश्व की युवा शक्ति को विदाई दी। उन्होंने अटलांटा खेलों का गीत ड्रीम गाया। समारोह में ओलम्पिक में हिस्सेदार देशों के ध्वज लहराते हुए उनके स्टार खिलाड़ी मैदान में आये। इसके बाद स्टेडियम में लगे, एक ऊँचे टॉवर पर 17 जुलाई से प्रज्जवलित हो रही ज्योति बढ़ा दी गयी।

शाम की शुरूआत पुरुषों की मैराथन के पदक समारोह से हुई। यह स्पर्धा कल दिन में हुई थी। रीति के अनुसार ओलम्पिक की आखिरी स्पर्धा 26 मील 385 गज की पुरुष मैराथन ही रखी जाती है। इस स्पर्धा का पदक अटलांटा के लिये नये अर्थ लेकर आया। यह स्पर्धा पहली बार अश्वेत दक्षिणी अफ्रीकी जोसिया थुगवाने ने जीती। इस तरह समापन समारोह में एक नयी दुनिया ने मंच पर कदम रखा। वह दुनिया जो शीत युद्ध से मुक्त थी जो दक्षिणी अफ्रीकी रंगभेद से परे थी और विश्व के कई तनावों से दूर थी। ऐसी विसंगतियां अटलांटा से परे रही।

अन्तर्राष्ट्रीय ओलम्पिक समिति के सभी 197 सदस्य देशों को इस ओलम्पिक में न्यौता दिया गया था और उनकी विशाल मौजूदगी में ओलम्पिक का आयोजन एक कठिन चुनौती था।

परिवहन व्यवस्था की खामियां और परिणाम उपलब्ध कराने में कम्प्यूटरों की गलतियों से संवाददाता और खिलाड़ी परेशान रहे और खेलों के भरपूर व्यवसायीकरण की भी निन्दा हुई। अटलांटा शहर मानों बड़ी कम्पनियों का बाजार बन गया था।

इसके बावजूद समारांच ने 'हॉलैण्ड ऑफ ओलम्पिक ऑर्डर' की ट्रॉफी अटलांटा खेलों के आयोजन प्रमुख बिल पायने को दी। उन्होंने कहा कि अटलांटा खेल आयोजन समिति विशेष धन्यवाद की पात्र है जिसके प्रयत्नों से ये खेल सबसे अपवाद बन गये। समारांच ने इस बात पर खुशी व्यक्त की, इस ओलम्पिक में रिकॉर्ड 79 देशों ने पदक हासिल किये। लेकिन आम ओलम्पिक प्रेमी के लिए ये खेल संख्या नहीं बल्कि चेहरों के रूप में याद रहेंगे। कार्ल लुइस के लिए अटलांटा ओलम्पिक अवकाश ग्रहण समारोह की तरह था। दूसरी ओर एमी. वान. डिकन और मिशेल स्मिथ ने ओलम्पिक में पदार्पण का जश्न मनाया। यह करिश्माई एथलीट माइकल जानसन लिलिया पोदकोपायेवा दोनोवान बेली और नाइजीरिया की फुटबाल टीम के इम्मन्यूल अमुनिके का ओलम्पिका था जिसने अफ्रीका महाद्वीप की ओर से इतिहास का सबसे बड़ा गोल किया। हो सकता है इतिहास अटलांटा ओलम्पिक को दूसरी तरह ही याद रखे। सम्भव है इसे आतंकवाद से सद्भाव की टक्कर और आखिरकार सद्भाव की विजय के ओलम्पिक में याद किया जाए। शायद इसे महिलाओं का ओलम्पिक कहा जाय क्योंकि इसमें बार्सीलोना से चालीस प्रतिशत अधिक महिलाओं ने हिस्सा लिया। इसी ओलम्पिक में पहली बार महिलाओं की फुटबाल प्रतियोगिता रखी गई और जिसका स्वर्ण अमेरिका टीम ने चीन को पराजित कर हासिल किया। ओलम्पिक इतिहासज्ञ जान मैकलून ने कहा कि आस्ट्रेलिया को अटलांटा ओलम्पिक को पीछे छोड़ने में बहुत मुश्किल होगी।

देश की प्रगति से संबंधित समाचार

भारत में समाचार-पत्र राजनैतिक घटनाओं और उनसे संबंधित समाचार को ज्यादा जगह देता है यही स्थिति प्रायः सभी विकासशील देशों की है। इन देशों की पत्रकारिता राजनीतिक प्रभुत्व से ग्रस्त रही है। पश्चिमी समाचार-पत्रों में भी राजनैतिक समाचार को बहुत अधिक स्थान दिया जाता है। लेकिन वहां के पत्रों की पृष्ठ संख्या ज्यादा होने के कारण गैर-राजनैतिक समाचारों को भी उचित स्थान दिया जाता है।

बडौदा कोऑपरेशन रिसर्च ग्रुप ने भारतीय भाषाओं के समाचार-पत्रों के विषय का सर्वेक्षण किया था जिसे द्वितीय प्रेस आयोग ने पेश किया। इस अध्ययन में 503 प्रकाशनों को लिया गया था जिसमें 234 दैनिक, 181 साप्ताहिक, 22 पाक्षिक तथा 66 मासिक पत्र थे। 23 दैनिकों का प्रसार भारत के दैनिकों की कुल प्रसार संख्या

का 70 प्रतिशत था। इस प्रकाशन अध्ययनों को मुख्यतः छः भागों में विभाजित किया गया है। मनोरंजन तथा संस्कृति, महिलाएं, सामाजिक तथा मानवीय अभिरुचि, राजनैतिक, आर्थिक विकास तथा सरकार, अशान्ति, कानून और व्यवस्था तथा अदालत। कोऑपरेशन रिसर्च ग्रुप के सर्वेक्षण के इस सर्वे के आधार पर प्राप्त मुख्य निष्कर्ष निम्नवत् थे—

1. खेलकूद समाचारों को सर्वाधिक स्थान (9.9 प्रतिशत) अंग्रेजी दैनिकों ने दिया। हिन्दी में यह प्रतिशत 6.0 था तथा सिन्धी पत्रों में एक प्रतिशत था।
2. मनोरंजन तथा संस्कृति को सबसे ज्यादा स्थान 22.5 प्रतिशत गुजराती पत्रों ने दिया। हिन्दी व अंग्रेजी में यह प्रतिशत 18.4 तथा 6.4 था। उड़िया पत्रों में यह प्रतिशत सबसे कम 5.8 प्रतिशत था।
3. महिलाओं तथा सामाजिक और मानवीय रुचि के समाचारों का सर्वाधिक प्रतिशत सिन्धी दैनिकों में (13.4) था। हिन्दी तथा अंग्रेजी में यह प्रतिशत 5.5 तथा 4.1 था। असमिया दैनिकों में यह प्रतिशत 3.0 था जो सबसे कम था।
4. राजनैतिक समाचारों को सर्वाधिक स्थान—39.3 प्रतिशत असमिया भाषा के दैनिकों ने दिया। तमिल दैनिकों ने 26.4 प्रतिशत, हिन्दी दैनिकों ने 19.5 प्रतिशत स्थान दिया। सबसे कम स्थान अंग्रेजी दैनिकों में था।
5. आर्थिक विकास तथा सरकारी मामलों को सर्वाधिक 40.5 प्रतिशत स्थान उड़िया दैनिकों ने दिया। हिन्दी तथा अंग्रेजी भाषा में यह प्रतिशत 29.0 प्रतिशत तथा 36.5 प्रतिशत था। सबसे कम 19.6 प्रतिशत स्थान असमिया दैनिकों में था।
6. अशांति, शान्ति और व्यवस्था तथा अदालत सम्बन्धी समाचारों का सर्वाधिक प्रतिशत (21.2) सिन्धी दैनिकों में था। हिन्दी दैनिकों ने 17.5 प्रतिशत तथा अंग्रेजी दैनिकों ने 11.8 प्रतिशत स्थान ऐसे समाचारों को दिया।

पाश्चात्य देशों के पत्रकार ने विकास पत्रकारिता को प्रारंभ किया । स्वतन्त्रता प्राप्ति के पश्चात् विभिन्न पंचवर्षीय योजनाओं में राष्ट्रीय विकास के साथ, समाचार-पत्रों के विकास की ओर ध्यान दिया गया।

'ए मैनुअल फॉर न्यूज एजेन्सी रिपोर्टर' का प्रकाशन भारतीय जन-संचार संस्थान द्वारा किया जाता है। इस पत्रिका में विकास पत्रकारिता के बारे में कहा गया है—

विकास क्या है? गरीबी निवारण, क्षेत्र तथा धर्म के मध्य विषमता को कम करना, तकनीक सम्बन्धी अधिसंचना का निर्माण, सामन्तवाद, जनजातीय संगठन तथा अन्धविश्वासों को समाप्त कर समाज का आधुनिकीकरण करना तथा धीरे-धीरे आर्थिक आत्म-निर्भरता को प्राप्त करना... विकास, स्वतन्त्रता तथा सर्वप्रमुखता की भाँति अविभाज्य है। हम तब तक बेहतर कृषि उत्पादन प्राप्त नहीं कर सकते जब तक कि औद्योगिक आधार तैयार नहीं कर लेते तथा अच्छी शिक्षा और स्वास्थ्य के अभाव में कुछ भी प्राप्त करना सम्भव नहीं।

विकास समाचार लेखन के द्वारा लोगों को बताए कि वे किस प्रकार समाज से सौदाकारी शक्ति को विकसित करे। यह उन्हें इस बात का अहसास कराए कि उनका बेहतर भविष्य का निर्माण वे खुद कर सकते हैं। यह निर्माण की प्रक्रिया का विवरण दे।

विकास समाचार में ऐसी सूचनाएं दे जिससे उन्हें खुद ही अपनी उत्पादन क्षमता अथवा व्यक्तित्व को विकसित करने की प्रेरणा मिले। यह उन्हें अधिक श्रम तथा आत्म-विश्वासी बनाने के लिए प्रेरित करे।

पंडित जवाहरलाल नेहरू नयी परियोजनाओं को नये युग का मन्दिर कहा करते थे।

विकास समाचार लेखन में इस परियोजनाओं तथा प्रक्रियाओं में वास्तव में कार्यरत व्यक्तियों को वर्णित किया जाना चाहिए। इन्हें परिवर्तन तथा आधुनिकीकरण की प्रक्रियाओं, नयी खोजों तथा उत्पाद को वर्णित करना चाहिए। इन्हें विकास की अवधारणा को वर्णित करना चाहिए। रिपोर्टरों को सरकारी विज्ञाप्तियों की भाषा का इस्तेमाल उसी तरह करने से बचना चाहिए।

विकास समाचार लेखन में आंकड़ों का इस्तेमाल होना चाहिए तथा उसमें निहित तथ्य को देखना चाहिए। यदि प्रेस विज्ञप्तियों की भाषा का सीधे ही प्रयोग नहीं करना चाहिए।

विकास समाचार लेखन का महत्वपूर्ण पक्ष है—नयी तकनीक तथा तरीकों को अपनाने वाले लोगों की सफलता के समाचार जिनसे वे स्वयं तो लाभान्वित हुए ही हैं, समाज को भी सहायता मिली है।

द्वितीय प्रेस आयोग की रिपोर्ट में कहा गया है कि प्रथम पंचवर्षीय योजना के प्रारम्भ में समाचार-पत्रों में उर्वरक संयन्त्रों आदि परियोजनाओं पर लेखों का प्रकाशन होता था किन्तु जनता के जीवन में होने वाले परिवर्तनों तथा अपेक्षित परिवर्तन जो

नहीं हो पा रहे हैं कि बारे में नहीं लिखा जाता था। काफी समय बाद भारतीय प्रेस ने विकास से सम्बन्धित गहन रिपोर्ट (इन्हें प्रचार से पृथक् मानना चाहिए) प्रकाशित करना आरंभ किया।

सन् 1981 के जून-जुलाई महीने में विकास समाचार से संबंधित एक सर्वेक्षण किया गया जिसमें पता चला कि अंग्रेजी के अतिरिक्त विशेष रूप से बंगाली, कन्नड़ तथा मलयालम भाषा के पत्रों ने विकास सम्बन्धी विषयों तथा प्रमुख सामाजिक-आर्थिक मुद्दों पर नियमित रिपोर्ट प्रकाशित की। इस रिपोर्ट में खेतिहर मजदूरों, सूखा तथा बाढ़ आयोग की यह भी मान्यता थी कि अत्यधिक सामान्य प्रस्तुतीकरण के कारण सरकारी माध्यमों द्वारा विकास गतिविधियों के प्रचार के प्रयास बहुत अधिक सफल नहीं हुए। केन्द्र में पत्र-सूचना कार्यालय तथा राज्यों में उनके सूचना विभाग द्वारा प्रेषित विकास समाचार प्रेस में व्यापक रूप से इसी कारण प्रकाशित नहीं हो सके क्योंकि उनमें परिवर्तन के एक पक्ष को ही चित्रित किया जाता है। वास्तविक जीवन में विकास की सीधी प्रक्रिया नहीं है परन्तु उसमें समस्याएं, बाधाएं तथा समर्पित प्रयास भी जरूरी है।

आयोग ने विकास सम्बन्धी समाचारों में अच्छाई के साथ-साथ गलत को भी प्रस्तुत करने की आवश्यकता प्रतिपादित की है। विकास पत्रकारिता में यह आवश्यक है कि विभिन्न दशाओं में विभिन्न स्थानों पर ऐसे विकास कार्यक्रमों की, जो आम जीवन को प्रभावित करते हैं की सफलता तथा असफलता के कारणों का अनुसन्धान किया जाना चाहिए। उदाहरणार्थ लघु कृषक विकास एजेन्सी, मध्यम कृषक एवं खेतिहर मजदूर परियोजना, राष्ट्रीय प्रौढ़ शिक्षा कार्यक्रम आदि। अधिकांश समाचार-पत्र प्रायः उन्हीं सरकारी हैंड आउट को प्रकाशित करते हैं जिनमें दुधारु पशु अथवा मुर्गीखानों अथवा शिक्षित किए जाने वाले लोगों से सम्बन्धित आंकड़े ही दिए गए होते हैं। इन परियोजनाओं से जुड़े प्रसार कार्यकर्ताओं अथवा लाभान्वित वर्ग की परेशानी तथा सफलताओं को समाचार पत्र अपने पाठकों से परिचय नही कराता है।

ग्रामीण विकास, शिक्षा सुधार, कुष्ठ रोग निवारण तथा अन्य क्षेत्रों में किए गए गैर-सरकारी प्रयासों को अधिक स्थान नहीं मिलता है। गैर-सरकारी प्रयत्नों को हमारे समाचार-पत्र तभी पहचानते हैं जब इन्हें जमनालाल बजाज फाउन्डेशन पुरस्कार अथवा मैगसेस पुरस्कार से सम्मानित किया जाता है। विकासशील राष्ट्र में समाचार-पत्रों को सामाजिक दृष्टि से ज्यादा जागरूक और सचेत रहना पड़ता है।

वर्तमान समय में भारत तेजी से आर्थिक, औद्योगिक तथा व्यापारिक विकास की ओर बढ़ रहा है अतः विकास की इस प्रक्रिया तथा इसके लाभों को आमजन तक

पहुंचाने के लिए विकास पत्रकारिता को प्रोत्साहन देना आवश्यक है। सरकार स्वयं 'योजना', 'कुरूक्षेत्र' आदि पत्रिकाओं के प्रकाशन के माध्यम से राष्ट्रीय विकास की कई गतिविधियों को पेश कर रही है।

एम. वी. कॉमथ के अनुसार विकास पत्रकारिता समाज के गहरे संरचनात्मक परिवर्तनों के क्यों, कब, कहाँ, कौन, क्या तथा कैसे का उत्तर देती हुई सामाजिक-आर्थिक रिपोर्टिंग है। उनकी दृष्टि में विकास पत्रकारिता की प्रकृत्ति सनसनीखेज पूर्ण नहीं होती। श्री कॉमथ अन्यत्र लिखते हैं कि विकास समाचारों को सामाजिक-आर्थिक समस्याओं तक ही पूर्णतः सुनिश्चित करना उचित नहीं। मेडीसिन, विज्ञान, उद्योग तथा तकनीकी आदि विविध क्षेत्रों की विकास गतिविधियों से जुड़ी कोई भी रिपोर्ट इसी श्रेणी में मानी जाएगी।

विकास पत्रकारिता में सिर्फ विकास से सम्बन्धित रचनात्मक या सकरात्मक पहलुओं को ही रिपोर्ट नहीं किया जाना चाहिए। भारत जैसे देश में जब किसी विकास परियोजना के लिए धन उपलब्ध कराया जाता है तो उसी के साथ भ्रष्टाचार की उतनी ही अधिक सम्भावना भी बढ़ जाती है। इस परिस्थिति में संवाददाता को सबकुछ सच-सच लिखना चाहिए। जो कुछ प्राप्त नहीं किया गया है वह भी उतना ही महत्वपूर्ण समाचार है जितना महत्वपूर्ण समाचार जो कुछ प्राप्त किया है—उससे सम्बन्धित है। श्री के. एम. श्रीवास्तव ने विकास पत्रकारिता के क्षेत्र का बहुत विस्तृत माना है।

विकास पत्रकारिता में गहनता विश्लेषणपरकता तथा तथ्यपरकता की प्राथमिक आवश्यकता है। इस क्षेत्र के संवाददाता के लिए आवश्यक है कि उसका व्यापक अध्ययन हो ताकि विकास सम्बन्धी समस्या की समुचित पृष्ठभूमि वह प्रस्तुत कर सके। असफलताओं तथा कमियों को संकेतिक करने पर विकासात्मक रिपोर्टिंग करने वाला पत्रकार एक प्रकार से अन्वेषक तथा विश्लेषक का कार्य करता है। अतः ऐसे पत्रकार का उत्तरदायित्व बहुत अधिक बढ़ जाता है।

राष्ट्र की प्रगति शिक्षा, कृषि साक्षरता, आर्थिक परियोजनाएं, सिंचाई सुविधाएं, श्रमिक कल्याण, रोजगार, स्वास्थ्य, परिवार नियोजन, ग्रामीण एवं शहरी विकास आदि के समुचित विकास पर निर्भर करती है। अतः विकासात्मक लेखन में लगे पत्रकारों के लिए यह आवश्यक है कि उन्हें उक्त क्षेत्रों की विविध योजनाओं तथा उनके स्वरूप आदि का सम्पूर्ण ज्ञान हो। यह भी ध्यान रखना चाहिए कि हम सिर्फ सरकारी प्रचार आंकड़ों को ही विश्वसनीय नहीं समझ लें। अतः यह जरूरी है कि स्वयं कुछ

परियोजनाओं का अध्ययन करें तथा उनके प्रभावों आदि से पाठकों को भी अवगत कराएं।

श्री एम. वी. कामथ ने विकासात्मक लेखन के लिए कुछ जरूरी बातों का उल्लेख किया है जो निम्न है–

जन-सम्पर्क के व्यक्तियों से सावधान रहे। ये आपको ऐसी प्रशंसात्मक सामग्री उपलब्ध करा सकते हैं जो भ्रामक हो। समानान्तर परियोजनाओं पर ध्यान दें। क्या ऐसी ही कोई परियोजना अन्यत्र प्रारम्भ की गयी है तथा जिस पर आप लिख रहे हैं उससे इसकी क्या समानताएं हैं? यदि दो प्रकार के लोगों द्वारा दो विपरीत विचार प्रस्तावित किए गए हैं तो उन्हें निष्पक्ष रूप से प्रकट करें। एक ही पक्ष कभी न लें। उदारता से जहां तक सम्भव हो उद्धरण (Quote) दें। पाठक को यह जानने दें कि आप सुनी हुई बातों का सामान्यीकरण नहीं कर रहे हैं वरन् वास्तव में व्यक्तिगत रूप से लोगों से बात कर रहे हैं। आंकड़े तथा सत्य को सावधानी पूर्वक प्रस्तुत करे। हैंड आउट का पुनर्लेखन न कर उन्हें अपनी आधार सामग्री समझ उस आधार पर उसकी शोधपूर्ण 'स्टोरी' तैयार करें। स्वयं की पसन्द-नापसन्द, पूर्वाग्रहों तथा प्राथमिकताओं को अपने तक ही रखें। अपने पाठक को उसके आसपास घटित घटनाओं के बारे में सूचित करने वाली अपनी रिपोर्ट में उन्हें प्रवेश न दें। रचनात्मक आलोचना करें, उदारता से जहां आवश्यक हो, वहां प्रशंसा करें। याद रखें अत्यधिक श्रम करने के बाद भी आपको असत्य हाथ लग सकता है। आखिर आप रिपोर्टर हैं, भगवान नहीं। आपका समाचार-पत्र जिस समाज की सेवा कर रहा है उसके लिए वह समाचार उपयोगी हो। पठनीय विकास समाचार यदि आपके पाठकों के लिए प्रासंगिक नहीं होगा तो वह अपने उद्देश्य में असफल होगा जो कि इस प्रकार के कार्यों को करने की प्रेरणा और प्रोत्साहन देगा। विकास की पूर्व अवस्था से लेकर वर्तमान अवस्था तक के कार्यक्रम पूरे हुए हैं या नहीं, इन कार्यक्रमों पर किए गए व्यय का पूर्णतः अंकेक्षण हुआ या नहीं–इसकी पृष्ठभूमि की खोजबीन की जानी चाहिए। विकास परियोजनाओं से जुड़े हुए समस्त पक्षों–सरकारी कर्मचारियों, प्लांट प्रबन्धक, श्रमिक प्रतिनिधियों तथा उनसे लाभान्वित लोगों की बातों को धैर्य तथा वस्तुनिष्ठतापूर्वक सुना जाना चाहिए। नामों का उल्लेख करें। विभिन्न दलों द्वारा की गयी शिकायतों और गलतियों की जहां तक सम्भव हो जांच की जाए, कि क्या ये परीक्षण के योग्य हैं।

विकास पत्रकारिता का स्वरूप सनसनीखेज नहीं होता। समाचार के साथ जो तात्कालिकता का महत्व जुड़ा होता है वह विकास समाचारों के लिए अनिवार्य शर्त नहीं है। कोई भी 'घटना' यदि विलम्ब से प्रकाशित या प्रसारित होती है तो उसमें

पुरानापन आ जाता है, किन्तु विकास समाचार कुछ दिन बाद तक महत्वपूर्ण बने रहते हैं। विकास समाचार लेखन की सफलता पत्रकार की अन्वेषंपरकता तथा शोध के प्रति रूचि पर आश्रित होती है।

आर्थिक एवं वाणिज्य पत्रकारिता

यह भूमंडलीकरण का दौर है इस समय एक राष्ट्र दूसरे राष्ट्र के नजदीक आ रहा है जिससे आर्थिक स्थिति सुदृढ़ की जा सके। पूरे संसार में आर्थिक वाणिज्यिक क्षेत्रों ने बहुत विकास हुआ है। विश्व के सभी देशों में पारस्परिक आर्थिक संबंन्ध स्थापित होने से सम्पूर्ण विश्व का वैश्वीकरण होता जा रहा है। विकसित एवं विकासशील राष्ट्र आर्थिक आत्म-निर्भरता की ओर अग्रसर हैं। अतः आज राष्ट्रीय और अन्तर्राष्ट्रीय आर्थिक सन्दर्भों को समझने के लिए भी जन-मानस में उत्सुकता जागृत होने लगी है। अर्थ का हमारे दैनिक जीवन से भी गहरा सम्बन्ध होता है। ऐसी स्थिति में समाचार-पत्र भी इस ओर ध्यान देने लगे हैं।

आर्थिक-वाणिज्य समाचारों को प्रमुखता से प्रकाशित करने की प्रवृत्ति भारत के भाषाई समाचार पत्रों में कुछ समय पूर्व ही विकसित हुई है। अब एक ओर जहां सिर्फ अर्थ और वाणिज्य जैसे विषयों से जुड़े स्वतन्त्र दैनिक पत्रों का प्रकाशन हो रहा है वहीं अन्य दैनिक पत्रों में अनेक पृष्ठ इस प्रकार के समाचारों के लिए निर्धारित किये जाने लगे हैं। 1886 ई. में भारत में आर्थिक पत्रकारिता की विकास यात्रा की शुरूआत हुई। इस वर्ष कलकत्ता से 'कैपिटल' (Captial) का प्रकाशन प्रारम्भ हुआ। कलकत्ता उस समय आर्थिक गतिविधियों का प्रमुख केन्द्र था तथा देश-विदेश के अनेक व्यवसायी यहां व्यवसाय करते थे। 'कैपिटल' के प्रकाशन ने तत्कालीन आर्थिक गतिविधियों को व्यापक रूप प्रदान करने का सिलसिला प्रारम्भ किया। सन् 1910 में बम्बई से 'कामर्स' का प्रकाशन भी आर्थिक पत्रकारिता की विकास यात्रा का महत्वपूर्ण पत्र था। कलकत्ता से 1928 में प्रकाशित 'इण्डियन फाइनेन्स' तथा दिल्ली से 1943 में प्रकाशित 'ईस्टर्न इकॉनॉमिस्ट' अन्य प्रमुख पत्र थे।

आर्थिक पत्रकारिता की विकास यात्रा की दृष्टि से गुजराती का 1949 में प्रकाशित 'व्यापार' पत्र विशेष उल्लेखनीय है जो वर्तमान में सप्ताह में दो बार प्रकाशित हो रहा है। इसके अलावा साप्ताहिक पत्रों में बम्बई के 'टेक्सटाइल न्यूज', कलकत्ता के 'आर्थिक जगत' और 'इण्डस्ट्रियल गजट', दिल्ली से दैनिक 'व्यापार भारती' तथा कलकत्ता से 'प्रत्यक्ष कर', उद्योग भारती' और नागपुर से 'उद्यम' नामक मासिक पत्रिकाओं का प्रमुख योगदान है।

सन् 1951 में अखिल भारतीय कांग्रेस महासमिति नयी दिल्ली ने 'आर्थिक समीक्षा' पाक्षिक, 1953 में भारत सरकार के उद्योग मन्त्रालय ने 'उद्योग व्यापार पत्रिका' तथा 1955 में कानपुर से 'उद्योग विकास' मासिक का प्रकाशन किया गया। सन् 1952 में दिल्ली से मासिक 'संपदा', 1968 में 'आर्थिक चेतना', कलकत्ता से 1956 में 'आर्थिक जगत' आदि पत्र प्रकाशित हुए।

सन् 1954 में प्रकाशित प्रथम प्रेस आयोग की रिपोर्ट के अनुसार उस समय वित्तीय विषयों से सम्बन्धित कोई भी दैनिक पत्र प्रकाशित नहीं हो रहा था। द्वितीय प्रेस आयोग की रिपोर्ट के अनुसार भारतीय प्रेस के गत दो दशकों की विकास यात्रा का महत्वपूर्ण पक्ष वित्तीय विषयों से सम्बद्ध दैनिकों का प्रारम्भ होना है। सन् 1961 में 'फाइनेन्शियल एक्सप्रेस' तथा 'इकॉनॉमिक टाइम्स' तथा सन् 1975 में 'बिजनेस स्टेण्डर्स' का प्रकाशन प्रारंभ हुआ। इसी प्रकार अन्य दैनिक भी प्रकाशित होने लगे। इस क्षेत्र के अधिकांश दैनिक अंग्रेजी भाषा में प्रकाशित होते हैं लेकिन कुछ पत्रों का प्रकाशन भारतीय भाषाओं में भी होता है।

विगत कुछ वर्ष पहले आर्थिक और वाणिज्य संबंधी समाचारों में सिर्फ व्यापारी वर्ग ही रूचि रखते थे। परन्तु वर्तमान में परिस्थितियां गंभीर है और लोगों का रूझान आर्थिक समाचारों की तरफ हुआ है। शेयर बाजार में तो यह रुचि इतनी ज्यादा हो गई है कि घर-घर में इन पर चर्चा सुनने को मिलने लगी है। सामान्य व्यक्ति भी शेयर में अपनी पूंजी लगाने लगे हैं। इसके अतिरिक्त सरकार की विविध बचत योजनाओं के प्रति भी जन आकर्षण में रुचि जागृत होने लगी हैं। यही कारण है कि आज का समाचार-पत्र भी आर्थिक जगत की हलचलों को प्रमुखता से प्रकाशित कर रहा है। जिस समाचार पत्र की आर्थिक स्थिति सुदृढ़ है वहाँ मुख्य रूप से आर्थिक संवाददाताओं की नियुक्तियां भी की जाती हैं।

श्री राजेन्द्र ने व्यापारिक समाचारों के दो प्रमुख भेद किये हैं–

1. सूचनात्मक–भिन्न-भिन्न व्यापार मंडी या क्षेत्रों से मिली जानकारी के आधार पर दरों और भावों के उतार-चढ़ाव और उनके अनुमानित झुकावों की जानकारी तथ्यों और आंकड़ों के रूप में दी जाती है। थोड़े-से-थोड़े स्पेस में अधिक से अधिक समाचार जा सकें, इसलिए आंकड़े ही दिये जाते हैं और वे भी एक विशिष्ट शैली में, जिसे साहूकारों या मुनीमों की भाषा कहा जाता है। जिन्हें इन समाचारों के पढ़ने का अभ्यास होता है, वे एक ही दृष्टिपात में मण्डी की स्थिति जान समझ जाते हैं।

2. समीक्षात्मक–मण्डियों में दरों के दैनिक उतार-चढ़ाव को दृष्टिगत रखते हुए साप्ताहिक, पाक्षिक एवं अन्य किसी निश्चित अवधि में सामान्यतः अनाज,

खाण्ड, कपड़ा या अन्य माल एवं सेवाओं के भावों का झुकाव किस ओर रहा और इस 'तेजी' या 'गिरावट' या 'स्थिरता' को पैदा करने के लिए कौन-कौन से तत्व या शक्तियां काम कर रही हैं, ऐसे प्रश्नों का उत्तर जानने के लिए समाचार-पत्रों के पाठक व्यापार वार्ता के स्तम्भ में नियमित रूप से विश्लेषणात्मक लेखों, टिप्पणियों अथवा समाचार चिट्ठियों की अपेक्षा करते हैं। ये स्तम्भ भी व्यापारिक क्षेत्रों की ही 'अपनी' भाषा शैली में लिखें जाते हैं।

आर्थिक समाचार प्रायः आर्थिक एवं व्यावसायिक संगठनों, बैंक, वित्तीय तथा औद्योगिक निगमों व संगठनों, सरकारी संगठनों, श्रमिक संगठनों आदि से प्राप्त किए जा सकते हैं। इन संस्थानों से संवाददाता को व्यक्तिगत सम्पर्क बनाये रखना चाहिए। वस्तुतः हमारा सारा आधुनिक जीवन अर्थ के चारों ओर घूम रहा है। अतः जिधर भी निगाह दौड़ायेंगे हमें अर्थ से जुड़े अनेक समाचार मिल जाएंगे। आंकड़ों के मायाजाल में भी अच्छे समाचार खोजे जा सकते हैं। आवश्यकता है स्वयं सक्रिय रहते हुए निरन्तर 'खोज' की।

आर्थिक समाचारों की विशेष शब्दावली की जानकारी आर्थिक संवाददाता को जरूर होनी चाहिए। बाजार समाचार, मुद्रा बाजार, पूंजी बाजार, वस्तु बाजार आदि क्या होते हैं—इनकी जानकारी होना बहुत आवश्यक है।

शिक्षा पत्रकारिता

प्राचीन शिक्षा पद्धति में बदलाव कर कुछ सार्थक बनाने की कोशिश जारी है जिससे वर्तमान समय में वह उपयोगी बन सके। भारत की विभिन्न योजनाओं को बनाते समय भी शिक्षा में सुधार की ओर ध्यान भी दिया जाता रहा है। शिक्षा व्यवस्था के गुण दोषों पर विचार करना हमारा विवेच्य विषय नहीं है। हमें तो यह देखना है कि पत्रकारिता तथा शिक्षा आपस में किस प्रकार जुड़ कर विकास तथा निर्माण की दिशा में योग दे सकते हैं।

वर्तगान रागय में पत्रकारिता में अब विशेषज्ञता को अधिक प्राथमिकता दी जाने लगी है। रक्षा, वित्त, विदेश, विज्ञान, सांस्कृतिक आदि विभिन्न गतिविधियों के समाचारों के संकलन तथा उन पर फीचर आदि लिखने के लिए प्रायः समर्थ समाचार-पत्र पृथक् रूप से संवाददाता नियुक्त करते हैं, किन्तु शिक्षा का क्षेत्र ऐसा है जिसके लिए 'हिन्दू' आदि कुछ समाचार-पत्रों ने ही संवाददाताओं की अलग रूप से नियुक्ति की है। एक स्तर पर शिक्षा और पत्रकारिता के उद्देश्यों में भी समानता है। जहां पत्रकारिता शिक्षा और सूचना का सार्थक माध्यम है वहीं शिक्षा का भी यही

उद्देश्य है। पत्रकारिता यदि सामाजिक परिवर्तन का सशक्त हथियार है तो शिक्षा की भी मानव विकास में तथा उसे 'सामाजिक प्राणी' बनाने में महती भूमिका है। शिक्षा और पत्रकारिता के इस सामंजस्य को शैक्षिक पत्रकारिता कहते हैं।

इस दृष्टि से विभिन्न शैक्षिक संस्थानों द्वारा चलायी जा रही शैक्षिक प्रवृत्तियों, शिक्षा जगत् की घटनाओं तथा शैक्षिक समस्याओं को जन-संचार माध्यमों के द्वारा जनता तक पहुंचाना शैक्षिक पत्रकारिता है। शिक्षा जगत् की विकासमान प्रवृत्तियों के प्रति 'आमजन' की भागीदारी शैक्षिक पत्रकारिता के विकास से संभव है। दुःख की बात है कि हमारी पत्रकारिता में अभी इस पक्ष पर समुचित ध्यान नहीं दिया गया है। सम्पूर्ण राष्ट्र में विद्यालयों, महाविद्यालयों, तकनीकी शिक्षण संस्थानों आदि से न सिर्फ हजारों शिक्षक जुड़े हुए हैं वरन् लाखों विद्यार्थियों के भविष्य का निर्माण भी वहां हो रहा है जिनके हाथों में भावी भारत की बागडोर सुरक्षित है। केन्द्र एवं राज्य सरकारों के बजट का बहुत अधिक हिस्सा शिक्षा के लिए खर्च होता है।

शैक्षिक पत्रकारिता, पत्रकारिता का वह सकारात्मक पक्ष है जिसके समुचित विकास से समाज में वैचारिक चेतना तो विकसित होगी ही साथ ही शिक्षण संस्थानों के छात्र-अध्यापक समुदाय में भी आपसी सौहार्द तथा समझ का वातावरण विकसित होगा। शिक्षा संस्थानों में अन्तर्सम्बन्ध कायम करने का यह सशक्त माध्यम बन सकता हैं तथा इसके माध्यम से उच्च शिक्षा के आगमन तक पहुंचाया जा सकता है।

वर्तमान समय में सेमिनार तथा कार्य शालाओं में विभिन्न महत्वपूर्ण विषयों पर जो पत्र वाचन किया जाता है, विचार विमर्श किया जाता है तथा निष्कर्ष प्रस्तुत किए जाते हैं वे साधारण पाठकों तक तथा अन्य इच्छुक व्यक्तियों तक नहीं पहुंच पाते। इसी भांति अन्य शैक्षिक गतिविधियों की गम्भीर रिपोर्टिंग की भी प्रायः समाचार-पत्रों में कमी दिखाई देती है। शैक्षिक गतिविधियों पर फीचर लेखन की बहुत बड़ी कमी भारतीय समाचार-पत्रों में खासकर हिन्दी पत्रों में तो दृष्टिगत होती है।

देश भर में जितने भी विश्वविद्यालय मौजूद हैं सभी शोधकार्य में जुटे हैं। विभिन्न विभागों के प्रतिभावान छात्र और शिक्षक प्रतिदिन खोज करके तकनीकी-सामाजिक विकास की दिशा में योगदान दे रहे हैं। यह शोधकार्य प्रायः पुस्तकालयों की अलमारी में ही बन्द हो के सड़ता है। अतः समाचार-पत्र भी इस दिशा में कुछ कार्य कर सकते हैं। शैक्षिक संवाददाता महत्वपूर्ण शोध प्रबन्धों में से जन हित के निष्कर्षों को समाचार अथवा रिपोर्ट के रूप में प्रस्तुत कर प्रकाशित कर सकता है।

शैक्षिक पत्रकारिता के लिए राष्ट्रीय स्तर पर विभिन्न प्रयास हो रहे हैं। देश के अनेक विद्यालयों में पत्रकारिता के प्रशिक्षण की तो व्यवस्था की गयी है, किन्तु शैक्षिक पत्रकारिता के क्षेत्र कोई खास प्रयास नहीं किये गये अतः इस क्षेत्र में वांछित उन्नति नहीं हो पायी है। देश भर में कार्यरत विभिन्न समाचार समितियों की भांति विषयों से सम्बन्धित एक 'फीचर सेवा' शुरू करके समाचार पत्र को अपेक्षित सामग्री मुहैया करायी जा सकती है।

शैक्षिक समाचार लेखन एक विशेष योग्यता की अपेक्षा रखता है। शिक्षा के केन्द्र होने के कारण यहां समस्त ज्ञान-विज्ञान की गूंज सुनाई देती है। अतः शैक्षिक समाचारों में गम्भीरता तथा वैचारिकता को भी शामिल करना चाहिए। शिक्षा जगत् के घपलों तथा भ्रष्टाचार को भी उजागर करने का दायित्व शैक्षिक संवाददाता पर है। वर्तमान समय में शैक्षिक जगत् में छात्रों व अध्यापकों की उपलब्धियों को भी महत्वपूर्ण स्थान दिया जाना चाहिए।

समाचार-पत्रों के कालमों में देश की शिक्षा व्यवस्था, शिक्षा नीति के बारे में लिखा जाता रहा है। इस दृष्टि से आयोजित विचार-विमर्श के समाचार भी जनरुचि की दृष्टि से उपयोगी होते हैं।

राजस्थान के चार प्रमुख दैनिकों में शैक्षिक समाचारों की स्थिति का एक अध्ययन लेखक ने कुछ वर्ष पूर्व किया था। इस सर्वेक्षण के लिए जयपुर से प्रकाशित दैनिक राष्ट्रदूत, 'नवज्योति', राजस्थान पत्रिका तथा नवभारत टाइम्स को लिया गया था। इन चारों समाचार-पत्रों का प्रसार सम्पूर्ण राज्य में था। भारत के समाचार-पत्रों के पंजीयन के 28वें प्रतिवेदन (1984) के अनुसार नवज्योति के समस्त संस्करणों की प्रसार संख्या 1,29,368, राजस्थान पत्रिका की 1,42,122 तथा राष्ट्रदूत की 44,334 है। नवभारत टाइम्स का उस समय जयपुर से प्रकाशन शुरू नहीं हुआ था। उक्त अध्ययन के लिए आंकड़े सभी समाचार-पत्रों के नवम्बर 1986 माह के जयपुर संस्करण से ही लिए गए।

आंकड़ों का विवेचन—सन् 1986 के नवम्बर महीने में इन समाचार पत्रों ने सबसे अधिक पृष्ठ का प्रकाशन राजस्थान पत्रिका ने किया। राजस्थान पत्रिका ने 358, नवभारत टाइम्स ने 302, दैनिक नवज्योति ने 256, तथा राष्ट्रदूत ने 214 पृष्ठ प्रकाशित किए। इन प्रकाशित पृष्ठों में यदि कुल प्रकाशित समाचारों का प्रतिशत निकाला जाए तो ज्ञात होता है कि नवभारत टाइम्स में 77.09, नवज्योति में 62.54, राष्ट्रदूत में 60.06 तथा राजस्थान पत्रिका में 51.22, प्रतिशत समाचार प्रकाशित किए गए। विज्ञापन की दृष्टि से देखा जाए तो उक्त माह में इन पत्रों में

22.91 (नवभारत टाइम्स), 37.46 (नवज्योति), 39.94 (राष्ट्रदूत) तथा 48.78 (राजस्थान पत्रिका) प्रतिशत विज्ञापन का प्रकाशन किया गया है।

इस काल में 1,53510.04 कॉलम सेमी राजस्थान पत्रिका, नवभारत टाइम्स में 12,059.4 कालम सेमी, नवज्योति में 69,5394 कॉलम सेमी तथा राष्ट्रदूत में 55,702.3 कॉलम सेमी क्षेत्र में समाचारों का प्रकाशन किया गया। शैक्षिक पत्रकारिता की दृष्टि से यदि इन पत्रों का अध्ययन किया जाए तो अत्यन्त निराशाजनक स्थिति का ज्ञान होता है। नवभारत टाइम्स में 3.70 प्रतिशत, राष्ट्रदूत में 2.03 प्रतिशत दैनिक नवज्योति में 0.96 प्रतिशत तथा राजस्थान पत्रिका में 0.94 प्रतिशत शैक्षिक समाचारों का प्रकाशन किया गया है।

यदि कुल प्रकाशित समाचारों में से शैक्षिक समाचारों के प्रकाशन की स्थिति का अध्ययन करें तो भी नवभारत टाइम्स प्रथम स्थान पर रहता है। नवभारत टाइम्स में इस दृष्टि से 4.80 प्रतिशत स्थान शैक्षिक समाचारों को दिया गया है। राष्ट्रदूत में 3.37 प्रतिशत, राजस्थान पत्रिका में 1.84 प्रतिशत तथा दैनिक नवज्योति में 1.54 प्रतिशत स्थान ही शैक्षिक पत्रकारिता को समर्पित किया गया। संख्या की दृष्टि से देखा जाए तो भी नवभारत टाइम्स ने अन्य पत्रों से बाजी मारी है। नवभारत टाइम्स ने उक्त माह में शैक्षिक विषयों से जुड़े 151 समाचार, 17 लोकमत, 30 लेख तथा 2 सम्पादकीय प्रकाशित किए। दूसरा स्थान राजस्थान पत्रिका का रहा। राजस्थान पत्रिका ने 143 समाचार, 10 लोकमत, 1 लेख तथा 1 सम्पादकीय का प्रकाशन किया। राष्ट्रदूत ने जहां 120 समाचार, 2 लोकमत, 1 लेख तथा 1 सम्पादकीय प्रकाशित किये, वहीं नवज्योति ने 112 समाचार तथा 9 लोकमत प्रकाशित किए।

शैक्षिक समाचारों के विषय में इस बात को ध्यान में रखना चाहिए कि उपरोक्त समयावधि में प्रकाशित समाचार का रूप किस प्रकार का रहा है। साधारण तौर पर शैक्षिक समाचारों के दो अथवा तीन रूप ही देखने को मिलते हैं–

शैक्षिक समाचारों का पहला पक्ष था–विद्यालयों से लेकर विश्वविद्यालय स्तर की छात्र गतिविधियों के समाचार पर्याप्त संख्या में प्रकाशित होते रहे लेकिन बहुत संक्षिप्त में। मात्र एक-दो ही ऐसे आयोजन थे जिन पर समीक्षात्मक लेख भी लिखे गए। इन गतिविधियों में वाद-विवाद प्रतियोगिता तथा अन्य साहित्यिक सांस्कृतिक प्रस्तुतियां, राष्ट्रीय सेवा योजना तथा एन.सी.सी. के आयोजन, छात्रों के अन्तर्राज्यीय भ्रमण कार्यक्रम, छात्रों के वैशिष्ट्य, जिसमें परीक्षाओं में सर्वोच्च अंकों से लेकर पी.एच.डी. आदि की उपाधियों की प्राप्ति के मुख्य समाचार हैं। विश्वविद्यालय की प्रायः सभी परीक्षाओं के परिणामों को चारों समाचार-पत्रों ने प्रकाशित किया।

विश्वविद्यालयों तथा अन्य शिक्षण संस्थाओं में होने वाली संगोष्ठियों के भी समाचार चारों समाचार-पत्रों पढ़ने को मिलते रहे। यहां यह तथ्य उल्लेखनीय है कि इन गोष्ठियों में यदि किसी राजनेता को आमन्त्रित किया गया तो उसका कवरेज अधिक प्रमुखता से किया गया था। शिक्षा संस्थाओं के किसी भी आयोजन के साथ यदि राजनेता जुड़े हैं तो वह समाचार दो कॉलम के शीर्षक के साथ अधिक विस्तार से छपा है। अन्यथा अधिकांश पत्रों में शैक्षिक समाचार एक कॉलम शीर्षक से संक्षेप में ही छपे हैं। इनके अलावा विश्वविद्यालय शिक्षक, छात्र तथा कर्मचारियों के आंदोलन के समाचार छपते रहे। विश्वविद्यालय की सिंडिकेट की कार्यवाही के समाचार भी पत्रों में मुख्य चर्चा का विषय बना। शिक्षा के क्षेत्र में नये सुधार जिनमें पाठ्यक्रमों में सुधार, परिवर्तन, नये विद्यालय तथा शिक्षा जगत् की समस्याओं पर भी कभी-कभी समाचार प्रकाशित किए गए।

समाचार-पत्रों में सम्पादक के नाम प्रकाशित पत्रों के स्तम्भों में प्रशिक्षित अध्यापकों की कमी, विश्वविद्यालय की असावधानी, हड़तालों से छात्रों की हानि, शिक्षा की समस्या, परीक्षा के प्रश्न पत्रों में गड़बड़, नई शिक्षा नीति, परीक्षा पद्धति, महिला शिक्षा, पाठ्य पुस्तकों की त्रुटियां आदि विषय प्रमुख थे।

नवभारत टाइम्स में प्रत्येक शनिवार को 'परिवार' शीर्षक नाम से शिक्षा से संबंधित विषय का नियमित प्रकाशन होता रहा। इन स्तम्भ में प्रकाशित लेखों के माध्यम से अनेक सामयिक शैक्षिक विषयों पर विचारोत्तेजक चर्चाएं प्रारम्भ की गयीं। ऐसे किसी नियमित स्तम्भ का प्रकाशन अन्य तीनों पत्रों में नहीं किया गया।

राजस्थान के चार पत्रों में से किसी भी समाचार-पत्र ने शैक्षिक संवाददाता की नियुक्ति नहीं की है। लेकिन इन पत्रों ने 'विश्वविद्यालय संवाददाता' की अवश्य नियुक्ति की है जो यदा-कदा परिसर की गतिविधियों के समाचार एकत्रित करते रहे हैं, लेकिन विश्वविद्यालय के समाचार के अलावा भी इन पर कई उत्तरदायित्व थे। इन पर भी अनेक अतिरिक्त जिम्मेदारी डाल दी जाती हैं।

शैक्षिक प्रश्नों अथवा समाचारों को मुख्य पृष्ठ पर कितना स्थान दिया गया यह भी अध्ययन का एक हिस्सा था। नवम्बर माह की इस अवधि में चारों पत्रों ने केवल शिक्षकों की हड़ताल के आह्वान को मुख्य पृष्ठ पर स्थान दिया। सिर्फ एक पत्र ने दो-दो तीन-तीन पंक्तियों में एक बार किसी शिक्षक को मिले पुरस्कार आदि के समाचार मुख्य पृष्ठ पर प्रकाशित किए। इसके अतिरिक्त लगभग सभी शैक्षिक समाचारों का प्रकाशन पत्र के स्थानीय समाचारों के लिए निर्धारित पृष्ठ पर ही हुआ। कुछ महत्वपूर्ण समाचार अंतिम पृष्ठ पर भी कभी-कभी प्रकाशित हुए।

इस सर्वेक्षण से मिले निष्कर्षों से ज्ञात होता है कि राजस्थान की दैनिक पत्रकारिता में शैक्षिक पत्रकारिता की स्थिति अत्यन्त निराशाजनक है। कोई भी समाचार-पत्र चार प्रतिशत से अधिक स्थान शिक्षा को नहीं दे रहा है। अतः इस ओर ध्यान दिया जाना आवश्यक है तथा कम से कम दस से पन्द्रह प्रतिशत तक का स्थान शैक्षिक समाचारों को दिया जाना चाहिए। शिक्षा से जुड़े वर्ग की आशा-आकांक्षा शैक्षिक पत्रकारिता के समुचित विकास से ही प्रकट हो सकेगी।

शैक्षिक पत्रकारिता की मुख्य परेशानी व्याख्यात्मक शैक्षिक पत्रकारिता का अभाव है। इसको पूरा करने के लिए आवश्यक है इस क्षेत्र में भी उचित प्रशिक्षण की व्यवस्था की जाय। एन.सी.ई.आर.टी. ने यह संकल्प लिया है कि शैक्षिक पत्रकारिता का समस्थ पाठ्यक्रम तैयार कर इसे एक विधा के रूप में विकसित किया जाए। गत वर्षों में इस दिशा में अनेक सेमिनार का भी आयोजन किया गया है। आशा की जानी चाहिए कि इसके सकारात्मक परिणाम हमारे सामने होंगे। सुरक्षा के बाद शिक्षा ही एक ऐसा क्षेत्र है जिसमें सर्वाधिक व्यक्ति जुड़े हुए हैं अतः इसके उत्थान व विकास के लिए उचित ध्यान देना जरूरी है।

निष्कर्ष

राजस्थान में किये गये सर्वेक्षण से यही निष्कर्ष निकलता है कि सबसे अधिक प्रसार वाले राज्यों के समाचार-पत्रों में भी शैक्षिक समाचारों का अभाव पाया गया जिसका प्रमुख कारण विज्ञापन था। विज्ञापनों के दबाव के बाद समाचारों का दबाव भी स्वाभाविक रूप से ही होता है। अतः उपलब्ध स्थान में विभिन्न प्रकार के समाचारों को प्रकाशित करना जरूरी हो जाता है। यदि हम शैक्षिक समाचारों की संख्या की दृष्टि से प्रथम दो पत्रों के आंकड़ें देखें तो पता चलता है कि उनमें विशेष अन्तर नहीं है। 'नवभारत टाइम्स' में जहां 151 समाचार, 17 लोकमत तथा 2 संपादकीय उक्त अवधि में प्रकाशित हुए तो 'राजस्थान पत्रिका' में 143 समाचार, 10 लोकमत तथा 1 सम्पादकीय शैक्षिक समाचार विषयक थे।

संख्यात्मक दृष्टि से अंतर कम होते हुए भी यह प्रतिशत इतना कम पाये जाने का कारण यही है कि समाचारों का दबाव अधिक रहने के कारण समाचारों को संक्षेप में प्रकाशित करने की प्रवृत्ति। दूसरी ओर 'राष्ट्रदूत' में जहां 120 समाचार, 2 लोकमत तथा 1 संपादकीय शैक्षिक विषयों पर होने के बावजूद प्रतिशत की दृष्टि से उसका स्थान दूसरा है। 'नवज्योति' मात्र 112 समाचार तथा 9 लोकमत प्रकाशित करने के

बावजूद प्रतिशत की दृष्टि से तीसरे स्थान पर है। इसका कारण है कि इन पत्रों में शैक्षिक समाचार को अधिक स्थान दिया गया।

'नवभारत टाइम्स' शैक्षिक विषयों पर 30 लेखों के प्रकाशन के कारण प्रथम रहा। इसका मुख्य कारण यह है कि जिस अवधि में यह सर्वेक्षण किया गया उस अवधि में सिर्फ 'नवभारत टाइम्स' फीचर पृष्ठ प्रकाशित कर रहा था। अब 'राजस्थान पत्रिका' ने भी इस पृष्ठ का प्रकाशन शुरू किया है।

इन्टरव्यू

इन्टरव्यू अथवा भेंट वार्ता का पत्रकारिता जगत में विशिष्ट स्थान है क्योंकि लोगों के मन में जिज्ञासाएं बढ़ी है। साक्षात्कार अथवा भेंट वार्ता पत्रकारिता की वह महत्वपूर्ण विधि है जिसके द्वारा संवाददाता विभिन्न क्षेत्रों से जुड़ी शखसियतों से प्रत्यक्ष भेंट करके उनके विचारों को जनता के समक्ष प्रस्तुत करता है। साक्षात्कार न सिर्फ किसी महत्वपूर्ण व्यक्ति के व्यक्तित्व से अवगत कराता है बल्कि उसकी उपलब्धियों को भी मूल्यांकित करता है। प्रायः सभी पत्र-पत्रिकाओं में हम साक्षात्कार पढ़ते रहते हैं। किसी भी एक विषय पर विभिन्न क्षेत्रों के विशेषज्ञों के विचार परिचर्चा में आयोजित किए जाते हैं। परिचर्चा आज अधिकांश पत्र-पत्रिकाओं में पर्याप्त लोकप्रियता प्राप्त कर चुकी है। इसमें संकलित विविध विचार अत्यन्त रोचक तथा विचारपूर्ण होते हैं।

अधिकांश बार देखा जाता है कि जब कोई पत्रिका किसी विशेष व्यक्ति का साक्षात्कार प्रकाशित करती है तो वह उसे समाचार रूप में संवाद समितियों को प्रेषित कर देती है और यह समाचार व्यापक रूप से प्रकाशित होता है। इससे पत्र-पत्रिका की बिक्री भी प्रभावित होती है तथा साक्षात्कार देने वाले के विचार भी काफी व्यापक पैमाने पर प्रचारित हो जाते हैं। प्रायः महत्वपूर्ण सामयिक विषयों से जुड़े महत्वपूर्ण व्यक्तियों के साक्षात्कार लेकर विविध पत्र-पत्रिकाएं वर्तमान समय में प्रकाशित कर बहस को अग्रसरित करती है। कमलापति त्रिपाठी के ऐसे साक्षात्कार काफी चर्चित रहे तथा इसका काँग्रेस पार्टी पर भी काफी प्रभाव पड़ा।

त्रिपाठी जी के समान ही जब फिल्म स्टार अमिताभ बच्चन के स्विस बैंकों में जमा धन की चर्चा लोक सभा में हुई तो कलकत्ता के साप्ताहिक 'संडे' ने श्री बच्चन का एक विस्तृत साक्षात्कार प्रकाशित किया जो कई पत्रों में समाचार रूप में भी प्रकाशित हुआ।

इससे सिद्ध होता है कि पत्रकारिता जगत् में साक्षात्कार विधा समाचार प्राप्ति का महत्वपूर्ण साधन बन गयी है।

इंटरव्यू के लिए प्रश्नावली

साक्षात्कार पत्रकारिता जगत में सबसे मुश्किल काम समझा जाता है। साक्षात्कार की सफलता के लिए कुछ नैसर्गिक गुणों का होना अनिवार्य है। किन्तु साक्षात्कार पर जाने से पूर्व साक्षात्कारकर्ता को तैयारी कर लेनी चाहिए। साक्षात्कारकर्ता जिस विषय पर बातचीत करना चाहता है उसे उस विषय के बारे में अच्छी जानकारी होनी चाहिए। यदि उसे विषय की जानकारी नहीं होगी तो वह उस बातचीत को सहज रूप से व्यक्त नहीं कर सकेगा। अतः आवश्यक है कि विषय के बारे में सबसे पहले जानकारी मालूम की जाए।

साक्षात्कारकर्ता को साक्षात्कारदाता के बारे में भी जानकारी प्राप्त करनी चाहिए। उस व्यक्ति की उम्र, रुचियां, आदत आदि के बारे में जानकारी संवाददाता के लिए साक्षात्कार की पृष्ठभूमि तैयार करने में सहायक होगी। इसके अतिरिक्त उस व्यक्ति की पुस्तकों, कृतियों आदि के बारे में भी संवाददाता की जानकारी पूर्ण होनी चाहिए। जैसे किसी साहित्यकार के साक्षात्कार के दौरान यदि संवाददाता को उसके लेखन तथा सूचना कर्म के बारे में अच्छी जानकारी होगी तो उससे जुड़े प्रश्नों को पूछने में भी संवाददाता को सफलता मिलेंगी। उसके फिल्मी कैरियर आदि के बारे में परिचय प्राप्त कर लिया जाय तो साक्षात्कार में नयी बातें उभर कर सामने आने की संभावना बढ़ जाती है।

साक्षात्कारकर्त्ता की लेखन क्षमता काफी तेज हो। यदि उसे 'शार्ट हैण्ड' का ज्ञान हो तो कार्य में काफी सुविधा हो जाता है। आजकल टेप-रिकॉर्डर/वीडियों रिकॉर्डिंग की सुविधा भी उपलब्ध है। टेप-रिकॉर्डर का प्रयोग साक्षात्कारदाता की अनुमति मिलने पर ही करनी चाहिए। इनके उपयोग से हानि तथा लाभ दोनों ही हैं। सारी बातचीत टेप कर लेने से यह लाभ है कि साक्षात्कारदाता बाद में किसी बात का खंडन आसानी से नहीं कर सकता। कई बार यान्त्रिक गड़बड़ी के कारण साक्षात्कार रिकॉर्ड नहीं हो पाता। लेखक का एक बार का अनुभव इस सम्बन्ध में अत्यन्त रोचक है। प्रसिद्ध साहित्यकार श्री विष्णु प्रभाकर के एक साक्षात्कार को लेखक ने टेप कर लिया। बातचीत खत्म होने के बाद जब टेप चलाया गया तो पता चला कि बातचीत टेप होने के बजाय वार्ता के दौरान आकाशवाणी के कार्यक्रम टेप

हो गये। अतः यह आवश्यक है कि टेप-रिकॉर्डर के साथ-साथ संवाददाता स्वयं भी नोट्स लेता रहे। दूसरा एक लाभ यह भी होगा कि अपनी 'स्टोरी' बनाते समय टेप नहीं सुनना पड़ेगा।

साक्षात्कारकर्ता को साक्षात्कार के लिए जाने से पहले प्रश्नावली बना लेनी चाहिए। इससे संवाददाता को यह ध्यान रहेगा कि उसे किन मुद्दों पर बातचीत करनी है। यदि साक्षात्कारदाता विषय से हटने लगे तो संवाददाता को चतुरता से उसे पुनः विषय की ओर मोड़ देना चाहिए। पूरक प्रश्न पूछकर अपनी उत्सुकता को शांत अवश्य करना चाहिए। साक्षात्कार के समय व्यवहार शालीन रहना चाहिए तथा साक्षात्कारदाता के विश्वास को बनाये रखना चाहिए। 'ऑफ द रिकॉर्ड' अंश का प्रकाशन उचित नहीं है।

संवाददाता को साक्षात्कार लेने से पहले संबंधित व्यक्ति को वार्तालाप के विषय से अवगत करा देना चाहिए। वह निश्चित समय भी कर लेना चाहिए। साक्षात्कार देने वाले को यह बता देना उचित रहता है कि वह किस समाचार-पत्र या संवाद समिति से सम्बद्ध है।

संवाददाता की वाक्‌पटुता पर भी साक्षात्कार की सफलता निर्भर करती है। असंगत तथा निरर्थक प्रश्न पूछकर समय नष्ट मत कीजिए। साक्षात्कार के उद्देश्य को अपने मस्तिष्क में स्पष्ट रखें तथा पूर्वाग्रह को अपने ऊपर हावी न होने दें। अधिकांशतः साक्षात्कारकर्ता के समक्ष प्रश्न उठता है कि साक्षात्कार की लिखित प्रति साक्षात्कारदाता को दिखाई जाये अथवा नहीं। यदि साक्षात्कार तकनीकी अथवा कानूनी विषयों से सम्बद्ध है तो उसे दिखाने में कोई नुकसान नहीं। यह पत्रकार पर निर्भर है कि वह कितना आत्मविश्वासी है। यदि आपको यह विश्वास है कि आपने साक्षात्कारदाता की भावनाओं को उसी परिप्रेक्ष्य में ग्रहण किया है जैसी साक्षात्कारदाता की भावना थी तो उसे न भी दिखायें तो कोई नुकसान नहीं है।

प्रेस कांफ्रेन्स

इसका आयोजन व्यक्ति, संस्था या विभाग द्वारा निश्चित समय पर आयोजित किया जाता है जिसमें भाग लेने के लिए संवाददाता को विधिवत् निमंत्रण-पत्र भेजा जाता है। प्रेस कान्फ्रेन्स में विभिन्न संवाद माध्यमों में प्रतिनिधि उपस्थिति रहते हैं। प्रेस कांफ्रेंस के लिए संवाददाता को व्यापक व विस्तृत तैयारी नहीं करनी पड़ती है।

प्रेस कान्फ्रेंस में जाने से पूर्व संवाददाता को इस बात की सम्पूर्ण जानकारी

होनी चाहिए कि इसका आयोजन कहां, कौन कर रहा है तथा इसे कौन व्यक्ति सम्बोधित करेगा। उसे इस बात का भी अनुमान लगा लेना चाहिए वहां किस प्रकार के प्रश्न पूछे जाएंगे। इसी आधार पर उसे अपनी आवश्यक तैयारी कर ठीक समय पर उचित स्थान ग्रहण कर लेना चाहिए। यदि संवाददाता संभावित प्रश्नों की एक सूची तैयार कर ले तो उसे अपने कार्य में काफी सुविधा रहेगी।

प्रेस कान्फ्रेस का आयोजन प्राय होता रहा है तथा यह समाचार प्राप्ति का मुख्य साधन है। अतः संवाददाता को इनमें आवश्यक तैयारी कर सम्मिलित होना चाहिए। प्रेस कान्फ्रेन्स के दौरान पूरी सजगता से बैठना चाहिए। अन्य साथी संवाददाताओं के प्रश्नों को ध्यान से सुनना चाहिए। उनके द्वारा पूछे गए महत्वपूर्ण प्रश्न अच्छे समाचार बन सकते हैं। यदि वक्ता अपने वक्तव्य में कोई असंगत बात कहे तो संवाददाताओं का यह कर्तव्य हो जाता है कि वह उससे सत्य बात कहलवाये।

संवाददाता को छोटे प्रश्न पूछने चाहिए जो सहज तथा सरल हों। लम्बे प्रश्नों के कारण वक्ता को भी उत्तर देने में कठिनाई होती है तथा समय भी नष्ट होता है। वक्ता को अपनी बात कहने दें। बात पूरी होने पर ही यदि कोई संशय हो तो पुनः प्रश्न करें। वक्ता के जो दावे हैं उनकी सत्यता की भी जॉच करें। यह तभी संभव होगा जब आपकी सम्बन्धित विषय की तैयारी अच्छी होगी।

प्रेस कान्फ्रेन्स में विभिन्न माध्यमों के पत्रकार मौजूद रहते हैं। सभी को प्रश्न पूछने का अधिकार होता है। अतः संवाददाता बार-बार स्वयं ही प्रश्न पूछने का प्रयत्न न करे। प्रेस कान्फ्रेन्स में पूछे गये प्रश्नों पर सभी का अधिकार होता है, अतः जो प्रश्न सबसे महत्वपूर्ण हो उसी प्रश्न की लीड समाचार में बनाई जानी चाहिए।.... समाचार में कभी यह न लिखे कि 'अमुक पत्र के संवाददाता के प्रश्न के उत्तर में बताया'।

2

समाचार संचय के स्रोत

वर्तमान समय सूचना क्रांति का दौर है। इस समय सूचना की उपयोगिता अत्यधिक बढ गई है। संचार के सभी माध्यमों का लक्ष्य समाचारों को जनता तक पहुंचाना है। शिक्षित वर्ग अपनी दिनचर्या का प्रारंभ समाचार-पत्र के साथ करता है। समाचार पत्र खबरों की प्राप्ति के लिए संवाददाताओं की नियुक्ति करते हैं। भिन्न-भिन्न क्षेत्रों से खबरों को संचयित कर इन्हें पढ़ने योग्य बनाया जाता है। इन खबरों की प्राप्ति के लिए संवाददाता को काफी मेहनत करनी पड़ती है। कुछ स्त्रोतों के माध्यम से भी खबर प्राप्त की जाती है।

समाचार प्राप्ति के प्रमुख स्रोत

समाचार प्राप्ति करने के प्रमुख स्त्रोत सरकारी कार्यालय, कोर्ट और पुलिस विभाग, व्यक्तिगत सम्पर्क, अस्पताल इत्यादि संपर्क हैं।

(1) सरकारी स्रोत—सूचनाएं प्राप्त करने का यह विशिष्ट माध्यम है। इस स्त्रोत से मिली सूचनाएं अधिक विश्वसनीय होती है। इसे सरलता से गलत नहीं ठहराया जा सकता। भारत की राजधानी दिल्ली के अलावा विभिन्न राज्यों के मुख्यालयों पर सरकारी सूचना विभाग के कार्यालय स्थित हैं। इन कार्यालयों से सरकारी गतिविधियों की जानकारी सरलता से प्राप्त की जा सकती है। सूचना राज्य विभाग से समाचार-पत्रों को भेजी जाती हैं इनकी विस्तृत जानकारी के लिए समाचार-पत्रों के संवाददाता इनसे सम्पर्क कर सकते हैं। राज्य सरकार के विभाग के अलावा केन्द्र सरकार द्वारा भी "पत्र सूचना कार्यालय" चलाया जा रहा है जहाँ से महत्वपूर्ण समाचार, समाचार-पत्रों को भेजे जाते हैं।

समाचार पत्रों का उत्तरदायित्व बनता है कि सरकारी क्रियाकलापों से आमजन को अवगत करायें। समय-समय पर संवाददाता को जीवन बीमा निगम और महत्त्वपूर्ण बैंकों के समाचार सूचना विभाग से मिलते रहने चाहिए और उनके संपर्क से आँकड़े और जानकारी इकट्ठी कर जनता के समक्ष रखनी चाहिए। समाचार-पत्रों को चाहिए कि वह सरकार के प्रचार से प्रभावित होकर एक पक्षीय सूचना जनता के सामने न रखे। इसके साथ ही अगर किसी सार्वजनिक क्षेत्र अथवा सरकारी विभाग के विषय में उड़ती हुई अथवा आधाररहित टीका-टिप्पणी लोगों में हो रही हो, तो उसका सीधा ही प्रचार करने के बजाय उस विभाग से मिलकर वस्तुस्थिति जाननी चाहिए। इस तरह के मामलों में संवाददाता को स्वतन्त्र रहना चाहिए तथा और किसी भी व्यक्ति अथवा संस्था के प्रति पूर्वाग्रह के कारण एक का पक्ष लेने से बचना चाहिए। परिवार-नियोजन जैसे विभागों द्वारा होने वाले लोकहित के कार्यों को भी उसे उचित स्थान देकर पारदर्शी पत्रकारिता उदाहरण पेश करना चाहिए।

(2) कोर्ट और पुलिस विभाग—वर्तमान में अपराधिक घटनाओं की अत्यधिक वृद्धि हो रही है। ऐसी खबरों तक पहुचने के लिए संवाँददाता के लिए सबसे बड़ा भंडार पुलिस विभाग होता है। हत्या अथवा मारपीट के मामले, नशाबंदी और यातायात के उल्लंघन के मामले की जानकारी पुलिस विभाग के सम्पर्क में रहकर ही मिल सकती है। पुलिस कर्मचारी बहुत बार अपने उच्चाधिकारियों के डर से सिर्फ मामूली-सी और अधूरी जानकारी भी देते हैं। ऐसी परिस्थिति में अगर संवाददाता का व्यक्तिगत संपर्क पुलिस के उच्च अधिकारियों से बना हो तो महत्वपूर्ण सूचनाएं प्राप्त की जा सकती हैं। किसी मामले में अपराधी की गिरफ्तारी होने के बाद वह मामला कितना आगे बढ़ा है, इसकी पूछताछ पुलिस से निरन्तर करते रहना चाहिए। व्यक्तिगत आधार पर पूछताछ नई गुथियों को खोलने में सहायक होती है।

कई बार किसी अपराधी की रिपोर्ट पुलिस खाते में नहीं लिखी जाती और कभी फरियादी को ही अपराधी बना देने की कोशिशों का भंडाफोड़ होता है। ऐसे उदाहरणों की कोई कमी नही जव पुलिस अपना पल्ला झाड़नें के लिए निर्दोष को ही दोषी बना देतीं है। ऐसी स्थिति में संवाददाता को सच्ची खबर छापकर अपने दायित्वों का पालन काना चाहिए। ऐसे प्रकरणों में, अखबारी जागरूकता ने पुलिस विभाग को सचेत किया है और उच्चाधिकारियों तक बात पहुँचाने पर उचित कार्यवाही भी हुई है। किसी निर्दोष युवती के अपहरण रो लेकर बच्चों के अपहरण तक के विभिन्न मामलों में समाचारों ने जनमत इकट्ठा किया है और पुलिस-तन्त्र को भी अपने कर्त्तव्यों को पूरा करने पर बाध्य किया है। बड़े शहरों में यातायात की भी अनेक समस्याएँ होती हैं,

जिनके समाधान में भी संवाददाता अपने ढंग से मददगार बन सकते हैं। कई बार उपरोक्त आकड़ों का प्रयोग तुलनात्मक अध्ययन में भी काम आता है।

संवाददाता को चाहिए कि खबरों में तारतम्यता बनाए रखे। कई बार पुलिस कार्यालय में दर्ज हुएं मामले चलते-चलते अदालत में पहुँच जाते हैं। संवाददाता को इन मामलों की गहरी जानकारी प्राप्त करने के लिए अदालत के चक्कर लगाने पड़ते हैं। सामान्य रूप से तो अदालतों में कई छोटे-मोटे दीवानी और फौजदारी मुकदमें चलते ही रहते हैं और उनके फैसले भी होते रहते हैं। लेकिन ये सभी मुकदमें अखबारी खबर बनने की योग्यता नहीं रखते। ऐसे में संवाददाता ही निर्णायक की भूमिका अदा करता है। अतः कौन से मामलें जनरुचि के है इसकी समझ संवाददाता में विद्यमान रहनी चाहिए।

(3) व्यक्तिगत सम्पर्क—समाचार प्राप्ति का यह भी एक प्रमुख स्त्रोत है संवाददाता व्यक्तिगत सम्पर्क द्वारा अपना विश्वास बना सकता है। यह बात सामान्य है कि सरकारी मामलों की जानकारी प्राप्त करने के लिए भी किसी मन्त्रालय अथवा विभाग के उच्च पदाधिकारियों से व्यक्तिगत सम्पर्क स्थापित करना पड़ता है। जो संवाददाता इस कार्य में कुशल होता है, वह दूसरों की तुलना में मैदान मार जाता है। व्यक्तिगत सम्पर्क रखने वाला पत्रकार अपने पत्र को कुछ विशेष सामग्री प्रदान करने में सक्षम होता है, विश्व के महान पत्रकार और संवाददाताओं ने जो ख्याति प्राप्त की, उसका सारा श्रेय इसी कौशल को जाता है। सांसद, मन्त्री, सचिव और निजी सहायकों से सम्बन्ध बनाने वाला संवाददाता कई बार गोपनीय समाचार ले आता है और लोगों को चौंका देता है, तो कभी आने वाले कल का समाचार पहले ही प्राप्त कर लेता है। व्यक्तिगत सम्पर्क रखने वाला संवाददाता अपने संवादों में ताजगी, नवीनता और गहराई के अतिरिक्त प्रामाणिकता प्रस्तुत करता है। उसके विवरण में जो मानवीय सम्पर्क देखने को मिलेगा, वह दूसरे के कार्यों में नहीं मिल पाएगा। व्यक्तिगत संपर्क बनाने के लिए कई बार संवाददाता को काफी समय, मेहनत और धन का व्यय भी करना पड़ता है। लेकिन यह खर्च बाद में लाभदायक सिद्ध होता है। अतः व्यक्तिगत सम्पर्क एक संवाददाता के लिए निवेश की भांति होते है जो कालान्तर में लाभप्रद साबित होते है।

(4) अस्पताल—यहां से भी विभिन्न तरह की घटनाओं का समाचार प्राप्त किया जा सकता है। अस्पताल में भर्ती व्यक्तियों का लेखा-जोखा रखा जाता है। बड़े शहरों में जहरीली दवा, शराब पीने जैसी घटनाओं की जानकारी के बारे में संवाददाता पूर्ण रूप से जानकारी प्राप्त करके जनता के सामने रखता है। संवाददाता को चाहिए

कि सरकारी सूचना पर विश्वास करने के बजाय अपने ढंग से ज्यादा जानकारी इकट्ठी करनी चाहिए और इसके लिए स्वयं ही दौड़-धूप भी करनी चाहिए। यहां से स्वास्थ्य संबंधी सभी समाचार प्राप्त किये जा सकते हैं।

(5) भेंटवर्ता/साक्षात्कार—समाचार प्राप्त करने का यह भी एक मुख्य साधन है। वर्तमान समय में ज्यादातर समाचार-पत्र और पत्रिकाएँ किसी न किसी क्षेत्र के प्रसिद्ध व्यक्ति या एकदम अनजाने व्यक्ति का इन्टरव्यू लेती है व उसे प्रकाशित करती रहती है। साक्षात्कार की लोकप्रियता आज शीर्ष पर है, अच्छा साक्षात्कार भी एक कला है। वर्तमान समय में साक्षात्कार का भी पत्रकारिता में बहुत विकास हुआ है। कभी-कभी ज्यादा विशिष्ट साक्षात्कार में से नये समाचार निकल आते हैं।

साक्षात्कार पत्रकारिता की विशिष्ट एवं कठिन विधा है। यह उतना सरल नहीं जितना कि यह देखने में होता है। अन्य देशों में साक्षात्कार पत्रों की जिम्मेवारी साक्षात्कारों पर ही निर्भर होती है। भेंटवार्ता में भेंटदाता की बात को विशिष्ट स्थान प्रदान किया जाता है।

साक्षात्कार को दो भागों में वर्गीकृत किया जा सकता है—पहला, महत्वपूर्ण व्यक्तियों का साक्षात्कार जो समाचार की दृष्टि में महत्वपूर्ण होते हैं और पहले पृष्ठ की सामग्री होते हैं। दूसरा, कम महत्वपूर्ण मनुष्यों के साथ भेंटवार्ता, जो किसी नई घटना की वजह से समाचार-पत्र की शोभा बढ़ाते हैं। प्रथम श्रेणी में विशेष व्यक्तियों के साक्षात्कार को रखा जाता है। इसमें अन्तर्राष्ट्रीय अथवा राष्ट्रीय नेताओं और राजनीतिज्ञों के साक्षात्कार सम्मिलित हैं। दूसरे में किसी घटना खास का वर्णन होता है। इरा प्रकार दोनों तरह के साक्षात्कारों का उद्देश्य भिन्न होता है और उनकी तैयारी तथा उनका लेखन-कार्य भी परिवर्तित हो जाता है।

पत्रकारिता की दृष्टि में ऐसी भेंटवार्ता मनोरंजक नहीं मानी जाती जिसमें प्रस्तुतकर्ता शब्द छापा गया हो क्योंकि भेंटकर्ता ने भेंटदाता से सीधा सम्पर्क स्थापित किया है इसलिए इसे साक्षात्कार अथवा भेंटवार्ता कहना सही नहीं है। अनावश्यक खिंचाव भेंटवार्ता को बोझिल बना देता है।

भेंटकर्ता को भेंटदाता से अनावश्यक सवाल पूछकर उन्हें असहज नहीं करना चाहिए। यदि कोई बात राजनीतिक हवा में चल रही है और आप अपनी चातुर्य विवेक से भेंटदाता से उगलवा सकें तो वह समाचार महत्वपूर्ण हो जाएगा। ऐसी कुछ भी बात नहीं लिखनी चाहिए जो भेंटदाता ने नहीं कही है। इससे पत्र बदनाम होता है। चूँकि बाद में भेंटदाता उस बात को नकार सकता है इरालिए अपनी तरफ से बातों को जोड़ने से बचना चाहिए।

साक्षात्कार को रोमांचक और उपयोगी बनाने का दायित्व संवाददाता का है। इस तरह भेंटवार्ता को ज्यादा-से-ज्यादा प्रभावशाली ढंग से बनाना चाहिए, और साक्षात्कार से पाठकों को नई बातें मिलनी चाहिए। पाठकों को सही वस्तुस्थिति की जानकारी प्रदान करना साक्षात्कार का उद्देश्य होता है।

साक्षात्कार में प्रत्येक जानकारी का काफी महत्व होता है। इसलिए किसी भी साक्षात्कार को प्रकाशित करते वक्त इस बात का ध्यान रखना चाहिए कि जिस भेंटदाता से भेंट की जा रही है उसके बोलने का तरीका और स्वभाव कैसा है और उसकी सूक्ष्मताओं का उल्लेख करना चाहिए जिससे पाठकों के सामने उसका वास्तविक रूप पेश हो। साक्षात्कार से प्राप्त जानकारियों का वर्णन पूरी गम्भीरता के साथ पेश करना चाहिए।

सावधानियाँ—साक्षात्कार में समय का अत्यधिक ध्यान रखा जाना चाहिए। अधिकांशतः प्रमुख नेताओं के पास समय की कमी होती है और भेंटकर्ता को उससे काफी सारी जानकारियाँ जाननी है तो वातावरण को इतना विनोदपूर्ण बनाइए कि समय की सीमा अपने आप समाप्त हो जाए। अथवा अपने प्रश्न को इस तरह प्रस्तुत करिये कि समय की बर्बादी न हो।

संवाददाता को समय की नजाकत की समझ होनी चाहिए। यदि भेंटदाता के चारों तरफ भीड़ है एवं समय की कमी है तो महत्वपूर्ण प्रश्नों को संक्षेप में पूछना चाहिए एवं बाद में उनका उचित तरीके से विस्तार करना चाहिए। शार्ट हैंड का ज्ञान संवाददाता के लिए उपयोगी होता है। भेंटकर्ता को इधर-उधर की बातों में समय नष्ट नहीं करना चाहिए। यदि संभव हो तो भेंटवार्ता को रिकॉर्ड भी कर लेना चाहिए।

भेंटवार्ता के लिए उचित समय और स्थान निर्धारित होने के बाद पत्रकार द्वारा साक्षात्कार सम्भव होता है। एक बार समय तय होने के बाद पत्रकार को तय समय पर इन्टरव्यू के लिए पहुँच जाना चाहिए। साक्षात्कार करने वाले को समय का पाबन्द रहना चाहिए। समय पर पहुँचकर पत्रकार को अपना तथा अपने पत्र का संक्षिप्त परिचय देना चाहिए। साक्षात्कार का उद्देश्य भी साक्षात्कारदाता को समझा देना चाहिए ताकि दोनों के बीच पारदर्शिता बनी रहे।

साक्षात्कारकर्ता प्रश्नावली पहले ही तैयार कर लेता है। इसलिए उसे इस बात का ध्यान रखना चाहिए कि वह साक्षात्कार को सवालों और जवाबों से ऊपर ले जाए। साक्षात्कार को रोमांचक व आकर्षक बनाने की जिम्मेदारी भी साक्षात्कारकर्ता की है। चूंकि इन्टरव्यू में उसे नियमित रूप से एक खास व्यक्ति का सामना करना है इसके लिए उसे सीधे ही साक्षात्कार आरम्भ नहीं करना चाहिए। प्रारम्भ में कुछ और बातें

करनी चाहिए तथा हो सके तो इन्टरव्यू देने वाला जिस क्षेत्र का व्यक्ति हो, उस क्षेत्र की वर्तमान गतिविधियों की चर्चा छेड़नी चाहिए। जैसे किसी संगीतज्ञ का साक्षात्कार लेना है तो संगीत की वर्तमान स्थिति, दूसरे देशों के प्रसिद्ध संगीतकार इत्यादि की चर्चा शुरू की जा सकती है। इससे एक ओर आत्मीयता बँधेगी एवं दूसरी ओर उसके क्षेत्र में पत्रकार की रूचि का भी पता लगेगा।

साक्षात्कारकर्ता को साक्षात्कार लेने के पहले ही अच्छी खासी तैयारी कर लेनी चाहिए ताकि भेंटवार्ता में आसानी हो। उसे प्रश्नावली पहले बना लेनी चाहिए ताकि साक्षात्कार उद्देश्य से नहीं भटके।

साक्षात्कारकर्ता द्वारा प्रत्येक प्रश्न स्वभाविकता के साथ पूछने चाहिए ताकि सवालों कि ताजगी बनी रहें। पहले से ही तैयार प्रश्न किसी भी व्यक्ति खास से साक्षात्कार में काम में लिए जा सकते हैं। इस भेंटवार्ता में कोई ताजगी नहीं होगी। साक्षात्कार ऐसा होना चाहिए जो उस व्यक्ति से सम्बन्धित क्षेत्र में सही-सही जानकारी जुटाए तथा पाठक को उस व्यक्ति और उसके क्षेत्र के विषय में ज्ञानवर्द्धक जानकारी प्रदान करें।

साक्षात्कार को विशिष्ट बनाने के लिए गहराई वाले प्रश्न तैयार करने चाहिए और उसके लिए जिस व्यक्ति से मिलना है, उसका सम्पूर्ण व्यक्तित्व, उसका जीवन, उसका सृजन, उसके समस्त कार्यकलापों का सम्पूर्ण अध्ययन करना बहुत जरूरी है।

प्रेस कांफ्रेन्स

प्रेस कान्फ्रेंस (संवाददाता सम्मेलन) भी साक्षात्कार की भांति समाचार प्राप्ति का प्रमुख स्त्रोत है। समाचारों के ये दोनों साधन एक-दूसरे के काफी नजदीक हैं। लेकिन दोनों में कुछ अन्तर मौजूद है जिसे जानना बहुत जरूरी है।

साक्षात्कार में संवाददाता साक्षात्कारकर्ता से समय मांगता है जबकि प्रेस कांफ्रेंस में उसके आयोजकगण, पत्रकारों को अपनी ओर से आमन्त्रित करते हैं। साक्षात्कार में पत्रकार को पहल करनी पड़ती है जबकि पत्रकार सम्मेलन के लिए उसे निमन्त्रण मिलता है।

साक्षात्कार और प्रेस कान्फ्रेंस में प्रमुख अन्तर यह है कि पत्रकार सम्मेलन एक प्रकार से सामूहिक साक्षात्कार है। इसमें फर्क केवल यह होता है कि इसमें प्रश्न पूछने वाले अनेक और उत्तर देने वाला एक होता हैं। साक्षात्कार के लिए प्रश्नावली पहले बना ली जाती है। पत्रकार सम्मेलन में तो अनेक बार किसी अन्य पत्रकार के पूछे

प्रश्न से भी पूरक प्रश्न तथा नये प्रश्नों की प्रेरणा मिल जाती है जबकि साक्षात्कार में ऐसा नहीं होता। पत्रकार अन्य पत्रकारों द्वारा पूछे गए प्रश्नों से भी जानकारी संकलित कर पाता है। जबकि भेंटवार्ता में वह केवल अपनी समझ के मुताबिक ही प्रश्न पूछ पाता है।

साक्षात्कार में पत्रकार एवं साक्षात्कारदाता का आमना-सामना होता है। जिसके कारण उक्त व्यक्ति के सन्दर्भ में अधिक बारिकी से जानकारी एकत्रित होती है जबकि पत्रकार सम्मेलन में सूक्ष्मता का अभाव होता है। इसलिए साक्षात्कार में जो घनिष्ठता अनुभव होती है वह पत्रकार सम्मेलन में नहीं होती है। सम्मेलन का यह सूक्ष्म अन्तर ध्यान में रखने लायक है। इसी कारण साक्षात्कार में जितने ज्यादा विवरण एवं खास तथा विशिष्टता देखने को मिलती है, प्रेस कांफ्रेंस में नहीं मिलती है।

न्यूज एजेंसी

सभी समाचार-पत्रों की आर्थिक स्थिति इतनी सुदृढ़ नहीं होती है कि वह हर स्थान पर अपने संवाददाता नियुक्त कर सकें। विदेशों में घटने वाली घटनाओं के लिए प्रत्येक देश में संवाददाता नियुक्त करना काफी मुश्किल है। ऐसे में न्यूज एजेंसी (संवाद समितियां) सहायक होती है। समाचार संकलन से लेकर, प्रेक्षण वितरण, विस्तृत लेख, फीचर, फोटों आदि उपलब्ध कराने का कार्य संवाद समितियाँ ही करती है।

समाचार-पत्र दो प्रमुख स्रोतों से समाचार प्राप्त करता है। पहला सूत्र समाचार वितरण करने वाली एजेंसियाँ होती हैं एवं दूसरा उन रिपोर्टरों, संवाददाताओं, खास संवाददाताओं की टीम होती है जिन्हें पत्र अपनी ओर से समाचार एकत्रित करने के लिए नियुक्त करते हैं। न्यूज एजेंसियाँ (समाचार समितिया) अक्सर सभी बड़े-बड़े देशों में स्थापित हैं जिनके रिपोर्टर और संवाददाता फैले हुए होते हैं। ब्रिटेन की रायटर समाचार समिति इनमें सबसे पुरानी है जो सम्पूर्ण विश्व के समाचारों का संकलन करती है एवं अपने ग्राहकों को प्रदान करती है। वर्तमान समय में समाचार एजेंसी खबरों के साथ अन्य सामग्री भी समाचार पत्रों को उपलब्ध कराती है।

अंतर्राष्ट्रीय संवाद समितियाँ अधिक सक्षमता से अपना कार्य कर रही है। अमेरिका एवं यूरोप की संवाद समितियों ने हजारों की संख्या में अपने संवाददाताओं को देश एवं विदेशों में नियुक्त किया हुआ है। अमेरिका का एसोसिएटेड प्रेस तो एक तरह के सहयोग-समिति (को-ऑपरेटिव सोसाइटी) के समान है जिसके सदस्य

अमेरिका के चौदह सौ से ज्यादा पत्र हैं। एसोसिएटेड प्रेस सारे विश्व में समाचार भेजता है। यह एक व्यापारिक संस्था है तथा अधिकतर एक सहस्र संवाद भेजता रहता है। 'इन्टरनेशनल न्यूज सर्विस' की स्थापना विश्व के सबसे बढ़िया पत्र-स्वामी विलियम रेंडोल्फ हार्स्ट ने की थी। अमेरिका के करीब सात सौ समाचर-पत्र ग्राहकों को यह कम्पनी इन्टरनेट द्वारा संवाद भेजने में डेढ़ लाख शब्दों से ज्यादा शब्द प्रतिदिन प्रेषित करती है। इससे न्यूज एजेंसियों की उपयोगिता समझी जा सकती है।

संयुक्त राज्य अमेरिका के कई पत्रों के लगातार रात-आठ संस्करण रोज निकलते हैं। ये समाचार एजेंसियाँ इन पत्रों के संवाद की भूख को मिटाने में दिन-रात लगी रहती हैं। इन्टरनेट के द्वारा प्रवाहित होने वाली समाचार-धारा लगातार दिन-रात बहती रहती है। अनेक देशों की इन एजेंसियों के काम करने का अपना अलग-अलग तरीका है। इनके रिपोर्टरों और संवाददाताओं का जाल-सा फैला तो है ही साथ ही ये आपसी समाचारों का विनिमय भी करती रहती हैं। रायटर का अमेरिका, जापान, यूरोप की कई एजेंसियों तथा आस्ट्रेलिया, कनाडा इत्यादि की एजेंसियों से अलग सम्बन्ध हैं। वह इन एजेंसियों से समाचार खरीदकर और एक देश के संवाद दूसरे देश की एजेंसी को विक्रय करता है। रायटर के सभी समाचारों का संकलन लंदन से होता है। तत्पश्चात् वहाँ से नाना प्रकार के समाचार विश्व के विभिन्न भागों में भेजे जाते हैं। अमेरिका का एसोसिएटेड प्रेस भी रायटर के समान ही विश्वव्यापी समाचार-संकलन तथा वितरण करती है। प्रत्येक विदेशी न्यूज एजेंसी के संवाददाता पूरे विश्व में फैले हुए हैं जो समाचारों का संकलन करती है।

राष्ट्रीय खबरों को एकत्रित करने के लिए स्थानीय एजेंसियाँ मदद करती हैं। लन्दन में स्थित रायटर—सेंट्रल न्यूज एजेंसी, प्रेस-एसोसिएशन, लन्दन न्यूज एजेंसी, नेशनल प्रेस एजेन्सी, एक्सचेंज टेलीग्राफ कम्पनी इत्यादि है। ये सभी एजेंसियाँ ब्रिटिश समाचार-पत्रों को अपने देश से समाचार भेजती हैं। इनके अलावा लन्दन में और भी न्यूज एजेंसियां हैं जो समाचारों का वितरण करती है। ब्रिटिश पत्रकार-कला विकसित हो गई है और वहाँ के पत्रों का क्षेत्र इतना व्यापक हो गया है कि इस तरह की एजेंसियों के लिए काम की कमी नहीं रह गई है। लन्दन की प्रमुख कम्पनियों में वहाँ का प्रेस-एसोसिएशन सबसे ज्यादा प्रसिद्ध है। सन् 1870 ई. में इस कम्पनी की स्थापना की गई थी। उस समय ब्रिटिश प्रान्तों से निकलने वाले पत्र पिछड़े हुए थे। प्रान्तीय पत्रों ने लन्दन के पत्रों का सामना करने के लिए अपनी पूंजी से इसकी स्थापना की थी।

जब स्थापना की गई तो उस समय लंदन में तार भेजने वाली दो कंपनियां विद्यमान थीं। यह कंपनियाँ व्यक्तिगत पूँजी से चल रही थीं। इस समय तक सरकार ने तार-विभाग को अपने अधिकार में नहीं लिया था, लेकिन ब्रिटेन की सरकार ने इन दोनों तार की कम्पनियों को अपने अधिकार में कर लिया। कम्पनियाँ तार द्वारा समाचार भेजने का काम किया करती थीं। शायद समाचारों के वितरण में जनता की इस तरह की स्वतंत्रता से ही डर कर सरकारी तंत्र में सम्मिलित लोगों ने उन्हें अपने हाथ में लेने का प्रण किया। तार की कम्पनी तो सरकारी अधिकार में आ गई परन्तु समाचार-संग्रह करने तथा भेजने का जो काम वे कम्पनियाँ कर रही थीं वे बन्द हो गईं। इस स्थिति में समाचार पत्र को यह जरूरी लगने लगा कि वे स्वंय समाचार-संकलन की व्यवस्था करें। नए रूप से इस कार्य को करना बहुत मँहगा था। इसके अतिरिक्त एक पत्र समस्त विश्व के समाचारों का संग्रह कर भी नहीं सकता था। फलस्वरूप प्रेस-एसोसिएशन की स्थापना बोर्ड के रूप में की गई। इस बोर्ड में सात सदस्य प्रान्तीय ब्रिटिश पत्रों के प्रतिनिधि ही होते हैं। क्रम बद्ध रूप में ये सातों सदस्य संचालक बोर्ड के अध्यक्ष होते हैं और सात वर्ष के पश्चात् सदस्यता का त्याग कर देते हैं। प्रेस-एसोसिएशन की सदस्यता प्रान्तीय पत्रों तक ही सीमित है और हर पत्र का जो सदस्य होता है, निश्चित संख्या में इस कम्पनी के हिस्से खरीदता है। इसके द्वारा एकत्रित समाचारों का ग्राहक लंदन के बाहर के पत्र भी हो सकते हैं परन्तु उसकी सदस्यता प्रान्तीय पत्रों को ही प्राप्त हो सकती है। कुशल प्रबंधन के चलते यह सह एंजेसी समाचार वितरण में मशहूर है।

भारत के पत्रों के पास विदेशी समाचार खरीदने के लिए पैसे, विश्वयुद्ध के समय तक नहीं थे। हिन्दी के दो-चार दैनिक पत्र ही उस समय प्रकाशित होते थे। ये समाचार-पत्र अंग्रेजी पत्रों के समाचारों का अनुवाद प्रकाशित करके ही खुश थे। प्रथम विश्वयुद्ध के पहले तक प्रसिद्ध 'अमृतबाजार पत्रिका' भी विदेशी समाचार खरीदने की क्षमता नहीं रखता था। लेकिन उस समय भी कुछ अंग्रेजी पत्र अपने संवाददाता भारत के प्रसिद्ध नगरों में रखते थे तथा उन्हीं से प्राप्त समाचारों से अपना काम चलाते थे। देशी भाषा के पत्र उनकी जूठन से अपना पेट भरते थे। उस समय 'पॉयनियर' समाचार पत्र का बड़ा नाम था। इसे पत्र समाचार-संग्रह में सबसे ज्यादा सफल तथा अग्रणी माना जाता था। कुछ समय बाद 'कोर्ट्स न्यूज सर्विस' नाम की एजेंसी स्थापित हुई थी जिसमें अंग्रेजी भाषा के पत्र देशी संवाद से प्राप्त करते थे। परंतु इसे कुछ विशेष सफलता नहीं मिली।

स्थानीय भाषा के पत्रों को नवीन समाचार उस समय मिलना शुरू हुआ जब

श्री कृष्णचन्द्र राय द्वारा एसोसिएटेड प्रेस नामक समाचार एजेंसी की शुरुआत की गई। एसोसिएटेड प्रेस ने शुरू में तो सफलतापूर्वक कार्य किया लेकिन बाद में श्री कृष्णचन्द्र राय और उनके यूरोपियन साथियों के आपसी झगड़ों ने कम्पनी को बंद होने के कगार पर ला दिया जिसके चलते राय महोदय ने इस झगड़े के फलस्वरूप एसोसिएटेड प्रेस से अपना संबंध तोड़ लिया तथा अपने दल-बल सहित 'न्यूज ब्यूरो' नामक एक दूसरी संस्था स्थापित कर ली।

न्यूज ब्यूरो की स्थापना के तीन महीने बाद ही एसोसिएटेड प्रेस में उसका विलय हो गया। श्री राय महोदय की मृत्यु के पश्चात् भारत एसोसिएटेड प्रेस लन्दन के रायटर के अधीन हो गया। इसका कार्यालय शिमला में था। रायटर प्रेस के अधीन होने के बाद यह समाचार एजेंसी एक तरह की सरकारी संस्था के रूप में कार्य करने लगी। अब इसकी निष्पक्षता से कोसों दूर खबरें मात्र सरकार की सराहना करती नजर आई। यह एजेंसी उन्हीं समाचारों का वितरण करना पसन्द करती थी जिन्हें ब्रिटिश सरकार आपत्तिजनक नहीं समझती थी। इसके बाद सन् 1925 ई. में बम्बई में 'फ्री प्रेस जर्नल' नामक समाचार-पत्र के सम्पादक तथा संचालक श्री एस. सदानन्द ने 'फ्री प्रेस' के नाम से एक समाचार एजेंसी स्थापित की लेकिन यह कम्पनी सन् 1934 ई. में बंद हो गई। इसके पश्चात् इसके एक कार्यकर्ता तथा साझेदार श्री विद्याभूषण ने सन् 1934 ई. में 'यूनाइटेड प्रेस' के नाम से दूसरी एजेंसी की स्थापना की। यह एजेंसी अपनी नीति को निष्पक्ष रखती थी फिर भी इसके रास्ते में कई कठिनाइयाँ थीं। विदेशी सरकार हमेशा इसे सन्देह की दृष्टि से देखती थी। सरकार की दोहरी नीति एक तरफ एसोसिएटेड प्रेस को बुलंदियों तक पहुँचाता रही वहीं अन्य एजेंसियाँ पिछड़ती चली गई। सरकार के द्वारा यूनाइटेड प्रेस को टेलीप्रिंटर की लाइन तक नहीं दी गई जिससे कि वह ज्यादा-से-ज्यादा भारतीय पत्रों के लिए उपयोगी हो सके तथा विकास कर सके। उसे साधारण प्रेस तारों द्वारा संवाद भेजकर ही काम चलाना पड़ता था।

भारत जब स्वाधीन हुआ तो एजेंसियों का प्रगति को अवसर मिला। अब इनके साथ किसी तरह की भेदनीति नहीं की गई। टेलीप्रिंटर की लाइन भी मुहैया कराई गई तथा कई पत्रों के कार्यालयों में इसके टेलीप्रिंटर काम भी करने लगे। इस तरह यह एसोसिएटेड प्रेस के एकाधिकार को चुनौती देती हुई उसकी सबल प्रतिद्वन्द्वी बन गई। यह प्रतियोगिता अगर स्वस्थ आधार पर चलती रही तो समाचार-पत्र अपने दायित्वों का निर्वाहन उचित तरीके से करेंगे। अब दिल्ली के भाषण की रिपोर्ट को काशी भेजने में लगभग 14 घंटे का समय एसोसिएटेड प्रेस नहीं लेगा! समाचारों के

संकलन में भी इससे सहायता मिली साथ ही अन्य एंजेसियों को विकसित होने का मौका मिला।

तब तक एसोसिएटेड प्रेस ऑफ इंडिया का स्वामित्व और नियन्त्रण पूरी तरह रायटर के पास था। लेकिन सितम्बर 1948 ई. में रायटर और 'इंडियन एंड ईस्टर्न न्यूज पेपर सोसाइटी' के बीच एक समझौता हुआ। इस सोसाइटी के नेतृत्व में 'प्रेस ट्रस्ट ऑफ इंडिया' नामक एक लिमिटेड संस्था स्थापित की गई। जिसके कारण रायटर ने भारतीय एसोसिएटेड प्रेस का स्वामित्व तथा नियन्त्रण इसी प्रेस ट्रस्ट को हस्तान्तरित कर दिया। यह भी निश्चित हुआ कि रायटर में भी प्रेस ट्रस्ट ऑफ इंडिया को नियंत्रण के कई अधिकार प्राप्त होंगे, उसे एक ट्रस्टी एवं एक डाइरेक्टर का स्थान दिया जाएगा। प्रेस ट्रस्ट के डायरेक्टर ने घोषणा की कि कोई भी भारतीय पत्र उसके भाग खरीद सकता है। इस प्रकार एसोसिएटेड प्रेस पर भारत का स्वामित्व हो गया। भारतीय पत्रों का स्वामित्व बड़े-बड़े पूँजीपतियों के हाथों में जा रहा है इसलिए वे उन्हीं समाचारों का संकलन और वितरण करेंगे जो उनके हित के होंगे। अन्तर्राष्ट्रीय समाचारों की अवस्था बदतर रहेगी। प्रेस ट्रस्ट ऑफ इंडिया को रायटर के ट्रस्टियों में एक जगह मिल जाने से रायटर की नीति नहीं बदल सकती। भले ही ट्रस्टियों के आ जाने से स्वामित्व में बदलाव आया। लेकिन उनके संवाददाता जिस साम्राज्यवादी दृष्टिकोण में अब तक समाचार संकलन करते रहे हैं उसी तरह वे आगे भी करेंगे। अपनी पक्षपातपूर्ण नीति के कारण रायटर काफी बदनाम हो चुका था। कश्मीर में चलने वाले युद्ध के समाचार रायटर द्वारा संचालित एसोसिएटेड प्रेस भारतवर्ष में कुछ और भेजता रहा है तथा पाकिस्तान में कुछ और। रायटर ने सुरक्षा समिति में भारत सम्बन्धी बहसों की रिपोर्टिंग में भी पक्षपातपूर्ण रवैया अपनाया था। यही कारण है कि विदेशी समाचार आगे भी हमें रायटर के रंग में रंजित ही मिलेंगे। जब तक भारत अपनी न्यूज एजेंसी स्थापित नहीं कर लेता तब तक भारत की सही तस्वीर दुनिया के सामने नहीं आयेगी। भारतीय पत्रकारिता के स्वतन्त्र विकास के लिए यह जरूरी है कि पीटीआई और यूएनआई जैसी समितियों को स्वतंत्र रूप से विकसित होने का मौका मिले।

न्यूज एजेन्सियों के अस्तित्व में आने से पत्रों को काफी सुविधा हुई है। समाचार एजेंसियों के विकास ने समाचार-पत्रों का कार्यभार काफी कम कर दिया है। समाचार एजेंसियाँ संवाद-संग्रह करने में, उन्हें प्रेषित तथा वितरित करने में प्रतिवर्ष करोड़ों रुपये खर्च करती हैं जो किसी पत्र विशेष के लिए असम्भव है। न्यूज एजेंसियों के संवाददाता संसार के सुदूर स्थानों में फैले हुए हैं। युद्धक्षेत्र की विषम स्थिति तथा

गोलियों की बौछार तक का सामना करते हुए वे संवाद का संकलन करते हैं एवं टेलीफोन, तार, इन्टरनेट आदि माध्यमों से समाचार भेजे जाते हैं। मोटर, वायुयानों की डाक तथा रेल से भी समाचार भेजने का व्यवस्था की जाती है। आज इन्टरनेट प्रत्येक संस्थान का आवश्यक अंग बन गया है। आज इन्टरनेट के माध्यम से संवाददाता पूरी रिपोर्ट भेजी जाती है जिससे कम्प्यूटर द्वारा मुद्रण आसान हो गया है।

वर्तमान समय में मोबाइल के प्रयोग से खबर पहुँचाना और सुगम हो गया है। अब ब्रिटिश पार्लियामेन्ट की साधारण सभा में होने वाले भाषणों की रिपोर्ट ब्रिटिश पत्रों को बहुधा टेलीफोन से ही मिलती है। उधर किसी प्रसिद्ध राजनीतिज्ञ का भाषण चलता रहता है तथा इधर पत्र के कार्यालय में उसकी रिपोर्ट छपती चली जाती है। अधिवेशन समाप्त होने तक समस्त रिपोर्ट प्रातःकालीन संस्करणों में प्रकाशित हो जाती है। विज्ञान के विकास से पत्रकारिता की विधा अत्याधुनिक हो गयी है। समाचार एजेंसियाँ जहाँ एक ओर तीव्रता से समाचार भेज रही है वहीं नए-नए आविष्कार एवं तकनीकें इसके कार्य को और आसान कर रही है।

वर्तमान समय में पाठक उसी पर विश्वास करता है जिसे अपनी आँखों से देखता है। ऐसे में चित्र आधुनिक पत्रकारिता का अनिवार्य हिस्सा बन गया है। विश्व का ऐसा कोई पत्र नहीं है जो चित्रों का समावेश न करता हो। समाचार पत्रों में चित्रों का प्रयोग दिन-प्रतिदिन बढ़ रहा है। विश्व में कई कम्पनियाँ हैं जो खास तौर पर पत्रों को चित्र ही प्रदान करती हैं तथा चित्रों की सीडी बनाकर अपने ग्राहकों को देती हैं। ये सीडी काफी संभालकर पत्र के कार्यालय में रखे जाते हैं। उप-सम्पादक उनकी तालिका बनाकर, सांकेतिक अक्षरों से उन्हें सुसज्जित करके रखता है तथा समय पर उनका प्रयोग करता है। वर्तमान समय में सभी समाचार पत्र कार्यालय में दुनिया के प्रमुख नर-नारियों, नेताओं, राजनीतिज्ञों, प्रधानमन्त्रियों की सीडी मौजूद हैं। समाचार पत्रों की सफलता के लिए आज उन्हें सचित्र करना जरूरी है। किसी भी समाचार के साथ चित्र दे देना पत्र की शोभा तथा उपयोगिता को दोगुना कर देता है। प्राकृतिक आपदा हो या राजनीतिक सम्मेलन अगर उसका समाचार छपते हुए चित्र के साथ दे दिया जाए तो समाचार का महत्व बढ़ जाता है और इसकी विश्वसनीयता पाठक की नजर मे बढ जाती है।

बाजार की मांग को ध्यान में रखकर न्यूज एजेंसीयों ने चित्रों को संकलित और वितरित करना प्रारंभ कर दिया है। वर्तमान समय में फोटो उतारने में प्रवीण होना पत्र-संवाददाताओं और रिपोर्टरों के लिए जरूरी हो गया है।

आधुनिक समय में पाठक को वही वस्तु प्रेरित करती है जो उसकी आँखों को

जँचती हो। यही कारण है कि पृष्ठ सज्जा, टाइप स्टाइल, चित्रों आदि के विभिन्न पृथक रूप समाचार पत्रों में नजर आ रहे है। अमेरिकन एवं ब्रिटिश पत्र हमेशा कुछ नया करने के लिए प्रयासरत रहते हैं। आधुनिक छपाई में हो रहे विकास में लन्दन के 'टाइम्स' का काफी बड़ा हाथ रहा है। समाचार-संग्रह तथा वितरण और चित्रों को प्राप्त करने के लिए जो कुछ हो रहा है उसकी वजह से पत्रकार कला आज दिन-प्रतिदिन विकसित होती जा रही है तथा अपने को ज्यादा-से-ज्यादा उपयोगी और कार्यसक्षम बनाती चल रही है। समाचार-वितरण करने वाली एजेंसियाँ के और उनकी कार्य-प्रणाली में इतनी तत्परता तथा सक्षमता विद्यमान हो गई है कि आधुनिक समाचार-पत्र प्रतिदिन दुनिया की घटनाओं को घटते ही अपने स्तम्भों द्वारा प्रकाश में लाकर संसार के सामने पेश कर रहे है।

समाचार-पत्र सूचना प्राप्ति के लिए पूरी तरह न्यूज एजेंसियों पर आश्रित नहीं है। उन्होंने दूसरे सूत्र को भी ढूँढ लिया है। उनके अपने रिपोर्टरों, संवाददाताओं तथा खास संवाददाताओं की सेना वास्तव में उन पत्रों की सजीवता, खासियत, अभिनवता एवं मौलिकता का आधार होते हैं। समाचार समितियां विभिन्न पत्रों को खबर मुहैया कराती है। ये पत्र अलग-अलग मतावलम्बी और धर्मावलम्बी होते हैं, इनकी नीति, दृष्टिकोण और विचार अलग तथा बहुधा आपसी विरोधी भी होते हैं। फलस्वरूप एजेंसियों द्वारा प्रेषित समाचार वास्तविक घटना के विशुद्ध विवरण के रूप में होते हैं। अगर इन पर कोई रंग है भी तो वह होता है सरकारी रंग। राजनीतिक या राष्ट्रनीति अथवा अर्थनीतिक समाचारों का, जिनके सम्बन्ध में सरकार का अपना खास दृष्टिकोण होता है, ये एजेंसियाँ सरकारी नीति के रंग में रंगकर भेज देती हैं।

समाचार समितियां कई बार अपना अस्तित्व बचाने की खातिर सरकार के सुर में सुर मिलाने लगती हैं। भारत का एसोसिएटेड प्रेस तथा लन्दन का रायटर इसके प्रमाण हैं। अन्य घटनाओं के समाचार, जिनका सरकार से कोई खास सम्बन्ध नहीं है, सीधे-सीधे वास्तविक विवरण मात्र के रूप में होते हैं। वे समझती हैं कि उनका कार्य समाचारों की व्याख्या करना नहीं है। वे संकलित समाचारों को उसी रूप में पत्रों को भेज देती है। इससे सभी पत्रों में समाचार एजेंसियों के संवाद एक ही रूप में पहुँचते हैं। पत्रों का काम इतने से ही नहीं चलता। बल्कि समाचार-पत्रों के लिए जरूरी होता है कि घटनाओं के और भीतर प्रवेश करें और उनके रहस्य को निकालकर, सत्यता की खोज करें तथा समाचार के सभी पक्षों पर नजर डालें।

यह सभी तत्व अपने प्रतिस्पर्धियों के मुकाबले में अपनी पृथक व खास जरूरत साबित कर सकते हैं। फलस्वरूप समाचार एजेंसियों के अलावा उन्हें अपने रिर्पोटर

और संवाददाता भी रखने पड़ते हैं। न्यूज एजेंसियां प्रायः ऐसे संवादों को प्रचारित नहीं करतीं जो अधिकारियों को पसंद ना हो। पत्र अपने ऊपर ऐसा कोई प्रतिबन्ध स्वीकार करना नहीं चाहते कि काम तो इसके विपरीत है। वे जनता के सामने ही जिम्मेवार हैं। अधिकारी हो या कोई शक्ति समाचार-पत्र उन समस्त संवादों को प्रकाश में लाना चाहेंगे जिनका जनहित से सम्बन्ध है या जिससे आम जनता को अवगत कराना जरूरी है। अपने रिपोर्टरों तथा संवाददाताओं पर यह काम छोड़ना पड़ता है वह केवल निष्पक्ष एवं सत्य पर आधारित खबरों को प्रसारित करते है, बल्कि समाचारों की नवीनता भी नही खोने देते हैं।

अमेरिका तथा यूरोपीय पत्रों के रिपोर्टर इसी वजह से पूरे संसार में फैले हुए है। संसार की खास घटनाओं का परीक्षण, अध्ययन तथा समाचार-पत्र संकलन करने के लिए वे खास प्रतिनिधियों को विश्व के अलग-अलग भागों में भेजते हैं। जब सन् 1930 ई. तथा 1932 ई. में भारत में सत्याग्रह आन्दोलन हुए थे तो अमेरिकन पत्रों के अनेक प्रतिनिधि यहाँ आए हुए थे। प्रसिद्ध कलाकार तथा ग्रन्थकार श्री वेब मिलर ने गांधीजी की दांडी-यात्रा एवं तत्कालीन सरकारी दमन और राजनीति का जो वर्णन अपने प्रसिद्ध ग्रन्थ 'आई फाउंड नो पीस' में की है वह देखने लायक है। द्वितीय विश्व युद्ध के समय भी भारत में विदेशी पत्रकारों का जमघट था। 8 अगस्त, 1942 के बम्बई अधिवेशन में अमेरिका तथा चीन के पत्रकारों का दर्शन हमें सर्वभारतीय कांग्रेस कमेटी के द्वारा हुआ था। प्रसिद्ध अमेरिकन पत्रकार श्री लुई फिशर अपने सत्य लेखन के लिए प्रसिद्ध थे जिसके कारण वे भारत की विदेशी सरकार के कोपभाजन बने। अंग्रेजी सरकार के द्वारा उनके लेखों और भाषणों की रिपोर्टों तक का भारतीय पत्रों में प्रकाशन करना अपराध घोषित कर दिया गया था। इन देशों में पत्रों के सैनिक-संवाददाता युद्धस्थ एवं भयानक पुट पर डटे हुए थे। भारतीय पत्रकारिता के ऊपर कई बार विभिन्न तरह के प्रतिबंध लगाये गये लेकिन निडर पत्रकारों की वजह से पत्रकारिता की विधा स्वतंत्र बनी रही।

हालांकि यह हमारा दुर्भाग्य है कि भारत देशी-भाषा के हिन्दी भाषी पत्र रिपोर्टरों और संवाददाताओं के महत्व से परिचित ही नहीं है। वे न उनकी नियुक्ति करते हैं और न इसकी जरूरत समझते हैं। आज भी समाचार एजेंसियों पर आश्रित रहना ही उनकी दृष्टि में सबसे बड़ी पत्रकारिता है जिसके कारण हिंदी पत्रों का स्तर नीचे जा रहा हैं। चिन्तन किया जाए तो हिन्दी पत्रों के लिए अपने रिपोर्टरों एवं संवाददाताओं की नियुक्ति तुलनात्मक रूप से ज्यादा जरूरी है। हमारे हिन्दी भाषा पत्र सौभाग्य से ज्यादातर राष्ट्रीयतावादी एवं देश की स्वतन्त्रता के हिमायती तथा परिपोषक हैं। दूसरा

कारण यह कि भारत में प्रेस के संवाद अब तक अंग्रेजी भाषा में ही भेजे जा सकते है। नतीजा यह होता है कि हिन्दी भाषा-भाषी पत्रों को उनका अनुवाद करने के लिए खास व्यवस्था करनी पड़ती थी। सम्पादकीय विभाग की सारी शक्ति तथा श्रम का अपव्यय इस काम में ही हो जाता था। जिससे समाचार का भाव परिवर्तित हो जाता था। कभी-कभी समझ की थोड़ी सी कमी अर्थ का अनर्थ भी कर देती है। आज हिन्दी संवाद समितियों को नई दिशा-निर्देश अपनाने की आवश्यकता है जहाँ जरूरत इस बात की है कि हिन्दी भाषा में संवाद भेजने का प्रबन्ध किया जाए वहीं एक ऐसी समाचार एजेंसी की स्थापना की जानी है जो न केवल राष्ट्रीय भावों से उत्प्रेरित हो अपितु राष्ट्रभाषा में ही अपना कार्य करती।

वर्तमान समय में भारत की भाषा और भाव एवं वेश भी राष्ट्रीय होना चाहिए। परंतु हमारे पत्र समाचार एजेंसियों की सहायता तब तक लेते रहेंगे जब तक यह हो नहीं जाता। अनुवाद के दम पर सांस लेने वाले पत्र अपना श्रम यूं ही व्यर्थ करते हुए अंग्रेजी पत्रों के पिछलग्गू बने रहेंगे। समाचारों के अध्ययन की जगह पर संपादकीय विभाग सोचने की जगह पर रूपान्तर में उलझा रहेगा।

3

सम्पादकीय कार्य

सम्पादक पत्रकार मंडल का सबसे बड़ा अधिकारी होता है। उसे अपने कार्य के बारे में जानकारी होनी चाहिए। सम्पादक को सम्पूर्ण विभाग के कार्यों के बारे में पता होना भी अति आवश्यक है। हालांकि सम्पादक न संवाद संकलन कार्य, न रिर्पोर्टिंग करता है, न प्रूफ संशोधन, न मेकअप करता है, न पत्र को सजाने का काम, तथापि उसे सभी विषयों और कार्यों का पूरा ज्ञाता होना आवश्यक है। जरूरत पड़ने पर वह सभी कार्य करने में सक्षम हो। जब तक वह पत्र सम्बन्धी सब बातों का निपुण न होगा तब तक अपने अधीनस्थ कर्मचारियों का न पथ-प्रदर्शन कर सकता है और न उन पर अपने व्यक्तित्व की छाप बैठा सकता है। इसलिए उचित यह समझा जाता है कि जो व्यक्ति सम्पादक के पद पर विराजने के पूर्व इन राभी कार्ग और स्तरों से गुजर चुका होता है वह वह सीधे कुर्सी पर बैठ जाने वाले सम्पादक की तुलना में कहीं ज्यादा कार्यक्षम और सफल सिद्ध होता है। आधुनिक पत्र का सम्पादक किसी विशेष कार्य हेतु उत्तरदायी नहीं होता। अमेरिका और यूरोप के पत्रों के सम्पादक सम्भवतः एक पंक्ति भी लिखने का समय नहीं पाते।

एक समय था जब वे टिप्पणियाँ और अग्रलेख लिखा करते थे, चिट्ठी भेजनेवालों को जवाब दिया करते थे और ज्यादातर पत्रों में छिड़ जाने वाले वाद विवाद में हिस्सा लेते थे। परंतु इस परिस्थिति में अब परिवर्तन हो चुका है। टिप्पणियों और अग्रलेख हेतु अलग से लेखक रखे जाते हैं जिनका काम ही यह होता है कि वे नित्यप्रति लेख दे दिया करें। एक व्यक्ति सभी विषयों का पूरा ज्ञाता नहीं हो सकता और न ही सभी विषयों पर अधिकारपूर्वक लेखनी चला सकता है। इसलिए ब्रिटिश

तथा अमेरिकी पत्र भिन्न-भिन्न विषयों के अलग-अलग लेखक रखते हैं। भारत के पत्रों की दशा इनसे भिन्न है। कुछ अंग्रेजी भाषा के भारतीय पत्र तो अग्रलेख-लेखकों से लिखवाते भी हैं पर देशी भाषा के दैनिक पत्रों में शायद ही कोई ऐसा हो जहाँ इस तरह की सुविधा हो। हिन्दी पत्रों की आर्थिक दशा तो और भी खराब है। अधिकाशतः पत्रों के सम्पादक न केवल अग्रलेख और टिप्पणी लिखकर मुक्ति पाते हैं बल्कि उन्हें अनुवाद भी करना पड़ता है, प्रूफ भी देखना पड़ता है और यदा-कदा संवाद-संकलन में भी भाग लेना पड़ता है। अतः अपने देश के संपादक को पत्र विषयक सभी कार्यों के बारे में सम्पूर्ण ज्ञान होना जरूरी है।

निर्मित कापियों का प्रूफ-संशोधन और संगीत रचना है। इस तरह एक ही सम्पादकीय विभाग के अनेक उपविभाग स्वायत्तता के साथ कार्य करते रहते हैं। पर जहाँ अलग-अलग यह होता रहता है वहाँ उसे एक सूत्र में पिरोने की भी आवश्यकता होती है। पत्र आपके सामने अव्यवस्थित और विच्छिन्न टुकड़ों में नहीं बल्कि सम्पूर्णता में आता है। फलतः विभाजित होकर कार्य करते हुए भी सम्पादकीय विभाग का काम एकात्मक और व्यवस्थित होना चाहिए। इस एकसूत्रता का आधार सम्पादक होता है। सारे विभाग उसी के अंतर्गत हैं और वही उन सब हेतु जिम्मेदार है। उसकी नीति न लेखों में बल्कि संवादों में भी दृश्यमान होनी चाहिए। संवादों को उपस्थित करने के तरीके, उनके प्रदर्शन और उनके शीर्षक से ही पता चलता है कि प्रश्न-विशेष सम्बन्ध में पत्र नीति क्या है? सम्पादक का व्यक्तित्व और पत्र का आदर्श पंक्ति-प्रतिपंक्ति से ही स्पष्ट हो जाता है। सारी व्यवस्था, सारे आयोजन, सारे तरीको पर सम्पादक की छाप होती है जो पत्र को अपनी पूर्णता में प्रस्तुत करता है। पत्र का एक संस्करण समाप्त हुआ कि दूसरे की तैयारी आरंभ हो जाती है। सम्पादक अपने विभाग के प्रमुखों का सम्मेलन करता दिखाई देता है।

आज के समाचारों से भावी प्रश्नों के जो संकेत मिले हैं उसके अनुसार सम्पादक अनेक समस्याओं के बारे में अपनी निगाह स्थिर कर लेता है उदाहरणार्थ—किस बात का समर्थन करना है, किसका विरोध, किसको विशिष्ट रूप से प्रदर्शित करना है, किसको जनता की नजर के सामने विशिष्ट रूप से प्रस्तुत करना है, अमुक बात की ओर साधारण लोगों की रुचि निश्चित रूप से होगी, वे उसके सम्बन्ध में अधिक से अधिक जानना चाहेंगे, अतः व्यापक और विशद रूप से विवेचना होनी चाहिए, आदि अनेक बातें अगले दिन हेतु स्थिर हो जाती हैं। देश-विदेश की प्रमुख घटनाओं की जानकारी, उसके लिए संवाददाताओं को आदेश प्रदान करना, आवश्यकता हो तो उन्हें नियुक्त करना आदि काम सम्पाद का होता

है। लेखक किस विषय पर लेखनी करे, अगले दिन के लेख में प्रश्न विशेष के विषय में क्या नजरिया धारण किया जाए आदि बातों का निर्णय सम्पादक को ही करना होता है। संस्करण छपते ही पत्रों की समीक्षा कर कौन अनावश्यक छप गई, कौन सी बात छूट गई, कहीं कोई बात के विपरित तो नहीं हुई, पत्रों को आकर्षक बनाने के लिए क्या करना चाहिए, आदि बातों के विषय में सहयोगियों को तुरंत सम्पादक आदेश देता है। इस तरह छोटी-से-छोटी तफसील की समस्या से पत्र-विषयक बड़ी-से-बड़ी समस्या का समाधान उसे ही करना होता है। अतः हर सहयोगी, हर विभाग पर हर समस्या और हर प्रश्न पर सजगता के साथ हर क्षण उसकी निगाह पड़ती रहनी चाहिए। इस प्रकार संपादक तीव्रता और सतर्कता के साथ आक्रामक स्थितियों में भी कार्य करता रहता है। यही कारण है कि लेख लिखने या अनुवाद करने या मेकअप करने जैसे तफसील के कार्यों में वह अपना समय नहीं दे पाता। उसके कार्य के आकार का जो चित्र बनाया गया है उसके अनुसार उसके लिए आवश्यक योग्यताओं का उल्लेख आसानी से ही किया जा सकता है।

एक अच्छे सम्पादक में शीघ्र निर्णय पर पहुँचने की शक्ति, पारदर्शिता समाचार की चेतना, दूरदर्शिता, सहयोगियों से बेहतर सहयोग पाने की क्षमता, जनता की मनावृत्ति और रुचि का ज्ञान, विभिन्न विषयों का व्यापक ज्ञान, शारीरिक और श्रम करने योग्य स्वास्थ्य, व्यवस्थित ढंग से काम करने का अभ्यास, अपने काम से पूर्ण परिचय, तीव्र स्मरण शक्ति, समय की पाबन्दी आदि योग्यताऐं होना अत्याधिक जरूरी है। एक दिन में इन ढेर सारी बातों की उपलब्धि नहीं होती है। वर्षों के परिश्रम, अभ्यास और अध्यवास के माध्यम से जिस व्यक्ति ने इन्हें अर्जित किया हो वह कुशल सम्पादक हो सकता है। उसका व्यक्तित्व उसके सहयोगियों और सहायकों पर छाया रहेगा, उसके आदर्श से वे सब आपादमस्तक ओतप्रोत रहेंगे और उसके पत्र में उसी की आत्मा का स्वरूप दिखाई देगा। भारत में सम्पादकों हेतु अग्रलेख लिखना आवश्यक हो जाता है। हिन्दी पत्र के सम्पादक को तो यह कार्य निश्चित तौर पर करना ही होता है। जो सम्पादक इस कार्य से स्वतंत्र रहते है उन्हें भी बहुत बार नहीं तो यदाकदा अग्रलेख लिखना ही पड़ता है। पत्र का यह स्तम्भ सर्वोत्कृष्ट होता है। पश्चिम के समाचार-पत्रों में इसका महत्व कम होता जा रहा है पर भारत में अब भी सम्पादकीय स्तम्भ पत्रों की जान समझे जाते हैं और पाठक उन्हें आदर की भावना से देखते हैं। सार्वजनिक जीवन पर उन स्तम्भों का गहरा प्रभाव होता है। सम्पादक इन स्तम्भों हेतु विशेष रूप से जिम्मेदार होता है। इसलिए उनके प्रति सावधान एवं चौकन्ने रहने की आवश्यकता होती है। अग्रलेख लिखना सरल

कार्य नहीं होता। उसके लिए अनेक बातों पर ध्यान देने की आवश्यकता होती है जैसे—निर्धारित जगह होती है, नया विषय होता है, समय बँधा होता है। सम्पादक को अपना दृढ़ विचार प्रस्तुत करना पड़ता है, प्रमाण और जिम्मदारी के साथ लिखना पड़ता है, पत्र की नीति का निर्देश करना होता है तथा जिनकी जानकारी और बुद्धि साधारण होती है उनका भी ध्यान रखना होता है। इसके अलावा पाठकों की पसंद का भी ध्यान रखना पड़ता है और साथ-साथ उनके मन पर वह प्रभाव भी डालना पड़ता है जो जनमत का निर्माण करने में सक्षम होता है। कानून को भी ध्यान में रखना होता है, देश हित को ध्यान में रखना पड़ता है, न्याय और सत्य का पक्ष लेना पड़ता है नये से नये और महत्वपूर्ण और सामयिक प्रश्न को चुनकर मूल्यांकन करना पड़ता है। अपनी विवेक और कल्पना के माध्यम से ही निर्णय करना पड़ता है कि आज का फलां विषय सर्वोकृष्ट है जिसके बारे में पाठक स्पष्टीकरण की उम्मीद अपने पत्र से कर रहे होंगे।

विशिष्टतः समय का ध्यान रखना पड़ता है। बहुधा यहाँ तक नौबत आ जाती है कि लिखे हुए और कम्पोज हो चुके अग्रलेख को स्थगित कर नवागत उत्कृष्ट प्रश्न पर तुरन्त एकदम नया लेख तैयार कर देना पड़ता है। दैनिक पत्र के सम्पादक की तेजी से कल्पना करना ग्रन्थकारों अथवा साधारण साहित्यिक लेखकों हेतु मुश्किल होता है। उसकी कलम की स्याही सूख भी नहीं पाती कि उसे फिर से तीव्र गति से चलते आप देखेंगे।

अग्रलेख लिखना एक कला के समान है। सम्पादक होने के इच्छुक व्यक्ति का दिमाग अगर उचित ज्ञान का आधार एवं बौद्धिक उन्नति उपस्थित कर रहा हो तो कुछ दिनों के प्रयत्न के बाद इस क्षेत्र में अच्छी गति हो जाती है। लेखन का ज्ञान क्षेत्र विस्तृत होना आवश्यक है। राजनीति, आधुनिक इतिहास समाजशास्त्र और अर्थशास्त्र का काफी अच्छा अध्ययन एवं ज्ञान हो, विवेक मौलिक एवं सूक्ष्मता लिये हो और नजर जरा तीव्र हो तो शीघ्र इस कला का अभ्यास हो जाता है। सम्पादक हेतु जरूरी है कि उपर्युक्त विषयों के अतिरिक्त अधिक से अधिक अन्य विषयों का सामान्य ज्ञान प्राप्त करने का कोशिश करे। थोड़ी-थोड़ी जानकारी सभी विषयों की होना उसके लिए जरूरी है। साथ ही उसमें योग्यता हो कि अपरिचित विषयों के सम्बन्ध का ज्ञान जहाँ से मिल सकता हो वहां से तुरंत लेकर उनके तन्तु इकट्ठे कर सके। इसके अलावा भाषा पर अधिकार हो। भावपूर्ण, प्रौढ़ और अर्थगर्भित लेकिन संयत, स्पष्ट और सरल ढंग से लिखी गई भाषा प्रभावपूर्ण होती है। मुख्यतया यह होना चाहिए कि संक्षेप में उन सभी भावों की प्रस्तुती की जा सके जिन्हें व्यक्त करना

लेखक का लक्ष्य है। 'करत-करत अभ्यास के' ये सारी बातें सरल हो जाती है। अग्रलेख के अलावा सम्पादकों का एक विशेष काम उन चिट्ठियों का सम्पादन भी है जो विभिन्न स्थानों से उसके पास छपने हेतु आती हैं। 'डाक का यह थैला' पत्रों का आवश्यक अंग होता है। उनके माध्यम से पत्र की लोकप्रियता में वृद्धि होती है और कुशल सम्पादक अपने दिमाग से काम ले तो उनके माध्यम से यह भी अंदाज लगा लेता है कि किसका पत्र कितना प्रभावोत्पादक हो रहा है और उसकी नीति के विषय में साधारण जन-समुदाय के क्या मत हैं एवं जनता उससे और किन बातों की अपेक्षा कर रही है। उसके पत्र में त्रुटि हो या कोई कमी हो तो उसका पता भी इन पत्रों से चल जाता है जिसे आसानी से दूर करने की कोशिश की जा सकती है। यही वजह है कि सम्पादक इस थैले को खुद देखने का समय निकालने की कोशिश करते है। अत्यधिक मात्रा में चिट्ठियों को छापने की जरूरत होती है।

वास्तविकता यही है कि पत्रों में जगह की कमी के कारण चिट्ठियों को छापने की समस्या बढ़ जाती है पर जहाँ तक हो सकता हो यह कार्य करना पत्रों हेतु लाभकारी होता है। लोकप्रियता की वृद्धि और बिक्री को बढ़ाने हेतु यह अनमोल औषधी है। चिट्टी भेजने वाले सुदूर कस्बे और गाँव के लोग अपनी चिट्टी को प्रकाशित देखकर एक तरह का स्नेह और निकटता को महसूस करने लगते हैं। समझते हैं कि उनका पत्र उनके साथ है, सुख, दुःख में पूर्ण रूप से सहयोगी है। इसके अतिरिक्त एक बात और है जिसकी उपेक्षा नहीं की जा सकती। जिनका नाम समाचार पत्रों में छपा होता है वे अपने नाम को छपा देखकर अधिक प्रसन्न हो जाते हैं। उत्तेजित हो जाते हैं इसका अनुभव जिन्हें है वही जानते हैं कि इन चिट्टियों का प्रकाशन पत्र की लोकप्रियता को बढ़ाने में कितना योगदान देता है। एक कहानी है कि ब्रिटेन में एक बालिका टेलिफोन की डाइरेक्टरी में अपना नाम प्रकाशित हुआ देखकर इतनी उत्तेजित और प्रसन्न हो उठी कि उसका सारा शरीर काँपने लगा। जिनका नाम प्रकाशित हो जाता है वे पत्र के न सिर्फ ग्राहक हो जाते हैं बल्कि प्रचार भी करते हैं। अतः यथासम्भव उनका प्रकाशन आवश्यक है। स्थान की अल्पता हो तो पत्रों का सार लेकर, फालतू की भूमिका को अलग कर, कभी-कभी दो-दो वाक्यों में तात्पर्य मात्र धारण करके नाम सहित प्रकाशित करने की चेष्टा करनी चाहिए। पत्रों में कोई तत्सम या मानहानिकारक बातें न हों।

सम्पादक हेतु सम्पादक का समाज, देश एवं जगत में बहने वाली धाराओं के प्रवाह से भलीभांति परिचित होना आवश्यक है। बहुत से प्रश्नों के सम्बन्ध में अपना विचार स्थिर करने में एवं उपयुक्त विचार देने में उसे इस बात से काफी सहायता

मिलेगी। हमारे देश में व्याप्त धारणा है कि सम्पादक को सक्रिय रूप से अनेक दिशाओं में देश की कार्यप्रणाली से कोई मतलब नहीं रखना चाहिए। पत्रों हेतु इस नीति का परिणाम खतरनाक होता है। आज की दुनिया की चाल बड़ी तीव्र है। पल-पल में लोगों के कार्यक्रम और विचार बदलते रहते हैं क्योंकि उत्पन्न परिस्थितियाँ ऐसे परिवर्तन को आवश्यक कर देते हैं। पत्र-सम्पादक अगर इन प्रवाहों के निकट न रहे तो वह जनमत और जनाकांक्षा का चिह्न कैसे बना सकता है? यह सच है कि सम्पादक का कार्य ऐसा है कि वह दुनिया से दूर होकर अपने कार्यालयों में समय व्यतीत करता रहता है। सम्पादक के पास किसी से मिलने जुलने का समय ही कहां होता है। वह अन्य क्रियाकलापों की ओर ध्यान ही नहीं दे पाता। यह इसी कारण और भी आवश्यक है कि वह जैसे भी हो इस काम की अवहेलना न होने दे। बर्नार्ड शा ने अपने देश के पत्रों के सम्पादकों के विषय में कहा है कि 'वे आज की दुनिया में बीस वर्ष पीछे रहते हैं।' जब सफल ब्रिटिश सम्पादकों की यह दशा बताई जाती है तो शा महोदय हमारे देश के सम्पादकों के विषय में क्या कहेंगे जो अपने को राष्ट्रीय-जीवन की धारा के प्रवाह से पृथक होकर, अछूत रखकर केवल कार्यालय में बैठे-बैठे अपनी धुन में पुरानी परंपरा के अनुसार प्रसन्नता से कार्य करते हैं।

समय परिवर्तन के साथ ही सम्पादकों को अगर अपने पत्र को सजीव रखना है तो अपने दायरे से बाहर आकर जीवन की सही चाल को स्वयं देखने और तजन्य महसूस करने का प्रयत्न करना चाहिए। देश के अनेक तरह के वर्गों के निकट में आना, शासक और नेता, कार्यकर्त्ता और साधारण जन आदि सबसे मिलना आवश्यक है। तभी उसकी उँगलियाँ समाज की नाड़ी पर रह सकेंगी और वह जनमत का प्रतिनिधित्व पूरी प्रकार से कर सकेगा। उसके कान सतर्क रहें, आँखें खुली रहे, समाचार चेतना उद्बुद्ध हो, तीक्ष्ण विवेक एवं गहरी सूझवाली हो तो वह जीवन के अधिकाधिक करीब आकर न केवल अपने ज्ञान में वृद्धि कर सकेगा बल्कि पत्रकारिता के जमीं को भी ऊँचा उठाने में सक्षम होगा। ऐसे समय पर कभी-कभी इस तरह अनायास ऐसे संवाद मिल जाते हैं कि एक ही दिन में पत्र का प्रभाव गहराई के साथ बैठ जाता है।

श्री एडोल मायर्स ने ब्रिटेन के प्रसिद्ध पत्रकार श्री ब्लूमफील्ड के अनुभव का जिक्र करते हुए आनंददायक कहानी लिखी है। उन्होंने लिखा है कि 'एक दिन लन्दन के क्लब में ब्लूमफील्ड अपने एक मित्र के साथ भोजन कर रहे थे। उनके मित्र एक दूसरे पत्र के सम्पादक थे और अपनी गम्भीर अध्ययनशील एवं विद्वता हेतु प्रसिद्ध थे। संयोगवश उसी समय एक पादरी भी वहाँ आ गए। वे उन दोनों के

समीप बैठ गये। ये तीनों भोजन करते हुए आपस में बातचीत करते जाते थे। अचानक पादरी ने रूस की महारानी मेरी के एक पत्र की चर्चा की जो उसके पास आया हुआ था। रूस की महारानी मेरी इंग्लैण्ड की महारानी एलेकूजांडा की बहन थी। पादरी ने वह पत्र उन लोगों को दिखाया। उन्होंने रूस के शाही परिवार की क्रान्तिकारियों द्वारा कत्ल किए जाने की घटना का विस्तृत वर्णन किया था। यह सन् 1917 ई. की बात है जब रूस में बोल्शेवीक क्रान्ति घटित हुई थी।'

ब्लूमफील्ड भोजनोपरांत अपने कार्यालय पहुँच गये। पादरी के पत्र के आधार पर उन्होंने रूसी शाही परिवार की हत्या का विशद वर्णन तैयार किया। आवश्यक चित्रों सहित उसके विषय में नोट लिखे और दूसरे दिन छपने वाले अपने पत्र के पहले पृष्ठ पर विशिष्ट रूप से छाप दिया। अगले दिन इस सनसनीदार समाचार की वजह रो उनके पत्र की धूम मच गई। लेकिन दूसरे सम्पादक महोदय ने जो उनके साथ ही भोजन कर रहे थे और सब समाचार जानते थे यह कल्पना भी नहीं कर सके कि उसका उपयोग किया जा सकता है। ब्लूमफील्ड को शक था कि अन्य संपादक भी अपने समाचार पत्रों में न छापें। सुबह-सुबह उठकर पहला कार्य उन्होंने यही किया कि पिछली रात्रि के मित्र के पत्र का बारीकी से निरीक्षण किया लेकिन कहीं भी उस समाचार का जिक्र भी न था। ब्लूमफील्ड की खुशी का ठिकाना नहीं था परंतु उन्हें इस बात का आश्चर्य हुआ कि उनके मित्र ने ऐसा क्यों नहीं किया। परिणामस्वरूप उन्होंने उन्हें टेलिफोन किया और पूछा कि उस समाचार की ऐसी अवहेलना क्यों की गई। उत्तर में उक्त सम्पादक ने कहा 'आप जानते हैं कि मैं कोई बात तब तक प्रकाशित नहीं करता जब तक प्रमाणित ढंग से मिली न हो। इसलिए मैंने संगीन मामले को छापना उचित नही समझा।'

यह स्पष्ट है कि किस प्रकार बिना परिश्रम के अन्तर्राष्ट्रीय स्तर का एक कुशल सम्पादक, जिसकी समाचार-भावना जिज्ञासु हो, कैसे फायदा उठाने में सक्षम हुआ। पत्रकार जीवन के बारे में जिन्हें पता नहीं होता है वे जानते हैं कि एक दूसरे रो मिलने से अपने आप ही इस प्रकार के समाचार प्राप्त हो जाते हैं। सम्पादकों के विषय में और उनके गुणों और उनकी विशेषताओं, उनके आदर्श और उनकी जिम्मेदारी के बिषय में बहुत कुछ लिखने योग्य है पर अनावश्यक बातों की व्याख्या करके ग्रन्थ का आकार बढ़ाना गैर आवश्यक भी है।

पुस्तक में उन योग्यताओं की जिक्र करके या उन्हें अध्ययन करके न कोई सम्पादक बनाया जा सकता है और न कोई बन सकता है। थोड़ी थोड़ी सी आवश्यक शुरूआती बातों का जिक्र सिर्फ इस नजरिये से किया गया है कि इस दिशा की ओर

जो लालयित हो वह बढ़ने के पहले अवलोकन कर ले। देख ले कि वह उस जिम्मेदारी का भार सहन करने की क्षमता रखता है या नहीं जिसे उठाने हेतु उत्सुक हो रहा है। वे मानसिक और आदर्शवादी, नैसर्गिक एवं शारीरिक गुण उसमें है या नहीं जो किसी को कुशल सम्पादक बना सकते है; नित्यप्रति कठिन अध्यावश और गहन अभ्यास करके अपने कला को धीरतापूर्वक सीखने की योग्यता उसमें है अथवा नहीं। इन सवालों का उत्तर जो दे पायेगा वह इस क्षेत्र में तरक्की कर सकेगा। सभी स्वीकार करेंगे कि यह रास्ता अत्यंत ही कंटक है जिसमें हमेशा संघर्ष और विपत्तियों का सामना करने हेतु तैयार रहना पड़ता है। प्रत्येक व्यक्ति हेतु इस तरह का जीवन अपनाना सरल नहीं है, पर असम्भव भी नहीं इसलिए सम्पादक समाज का विशिष्ट और सम्मानित व्यक्ति होता है जिसे सब सम्मान की नजर से देखते हैं। उसका तपस्वी, त्यागमय और आदर्शवादी जीवन ही उसकी ताकत का जरिया है। जिसमें यह गुण न हो कि इस रास्ते पर राही बनकर विपत्तियों का मुकाबला कर सके, उसकी अच्छाई इसी में है कि वह जीवकोपार्जन का अन्य मार्ग खोज ले। पत्रकारों के बाहरी स्वरूप से आकर्षित होकर बहुत से नवयुवक इस ओर आते हैं पर वे नहीं जानते कि बाह्य आकर्षण के अन्दर वह ज्वाला जलती रहती है जिसमें अपना बलिदान देने वाले व्यक्ति को ही प्रवेश करना चाहिए।

पत्रकार जीवन क्षण-क्षण स्पन्दन, नवीनता, गति और स्फूर्ति की लहरों में लहराता हुआ दिखने में जितना मोहक दिखता है उतना ही महत्वपूर्ण, आदर्शवादिता, सतर्कता एवं नैतिक व्रत और उत्सर्ग की आशा भी करता रहता है। आज का नवयुवक इस ओर नहीं देखता वह उसे सम्मान, शक्ति और भावना से लोभित होकर दौड़ पड़ता है जो सम्पादक को परिवेष्टित किए दिखाई देती हैं फिर भले ही उसमें क्षमता, योग्यता और आदर्शवाद की कमी ही क्यों न हो जो इस आसन पर विराजने हेतु जरूरी होते हैं। जरूरत इस बात की है कि इन लोगों को सभी चीजों से परिचित होना आवश्यक है इसी में पत्रकारिता के सम्मान की रक्षा तथा भलाई है।

4

सम्पादक

सम्पादक समाचार पत्रों का प्रमुख होता है। एक अच्छा सम्पादक ही समाचार पत्रों का कुशलतापूर्वक सम्पादन कर सकता है। सम्पादक की कार्य कुशलता समाचार पत्रों के सम्पादन से ही पता चलती है। सम्पादक के विचार, आदर्श, लक्ष्य समाज के लिए प्रेरणा स्रोत बनता है। सम्पादक का चिन्तन पाठकों की सोच पर प्रभाव डालता है। संस्था के अवयव रिपोर्टर, संवाददाता, समालोचक, भेंटकर्ता, उपसम्पादक, प्रसार व्यवस्थापक एवं विज्ञापन प्रबन्धक के बीच समन्वयवादी शक्ति सम्पादक ही है जो पत्ररूपी शरीर के अंग-प्रत्यंग में गतिशीलता का संवाहक होता है। पत्र की नीति के निर्धारण व परिपालन द्वारा सम्पादक जन-चेतना, जन-आकांक्षा और जनहित की रक्षा करता है। 1867 ई. के **प्रेस एण्ड रजिस्ट्रेशन ऑफ बॉक्स एक्ट** के आधार पर समाचार-पत्र में जो कफद छपता है उसका निश्चय करने वाला व्यक्ति सम्पादक कहलाता है।

सम्पादन शब्द 'पद' धातु से उद्भूत है जिसका अर्थ 'किसी विषय में सम्यक् गति होना' है। किसी अनुष्ठान को योग्यतापूर्वक पूरा करने वाली क्रिया को सम्पादन कहा जाता है। प्रस्तुत अंश का क्रम बैठाकर शुद्धि के साथ प्रकाशन योग्य बनाने वाला व्यक्ति सम्पादक कहलाता है। इसका अर्थ यह है कि पत्र का सम्पादन संचालन करने वाला विशिष्ट गुणों से युक्त बुद्धिजीवी ही सम्पादक है जो पत्र की आत्मा होता है। होशियार सम्पादक सामाजिक चेतना की ज्योति-लहर फैलाने वाला होता है। वह वैचारिक तरंगों के मध्य समाजरूपी नौका को खेने वाला कुशल तथा विवेकी नाविक होता है।

कानूनी दृष्टि में सम्पादक वही है जिसका नाम पत्र में छपता है लेकिन हकीकत में अच्छा सम्पादक आस-पास की परिस्थितियों के बारे में जानकारी देता है तथा जन-सामान्य की अनुभूतियों एवं विचारों को वाणी देता है जैसा कि **एच. वाइ. शारदा प्रसाद** ने लिखा है। सारांश यही है कि सम्पादक पाठकों का साथी, उपदेशक व मार्गदर्शक होता है।

सन्नी थामस के विचार में, "सम्पादक सभ्यता का प्रकाश स्तम्भ होता है। ज्ञान का यह प्रकाशदीप महत्वपूर्ण व्यक्तियों तथा जीवन के प्रति उच्च लक्ष्यों वाले व्यक्तियों के लिए प्रेरणा का स्रोत होता है। प्लेटो, एरिस्टोटिल तथा अन्य ग्रीक विचारकों के लिए जो महत्ता सुकरात की थी, वही महत्ता समाज में सम्पादक की है। सम्पादक का चिन्तन उन समसामयिक व्यक्तियों के सोच को प्रभावित करता है जिनके क्रिया-कलापों से इतिहास की रचना होती है।"

प्रसिद्ध विद्वान श्री कार्लाइल ने सम्पादक को सच्चा और धर्मोपदेशक माना है। श्री माखनलाल चतुर्वेदी ने सम्पादकीय कार्य को 'अयाचित अथवा स्वयं स्वीकृत सेवा' माना है। वस्तुतः सम्पादक सत्य के प्रति समर्पित रहता है। उसकी कलम में देश की धड़कन और जन-जन की संवेदनाएँ छिपी रहती हैं। अतः सम्पादक के साथ गहरा सामाजिक, राजनीतिक और राष्ट्रीय दायित्व बोध जुड़ा हुआ है। सी.ई. मोंटेग्यू ने सम्पादक को 'स्नायु मण्डल का मेधा केन्द्र' कहा है।

श्री अक्षय कुमार जैन, नवभारत टाइम्स के पूर्व सम्पादक ने एक स्थान पर लिखा है—"हिन्दी का पाठक वर्ग तो सम्पादक को अपना मित्र, नेता और परामर्शदाता सब कुछ मानता है। अतः जन-सम्पर्क और जन-नेतृत्व का अच्छा ज्ञान उसे होना चाहिए।" एडोल्फ मायर का कहना है कि "लाखों पाठकों के लिए सम्पादक ही समाचार-पत्र होता है। चाहे नौकरी की आवश्यकता हो, चाहे रचना भेजने की अथवा कोई शिकायत करनी हो या कोई सूचना देनी हो, पाठक सम्पादक को ही यह सब लिखता है। यदि उसने कोई नई पुस्तक लिखी है या कोई नया सत्य खोजा है ओर उसे अन्य पाठक तक पहुँचाने में काफी समझदारी है सम्पादक के महत्व, कार्य और व्यापक प्रभाव को मानते हुए और यदि यह समझते हुए कि सम्पादक को सब कुछ पता है और वह चाहे तो सब कुछ करा सकता है, वह उसी का पल्ला पकड़ता है। यह विश्वास तब भी होता है जब पाठक ने सम्पादक को कभी देखा तक नहीं होता। कभी-कभी तो वह उसका नाम तक नहीं जानता। इस परिस्थिति में उसे उच्च आदर्श वाला तो होना ही चाहिए।"

प्रेस एवं पुस्तक पंजीकरण अधिनियम, 1867 के अनुसार सम्पादक का अर्थ

उस व्यक्ति से लगाया जाता है जो समाचार-पत्र की नीति निर्धारण व परिपालन द्वारा सामग्री को नियन्त्रित करता है। समाचार-पत्र में प्रकाशित होने वाली समाग्री के चयन को नियन्त्रित करता है।

प्रसिद्ध सम्पादक कार्लाइल के शब्दों में सम्पादक 'सच्चे सम्राट और धर्मोपदेशक' की भूमिका निभा सकता है। इसी सन्दर्भ में महर्षि व्यास को प्रथम सम्पादक माना गया है। पण्डित माखनलाल चतुर्वेदी ने सम्पादक के कार्य को 'अचाचित' अथवा 'स्वयं स्वीकृत सेवा' का नाम दिया है क्योंकि वह अपने नीर-क्षीर विवेक, सचरित्रता, सहानुभूति, न्यायप्रियता तथा दायित्व-बोध के सम्बल पर कर्तव्य की बलि चढ़ जाता है। प्रलोभन, भय, दबाव से स्वंतत्र सम्पादक यशस्वी होता है।

मुख्य उपसम्पादक के कार्य

प्रेमनाथ चतुर्वेदी ने मुख्य उपसम्पादक के कार्यों का विभाजन निम्नलिखित प्रकार से किया है–

1. व्यवस्था सम्बन्धी कार्य–	निश्चित स्थान की पूर्ति के लिए समाचार की काया का निर्णय तथा कम्प्यूटर ऑपरेटर व मुद्रक की कार्यक्षमता पर ध्यान देना
2. निरीक्षण सम्बन्धी कार्य–	तथ्य एवं भाषा सम्बन्धी भ्रान्ति न रह जाय कानूनी उलझन न विद्यमान हो। समाचार की स्पष्टता व सार्थकता पर सतत् दृष्टि।
3. रचनात्मक कार्य–	समाचार-शोधन तथा उसके प्रस्तुतीकरण के स्वरूप का निर्णय। समाचारों का संगठन तथा शीर्षकों की रचना।

मुख्य उपसम्पादकों को कार्य करते समय प्रतिद्वंद्विता, विचारों का दबाव, पुनरावृत्ति, आवश्यक बातों की छूट, तालमेल हीनता, छद्म विज्ञापन, धोखाधड़ी तथा बासी समाचार आदि तथ्यों पर ध्यान देना होता है।

यह उचित ही कहा गया है कि "समाचार-पत्र रथ है तो समाचार उसे उड़ा ले जाने वाले अंधे घोड़े व पत्रकार विवेक का धनी चतुर सारथी। यह सारथी समाचार-रूपी घोड़ों को अनुशासन में रखकर पत्र-रथ को गंतव्य की ओर ले जाता है।" वस्तुतः मुख्य उपसम्पादक भगवान् श्रीकृष्ण सदृश कुशल सारथी होता है।

सम्पादक का व्यक्तित्व

सम्पादक अपने व्यक्तित्व से समाचार-पत्र को गुणवत्ता प्रदान करता है। उसके व्यक्तित्व के कुछ प्रमुख गुण इस प्रकार हैं—

1. सम्पादक में अपने सहयोगी उप-सम्पादकों तथा संवाददाताओं के सभी गुण तो होने ही चाहिए किन्तु उसके अध्ययन में व्यापकता तथा चिन्तन में गहनता विशेष रूप से अपेक्षित है। विष्णुदत्त शुक्ल के शब्दों में "सम्पादक में रिपोर्टर, संवाददाता, भेंट करने वाले, समालोचक, उप-सम्पादक, लेखक आदि सम्पादकीय विभाग से सम्बन्ध रखने वाले तमाम कर्मचारियों की साधारण योग्यताएँ तो होनी ही चाहिए, इनके अलावा उसमें समुन्नत विवेचना शक्ति, निष्पक्ष भाव, शान्त, सावधानी, उत्तरदायित्व की भावना, कार्यशीलता, उत्साह, सहानुभूति, सचरित्रता, लगन, स्वाभिमान, इष्ट-प्राप्ति के लिए बेचैनी आदि-आदि अनेक गुण भी होने चाहिए।"
2. सम्पादक को मानवीय परख तथा मनोविज्ञान की रुचियों का पारखी होना चाहिए। सम्पादक अपने पत्र के माध्यम से पाठक को परिवेश का बोध कराता है। अपने पत्र की नीति का कुशल संचालन करते हुए संचालक के प्रति निष्ठा, सम्पादकीय विभाग के प्रति निष्ठा, पाठक के प्रति निष्ठा, सम्पादक का दायित्व और मर्यादा का ध्यान रखना आवश्यक है। विष्णुदत्त शुक्ल के अनुसार—"सम्पादक का कार्य एक प्रधान सेनापति के जैसा है। जिस प्रकार प्रधान सेनापति अपनी सेना का संचालन करता रहता है, उसी प्रकार सम्पादक को अपने पत्र का संचालन करना पड़ता है। जिस प्रकार एक योग्य सेना के चलने-फिरने, खाने-पीने, लड़ने-भिड़ने आदि पर सेनापति अपनी निगाह रखता है, उसी प्रकार सम्पादक भी अपने रिपोर्टर, संवाद, उप-सम्पादक आदि सिपाहियों पर अपनी निगाह रखता है। दोनों की जिम्मेदारियाँ भी करीब-करीब एक-सी होती हैं। बड़ी सावधानी व जागरूकता की आवश्यकता होती है। जरा भी भूले कि गए। अपने मातहतों को खूब समझा-बुझाकर हिदायतें देनी चाहिए..."
3. सम्पादकीय लेखन में उसकी दृष्टि पूर्वाग्रह से रहित तार्किक, उदार, तथा समग्र विवेचनायुक्त होनी चाहिए।
4. अन्य भाषाओं का ज्ञान सम्पादक के लिए आवश्यक है। हिन्दी समाचार-पत्र के सम्पादक का अंग्रेजी भाषा पर भी अच्छा अधिकार होना चाहिए।

5. **समय की पाबन्दी**—सम्पादक का आचरण उसके कर्मचारियों को भी प्रभावित करता है। अतः उसे समय पर ऑफिस में आकर अनुशासन आदि का आदर्श अपने सहकर्मियों के सामने उपस्थित करना चाहिए।
6. निर्णयात्मक शक्ति अथवा प्रतिभा सम्पादक की आधारभूत योग्यता है।
7. विविध विषयों का ज्ञान आत्मसात् करने की क्षमता और अध्ययन शीलता
8. अध्ययनशीलता।
9. टीम भावना से कार्य कर सकने की क्षमता।
10. डॉ. रामचन्द्र तिवारी ने सम्पादकों के लिए एक अलिखित आचार संहिता प्रस्तावित करते हुए उसके निम्नलिखित तत्व बताए हैं—
    (i) **ईमानदारी**—पाठकों के प्रति पूर्ण ईमानदारी बरतता है।
    (ii) **सत्यता**—जो लिखता है, उसकी सत्यता की जाँच-परख करके ही लिखता है।
    (iii) **निष्पक्षता**—समाचार प्रकाशन में कोई विशिष्ट झुकाव नहीं रखता।
    (iv) **नैतिकता**—वह ऐसी सामग्री प्रकाशित नहीं करता, जिससे किसी व्यक्ति के चरित्र पर आक्षेप लगता हो और उस सम्बन्धित व्यक्ति को उन आक्षेपों का उत्तर देने का अवसर न मिलता हो।
    (v) **शिष्टता**—वह लोक-रुचि के उत्थान-पतन को ध्यान में रखकर ही सामग्री प्रकाशित करता है। प्रवीण दीक्षित ने सम्पादक से निम्नलिखित नीति-निर्देशक सिद्धान्तों की अनुपालना की आवश्यकता बताई है—
    - सत्यनिष्ठा
    - प्रेस की स्वतन्त्रता
    - यथार्थता
    - समव्यवहार
    - उत्तरदायित्व
    - नेतृत्व

    (vi) **उत्तरदायित्व**—पत्रकार स्वार्थ-साधन न करके, लोकहित की भावना से प्रेरित होकर कार्य करता है।
    (vii) **स्वतन्त्रता**—जिन विषयों के विवेचन पर कोई कानूनन रोक न हो, उन सभी का बेहिचक विवेचन करता है।
    (viii) **निर्भीकता**—पक्षपात रहित होकर वह लोक-कल्याण को ही ध्यान में रखकर लिखता है और हर प्रकार के बन्धनों से वह मुक्त होता है।

सम्पादक के गुण कुछ व्यक्तियों में नैसर्गिक रूप से विद्यमान होते हैं तो कुछ अभ्यास और मेहनत के बलबूते पर सम्पादक बनते हैं। सम्पादक के लिए कोई निश्चित नियमशास्त्र नहीं होता। सम्पादक बनना अत्यन्त सहज और सरल है। वह सम्पादक कितना सफल है अथवा सम्पादक के पद को कितना गौरवान्वित कर पाठक को दिशा निर्देशित कर पाया, यह अलग बात है। हमारे देश में महज एक घोषणा-पत्र भरना ही सम्पादक बनने के लिए पर्याप्त है।

राबर्ट नाइट 'टाइम्स ऑफ इंडिया' के संस्थापक पत्रकारिता में सार्वजनिक जीवन के तथा सार्वजनिक संस्थान को चलाने के अनुभव को लेकर प्रविष्ट हुए। 'पायनियर' के प्रारम्भकर्ता जॉर्ज एलीन कानपुर के व्यापारी थे। तीन भाइयों ने 'अमृत बाजार पत्रिका' को प्रारम्भ किया था जिनमें से दो भाई सिसिर तथा हेमन्त कुमार घोष आयकर विभाग के कर्मचारी थे। सन् 1905 में 'हिन्दू' को शुरू करने वाले एस. कस्तूरीरंगा व्यवसाय से वकालत करते थे।

सम्पादक की सामान्यतः तीन प्रकार की निष्ठाएँ मानी गई हैं—संचालक के प्रति, सम्पादकीय विभाग के प्रति तथा पाठक के प्रति। किन्तु एम.वी. कामथ ने चार प्रकार की निष्ठाएँ मानी हैं— राज्य के प्रति, मालिकों के प्रति, पाठक के प्रति तथा स्वयं के अंतःकरण के प्रति

सम्पादक को अपने विवेक के प्रति विशेष निष्ठा रखनी चाहिए। सम्पादक अपने लेखों के द्वारा समाज का मार्गदर्शन करता है। उसके विचार चिन्तन का समाज पर व्यापक रूप से प्रभाव पड़ता है। पाठकीय विश्वास को अर्जित करना उसकी प्राथमिक आवश्यकता है। समाचार-पत्र में जो कुछ छपता है उसकी नैतिक जिम्मेदारी भी उसी की होती है अतः उसे अपने विवेक के प्रति भी निष्ठावान होना आवश्यक है।

डॉ. रामगोपाल मिश्र ने सम्पादक के महत्व को स्पष्ट करते हुए लिखा है कि सम्पादक का अधिकार उत्तुंग शिखर के समान है, जहाँ से वह समाज की गतिविधियों को देखकर अपनी भावनाओं एवं तदनुकूल सामग्री का प्रकाशन करता है। सम्पादक नित नूतन विचारों और रचनाओं का अग्रदूत होता है। वह समाज का नेतृत्व अपनी प्रखर प्रतिभा से करने में समर्थ है। सम्पादक जिन विचारों का प्रतिपादन करता है, वे काल विशेष और देश विशेष तक सीमित नहीं रहते हैं, वरन् उनका व्यापक प्रचार होता है। इसलिए उसके विचारों में स्थायित्व होना चाहिए...पत्र-पत्रिका के सम्पादन में सम्पादक पत्रकीय-रंगमंच का सूत्रधार होता है। समस्त वस्तु सम्पादक पर ही अवलम्बित रहती है। उसी पर समस्त वस्तु का विनियोग है। सम्पादक पत्र-पत्रिका के सच्चे धर्म उपदेशक भी होते हैं।

आचार्य महावीर प्रसाद द्विवेदी ने 'संस्कृत चन्द्रिका' में प्रकाशित सम्पादकस्तवः में सम्पादक की महिमा से अभिभूत होकर उसे नमन किया है। देश का उपकार करने वाले श्रेष्ठ सम्पादक अनेक शास्त्र, कला-कौशल के ज्ञाता होते हैं। विविध विषयों का ज्ञान होना सम्पादक की श्रेष्ठता की कुन्जी है अतः सम्पादक अपने विचारों से समाज को प्रभावित करने में सक्षम हैं, यदि वह गुण-मण्डित है, नाममात्र का नहीं है।

सम्पादकीय विभाग के कार्य

समाचार-पत्र का सबसे महत्वपूर्ण विभाग सम्पादकीय विभाग होता है। समाचार-पत्र की विश्वसनीयता और असित्व को बनाये रखने के लिए कुशल सम्पादन का योगदान सबसे अधिक होता है। यह विभाग मुख्यतः समाचार, लेख, फीचर, कार्टून, स्तम्भ तथा सम्पादकीय एवं सम्पादकीय टिप्पणियों से संबंधित होता है। सम्पादक या प्रधान सम्पादक के नेतृत्व में यह विभाग कार्यरत होता है। इनकी सहायता के लिए कार्य करने वाले अनेक व्यक्ति होते हैं जैसे सहायक सम्पादक, संयुक्त सम्पादक, समाचार सम्पादक, विशेष संवाददाता, उपसम्पादक इत्यादि जो समाचार संकलन से लेकर सम्पादन की विविध प्रक्रियाओं से भिन्न-भिन्न स्तरों पर सम्बंद्धित होते हैं।

सम्पादकीय कक्ष की व्यवस्था की जाती है। बड़े पत्रों में जहाँ राष्ट्रीय और अन्तर्राष्ट्रीय मामलों आदि से सम्बन्धित अलग-अलग डेस्कें होती हैं वहीं छोटे तथा कम सामर्थ्य वाले पत्रों में यह विभाजन इतना व्यापक नहीं होता है। इन विविध डेस्कों को समाचार समितियों तथा पत्र के संवाददाताओं द्वारा विविध प्रकार के समाचारों द्वारा 'फीड' किया जाता है। विषयगत् आधार पर इन डेस्कों के रूप हो सकते हैं, जैसे खेल, वाणिज्य, विज्ञान, कृषि इत्यादि। इनके प्रभारी सम्पादक के मार्गदर्शन में वह डेस्क संबंधी समाचारों के सम्पादन का कार्य करती है।

'डेस्क' के कार्य अधिकार का विभाजन तथा निर्धारण प्रवीण दीक्षित ने इस प्रकार किया है–

(1) राष्ट्रीय समाचार एजेंसियों से मिले समाचार वायर टेलीग्राम सम्पादक पास करेंगे।

(2) फोन द्वारा या अन्य किसी सूत्र से सीधे मिले समाचार सामग्री को री-राइट मेन प्रकाशन के योग्य बनाकर पास करेंगे।

(3) फोटोग्राफर स्थानीय समाचार सम्पादक के निर्देशानुसार किसी नगर संवाददाता के साथ या एसाइनमेंट के अनुसार कार्य करेंगे।

(4) विभागीय सम्पादक सम्पदकीय पृष्ठ को देखेंगे—जैसे विशेष लेख, फीचर, कला, साहित्य, पुस्तक समीक्षा, रविवारीय आदि।

(5) संवाददाताओं (स्थानीय संवाददाताओं के अतिरिक्त) के समाचार प्रान्तीय सम्पादक पास करेंगे।

(6) महिला सम्पादक, खेल सम्पादक तथा इसी प्रकार के अन्य स्थानीय विभागीय समाचारों को स्थानीय सम्पादक पास करेंगे।

(7) स्टाफ संवाददाताओं द्वारा लिखित कापियों को सावधानीपूर्वक ठीक करके कापी सम्पादन के लिए वरिष्ठ संवाददाता पहले स्वयं देखकर फिर स्थानीय संवाददाता को देंगे।

(8) सभी सम्पादकीय विभागों की कापियाँ लेकर मेकअप-सम्पादक मशीन रूम में जाएगा और पृष्ठ की साज-सजा कराएगा।

(9) रात्रि-पाली प्रभारी सम्पादक या समाचार सम्पादक भी मेकअप करा सकता है।

अगस्त, 1980 में श्रमजीवी पत्रकारों तथा समाचार-पत्रों के गैर-पत्रकार कर्मचारियों के लिए वेतन मण्डल ने विशेष संस्तुतियाँ की थी। इस वेतन मण्डल की अनुसूची 1 में सम्पादक एवं अन्य पत्रकार कर्मचारियों का विभाजन निम्न प्रकार किया गया है—

समूह 1

सम्पादक—वह व्यक्ति जो समाचार-पत्र के सम्पादकीय कार्य का निर्देशन और निरीक्षण करता है।

समूह 1

स्थानीय सम्पादक—वह व्यक्ति जो समाचार-पत्र के मूल प्रकाशन-स्थल से दूसरे प्रकाशित स्थान पर सम्पादक के कार्यों का निर्वहन करता है।

संयुक्त सम्पादक—वह व्यक्ति जो सम्पादक को सम्पादकीय कार्यो की पूर्ति में मदद देता है।

समूह 1

अग्रलेख लेखक—वह व्यक्ति जो नियमित रूप से अग्रलेख लिखता है। यह समीक्षा, टिप्पणी अथवा आलोचना से सम्बद्ध समाचार भी लिखता है।

समाचार सम्पादक—वह व्यक्ति जो समाचार विभाग के कार्य का समन्वय तथा निरीक्षण करता है। समाचार-पत्र के समस्त संस्करणों में प्रकाशित समाचार के लिए वह उत्तरदायी है।

सहायक सम्पादक—वह व्यक्ति जो सम्पादक को नियमित रूप से टिप्पणी, विचार, अग्रलेख, समीक्षा, आलोचना आदि लिखने में सहयोग करता है।

समाचार ब्यूरो प्रमुख —वह व्यक्ति होता है जो समाचार ब्यूरो के कार्य का निरीक्षण करता है तथा ब्यूरो के सदस्यों के कार्यों का निर्धारण करता है।

विशेष संवाददाता भी इसी समूह में आता है।

समूह 2

सहायक समाचार सम्पादक —वह व्यक्ति होता है जो समाचार सम्पादक के कार्यों में मदद करता है तथा/अथवा नगर संस्करण का प्रभारी होता है।

प्रमुख संवाददाता रविवारीय—वह व्यक्ति होता है जो पत्र के प्रकाशन केन्द्र के सभी संवाददाताओं का प्रमुख होता है, उनके कार्य का निरीक्षण करता है तथा नियमित रूप से विधायी, राजनीतिक तथा सामान्य महत्व के समाचारों को रिपोर्ट करता हैं तथा उनका विश्लेषण करता है।

मुख्य उपसम्पादक—वह व्यक्ति होता है जो एक पाली का प्रभारी होता है। यह नियमित रूप से उप सम्पादकों को कार्य देता है, उनके काम का निरीक्षण करता है तथा समाचार के आकार-प्रकार और स्वरूप के लिए सामान्यतः उत्तरदायी होता है।

वाणिज्य सम्पादक—वह व्यक्ति होता है जो वाणिज्य, वित्त, व्यापार तथा उद्योग से सम्बन्धित समाचारों और विचारों को निश्चित करता है तथा उन पर टिप्पणियाँ करता है और एक या एक से अधिक संवाददाताओं के कार्यों का विभाजन तथा निरीक्षण करता है।

खेल सम्पादक—वह व्यक्ति होता है जो समाचार-पत्र के खेल विभाग का प्रभारी होता है। यह व्यक्ति खेल तथा उससे सम्बद्ध गतिविधियों के समाचारों और विचारों से सम्बन्ध रखता है, एक या एक से अधिक संवाददाताओं अथवा उपसम्पादकों के कार्यों का विभाजन तथा निरीक्षण करता है तथा खेल समाचारों के प्रस्तुतीकरण के लिए उत्तरदायी होता है।

पत्रिका सम्पादक—वह व्यक्ति होता है जो साहित्यिक अथवा मनोरंजन सम्बन्धी समाचारों से सम्बन्ध रखता है तथा साहित्यिक अथवा ऐसी ही विधाओं के लिए निर्धारित कॉलम अथवा पृष्ठ का प्रभारी होता है। वह दो या दो से अधिक श्रमजीवी पत्रकारों के कार्यों का निरीक्षण करता है।

फिल्म सम्पादक—फिल्म सम्पादक का कार्य फिल्म तथा रंगमंच से जुड़े कॉलम और पृष्ठ के लिए निश्चित कॉलम के लिए लिखना है। वह एक से अधिक श्रमजीवी पत्रकारों के कार्यों का निरीक्षण करता है।

शोध प्रभाग प्रमुख—यह व्यक्ति साँख्यिकी अथवा शोध प्रभाग का प्रभारी होता है। आर्थिक समाचार-पत्र में वाणिज्य, वित्त, व्यापार तथा उद्योग से सम्बन्धित मामलों से सम्बन्ध रखता है तथा एक या एक से अधिक श्रमजीवी पत्रकारों के कार्य का निरीक्षण करता है।

मुख्य पुस्तकालयाध्यक्ष—वह व्यक्ति होता है जो एक या एक से अधिक पुस्तकालयाध्यक्षों के कार्य का निरीक्षण करता है।

समूह 2 A

मुख्य समाचार छायाकार—वह व्यक्ति होता है जो एक या एक से अधिक समाचार छायाकारों के कार्य का विभाजन और निरीक्षण करता है।

उप मुख्य रिपोर्टर—वह व्यक्ति होता है जो मुख्य संवाददाता का सहयोगी होता है तथा उसकी अनुपस्थिति में उसका कार्य करता है। इसे वरिष्ठ रिपोर्टर भी कहते हैं।

उप मुख्य उपसम्पादक—वह व्यक्ति होता है जो मुख्य उपसम्पादक को उसके कार्यों में सहायता देता है तथा उसकी अनुपस्थिति में उसका कार्य करता है। इसे वरिष्ठ उपसम्पादक भी कहते हैं।

वरिष्ठ संवाददाता—वह व्यक्ति होता है जो विशिष्ट संवाददाता के अतिरिक्त समाचार-पत्र के प्रकाशन केन्द्र के अलावा अन्य किसी महत्वपूर्ण केन्द्र पर विशेष घटनाओं की रिपोर्टिंग करता है। इसका न्यूनतम सेवाकाल पाँच वर्ष का होना चाहिए।

उप सम्पादक—वह व्यक्ति होता है जो सभी प्रकार के समाचारों को प्राप्त कर आवश्यकतानुसार चयन, सम्पादन, अनुवाद और शीर्षक देकर प्रकाशन योग्य बनाता है।

रिपोर्टर—रिपोर्टर वह व्यक्ति होता है जो घटनाओं से संबंधित समाचारों को एकत्रित करके सम्पादकीय विभाग को प्रेषित करता है।

संवाददाता—वह व्यक्ति होता है जो समाचार-पत्र के प्रकाशन केन्द्र के अलावा किसी भी केन्द्र से समाचार संकलित कर उसे तार, डाक या अन्य किसी भी तरीके से प्रेषित करता है।

कलाकार—वह व्यक्ति है जो समाचार-पत्र में प्रकाशन के लिए ड्राइंग, ले आउट, नक्शे, ग्राफ अथवा इसी प्रकार के चित्र तैयार करता है।

समाचार छायाकार—किसी भी जनहित की घटना को चित्रों द्वारा कवर करता है।

मुख्य प्रति संशोधक—वह व्यक्ति है जो एक या एक से अधिक प्रति संशोधकों के कार्य का वर्गीकरण और निरीक्षण करता है।

प्रति संशोधक—वह व्यक्ति जो कम्पोज हुए मैटर के प्रूफ को सम्पादक की कॉपी से मिलान करते हुए कम्पोजिंग की गलतियों के साथ-साथ कापी की तथ्यात्मक गलतियों, वर्तनी, व्याकरण आदि की भूलों को स्वयं सुधारता है अथवा उनको सुधरवा देता है।

समाचार समितियों के लिए इस वेतन मण्डल ने मुख्य सम्पादक—यह सम्पूर्ण समाचार समिति का मुखिया होता है, उप मुख्य सम्पादक, क्षेत्रीय ब्यूरो का मुखिया , सम्पादक, विशेष संवादाता, विदेश संवाददाता, समाचार सम्पादक, राज्यीय ब्यूरो का प्रमुख, मुख्य रिपोर्टर, वरिष्ठ संवाददाता, मुख्य उप-सम्पादक, वरिष्ठ उप-सम्पादक, वरिष्ठ रिपोर्टर, उप-सम्पादक, रिपोर्टर, संवाददाता आदि का विभाजन किया है।

उपरोक्त पद वर्गीकरण प्रत्येक समाचार-पत्र के अनुकूल होना आवश्यक है। समाचार-पत्र अपनी क्षमता और जरूरत के अनुसार उक्त कर्मचारियों का चयन करता है। यह विभाजन वेतन मण्डल ने वेतन श्रृंखला के निर्धारण को ध्यान में रखते हुए किया है। यह विभाजन हमें पत्रकार कर्मचारियों के विस्तृत पद और कार्यों का व्यापक बोध कराता है। यदि समाचार-पत्र छोटा है तो एक ही व्यक्ति को अनेक प्रकार की भूमिकाएँ निभानी पड़ती है। यदि समाचार-पत्र साधन-सम्पन्न है तो वह कार्यों की विविधता के अनुसार अपने यहाँ इन पदों पर चयन करेगा।

उपर्युक्त वर्गीकरण के अतिरिक्त रीराइट मैन, प्रान्तीय सम्पादक, डाक समाचार सम्पादक, कार्यकारी सम्पादक इत्यादि रखे जा सकते हैं।

समाचार-पत्र सम्पादक

वरीयता क्रम में सम्पादक के बाद समाचार-पत्र सम्पादक का पद प्रमुख होता है। समाचार सम्पादक अपनी योग्यता और प्रतिभा से समाचार-पत्र को पठनीय और लोकप्रिय बना देता है। श्री एम.वी. कामथ के शब्दों में अच्छा समाचार सम्पादक समाचार-पत्र को महान् बना देता है।

समाचार सम्पादक समाचार कक्ष का मुखिया होता है। समाचार-पत्र प्रकाशन की प्रमुख प्रक्रिया समाचार सम्पादक की देख-रेख में सम्पन्न होती है क्योंकि वह समाचार कक्ष का मुखिया होता है। सभी प्राप्त समाचारों का सम्पादन उसी के निर्देशन में होता है। उस पर अत्यधिक जिम्मेदारी होती है। समाचार-पत्र की प्रतिष्ठा एक प्रकार से उसी के श्रम, निष्ठा और प्रतिभा पर निर्भर करती है। पत्र के समस्त

संवाददाताओं के फैले हुए जाल और समाचार स्रोतों को वह उचित प्रकार से नियन्त्रित करता है। समाचार सम्पादक के प्रमुख कार्यों का वर्णन निम्न पंक्तियों में किया गया है —

1. संवाददाताओं को कार्य देते समय यदि पत्र संस्थान में मुख्य संवाददाता है, तो उसकी सलाह का सम्मान करना चाहिए।
2. विज्ञापन मैनेजर से उसके अच्छे सम्बन्ध होने चाहिए क्योंकि वह समाचार-पत्रों के स्थान का तानाशाह है। कोई भी समाचार-पत्र विज्ञापन से प्राप्त राजस्व को नहीं छोड़ना चाहता।
3. दह सदा समाचारों की खोज में रहता है। समाचारों का फालो-अप आदि करने हेतु वह संवाददाताओं को आवश्यक निर्देश भी देता है।
4. संवाददाताओं तथा अन्य समाचार स्रोतों से प्राप्त समाचारों में से श्रेष्ठ का चयन वह करता है।
5. विशेष व्यक्तियों के साक्षात्कार तथा उनसे समाचार प्राप्त करने के लिए अपने संवाददाताओं को वह आवश्यक निर्देश देता है।
6. स्वयं के कार्यों का मूल्यांकन करने की दृष्टि से वह अन्य प्रतिस्पर्धी समाचार-पत्रों पर भी निगाह रखता है।
7. समाचार सम्पादक समाचार कक्ष तथा सम्पादक के मध्य सम्पर्क बनाए रखता है। इस प्रकार वह सम्पादक का कान व नेत्र है। सम्पादक के विचार तथा इच्छाओं को पत्र के कॉलमों के माध्यम से व्यक्त करने का दायित्व समाचार सम्पादक पर होता है।
8. समाचार-पत्र में संवाददाताओं, विदेशी, घरेलू, राज्य, स्थानीय, खेल तथा वाणिज्य आदि डेस्क तथा चित्र और फीचर विभाग में चयन की प्रक्रिया सम्बन्धी गतिविधियों को वह संचालित करता है।
9. समाचार कैसे लिखा गया, शीर्षक कैसे दिया गया तथा निश्चित समय पर पृष्ठ प्रेस में दे दिया गया आदि का वह ध्यान रखता है।
10. समाचार सम्पादक इस बात का ध्यान रखता है कि उप सम्पादक कार्यालय का अनुशासन बनाए रखे, आचार संहिता का पालन करें, पत्र की स्टाइल बुक का पालन करें तथा उन्हें जो कार्य दिया गया है उसके प्रति न्याय करें।
11. मानहानिकारक प्रकाशनों के प्रति उसे विशेष सावधान रहना चाहिए।
12. समाचार-पत्र की प्रतिष्ठा तथा प्रमाणिकता बनी रहे इसका उसे ध्यान रखना

चाहिए। उप सम्पादक अथवा संवाददाता की जरा-सी गलती पत्र की प्रतिष्ठा को हानि पहुँचा सकती है।

13. मुफ्फसिल संवाददाताओं से उसका नियमित सम्पर्क बना रहना चाहिए तथा उनके अच्छे कार्य पर उन्हें प्रोत्साहित भी करना चाहिए।

उर्पयुक्त दायित्वों से स्पष्ट है कि समाचार सम्पादक का समाचार-पत्र संस्थान में मुख्य स्थान होता है। सक्रिय समाचार सम्पादक के लिए कहा गया है कि समाचार-पत्र के लिए यह पर्याप्त नहीं है कि वह सरकार तथा जनता के कार्यों को रिपोर्ट करे। उसके लिए यह आवश्यक है कि वह जनता की भावनाओं, आशाओं और चिंतन को भी रिपोर्ट करे।

सम्पादकीय नीतियां

अपनी पुस्तक 'समाचार-पत्र व्यवस्थापन' में श्री अनन्त गोपाल शेवड़े ने सम्पादकीय नीतियों का वर्णन किया है जो सम्पादकों के लिए अपरिहार्य है—

1. समाचार-पत्र का सामाजिक दृष्टिकोण सदैव व्यापक और उदार होना चाहिए, प्रतिपक्षी की ओर भी सहानुभूति और समझदारी की भावना हो। यह याद रहे कि समग्र मानवता की यह भाषा है।
2. प्रत्येक नागरिक के मन में समाज के प्रति कर्तव्य तथा अपने क्षेत्र का नेतृत्व या दिशा-दर्शन करने की प्रेरणा जागृत हो ऐसा प्रयास समाचार-पत्र का सहज कर्तव्य है।
3. अपनी निष्ठाओं और धारणाओं हेतु संघर्ष की तैयारी और साहस रखो। सार्वजनिक हित के लिए कुछ चोट भी सहनी पड़े अथवा त्याग करना पड़े तो वह पत्रकारिता का भूषण है।
4. समाचार-पत्र एक महत्वपूर्ण तथा प्रभावशाली माध्यम है। इराके संचालन में संयम और संतुलन से काम लो।
5. अन्याय, हिंसाचार, असत्य, शोषण, और जुल्म-ज्यादितियों को कभी आश्रय मत दो बल्कि इनके खिलाफ आवाज उठाना समाचार-पत्र का कर्तव्य है। जन कल्याण के लिए कर्तव्य-पालन करने से ही समाचार-पत्र की प्रतिष्ठा बनती है, उसके चरित्र का विकास होता है।
6. सर्व साधारण रीति से भद्रता का विशेष ध्यान रखना चाहिए। ऐसे समाचार-पत्र का उत्पादन करो जिसका परिवार में स्वागत हो।

7. समाचार-पत्र में जरूरी एवं महत्वपूर्ण समाचार अवश्य हो। लोकतन्त्र में समाचारों के आधार पर ही जनमत तैयार होता है।
8. अपने समाज अथवा राष्ट्र की समस्याओं की चर्चा करते समय हमेशा विधायक दृष्टि अपनाओ।
9. न्याय-निष्ठा व प्रमाणिकता समाचार-पत्र के भूषण हैं। यह ध्यान रखने योग्य बात है कि किसी भी प्रश्न के दो पहलू हुआ करते हैं। समाचारों के प्रस्तुतीकरण में किसी पर अन्याय न हो इसका विशेष ध्यान रखना चाहिए।
10. दुःखी, त्रस्त और पीड़ित लोगों की बात सुनने के लिए हमेशा तत्पर रहो।
11. भारत के संविधान की, कायदे-कानूनों की प्रतिष्ठा का सतत अध्ययन करो। उसी प्रकार राज्यों व स्थानीय नगरपालिका जैसी संस्थाओं के विविध नियमों का आदर करो। कायदे का शासन प्रजातन्त्र की जरूरी शर्त है।
12. ध्यान रहे कि समाचार हमेशा ही अचूक, यथार्थ, अवैयक्तिक व पूर्वाग्रह से स्वंतन्त्र होने चाहिये।

सम्पादकों की सफलता

कोयले की दुकान के बाबू के रूप में अपने जीवन की शुरुआत करने वाले राय हरबर्ट थमसन का नाम विश्व के महान सम्पादकों में अग्रणी है। वह अमेरिका और इंग्लैण्ड के 245 समाचार-पत्रों, 172 पत्रिकाओं और 19 टीवी निगमों के मालिक बन सके। वह 'संडे टाइम्स' और 'टाइम्स' सरीखे पत्रों के भी मालिक थे। अपनी सफलता के बारे में वह स्वंय कहा करता थे— मैं अपने मुख्य सम्पादकों को सिर्फ दो निर्देश देता हूँ— "सत्य कहो और आम जनता का प्रतिनिधित्व करो। वित्तीय व्यवस्था की मेरी जिम्मेदारी है।"

5

समाचार-संपादन

समाचार का प्रमुख आधार सम्पादन होता है। संपादन से तात्पर्य किसी समाचार पत्र की भाषा शैली, पेपर ले आउट, चित्रात्मकता इत्यादि से है। यह कारक समाचार को प्रसिद्धि दिलाने में सहायक है। यदि कारक उच्च कोटि में हो तो समाचार-पत्र पाठकों को प्रिय हो जाता है। परन्तु यह काम बहुत मुश्किल है क्योंकि इस काम को करते समय उचित शब्दों का प्रयोग, भाषा, लिंग आदि पर विशेष रूप से ध्यान देना पड़ता है। छोटी सी गलती से ही समाचार का अर्थ बदल जाता है। समाचार-पत्र बदनाम हो जाता है। किसी समाचार में स्थान-स्थान तथा आवश्यकता का विशेष महत्व होता है। इसलिए समाचार के संपादन हेतु इनका ध्यान विशेषतः रखना चाहिए।

यदि समाचार-पत्र में स्थान का अभाव न हो तो समाचार के विशेष महत्वपूर्ण तथ्यों को विस्तारपूर्वक तथा मोटे अक्षरों में दिया जाता है। यदि समाचार विशिष्ट है लेकिन स्थान और समय में अन्तर हो तो उसे संक्षिप्त करके दिया जाता है। विस्तारपूर्वक लिखने के मोह में समाचार को पुराना कर देना अथवा उसके अस्तित्व को खत्म कर देना गलत है।

समाचार के उपसंपादक द्वारा समाचारों का वर्गीकरण किया जाता है जो समाचार से संबंधित प्रश्न क्यों, कब, कैसे, क्या, कहां कितने की खोज शीघ्रतः करता है। इस फैसले के पश्चात् समाचारों को संपादन के लिए, सहयोगियों के पास भेज दिया जाता है। समाचारों को पढ़कर एक बार वर्गीकरण करना चाहिए। इसी बीच

महत्वपूर्ण अंशों पर चिह्न लगा दिए जाते हैं, जिससे संपादन करने वाले सहायकों को संक्षेप तथा महत्वपूर्ण अंशों का समावेश करने में मदद मिलती है तथा समय की भी बचत हो जाती है। समाचारों को संपादन के लिए समाचारों का वर्गीकरण एक श्रंखला के रूप में जैसे आर्थिक, राजनीतिक, खेल, कारोबार आदि में उसे संबंधित उपसंपादक को दिया जाना चाहिए। इससे खबर का चयन भी आसान है तथा यह पाठकों को पढ़ने में भी सरल है।

समाचारों का संपादन और चयन करते समय कई समाचार स्वयं इकाई और स्वतंत्र रूप में होते हैं। कई समाचार ऐसे होते हैं जिनका दूसरे समाचारों के साथ घनिष्ठ संबंध होता है। इस तरह के समाचारों को अधिकतर एक ही स्थान पर प्रस्तुति के साथ दे दिया जाता है। ऐसे समाचारों में विरोधपूर्ण की स्थिति पैदा हो सकती है।

किसी समाचार को प्रस्तुत करने का तरीका प्रत्येक समाचार-पत्र का भिन्न होता है। समाचार संपादन करने वाले व्यक्ति पर उसकी व्याकरण, भाषा, भाव और मुख्यांश का संपादन करके उसे आकर्षक और तरीके से पाठकों के सामने प्रस्तुत करने की जिम्मेदारी होती है। समाचार दिखाई दे और इसके साथ-ही-साथ वह वाक्य आकर्षक भी होना चाहिए। किसी समाचार-पत्र की लोकप्रियता उसकी स्पष्ट तथा सरल भाषा पर निर्भर करती है।

समाचार के सम्पादन का औचित्य

डॉ. रामचन्द्र तिवारी के अनुसार "सहज-सुलभ साधनों द्वारा समाज और जीवन के सभी पहलुओं को प्रकाशमान करने वाले विचारों एवं सूचना सामग्री को सुरुचिपूर्वक संकलित, सम्पादित एवं मुद्रित कर उसे जन-साधारण को उपलब्ध कराना ही पत्रकारिता का मुख्य उद्देश्य है।"

सम्पादक का प्रमुख कार्य लिखित समाचारों को संशोधित करके अपनी कुशलता से उसे स्पष्ट तथा सरल बनाना है जिससे पाठक उसकी ओर आकर्षित हो सके एवं अपनी सहज प्रस्तुति में पाठकों को सुरुचिपूर्ण प्रतीत हो सके। सम्पादन की परिभाषा अथवा A.B.C. को इस प्रकार व्यक्त किया जा सकता है–

A = Accuracy (परिशुद्धता)
B = Briefness (संक्षिप्तता)
C = Correctness (यथातथ्यता)

श्री प्रवीण दीक्षित के अनुसार समाचार के संपादन का औचित्य अग्रलिखित है समाचार को पाठकों की दृष्टि से सार्थक बनाना।

किसी समाचार को कम शब्दों तथा कम समय में पूर्णतः प्रस्तुत करना की कुशलता को प्रकट करता है। समाचार-पत्रों में प्रायः स्थान की समस्या रहती है। समाचार का गठन इस प्रकार हो जिसमें शब्दों का अनावश्यक विस्तार न हो तथा शब्दों की मितव्ययता बरतते हुए समाचार अपनी बात सही परिप्रेक्ष्य में पूर्ण रूप से सम्प्रेषित कर सकने में सक्षम हो। जबकि उपसंपादक की कुशलता का मापन जटिल रूपरेखा के समाचारों को सहज व सरल बनाना है।

उपसंपादक का कार्य समाचार में उपस्थित भाव या विचार को पूर्णतः व्यक्त करना है। यह विशेषतः भाषा पर निर्भर करता है। उपसम्पादक की दृष्टि से जो महत्वपूर्ण बात आती है वह है समाचारों के महत्व का निर्धारण। इसका तात्पर्य है किस समाचार को प्रथम लीड दी जाए तथा किसे द्वितीय लीड? समाचार-पत्र के पृष्ठों पर विविध समाचारों का संयोजन किस प्रकार किया जाए? उनकी प्रस्तुति किस प्रकार आकर्षक बनाई जाए? समाचार को कितना स्थान दिया जाए? यहाँ लीड का आशय पहली महत्वपूर्ण दूसरी और तीसरी खबरों की महत्ता से है। साथ ही पहले पन्ने पर सर्वाधिक ध्यान दिया जाता है लेकिन बाकी पन्नों की उपेक्षा नहीं होनी चाहिए। प्रत्येक वर्गीकृत पेज जैसे आर्थिक, अंतराष्ट्रीय खेल, व्यापार आदि पर खबरों को श्रेणीबद्ध रूप में रखना चाहिए।

उपसंपादक अपनी कुशलता के आधार पर उपरोक्त प्रश्नों के उत्तर को खोजता है तथा निर्णयात्मक क्षमता के आधार पर समाचारों की महत्ता के क्रम का निर्धारण करता है। वह इतना शक्ति सम्पन्न होता है कि किसी भी समाचार के प्रस्तुतीकरण के आधार पर उसके महत्व या प्रभाव में कमी अथवा वृद्धि कर दे।

प्रेस कापी का सम्पादन

समाचार के चयन और महत्ता के निर्धारण के साथ ही प्राप्त समाचार की मूल कापी, जिसे पत्रकारिता की भाषा में 'प्रेस कापी' कहते है, का सम्पादन करना पड़ता है। यह कापी देवनागरी लिपी में हिन्दी भाषा की तथा रोमन लिपि में हिन्दी अथवा अंग्रेजी भाषा में हो सकती है। सम्पादन का आदर्श संक्षिप्तीकरण है। अतः किसी भी समाचार को लिखने का सर्वोत्तम तरीका सरल तथा उचित शब्दों का प्रयोग एवं छोटे-छोटे वाक्यों का चयन है।

समाचार को अनुच्छेदों में लिखना चाहिए। आदर्श स्थिति यही है कि एक अनुच्छेद में जहाँ तक सम्भव हो एक ही विचार लिखना चाहिए। अनुच्छेदों के उचित संयोजन से न सिर्फ पृष्ठ सज्जा में सुविधा रहती है वरन् पाठक को भी समाचार समझने और पढ़ने में आसानी रहती है।

विभिन्न स्त्रोतों जैसे समाचार समितियां, संवाददाता आदि से प्राप्त एक ही समाचार का सभी स्त्रोतों में प्राप्त सामग्री के द्वारा उचित एवं आकर्षित ढंग से व्यक्त करना उपसंपादक की गुणवत्ता का उदाहरण है। यदि विभिन्न स्त्रोतों का भिन्न मत हो तो उसे भी प्रस्तुत करना चाहिए।

सम्पादक सम्पादन करते समय स्थान की बचत पर विशेष ध्यान देता है क्योंकि इस क्षेत्र में स्थान का महत्व अधिक हैं। सीमित स्थान में विविध प्रकार के अधिकतम समाचार आकर्षक सज्जा के साथ दिए जाने चाहिए।

अधिक प्रचलित तथा संदेहहीन संक्षिप्त रूपों का प्रयोग करना चाहिए। जैसे भाजपा, यूनेस्कों, सार्क इत्यादि संक्षिप्त रूपों को समाचार में पहले पूरा लिख देना चाहिए यदि उनका पुनःउल्लेख किया जाना हो तो उसे संक्षिप्त में दिया जा सकता है। वर्तनी की दृष्टि से विशेष सावधानी बरतनी चाहिए। विदेशी नामों और स्थानों में तो वर्तनी की शुद्धता की जाँच की अधिक आवश्यकता है। समाचार के लक्ष्य को स्पष्ट करने के लिए उसके मुख्य तथ्यों को छोटे वाक्य के रूप में मोटे अक्षरों में प्रस्तुत करना चाहिए।

परिणामस्वरूप समाचार को रोचक, पठनीय और आकर्षित बनाने में सम्पादक की भूमिका महत्वपूर्ण होती है।

ब्रूस वेस्टले के शब्दों में सम्पादक को समाचार का सम्पादन करते समय एक चिकित्सक की भाँति सहृदय होना चाहिए न कि एक कसाई की भाँति निर्मम। जबकि माइकल हाइड्स (Michel Hides) ने समाचार को सुरुचिपूर्ण ढंग से सम्पादित करने के अग्रलिखित आधार बताए हैं–

1. प्रस्तुति
2. जाँचना
3. पुनलेखन
4. संक्षिप्तीकरण
5. प्रस्तावना

एक अन्य लेखक के शब्दों में सम्पादन के तत्वों को अग्रलिखित ढंग से प्रस्तुत

किया गया है –Arranging, introducing, comparing, framing, translating, selecting or adapting for publication.

लीड

लीड किसी भी समाचार पत्र की लोकप्रियता का मुख्य आधार है। यह समाचार-पत्र के बाईं ओर उपस्थित रहता है। इसके तहत प्रमुख समाचारों का संकलन कर समाचार-पत्र के माध्यम से पाठकों का ध्यान केन्द्रित किया जाता है। मनोवैज्ञानिकों की यह मान्यता है कि पाठक समाचार-पत्र खोलते ही सबसे पहले बाईं ओर ऊपर की तरफ देखता है अतः एक दिन के सर्वाधिक महत्वपूर्ण समाचार पर ध्यान आकृष्ट करने के लिए पत्र के ऊपर बाईं ओर दिए जाने की परम्परा है। द्वितीय लीड को प्रायः पृष्ठ के दाहिनी ओर दिया जाता है जिसमें द्वितीय रपष्ट के महत्वपूर्ण समाचारों को प्रस्तुत किया जाता है। श्री प्रेमनाथ चतुर्वेदी ने 'लीड की समस्या' पर अपने विचार कुछ इस तरह व्यक्त किये हैं–

"किसी अति विशिष्ट समाचार के न होने की स्थिति में विभिन्न पत्रों की लीड कभी मिलती नहीं। कोई किसी समाचार को उभारता है तो कोई किसी को। यह पत्र की नीति, सम्पादक के दृष्टिकोण और मुख्य उप-सम्पादक की मनोवृत्ति का भी प्रतिबिम्ब होती है।

लीड के चयन हेतु निम्न तथ्य एक विशेषज्ञ की सलाह की भांति कार्य करते हैं–

(i) भीषणता
(ii) अतिव्यापक प्रभाव
(iii) राजनीतिक महत्व
(iv) परिवर्तन की पराकाष्ठा।

ये चारों तथ्य देश और विदेश के समाचारों में मिल सकते हैं। यदि दोनों में टकराव हो तो देश, पड़ोसी देश और दूर देश के क्रम से उनका महत्व आंकना चाहिए।"

कुछ प्रमुख समाचार-पत्रों की लीड के शीर्षक यहाँ दिए जा रहे हैं–

(1) राजस्थान पत्रिका, जयपुर–प्रथम लीड–स्कूल-समारोह में भीषण आग, 312 मरे।

द्वितीय लीड—चालक दल ने स्वीकार किया कि हथियार उसी ने गिराए थे।

(2) जनसत्ता, दिल्ली—प्रथम लीड—स्कूल के समारोह के दौरान आग से 312 मरे।

द्वितीय लीड—विदेशी विमान के चालक ने हथियार गिराने की बात मानी।

(3) दैनिक जागरण, दिल्ली—प्रथम लीड—हरियाणा के सिरसा जिले में भीषण आग से चार सौ मरे।

द्वितीय लीड—मुम्बई में उतारे गए विमान ने ही हथियार गिराए थे।

(4) नवभारत टाइम्स, दिल्ली—प्रथम लीड—हरियाणा के डबवाली कस्बे में भीषण अग्निकांड : 400 मरे

द्वितीय लीड—बेअंत हत्याकांड के दो प्रमुख अभियुक्त गिरफ्तार

(5) दैनिक नवज्योति, जयपुर—प्रथम लीड—हरियाणा के स्कूल समारोह में आग से 315 मरे

(6) दैनिक हिन्दुस्तान, नई दिल्ली—प्रथम लीड—हरियाणा के स्कूल समारोह में भीषण आग से 305 मरे।

(7) राष्ट्रदूत, जयपुर-प्रथम लीड—स्कूल के वार्षिक समारोह में आग से 315 मरे।

द्वितीय लीड—पुरूलिया में गिराए गए हथियार एक छोटा-मोटा युद्ध लड़ने के लिए पर्याप्त।

(8) राष्ट्रीय सहारा, दिल्ली—प्रथम लीड—सिरसा में स्कूली समारोह के दौरान आग लगी, 305 मरे।

द्वितीय लीड—राव भजन की हत्या की साजिश का भंडाफोड़।

उक्त विवरण से स्पष्ट होता है कि लीड का चुनाव उपसम्पादक अपने-अपने ढंग से समाचारों को महत्ता देते हुए करता है।

प्रस्तावना की रचना

किसी भी समाचार की आत्मा का मूल उसकी प्रस्तावना होती है जिसका प्रारंभ उस समाचार के सारांश से होता है। जिसे प्रथम अनुच्छेद में दिया जाता है। शेष अनुच्छेद में इस खबर का विस्तार होता है। प्रस्तावना को रोचक बनाने के लिए जरूरी है कि समाचार को हमेशा सरल व स्पष्ट भाषा से आरंभ करें। जिस तरह समाचार-पत्र को लोकप्रिय बनाने में लीड का महत्वपूर्ण योगदान रहता है। उसी तरह 'इण्ट्रों का

भी समाचार-पत्र को लोकप्रिय बनाने में महत्वपूर्ण योगदान रहता है। इण्ट्रो में समाचार के अन्तिम निष्कर्ष को देने को विलोम स्तूपी प्रक्रिया कहते हैं। जिसका कारण पाठक की जिज्ञासा है।

समाचार के शीर्षक अथवा पहले वाक्य को समाचार की जान कहा जाता है जिसको देखकर या पढ़कर पाठक खबर को पढ़ने में रोचकता या उत्सुकता व्यक्त करें। यह लाइन पूरी खबर को व्यक्त कर देती है।

प्रस्तावना का निर्माण एक जटिल कार्य है। जिसके लिए कुशलता तथा अभ्यास दोनों आवश्यक है। यह जरूरी है कि समस्त समाचार को पढ़ने के बाद उसका सारगर्भित विचार, महत्व तथा इण्ट्रो के तहत शामिल कभी-कभी अन्तिम वाक्य का भी रूप ग्रहण कर सकता है। इण्ट्रों में पूर्वाग्रह या किसी विशेष अभिमत या दृष्टिकोण का उल्लेख नहीं होना चाहिए। इण्ट्रो की सहायता से किसी भी समाचार को महत्वपूर्ण व आकर्षक बनाया जाता है। यदि प्रस्तावना प्रभावशाली नहीं है तो समाचार आत्माहीन हो जाता है।

समाचारों का सम्पादन करते समय दो बातों पर विशेष ध्यान देना चाहिए। पहला, समाचार को समझने में आसानी होनी चाहिए। पाठकों की पसंद और उनके हित का ज्यादा ध्यान दिया जाना चाहिए जो समाचार संपादन का उपयोगी अंग है। कम समय में पाठक पूरी खबर को आत्मसात कर सके।

दूसरा, समाचार का गठन सरल, संक्षिप्त, सुगम व पठ्य होना चाहिए। इन्हीं बातों के द्वारा समाचार का इण्टो भी अच्छा किया जा सकता है।

इण्ट्रो के प्रकार— भिन्न प्रकार के समाचारों के भिन्न प्रवाह के प्रस्ताव होते है। सामान्य रूप से प्रस्तावना को निम्न भांति वर्गीकृत किया गया है। इण्ट्रो के प्रकार तय करना एक कठिन काम है, चूँकि जितने प्रकार के रामाचार होते हैं उतने ही प्रकार के इण्ट्रो भी होते हैं। इसके साथ-ही-साथ नजरिया भी इण्ट्रो को प्रभावित करता है। सामान्यतया इण्ट्रो के दो मुख्य रूप माने जाते हैं—

(1) तथ्यात्मक इण्ट्रो— इसमें घटना चक्र को ही बिना किसी संकोच के महत्व दिया जाता है। किसी-किसी तथ्यात्मक इण्ट्रो को भावना का पुट देकर ज्यादा रोचक तथा आकर्षक और महत्वपूर्ण बनाया जा सकता है।

(2) भावनात्मक इण्ट्रो—इसके अन्तर्गत घटना चक्र, विचार एवं प्रमुख समाचारों का निरीक्षण करके निष्कर्ष निकालने अथवा उसके लिए प्रेरणा देने का प्रयास किया जाता है।

अतः कहा जाता है कि किसी समाचार की आत्मा उसकी प्रस्तावना होती है। यदि समाचार एक कॉलम वाला हो तो उसके इण्ट्रो का स्वरूप छोटा होना चाहिए और यदि समाचार दो कॉलम वाला हो तो उसका इण्ट्रो कुछ बड़ा होना चाहिए, लेकिन जरूरत से ज्यादा लम्बा तथा बड़ा इण्ट्रो समाचार की छवि को खराब कर देता है, जिससे पाठकों को खबर का स्पष्टीकरण नहीं हो पाता है। इण्ट्रो को हमेशा छोटा, निष्कर्षण तथा रोचक बनाना चाहिए।

भाषण समाचारों का सम्पादन

भाषण समाचार सम्पादन में ऐसे वक्तव्यों की समाचार महत्ता का मूल्यांकन करना आवश्यक है। वक्तव्य का मूल अंश यदि महत्वपूर्ण है तो उसे प्रत्यक्ष कथन के रूप में दिया जाना चाहिए। भाषण में सहज सरल शब्दावली का प्रयोग करना चाहिए। भाषण का प्रभाव उसके समाचार तत्त्व, उसके सन्देश तथा संप्रेषणीयता पर ही निर्भर करता है। भाषण को रंगास्वामी पार्थसारथी ने निम्न तरह से परिभाषित किया है–

"The longest wordiest way of imparting information."

भाषण समाचार को महत्वपूर्ण बनाने के लिए भाषण का संक्षिप्त रूप जरूरी है। इस प्रस्तुति में यह ध्यान रखा जाना चाहिए कि कहीं समाचार प्रभावहीन एवं अरोचक न बने। भाषण की ही भांति सरकारी विभागों आदि के द्वारा हैंड आउट भी जारी किए जाते हैं। उपसम्पादक को इनमें से समाचार तत्व खोजना पड़ता है। यदि इन हैंड आउट से कोई विशेष समाचार उजागर नहीं होता तो यह उसके लिए विचारहीन है।

क्षेत्रीय समाचारों का सम्पादन

किसी समाचार-पत्र में छपने वाली स्थानीय खबरें इस स्थान के पाठकों का आकर्षण केंद्र होती हैं। अपने क्षेत्र में घटित घटनाओं को जानने की उत्सुकता प्रत्येक क्षेत्रवासी के मन में होती है। इन्हीं के बदौलत समाचार-पत्रों की प्रसार संख्या में वृद्धि होती है।, कोशिश यह होती है कि समाचार पत्र के प्रसार क्षेत्रों की खबरें उस समाचार-पत्र में अवश्य हो ताकि पाठक अपने को उस समाचार-पत्र से जोड़ सके। स्थानीय समाचारों के इस महत्व को मानते हुए सत्यदेव विद्यालंकार ने लिखा है कि "मेरा अनुभव है कि जिन पत्रों ने पत्रकारिता के इस महत्वपूर्ण अंग की उपेक्षा की,

वे पनप नहीं सके। जिन संचालकों ने बिना टांगों के अपने पत्रों को चलाने का प्रयत्न किया, वे उसमें सफल नहीं हो सके।"

संकलनकर्ता एवं सम्पादक के लिए निम्न तथ्य बताये हैं जिससे वह क्षेत्रीय समाचारों का सही चयन एवं सम्पादन कर सकें—

1. विभिन्न संस्थानों के स्तर और उनकी सेवाओं के बारे में जानकारी।
2. नगर की राजनीतिक गतिविधियों पर नजर
3. नगर के विभिन्न क्षेत्रों की स्थिति के बारे में जानकारी प्राप्त करना।
4. सामुदायिक शिकायतों के प्रकाशन की ओर जागरूकता।
5. अधिक से अधिक समाचार देने का प्रयास।
6. जनता की भावना।
7. नगर के नेताओं के स्तर और उनकी लोकप्रियता का ज्ञान, अधिक से अधिक समाचार देने का प्रयास।
8. नगर के समस्त वर्गों की यथासंभव तृष्टि।
9. नामों के देने में संयम।
10. समाचार पर हुई प्रतिक्रिया पर निगाह।
11. नगर का हित।
12. समाचार की अतिशयोक्तिहीनता और प्रामाणिकता।
13. बासीपन की गंध से बचाव।
14. अद्यतन समाचारों की चित्रों से यथासम्भव शीघ्र पुष्टि।
15. समस्त उचित समाचारों के लिए द्वार खुला रहे, परन्तु अनुचित और निम्न स्तरीय समाचारों की पूर्ण उपेक्षा की जाय।
16. समाचारों में विविधता।
17. अपने कार्यालय से सम्बन्ध रखने वाले व्यक्तियों के नाम यथासम्भव न प्रकाशित करने के नियम का पालन।
18. संवाददाता में पूर्वाग्रह तो नहीं है।
19. व्यक्तिगत टीका-टिप्पणी अस्वीकार्य।
20. पक्षपात से दूर रहना। 'सब अपने, न कोई पराया' सिद्धान्त का पालन करना।

अपराध समाचारों का सम्पादन

अपराध से जुड़े समाचार को सम्पादित करते समय बहुत सावधानी रखनी चाहिए तथा कुछ बातों का विशेष ध्यान रखना चाहिए। कोई भी व्यक्ति तब तक अपराधी नहीं माना जाता जब तक अदालत उसे दोषी करार नहीं दे देती। ऐसी स्थिति में अदालत से दोषी सिद्ध न होने तक उस व्यक्ति को अपराधी के रूप में चित्रित नहीं किया जाना चाहिए। अन्यथा अदालत से दोषमुक्त होने पर वह मानहानि का मुकदमा दायर कर सकता है। सम्पादक की छोटी सी भूल से समाचार पत्र की प्रतिष्ठा पर चोट लग सकती है। समाचार पत्र को अदालत में लाकर खड़ा कर सकती है।

अपराध समाचारों में दोषी व्यक्ति की पहचान का सूत्र अथवा स्रोत देना आवश्यक है। उदाहरणार्थ 'पुलिस के अनुसार' अथवा 'उसकी जेब से प्राप्त कार्ड के अनुसार' इत्यादि। ऐसे समाचारों में व्यक्ति के नाम के पूर्व 'कथित' शब्द का प्रयोग करना उचित रहता है। न्यायालय की अवमानना के प्रश्न का भी उपसम्पादक को ध्यान रखना चाहिए। उप-सम्पादक को अपराध समाचार की भाषा का ज्ञान तथा कानून एवं नियमों का ज्ञान आवश्यक है।

डाक समाचारों का सम्पादन

समाचार प्राप्ति के स्त्रोतों में डाक समाचार भी आते है। डाक समाचार का अर्थ है जो समाचार दूर देशीय राज्यों से डाक द्वारा प्राप्त होते हैं महत्वपूर्ण स्रोत हैं। राज्य अथवा देश के दूर-दराज के क्षेत्रों में अनेक पत्र अपने स्ट्रींगर तथा अंशकालिक संवाददाताओं की नियुक्ति करते हैं जो सामान्यतः डाक द्वारा समाचार प्रेषित करते हैं। विकास समाचार अथवा कम महत्वपूर्ण समाचार प्रायः संवाददाता डाक से प्रेषित करते हैं परंतु कभी-कभी महत्वपूर्ण समाचार को भी डाक द्वारा भेजा जाता है तो उस समाचार को प्रमुख स्थान देकर प्रकाशित किया जाना चाहिए।

उपसम्पादक का इन समाचारों को उचित ढंग से सम्पादित करना भी एक उत्तरदायित्व है, क्योंकि विभिन्न राज्यों के संवाददाताओं की लेखन क्षमता एवं शैली दोनों भिन्न होती है। ऐसे समाचारों के सम्पादन में घटना का काल, अवधि, महत्व, स्थानीयता पर गौर करने की जरूरत है साथ ही इन खबरों के लिए उचित स्थान तथा उपयुक्त भाषा का प्रयोग करना चाहिए। स्थानीय खबरों में किसी व्यक्ति या स्थान को प्रभावशाली नही बनाना चाहिए।

कार्टूनों का सम्पादन

कार्टून बहुत रोचक होते हैं। यह न केवल बच्चों को बल्कि बड़ों को भी आकर्षित करते हैं। कार्टून कम शब्दों में बहुत कुछ कहने का सामर्थ्य रखते हैं। सरकार की नीतियों की आलोचना, राजनीतिक पार्टियों के दंगल के साथ-साथ हल्के-फुल्के ढंग से नेताओं व घटनाओं पर करने के लिए आजकल कार्टून उपयुक्त साधन हैं जो लाभकारी के साथ-साथ आकर्षकता का केंद्र भी है। समाचार-पत्र-पत्रिकाओं को रोचक, आकर्षक तथा लोकप्रियता बनाने में कार्टूनों की भूमिका महत्वपूर्ण होती है। इसके तहत समाचार-पत्रों में समसामयिक घटनाओं (Current Affairs) पर विशेष रूप से टिप्पणी की जाती है। कुछ कार्टून जहाँ विशुद्ध हास्य और गुदगुदाने वाले होते हैं, वही उसमें निहित व्यंग्य-बोध पाठक के अन्तः को झकझोर देता है तथा वह अपने परिवेश और परिस्थिति के प्रति सजग हो जाता है। भारत के प्रसिद्ध कार्टूनिस्ट आर.के. लक्ष्मण को मैग्सेस पुरस्कार से सम्मानित किया जाना कार्टून कला के महत्व को इंगित करता है।

कार्टून के संपादन को भी समाचार-पत्र में विशेष स्थान मिलना चाहिए। यथा-कार्टून विशुद्ध हास्य और व्यंग्य की दृष्टि से प्रकाशित किए जाए, न कि किसी के चरित्र हनन के उद्देश्य से। कार्टून के द्वारा किसी धर्म, जाति या समुदाय पर निन्दाजनक टिप्पणी न की जाए, कार्टून में तथ्यात्मक गलतियाँ न हों, किसी व्यक्ति आदि का मखौल उड़ाने की चेष्टा न की जाए आदि।

जिसका उदाहरण यह है कि इस सन्दर्भ में एक उदाहरण उल्लेखनीय है। तमिलनाडु की एक व्यंग्य पत्रिका 'आनन्द विकटन' के 29 मार्च, 1987 के अंक में मुख पृष्ठ पर एक कार्टून प्रकाशित किया गया जिसमें एक श्रोता पूछता है—मंच पर बैठे दोनों में से मन्त्री कौन है और विधायक कौन? दूसरा श्रोता—जो पॉकेटमार की तरह दिख रहा है वह विधायक है और जो ठग जैसा लगता है वह मंत्री है। इस कार्टून की देशव्यापी प्रतिक्रिया हुई। अप्रैल, 87 गें तगिलनाडु विधान सभा के अध्यक्ष ने इस तमिल पत्रिका के सम्पादक एस. बालसुब्रह्मण्य को मन्त्रियों और विधायकों के बारे में छपे अपमानजनक कार्टून के लिए क्षमा-याचना प्रकाशित न करने पर तीन माह के कठोर कारावास की सजा सुनाई।

सम्पादक की गिरफ्तारी की देश भर में व्यापक आलोचना की गई तथा इरो प्रेस स्वातन्त्रय पर खुला प्रहार बताया गया। इस घटना पर केंद्रिय गृह राज्य मन्त्री

स्वयं सम्पादक की ओर से क्षमा याचना करने तक को तैयार हो गए। अन्ततः भारी विरोध के कारण विधान सभा ने सम्पादक को रिहा कर दिया। कार्टूनों का प्रभाव काफी व्यापक और गहरा होता है। अतः इससे जुड़े सामाजिक, राजनीतिक दायित्वों का ध्यान कार्टूनिस्ट व सम्पादक दोनों को रखना चाहिए।

कार्टून प्रकाशन से पूर्व सम्पादक को निम्न तथ्यों का ध्यान रखना चाहिए

1. कार्टून जीवन्त और प्रभावी हो। अर्थात् कार्टून क्या व्यक्त करना चाहता है—यह स्पष्ट तथा प्रभावी ढंग से प्रस्तुत किया गया हो।
2. कार्टून में चित्रित वातावरण भी प्रासंगिक, सजीव तथा विषय-वस्तु के अनुरूप हो—इसका भी ध्यान रखा जाना आवश्यक है।
3. रेखांकन इस प्रकार हो जिससे पाठक उसका भावबोध आसानी से समझ सके।
4. रेखाएँ तथा उसमें चित्रित वातावरण पत्र के पृष्ठ पर अच्छी तरह उभर सके। कार्टून संपादन की विशेष तकनीक है जिसे ध्यान में रखकर समाचार को विशेष बनाया जा सकता है।

पाठकों के अनुसार समाचार-पत्र की कोटि

किसी समाचार-पत्र की लोकप्रियता अथवा प्रसिद्धि उसके सामान्य पाठकों की संख्या पर निर्भर करती है। पाठकों की संख्या जितनी अधिक होती है वह उतना ही सफल माना जाता है। समाचार-पत्र को निष्पक्ष होना चाहिए। समाचार पूर्णरुपेण सुसम्पादित तथा सम्पूर्ण हो। इसके लिए सम्पादक को इस बात के लिए सचेत रहना चाहिए कि उसके पत्र में सभी महत्वपूर्ण समाचारों का न सिर्फ प्रकाशन हो वरन् उस पर अपेक्षित सामयिक टिप्पणी तथा दिशा निर्देशन भी हो जो पाठक की जानकारी को व्यापक तथा गहरा बनाए। इस दृष्टि से उसे स्थानीय घटनाओं से लेकर अन्तर्राष्ट्रीय स्तर तक की घटनाओं को उचित प्राथमिकता देनी चाहिए। इन घटनाओं पर की गई सम्पादकीय टिप्पणियाँ पाठक को अपना मत बनाने में भी उपयोगी मदद होती है। अतः पत्र का सम्पादन जीवन्त, कल्पनाशील तथा मौलिक हो, जिसमें पाठकीय उत्सुकता को कायम रखने की भी क्षमता हो।

पत्र के लिए कर्मचारियों में व्यावसायिक दक्षता होनी चाहिए, उपसम्पादक तथा संवाददाताओं सहित अन्य सहयोगियों की लेखनी सशक्त होनी चाहिए। श्रेष्ठ लेखन के साथ उनका प्रस्तुतीकरण भी उत्तम होना चाहिए। पत्र के टाइपों की संरचना,

समाचारों का डिस्प्ले तथा चित्र चयन इस प्रकार से हो कि वह घटना को सुन्दरतम ढंग से प्रस्तुत कर सकें। मुद्रण भी अच्छा होना चाहिए।

समाचारों के सम्पादन में सहयोगियों की भूमिका

समाचारों के सम्पादन में सहयोगियों की भूमिका बहुत महत्वपूर्ण है। जिसे निम्न भांति व्यक्त किया जा सकता है–

(1) शीर्षक तथा आकार के प्रति सलाह–आकार एवं शीर्षकों के संदर्भ में मुख्य उपसंपादक को अपने सहयोगियों की उत्सुकता और सलाह को सम्मानित करना चाहिए। उनके निर्णयों में उसे सहयोगी होना चाहिए।

(2) सहयोगी उपसंपादकों की रुचि–सहयोगी उपसंपादकों को उनकी रूचि के अनुसार समाचार देना चाहिए जिससे वह कार्य को कुशलता एवं तीव्रता से करे। ऐसा कार्य खामियों से स्वतंत्र होता है।

समाचारों का वर्गीकरण करते समय उपसम्पादक कभी-कभी जरूरत से ज्यादा बुद्धि का परिचय दे बैठता है, जिसका नतीजा यह होता है कि समाचार का महत्व खत्म हो जाता है। ऐसी स्थिति में प्रमुख उपसम्पादक को ही उसका खुद संपादन कर देना चाहिए। तथ्यों और भाषा से संबंधित मुश्किलों के हल हेतु शब्दकोश एवं संदर्भ पुस्तिका की सहायता लेनी चाहिए।

संपादित नकल पर अवलोकन

समाचार को प्रेस में जाने से पूर्व उसका अवलोकन करना बहुत आवश्यक है अवलोकन के पश्चात ही समाचार-पत्रों को अंतिम रूप दिया जाता है। समाचार प्रेस में चले जाने के बाद ऐसा करना एक कठिन प्रक्रिया है जिसमें सबसे पहले समय की बरबादी होती है। छोटी-सी भी लापरवाही अथवा असावधानी के कारण काफी बड़ी त्रुटि हो जाने का संदेह बना रहता है। ऐसा नहीं है कि प्रेस में चले जाने के बाद समाचारों का संशोधन नहीं हो सकता है। त्रुटियों का सुधार तो मुद्रण शुरू होने तक भी किया जाता है, लेकिन हरएक त्रुटियों को सुधारने की प्रवृत्ति समाचार-पत्र के लिए हानिकारक साबित होती है और उसके समय पर मुद्रित न हो पाने का संदेह बना रहता है। इसीलिए प्रत्येक कार्य को निर्धारित समय-सीमा और पहले ही निर्धारित प्रणाली तथा नीति द्वारा पूरा किया जाता है।

संपादित प्रति का निरीक्षण करने के बाद उसे प्रेस में कंपोजिंग के लिए भेजा

जाता है। कंपोजिंग के लिए खबरों के आकार के आधार पर विभिन्न कालम साइज की खबरें तैयार की जाती है ताकि हर पन्ने पर महत्व और आवश्यकतानुसार विभिन्न कालम की खबरें लग सके। विभिन्न खबरों के संतुलित आकार से पेपर का 'ले-आउट' बेहतर लगता है। समाचारों को प्रेस में भेजते समय यह विचार करना बहुत जरूरी है कि समाचार के आकार और महत्व की दृष्टि से किस समाचार को किस क्रम से भेजा जाए।

अतः समाचारों का संपादन करने तथा उनको प्रेस में भेजने की व्यवस्था में भी क्रमबद्धता का ध्यान रखना बहुत जरूरी होता है। समाचारों का स्वरूप सुव्यवस्थित होना काफी जरूरी है। समाचार-पत्र को पाठकों की रूचि को ध्यान में रखते हुए समाचार-पत्र का संपादन एक जटिल प्रश्न है।

6

संपादन कला में प्रबन्धन

वर्तमान युग में समाचार-पत्र में व्यवस्थापन का महत्वपूर्ण सहयोग है, आज यह एक व्यवसाय के रूप में उभर रहा है। आधुनिक युग के पत्रों का, मूलरूप से दैनिक पत्रों का जो आकार हो गया है और उनके कुशल संचालन हेतु जिन साधनों की आवश्यकता है उसके लिए पर्याप्त धन की जरूरत है। आज इनमें करोड़ों की पूँजी व्यय हुई है। धनाढ्य लोगों ने अपना धन मात्र जन-हित, देश-हित या समाज-सेवा और साहित्य-सेवा की पुण्य भावना से प्रेरित होकर नहीं बल्कि एक अच्छे व्यवसाय के रूप में प्रयोग किया है। इसमें उन्हें विलक्षण और अभूतपूर्व कामयाषी प्राप्ा हुई। बड़ी बड़ी कम्पनियों ने निरन्तर वर्षों तक अत्यधिक लाभ प्राप्त किया, अपने हिस्सेदारों को लाभ की गहरी रकमें वितरित कीं और पत्रों को आई हुई कामधेनु गाय के रूप में पाकर उनका पूरी प्रकार व्यवसायीकरण कर डाला। धन कमाना उनका एकमात्र उद्‌देश्य बन गया। पत्रों की उपयोगिता और आदर्श की अवहेलना कर, जनहित के हिताहित को भूलकर, पत्रकारी के पुण्य उद्देश्य से हटकर केवल धन का साधन मान लिया है।

आज पत्र उत्तम, लाभप्रद सम्पत्ति के रूप में परिवर्तित हो गए हैं। एक ओर तो यह हुआ और दूसरी ओर हमारा आधुनिक जीवन और उसकी जरूरतों ने भी पत्र-संचालन को उद्योग के रूप में संचालित होने के लिए पर्याप्त अवसर प्रदान किया। पत्रों के बिना वर्तमान की कल्पना नहीं कर सकते। वह समाज के जीवन से जुड़कर उसका एक आवश्यक अंग बन गया है। सभ्यता के विकास ने मनुष्य के जीवन को इस तरह से संघर्षशील बना दिया है कि प्रत्येक व्यक्ति अपने में ही

मानो 'भानुमती का पिटारा' हो गया है। आज के मनुष्य की ओर गौर करिए तो सही। वह स्वयं एक व्यक्ति है, अपने परिवार का सदस्य है, अपने बच्चों का पिता है। फिर वह अपने समाज का सदस्य है, नगर का निवासी है। नागरिक की हैसियत से उसके अधिकार और कर्त्तव्य है। वह समाज के हित अनहित की भी जिम्मेदारी को स्वीकार करता है। समाज की भलाई में उसकी भी भलाई है। समाज खतरे में पड़े तो वह और उसका परिवार खतरे में पड़ जाए। फिर वह अपने राष्ट्र का सदस्य है जिसके विशद हित में उसके नगर का, समाज का हित निहित है। समाज के हित में उसका हित और समाज का हित देश के हित में, इससे राष्ट्रीयता की भावना का विकास होता है।

वस्तुतः उसका अपने राष्ट्र के प्रति उत्तरदायित्व होता है। देश भी भूमण्डल का, सारी मानव-जाति का ही एक अंश मात्र है; संसार से एक सूत्र में जुड़ गया है। दिक्काल की बाधाएँ खत्म हो चुकी हैं, भौगोलिक पृथक्कता अपना अस्तित्व ही नहीं रखता। भूमण्डल के क्षितिज पर कहीं किसी घटना के घटित हो जाने की सूचना सूदूर ग्रामीण इलाके तक पहुंच जाती है। कहीं सोने की खान प्राप्त हो जाए तो विश्व भर की मुद्राएँ अस्थिर होने लगती हैं। कहीं गेहूँ की फसल अच्छी हो जाती है तो संसार की अनाज मण्डियाँ हिल उठती हैं। कहीं युद्ध छिड़ जाता है तो धरती कोने-कोने तक काँप उठती है। प्रत्येक व्यक्ति अन्तर्राष्ट्रीय बन गया है। हम आस्ट्रेलिया का गेहूँ खाते हैं, फ्रांस की दवा पीते हैं, इंग्लैण्ड का सूती वस्त्र पहनते हैं, जापान की छुरी काम में लाते हैं, स्विटजरलैण्ड की घड़ी जेब में लटकाते हैं, अमेरिका की 'फाउण्टेनपेन' से लिखते हैं, जर्मनी की साइकिल पर चढ़ते हैं। सारा भूमण्डल मेरे लिए और मैं भूमण्डल हेतु हो गया, फिर भी मेरा 'अहंकार' खत्म नहीं हुआ है। ऐसे व्यापक जीवन के लिए अर्थ, काम, मोक्ष, के आधार पर व्यवस्था करनी पड़ती है। क्योंकि उसकी कमी से जीवन का संचालन हो ही नहीं सकता है। आज का मनुष्य विश्व के करीब आ जाने से विश्व भर की अनेक और देशकालानुसार बनी व्यवस्थाओं का ज्ञान ढूंढ़ता है क्योंकि उन सबकी गति से उसका जीवन किसी न किसी रूप में प्रभावित होता रहा है। हजारों मील समुद्र के उस पार रहने वाले अमेरिकन मजदूरों का जीवन किस प्रकार संचालित है और इस तरह की व्यवस्था की जानकारी इसी पत्रकला के माध्यम से प्राप्त हो सकती है जो विश्व को एक दूसरे से प्रभावित होने का पर्याप्त अवसर प्रदान करती है।

मनुष्य एक विवेकशील प्राणी है। उसे मनोरंजन चाहिए, ज्ञान पथद्रष्टा और मार्ग-निदर्शक चाहिए, परामर्शदाता और सहायक चाहिए जो राग और विराग, प्रेम

और घृणा, काम और संयम, स्वार्थ और त्याग, द्वेष और संवेदन, क्रोध और क्षमा, हिंसा-अहिंसा आदि से जन्य अन्तर्द्वन्द्वों से विताड़ित जीवन के प्रवाह का दर्शन करावे, तद्भूत सम्भाव्य परिणामों की ओर इशारा करे और अपनी ही मुश्किलों के जाल में उलझे, इस अजीब प्राणी के हितानुकूल उसे आचरण का रास्ता भी प्रशस्त करे। आज के पत्र कदाचित् मनुष्य की इन सभी जरूरतों को पूरा करने की कोशिश करते हैं। निस्सन्देह उनकी कोशिश सफल होकर भी उन जरूरतों की पूर्ति अति लघु-सीमा तक ही करने में सक्षम होती है तथापि पत्रों के अतिरिक्त दूसरा कोई साधन अब तक प्रस्तुत नहीं हुआ है जो उतना भी कर सकता हो जितना वे करते हैं। एक अच्छा पत्रकार प्रबंध संपादन की समस्याओं का अच्छी तरह जानता है। पत्रों के उपकरण और उपादान जगत् के कोने-कोने से एक दो नहीं बल्कि सैकड़ों व्यक्तियों की मेहनत आवश्यक होती है। सम्पादकीय विभाग, संवाददाता, रिपोर्टर, कम्प्यूटर ऑपरेटर, प्रेसमैन, पत्र बेचनेवाली एजेंसियाँ, पत्र-कार्यालय अनेक लोगों को रोजगार के अवसर प्रदान करता है।

इसके लिए पर्याप्त पूंजी (धन) की आवश्यकता होती है। जब पूँजी लगी तो पूँजीपति लाभ कमाने की कोशिश करेगा ही। फलतः पत्र-संचालन में औद्योगिकीकरण को बढ़ावा मिला। आज ये पूँजीपति अपने पत्रों को अपनी पूंजी के रूप में देखते हैं अतएव उनकी व्यवस्था अपने हित के नजरिये से करने हेतु व्यवस्था-विभाग की स्थापना करने को विवश हुए हैं। पत्रों के जीवन में इस व्यवस्था-विभाग का अधिकार और प्रभाव दिन-प्रतिदिन बढ़ता जा रहा है। एक समय था जब पत्रकार और सम्पादकीय विभाग का पूरा नियंत्रण संपादक के हाथों में होता था। सम्पादकीय विभाग के हाथों में व्यापार का अधिकार तो रहा ही नहीं। उसकी विशेषता विवश रूप से बनी रहने पर भी वस्तुतः शेष नहीं रही। आज पत्र-कार्यालय में, पत्र के संचालन के अधिकार क्षेत्र में उसका स्थान नाममात्र का रह गया है। व्यवस्थापक ही सर्वप्रमुख हो गया है। इस व्यवसायीकरण ने प्रबन्ध-सम्पादक के नाम से जिस पद की सृष्टि की है उसका प्रमुख उद्देश्य व्यवस्था-विभाग के तहत सम्पादकीय विभाग को भी ला पटकने के अतिरिक्त और कुछ नहीं है। प्रबन्ध-सम्पादक के निर्देशन में ही सम्पादकीय विभाग और व्यवस्था विभाग कार्य करता है।

एक अच्छा पत्रकार प्रबंध सम्पादन की समस्याओं को अच्छी तरह जानता है। आज के पत्रों के संचालन-कार्य की कठिनाई जरूरी रूप से व्यवस्था-विभाग और व्यवस्थापक की जरूरत महसूस करती है। पत्र के जीवन के सभी अंगों को ठीक ढंग से सक्रिय बनाए रखने हेतु यह विभाग और उसका एक अधिष्ठाता आवश्यक हो

गया है। कोई सम्पादक सम्पादन का काम करते हुए न अनेक आवश्यक प्रबन्धों को सम्पूर्ण रूप में जान सकता है और न प्रकृत्या वह तरह-तरह के गलत कामों में पड़ने की कोशिश करेगा। विज्ञापन की दर क्या हो, कहाँ से विज्ञापन अर्जित किए जाएँ, इत्यादि की व्यवस्था करना है। रोजाना बिक्री से प्राप्त धन ठीक जमा हो रहा है या नहीं, कागज, स्याही आदि का भंडार समाप्त तो नहीं हुआ, समय से नए स्टाक का आवेदन भेजा गया या नहीं, पत्र की प्रतियों को बेचने की व्यवस्था ठीक है या नहीं, ग्राहक संख्या कैसे बढ़ाई जाए, प्रेस-विभाग, कम्पोजिंग-विभाग, विज्ञापन-विभाग, कमीशन-विभाग, बिक्री-विभाग आदि अनेक आवश्यक क्षेत्र सफलतापूर्वक काम कर रहे हैं या नहीं, व्यावसायिक नजरिये से पत्र में किन बातों का सुधार किया जाना चाहिए, अधिक से अधिक लाभ किस तरह अर्जित किया जा सकता है, इस सब की अच्छी व्यवस्था के लिए एक योग्य व्यक्ति और अलग विभाग की स्थापना होनी चाहिए।

एक सम्पादक का पूरा ध्यान अपने सम्पादकीय पर केंद्रित होता है। इससे बाहर की वस्तुओं को वो ध्यान में नहीं रख पाता क्योंकि उसके पास समय का अभाव होता है। पर पत्र का जो व्यापारिक अंग है उसके लिए व्यवस्था-विभाग और कुशल व्यवस्थापक अत्यंत आवश्यक है। इस युग में जब पत्रों की एक-दूसरे से प्रतिद्वन्द्विता भयंकर रूप प्राप्त कर चुकी है, जब उसका व्यापार अपना स्थान स्थित हो चुका है और जब व्यावसायिकता को स्वीकार किए बिना पत्र अपने अस्तित्व की रक्षा नहीं कर सकते तब व्यवस्था विभाग के बिना काम हो ही नहीं सकता। हम पूर्व में बता चुके हैं कि पत्रों के व्यापारीकरण के नाम से भी हमें चिढ़ होती है। इससे हमारा अर्थ यह नहीं है कि पत्रों का संचालन व्यापारिक आधार पर होना ही नहीं चाहिए। जो आधुनिक स्थिति से परिचित हैं वे आदर्शवादी होते हुए एवं पत्रों में व्यवसायवाद के प्रवेश को अनावश्यक मानते हुए भी इतना जानते हैं कि एक सीमा तक उसे स्वीकार किए बिना पत्र जीवित ही नहीं रह सकते। इसलिए व्यावसायिक तरीके से पत्र का संचालन हमारी नजर में विरोधपूर्ण नहीं है। हमारा विरोध तो उस नग्न व्यापारीकरण से है जो पत्रों को मात्र धन इच्छा की पूर्ति का स्रोत बनाना चाहता है। ऐसे लोग यह भूल जाते हैं कि पत्र प्रमुख रूप से जनता के सेवक हैं, फिर भी व्यापारिकता की आवश्यकता होती है।

इसकी सफलता व्यवस्थापक पर और उसके विभाग की उपयुक्तता, सक्रियता, सचेष्टता और सुचारु कार्य प्रणाली पर ही आधारित है। इसलिए यह स्पष्ट है कि किसी समाचार-पत्र के व्यवस्थापक का पद विशेष स्थान रखता है। सफल पत्र की

स्थापना कठिन कार्य है जिसके लिए पूँजी तो आवश्यक होती ही है, पर उसकी व्यवस्था करने वाले की योग्यता पर भी निर्भर करती है। उपयुक्त और योग्य व्यवस्थापक की कमी के कारण, प्रबन्ध की कमी की वजह से जाने कितने पत्र पर्याप्त धन का आधार रहते हुए भी नष्ट हो गये। निर्विवाद रूप से यह सिद्ध है, और अनुभव भी इसका समर्थन करता है कि कामयाबी के साथ उचित प्रबन्ध ने बन्द हुए पत्रों को फिर से सजीवता प्रदान की है। फिर से व्यवस्था के महत्त्व को देखते हुए हम कह सकते हैं कि उसके विषय में लिखने हेतु स्वतन्त्र ग्रन्थ की जरूरत होगी और लिखने वाला भी ऐसा व्यक्ति होना चाहिए जिसे पत्र-व्यवस्थापन का अनुभव हो।

पत्र के कार्य क्षेत्रों के विभिन्न रूप हैं। छपाई, कम्पोजिंग, समाचार-संकलन, लेखन, सम्पादन, प्रूफ-संशोधन, विज्ञापन-संग्रह, पत्र की बिक्री, विज्ञापन और बिक्री से होने वाली आय और होने वाले आय-व्यय का लेखा, आदि अनेक विभाग मिलकर किसी पत्र का संचालन करते हैं। उचित प्रबन्ध का कुशल आयोजन करने हेतु जरूरी हो जाता है कि विभिन्न विभाग पृथक रहते हुए भी एक-दूसरे से जुड़े रहें, और सामूहिक प्रबन्ध के नजरिये से संचालित हों। व्यवस्थापक का अर्थ व्यापक है। सम्पादकीय विभाग के अनेक विभागों को एक स्थान पर जोड़ने का कार्य जैसे सम्पादक करता है वैसे ही पत्र कें जीवन के सभी अंगों का समावेश व्यवस्थापक में होता है। कोई भी विभाग अपना काम कर अपनी जिम्मेदारी पूर्ण करता हुआ समझेगा पर सिर्फ उसका कार्य पत्र-प्रकाशन हेतु पूरा नहीं होता। उदाहरणार्थ सम्पादकीय विभाग को देखें जो सर्वश्रेष्ठ और सर्वोत्कृष्ट विभाग माना जाता है—समाचार का संकलन, मत प्रकाश, सम्पादन और छपने योग्य लेखों आदि का आवश्यक परिवर्तन करके पत्र स्तम्भों हेतु जरूरी यन्त्र तैयार कर देना, कापियाँ भेज देना, कम्पोज हुई कापियों का प्रूफ-संशोधन करके पत्र का मेक-अप कर देना। क्रमबद्ध हुए स्तम्भों का फरमा बाँधकर जहाँ तैयार हुआ वहाँ सम्पादकीय विभाग का काम और जिम्मेदारी समाप्त हुई।

प्रेस विभाग उसको छापकर अपनी भूमिका इसके बाद पूरी करता है। अब 'सरकुलेशन-विभाग'—बिक्री-विभाग—का कार्य आरंभ हो गया। इसी तरह एक शृंखला बन जाती है पर ग्राहक के हाथ में प्राप्त हुआ पत्र अपने उस आकार को सभी विभागों के सम्मिलित कार्य के परिणामस्वरूप ही मिलता है। इसके लिए एक व्यवस्थापक की आवयश्यकता होती है। व्यवस्थापक वस्तुतः यही कड़ी है। उसे सब पर नजर रखनी होती है क्योंकि सबके लिए वही उत्तरदायी है। समय से सब विभाग

अपना कार्य निपटा न दें तो पत्र अपने निश्चित समय पर छप नहीं सकता। समय का मूल्य तो सभी जगह होता है पर दैनिक पत्रों हेतु उसका जितना महत्त्व है उतना शायद ही किसी हेतु होगा। विलम्ब न सिर्फ बुरा है वरन् पत्रों हेतु तो निश्चित रूप से घातक है। दो, चार या दस मिनट के हेर-फेर से हजारों रुपए की हानि हो सकती है। डाक छूट जाएगी; ग्राहकों के हाथ में दूसरे पत्र दिखाई देंगे और पत्र की प्रतिष्ठा को गहरा आघात होगा। दो-चार बार इसी प्रकार से देरी हुई तो ऐसे पत्रों का जनता में विश्वास नहीं रहेगा यही विश्वास उसके लिए घातक सिद्ध होगा।

पत्रों की उपयोगिता बनाये रखने के लिए व्यवस्थापक को चाहिए कि पत्रों का काम एक सीमा में पूरा होना चाहिए। एक-एक विभाग और एक-एक कार्यकर्ता पर उसकी निगाह रहती है। किसके लिए कौन-सा कार्य है, कौन अपने कार्य में ढिलाई कर रहा है आदि अनेक बातों पर वह दृष्टि रखता है। व्यवस्थापक स्वयं निश्चित समय से कार्यालय में आ जाता है और अपने अधीन सभी सहायकों को समय से आ जाने हेतु प्रेरित करता है। उच्चाधिकारी अगर अपने कर्त्तव्यों की पूर्ति में चुस्त है तो उसके अधीनस्थ भी कर्त्तव्यनिष्ठ होंगे। लापरवाह और स्वयं काम की उपेक्षा करने वाला अपने अधीनस्थों से पूरा कार्य कराने में कभी सक्षम नहीं होता। कार्यालय में व्यवस्थापक अपना कार्य अपनी डाक देखने से आरंभ करता है। दैनिक पत्रों की महत्वपूर्ण भूमिका है। इतना भी नहीं टाल सकते कि 'दूसरे कार्य करने के पश्चात अन्त में देखेंगे।' पत्र सम्बन्धी वे अनेक बातें जो सम्पादकीय विभाग के अतिरिक्त हैं व्यवस्थापक के नाम से ही डाक के माध्यम से भेजी जाती हैं। कहीं विज्ञापन के प्रकाशन का चेक आया है, कहीं पत्र के बिक्री-एजेण्टों का आवेदन है, कहीं नए एजेण्टों की दरखास्त है, कहीं नया विज्ञापन है, कहीं विज्ञापन प्राप्त करने हेतु कनवेसिंग करने वालों की रिपोर्ट है जो कुछ बातों में व्यवस्थापक के आदेश की इंतजार करते हो सकते हैं। इन सब तथ्यों को ध्यान में रखकर व्यवस्थापक को कार्य करना चाहिए। अतः व्यवस्थापक डाक देखने से ही कार्य आरंभ करेगा। आई हुई चिट्ठियों को पृथक करेगा और उपर्युक्त आदेश के साथ जिसका जिस विभाग से सम्बन्ध है उन्हें वहाँ भेज देगा।

व्यवस्था विभाग को डाक पर पूरा ध्यान रखना चाहिए तत्पश्चात् अन्य विभागों की रिपोर्ट का निरीक्षण करे। सुव्यवस्थित पत्रों के कार्यालयों में कुशल व्यवस्थापक निर्धारित कर देता है कि हर विभाग का अधिकारी गत दिवस की अपने विभाग की रिपोर्ट तैयार करके उसके मेज पर रख दे। प्रेस में ठीक समय से फर्मा पहुँचा और छपाई का काम ठीक तरीके से किस समय खत्म हो गया, प्रेस में किसी प्रकार की

असुविधा होने पर सूचना उपलब्ध करायेगा। कम्पोजिंग-विभाग भी जानकारी प्रस्तुत करे। किस समय सम्पादकीय विभाग ने कापियाँ पूरी कीं, फर्मा किस समय प्रेस में भेजा गया, देर तो नहीं हुई, हुई तो क्यों हुई? इसी प्रकार सभी विभाग अपनी-अपनी रिपोर्ट पूरी करके व्यवस्थापक की मेज पर प्रस्तुत कर देता है। डाक समाप्त करके अब व्यवस्थापक उन रिपोर्टों को देखता है। सभी तफसील की बातें उसके समक्ष आ जाएँगी। जहाँ जो त्रुटि हुई है या हो रही है उसकी जाँच की जाएगी, जिससे भूल हुई, उससे उसकी भूल का कारण पूछा जाएगा, इसके बाद प्रबंधन को दुरूस्त किया जाएगा।

इसके बाद व्यवस्थापक पूरे कार्यालय का निरीक्षण करेगा। कम्पोजिंग- विभाग से लेकर सम्पादकीय विभाग तक क्रमशः जाकर देख लेगा कि सब जगह कार्य आरंभ हो गया है और सही तरीके से चल रहा है। इसके उपरांत खजांची से लेन-देन आय-व्यय इत्यादि सभी की पूरी जानकारी प्राप्त करेगा। व्यवस्थापक उसके रोजाना के कागज को देखने में कभी न चूके। सावधानी और सतर्कता के साथ व्यवस्थापक को देख लेना चाहिए कि उसका वह विभाग प्रत्येक दिन का हिसाब किताब रखता है या नही। जिन पत्रों के संचालन में करोड़ों रुपए की पूँजी लगी हुई है, वहाँ धन के दुरुपयोग होने की सम्भावना भी कम नहीं है। जहां प्रतिदिन हजारों रूपये का लेनदेन होता है वहां हिसाब किताब के प्रति बहुत ही सर्तकता की आवश्यकता होती है। यह काम समाप्त करते-कराते पत्र के छपने का समय आ जाता है। व्यवस्थापक को तब यह चिन्ता होती है कि उसका पत्र समय से छप जाए, बाहरी डाक का बण्डल बँधकर निकल जाए और स्थानीय एजेण्टों के पास बेचने हेतु कापियाँ समय से पहुँच जाएँ। सब विभाग अपने-अपने कार्य में संलग्न रहते हैं पर व्यवस्थापक की एक निगाह घड़ी पर और दूसरे सभी विभागों के काम पर रहती है। इसमें सब कार्य ठीक से चले यह चिंता व्यवस्थापक को हर समय लगी रहती है। जब तक डाक नहीं निकल जाती तब तक वह चिन्तामुक्त नहीं हो पाता।

उपर्युक्त तथ्यों से व्यवस्थापक के कार्यों को समझा जा सकता है। ये काम तो साधारण है जिनके लिए किसी असाधारण योग्यता की आवश्यकता नहीं है। निश्चित पथ है और जिसे भी चलने हेतु कह दीजिए साफ-सुथरे रास्ते पर आखें मूँद चला जाएगा। अगर व्यवस्थापक को इतना ही करना हो तो कोई बात नहीं है लेकिन उसकी उपयोगिता और उसकी विशिष्टता कोल्हू का बैल नहीं है। उसमें वह आन्तरिक सूझ, चेतना, क्षमता, प्रबन्ध करने की क्षमता एवं व्यावसायिक विवेक कल्पनाशीलता और दूरदर्शिता होने ही आवश्यकता है जो न किसी को सिर्फ सफल

व्यापारी बनाती हो वरन सक्षम प्रबन्धक भी बना सकती हो। व्यवस्थापक का प्रबंधक और व्यवसायी दोनों गुणों से समन्वय होना चाहिए। इसके साथ-साथ उसे अपने पत्र के नैतिक कर्त्तव्य, आदर्श और उसके उत्तरदायित्व का ज्ञान भी हो तो फिर क्या पूछना है। व्यवसाय प्रबंन्ध और पत्रादर्श एवं पत्र के उच्च कर्त्तव्य के ज्ञान से परिपूर्ण व्यवस्थापक किसी पत्र के लिए कोहिनूर हीरे के समान है।

व्यवस्थापक के प्रमुख गुणों को भी संक्षेप में समझने का प्रयास किया जाए। प्रबन्धक होने का अर्थ सिर्फ इतना ही नहीं है कि कोई समस्त विभागों की रिपोर्टों की देखरेख कर लिया करे बल्कि कुशल प्रबन्धक में कोई खास बात होती है, उसमें कोई ऐसी अन्दरूनी शक्ति होती है जो उसके समस्त विभागों में अमूर्त होते हुए भी चमकती दिखाई देती है। हर कर्मचारी चाहे छोटा हो अथवा बड़ा, वह अपने आपको भी सम्मानित कर्मचारी समझता है। सब भीतर-भीतर किसी के रोब, प्रभाव, किसी की उपस्थिति और किसी की निगाह का अनुभव करते रहते हैं और यह अनुभूति उन्हें सफलता, योग्यता और उपयोगिता के साथ अपने कर्त्तव्य को पूरा करने हेतु प्रेरित करती रहती है। प्रबन्ध का यह अमूर्त व्यक्तित्व ही किसी कार्यालय की सक्रियता और कार्यक्षमता के लिए उत्तरदायी होता है। किसी कार्यालय में अगर आप पहुँच जाएँ तो वहाँ के माहौल, वहाँ की कार्य-प्रणाली और कर्मचारियों के मुख की मुद्रा एवं हाव-भाव से ही यह अनुभव करेंगे कि उसका व्यवस्थापक कुशल प्रबन्धक है या नहीं। व्यवस्थापक का व्यक्तित्व प्रभावशाली होना चाहिए। इसका आशय यह नहीं कि बात-बात में शोर शराबा करके, अधीनस्थ कर्मचारियों से कठोरतापूर्वक व्यवहार कर, या अपना रोब जमाने हेतु अनेक तरह के उपायों का प्रयोग कर प्रबन्ध अपना व्यक्तित्व स्थापित कर सकेगा। व्यक्तित्व स्थापित होता है उसका जो अपने काम को अच्छी प्रकार जानता है, जिसकी कुशलता से प्रत्येक अधीनस्थ कर्मचारी प्रभावित होता है, जिसकी तीव्र निगाह शक्ति को सभी महसूस करते हैं और जिसकी कर्त्तव्यशीलता, सक्रियता और परिश्रमशीलता पर सबको विश्वास होता है।

ऐसे अधिकारी का कार्य और उसकी आत्मा मानों उसके प्रत्येक मातहत के अंदर प्रविष्ट हो जाती है। व्यवस्थापक का कार्य इतना ही नहीं है। प्रतिदिन के कार्यों की सफलता के लिए व्यवस्थापक को सदभावनापूर्ण होना चाहिए। इसके लिए गम्भीर चिन्तन से, सूझ से अन्य सुव्यवस्थित कार्यालयों के उदाहरणों से काम लेना चाहिए और सदैव इसके लिए नये-नये उपायों की खोज करके अपनी कार्यक्षमता में सुधार लाना चाहिए। अनेक विभागों के अनेक विस्तार से प्रबन्ध का परिचित होना आवश्यक है, यह भी है कि सारी तफसील पर उसकी निगाह रहे पर यह जरूरी

नहीं है कि कार्यालय की सारी जिम्मेदारी अपने ऊपर ले लें। ऐसी प्रकृति के लोग जो सब खुद करना चाहते हैं, किसी पर विश्वास नहीं करते हैं और न किसी पर कार्य छोड़ने का साहस, ऐसे लोग असफलता को प्राप्त होते हैं। उनकी नेकनीयती और परिश्रमशीलता की तारीफ की जा सकती है लेकिन उसकी प्रवृत्ति और कार्य पद्धति को दोषपूर्ण मानना होगा। सर्वोच्च अधिकारी अगल अपनी सम्पूर्ण शक्ति और समय का दुरुपयोग तफसील की बातों को खुद पूरा करने में कर देता है तो वह बुद्धि, कल्पना और सूझ से काम लेकर अच्छे उपायों को कैसे खोज सकेगा और कार्यालय के विकास को कैसे सुनिश्चित करेगा।

अतः व्यवस्थापक को चाहिए कि अपने कार्यभार का बंटवारा करके अपने अधीन अधिकारों को सौंप दे। सम्भव हो तो अपना भी एक ऐसा सहयोगी नियुक्त करे जो समयानुसार उसके कार्य को पूरा करने की जिम्मेदारी ले सके। व्यवस्थापक को अपने इन सहायकों से निकटता स्थापित करनी चाहिए, उनके कार्यों को देखना चाहिए, कार्य प्रणाली के विषय में नीति का निर्धारण करना चाहिये, उनका मार्गदर्शन करना चाहिए और उनकी सहायता करनी चाहिये। और स्वयं कार्यालय के प्रधान पद पर कार्यरत रहना चाहिए। जैसा कि कह चुके है, सुस्त अफसर के अधीनस्थ कर्मचारी भी सुस्त और निष्प्राण ही होते हैं, इसलिए व्यवस्थापक स्वयं आलसी या काम-चोर होकर काम नहीं चला सकता। खुद सारी तफसील की बातों का जानकार भी होना चाहिए, मशीन और कम्पोजिंग-विभाग की छोटी बातों से लेकर सम्पादकीय विभाग तक के समस्त कार्यों का जानकार होना चाहिए। विभाग के प्रधान पर काम छोड़िए पर समस्त कार्य की बागडोर आपके हाथ में हो। पावर-हाउस में बैठा हुआ व्यक्ति सारे नगर को, एक-एक मकान और गली को, बिजली के बल्बों से रोशनी पहुँचाता रहता है। वह चाहे तो सारा नगर में अंधेरा हो जाए और चाहे तो गली-गली प्रकाशगयी बनी रहे।

प्रबन्धक मन को जीत लेता है। केवल डर से कराया गया कार्य कभी-कभी गहरा धोखा दे जाता है। व्यवस्थापक अपनी व्यवहार कुशलता से, शिष्टता से, स्नेह और सवंदेनशीलता से अपने कर्मचारियों के मन को जीत लेता है। उनके दुःख-सुख की ओर आप सहानुभूतिपूर्ण निगाह रखें, उनकी भूलों हेतु आवश्यकतानुसार सजा देते हुए भी उनके प्रति उदारता का भाव रखें एवं उनके हित की रक्षा के विषय में अपना उत्सुक एवं सतर्क भाव स्पष्ट करें तो निश्चित रूप से अधीनस्थों की सक्रिय मदद और हार्दिक सहयोग प्राप्त होगा। प्रसन्न और संतुष्ट कर्मचारी कार्य के सफल संचालन हेतु हमेशा आवश्यक होते हैं। यह समझना गलत है कि उन्हें संतुष्ट और

प्रसन्न करना सम्भव नहीं है, क्योंकि वे सदैव अत्यधिक पारिश्रमिक पाने के इच्छुक रहते हैं जिसे पूरा करना असम्भव होता है। उचित पारिश्रमिक प्रदान करना तो आवश्यक है ही पर यह कहना गलत है कि उपयुक्त वेतन देने के पश्चात भी उन्हें प्रसन्न करने का एक ही रास्ता अत्यधिक वेतन-वृद्धि करते जाना है, के अलावा दूसरा रास्ता भी है। मनुष्य पैसे का इच्छुक होते हुए भी कुछ बातों की कीमत भी समझता है। स्नेह और सहानुभूति, सौजन्य और उदारता, सहयोग एवं संवदेनशीलता से कार्य लेना बिल्कुल व्यर्थ ही है, इसे वही स्वीकार करेगा जिसे मानव मन का ज्ञान जरा भी नहीं है।

कर्मचारियों के सहयोग के लिए अमेरिका और ब्रिटिश पत्रों ने उनके लाभ के लिए अनेक योजनाएं चलायी हैं। पत्रों ने अपने नगर बसा रखे हैं जहाँ कर्मचारियों के रहने हेतु मकान है; टेनिस-कोर्ट, सिनेमा भवन, क्लब, नृत्यागृह आदि मनोरंजन के साधन प्रदान किए गए हैं उनके बच्चों की शिक्षा हेतु स्कूल हैं, स्वास्थ्य की रक्षा हेतु अस्पताल हैं, उनकी वृद्धावस्था के लिए या असामयिक मृत्यु या किसी दुर्घटना की स्थिति में बाल-बच्चों की पालन-पोषण की व्यवस्था की गई है। अधिकांशतः पत्रों ने बीमे की योजनाएँ चलाई हैं जिनमें बीमे की किस्त की एक तिहाई या एक-चौथाई रकम कर्मचारी के वेतन से काट ली जाती है और बाकी कार्यालय की ओर से प्रदान की जाती है। बड़े समाचार-पत्रों में प्राविडेट फंड की व्यवस्था है। इन सब योजनाएं कर्मचारी की कार्यक्षमता वृद्धि करने में सहायक होती है। दुर्भाग्य से भारतीय पत्रों के प्रमुख अभी इधर ध्यान नहीं देते हैं। हिन्दी-पत्रों के कर्मचारियों की अव्यवस्था का हाल न पूछिए। बेचारे सम्पादक तक को जब-तब दूध की मक्खी की प्रकार निकाल बाहर कर देते हैं तो छोटे कर्मचारियों का क्या कहना? हमारे कार्यालयों में निष्प्राणता, उदासीनता, अनुप्रेरणा और अस्फूर्ति स्पष्ट होती है उसका बहुत बड़ा कारण यह स्थिति भी है। कर्मचारियों में अपने कार्य के प्रति आत्मसम्मान की भावना का अभाव पाया जाता है। इसलिए बेगार में पकड़े गए मजदूरों की प्रकार काम करते हैं। चेहरे पर हमेशा खुशी का अभाव दिखाई देता है।

व्यवस्थापक कुशल प्रबन्धन हेतु इस आवश्यक शर्त को भी अपने निगाह में रखें। अगर कर्मचारियों की आर्थिक जरूरतों की पूर्ति नहीं की जा सकती, तो उनके साथ मानवता का व्यवहार कर सकते है। इसके लिए अतिरिक्त व्यय की नहीं वरन् व्यवस्थापक की उचित व्यवहारकुशलता, मनोवृत्ति और इंसानियत की जरूरत है।

प्रबंधक के साथ व्यवस्थापक में एक अच्छे व्यवसायी के गुण होने चाहिए। पत्र का मालिक व्यवस्थापक की नियुक्ति प्रमुख रूप से अपने लाभ और पूँजी हेतु

ही करता है। उसे वह अपना प्रतिनिधि समझता है और अपेक्षा करता है कि उसके आर्थिक हित और उसके रोजगार की रक्षा में व्यवस्थापक कोई कसर नहीं छोड़ेगा। व्यवस्थापकों की नजर भी रोजगार की ओर ही विशेषतः रहती है। सफल व्यवसायी होने हेतु उसमें कल्पनाशीलता और दूरदृष्टि होनी चाहिए। किस तरह पत्र की बिक्री दर में वृद्धि हो, विज्ञापन से होने वाली आय में कैसे अधिकाधिक वृद्धि की जाए, कैसे प्रतिस्पर्धा में शामिल हो सकें आदि प्रश्न सदैव उसके सामने रहते हैं। इनके विषय में चिन्तन करना, नवीन उपयोगी उपाय खोज निकालना उसकी प्रमुख कोशिश होती है।

पत्रों की आय विज्ञापनों और पत्र की बिक्री पर निर्भर होती है। व्यवस्थापक हेतु जरूरी होता है ज्यादा से ज्यादा विज्ञापन प्राप्त करे, लेकिन विज्ञापन मिलते हैं पत्रों के विक्रय के अनुसार। पत्र की जितनी ज्यादा बिक्री होगी विज्ञापन उतनी ज्यादा मात्रा में प्राप्त होंगे। इसके लिए व्यवस्थापक को सक्रिय भूमिका निभानी चाहिए। इसके लिए तरह-तरह के उपाय किए जाते हैं जिनमें कुछ तो स्पष्ट और अनैतिक होते हैं। व्यवस्थापक जनता की और आवश्यकता का अध्ययन करता है और जान लेता है कि वह अपने पत्रों में किस तरह के समाचार पढ़ना चाहती है, किन प्रश्नों की चर्चा का होना आवश्यक समझती है। फिर सम्पादकीय विभाग से अनुरोध करता है कि वह विशेष विषयों पर ध्यान दे, तत्सम्बन्धी बातों का प्रस्तुती मुख्य रूप से करे। व्यवस्थापक के विचारों पर पत्र की लोकप्रियता का भविष्य निर्धारित होता है। जहाँ व्यवस्थापक आय बढ़ाने में सक्षम होता है वहाँ अनेक बार सम्पादकीय विभाग से संघर्ष की स्थिति आ जाती है। सम्पादक अपने सामने धन अर्जित का स्वभाव नहीं रखता; वह पत्रकार के जनहित का विचार, आदर्श, सही-गलत, नैतिक-अनैतिक का विवेक छोड़ना नहीं चाहता। व्यवस्थापक की माँग जब तक इन बातों के विपरित नहीं होती तब तक सम्पादक उसके हस्तक्षेप को अवांछनीय अनुभव करते हुए भी पूरा करता चलता है, पर जब बातें इससे आगे ऊपर उठ जाती हैं तब दोनों में खीचातानी आरंभ हो जाती है। इस आन्तरिक संघर्ष का परिणाम अच्छा नहीं होता। चतुर व्यवस्थापक और सावधान एवं बुद्धिमान सम्पादक, दोनों ही इस स्थिति को बचावें, इसी में पत्र की हित है। व्यवस्थापक को चाहिए कि अपनी व्यावसायिकता को इतना न बढ़ने दे कि पत्र का भविष्य ही चौपट हो जाए।

बिक्री में वृद्धि करने हेतु उपाय चाहे जितने खोज निकाले जाएँ जैसे—पाठकों को उपहार बाँटना, प्रलोभन देना, वासनात्मक काम-लिप्सा एवं अन्य गलत भावों और

उत्सुकताओं की शान्ति हेतु तरह-तरह के दूषित समाचारों, नग्न कहानियों और चित्रों को छापना आदि, ये किसी एक की जेब भले ही भर दें पर ये समाज के लिए गलत संदेश भेजने की भूमिका निभाएंगे। बिक्री में वृद्धि करने हेतु पत्र के वितरण का अच्छा आयोजन भी आवश्यक है। योग्य एजेण्टों की नियुक्ति और समय से पत्र का पहुँचना ऐसी बातें हैं जो बिक्री में वृद्धि कर देती हैं। विदेशों में पत्र वितरण हेतु पत्रों ने अपने विशद प्रबन्ध कर रखे हैं। उनकी अपनी मोटरें, ट्रेन, और अब तो हवाई जहाज तक चलते हैं जिससे पत्र अनेक एजेंटों तक शीघ्रता से पहुँचते हैं। जहाँ रेल की सुविधा नहीं है, वहां कार्यालय ही स्वयं व्यवस्था करते है। हमारे यहां यातायात की समुचित व्यवस्था नहीं है। फिर भी समय से डाक पकड़ना, विभिन्न जिलों में कथित एजेण्टों को नियुक्त करना, उनकी सुविधाओं का ध्यान रखना, उन्हें अच्छा कमीशन देना, अपने पत्र का प्रचार करना, पत्रकार कला के स्तर की प्रगति इत्यादि से बिक्री को बढ़ाया जा सकता है। व्यवस्थापक इन बातों में अपना व्यावसायिक विवेक लगाए, योग्य व्यक्तियों को स्थान देना तथा अच्छे क्षेत्र का चयन करें। कन्वसरों से कन्वेसिंग कराए। रोजाना के दफ्तर के कार्यों को करते हुए भी उसका मुख्य कर्त्तव्य इस क्षेत्र में है जिसके लिए चिन्तन, सोचने करने को और योजना बनाने एवं उसे समय से लागू किया जाना चाहिए।

देश की वर्तमान स्थिति को देखते हुए व्यवस्थापक को ऐसे पत्रों का सृजन करना चाहिए जिससे जनता की जरूरतों को पूरा किया जा सके। उन प्रश्नों को उठाकर पत्र जनता के समक्ष आ सकते हैं। देश में खाद्य समस्या जटिल हो गई हो, प्राकृतिक विपत्ति या कहीं भयावनी बाढ़ से लोग पीड़ित हों, किसी सरकारी नीति के दुष्परिणाम के कारण देश के बाजारों पर मुसीबत आ गई हो तो पत्र इन प्रश्न को लेकर आन्दोलन खड़ा कर सकते हैं। व्यवस्थापक अगर जन-जीवन की गति का अच्छा जानकार हो, अपने पत्र के स्तंभों का निरीक्षण सतर्कता के साथ करता जाता हो तो ऐसी समस्याएँ झट से उसकी नजर में आ जाएँगी। सम्पादकीय विभाग से अनुरोध किया जा सकता है कि तत्सम्बन्धी समाचार को प्रस्तुत किया जाए और सम्पादकीय स्तम्भ तद्विषयक अपने मत को बल एवं दृढ़ता के साथ सामने रखने की कोशिश करे। ये सब तथ्य बिक्री में इजाफा कर सकते हैं। व्यंगचित्र, शिष्ट मनोरंजन, संवादों का समाचीन, आकर्षक चित्र और समायानुकूल छपाई आदि अनेक प्रकार की विशेष बातों का समावेश करके अपने आप अपने पत्र को लोकप्रिय बनाने में सक्षम होंगे। यह सर्वविदित है कि दिल्ली के 'हिन्दुस्तान टाईम्स' की विशिष्टता शंकर के माध्यम से बनाये गये व्यंगचित्र थे। शंकर जैसा कलाकार जिस पत्र को

मिल जाए वह बहुत जल्दी लोकप्रियता हासिल कर लेगा। हमारे पत्र-पत्रकार कला की सभी आधुनिक प्रमुखताओं को न जानते हैं और न उन्हें अपनाने हेतु जिज्ञासु हैं। भाग्य के सहारे जीने की हमारी जन्मजात नियती है।

बिक्री के प्रश्न के अतिरिक्त विज्ञापन की समस्या है। इन सब समस्याओं का हल निकालना व्यवस्थापक का कार्य है। अच्छे कन्वेसरों की नियुक्ति एवं विज्ञापन अर्जित करने के बाजार का चयन उसकी योग्यता पर निर्भर करता है। किस तरह के और किस वस्तुओं के व्यापारी आपके पत्र में विज्ञापन देना चाहेंगे यह सोच निकालना भी प्रबंधक का ही कार्य होगा। हिन्दी के दैनिक पत्रों में, जिनके ग्राहक ज्यादातर मध्यम वर्ग के लोग होते हैं, बड़ा उद्योगपति अपना विज्ञापन प्रकाशित न कराएगा। अगर कोई व्यवस्थापक इस तरह के विज्ञापनों को अर्जित करने की कोशिश में समय और शक्ति को नष्ट करता है तो उसके विवेक को क्या कहें? आशय यह कि प्रबंधक हेतु विज्ञापनदाताओं की श्रेणी का चुनाव कर लेना मुख्य कार्य है और उनसे कार्य पाने हेतु उचित-सफल और योग्य कनवेसरों की नियुक्ति की जाए, उन्हें उचित कमीशन दिया जाए। अपने पत्र के विज्ञापन-विभाग की जिम्मेदारी योग्य व्यक्ति को सौंप दी जाए। उसका विभाग सुसंगठित हो क्योंकि काम अगर सही तरीके से न हो सकेगा तो विज्ञापन देने वाले भी अपने आर्डर वापस ले लेंगे।

जिस प्रति हेतु जो विज्ञापन लिया जाए वह उसी दिन छपे, प्रकाशित हो, एक प्रति विज्ञापनदाता के यहाँ जाए, विज्ञापन की दर समान हो, एक ही स्थान हेतु किसी से कम और किसी से ज्यादा न वसूल किया जाय, काम विश्वसनीय बनाने के लिए हिसाब-किताब में किसी प्रकार का समझौता न करें। कन्वेंसरों के कमीशन की पूर्ति में भी दिक्कत न हो, जो शर्त दी जाएँ उनका पालन हो। ये बातें कुछ ऐसी हैं जो कार्यालय की कार्यक्षमता ही स्पष्ट नहीं करती वरन लोगों के मनमस्तिष्क में विश्वास भी उत्पन्न करती है। कन्वेंसरों ने क्या कार्य किया, आगे क्या करें, इसका निरीक्षण करना और बताना व्यवस्थापक की ही जिम्मेदारी है। रोजाना की रिपोर्ट उसे प्राप्त होनी चाहिए और सावधानी के साथ उसे आदेश देना चाहिए। जिन व्यवसाइयों से विज्ञापन अर्जित करने की कोशिश की जा रही है उनके व्यवसाय की बातों को कन्वेसर अगर समझ ले तो कामयाबी प्राप्त होना आसान हो जाता है। फला व्यापारी जिन वस्तुओं को बेचता या बनाता है वे किस बाजार में खपते हैं, उनके क्रेता किस वर्ग के लोग हैं, उनके व्यापार की दशा कैसी है आदि बातों की जानकारी होने पर कन्वेसर विज्ञापनदाता को ज्यादा आसानी से समझा सकेगा कि उसके पत्र में

विज्ञापन प्रकाशित कराने में उसका कौन-सा विशेष फायदा है। अच्छे व्यवस्थापक विज्ञापन का मसविदा तक बनवाकर कन्वेसरों को दे देते हैं। वे कन्वेसर जब विज्ञापनदाता को तैयार कर लेते हैं तब वह मसविदा भी सामने रख देते हैं और उनको अपने विज्ञापन के फायदे के बारे में बताने का प्रयास करते हैं।

विज्ञापन का मसविदा बनाने में आकर्षण का विशेष ध्यान रखना चाहिए एवं क्रेता को सामान खरीदने हेतु कैसे प्रेरित किया जाए, इन बातों को जो मसविदा पूरा करता होगा वही श्रेष्ठ समझा जाएगा। इसकी रचना हेतु व्यवस्थापक कुशल व्यक्तियों को नियुक्त कर सकता है। विज्ञापनदाता जब यह देखता है कि विज्ञापन की आकर्षक रचना भी अमुक पत्र का कार्यालय कर देता है और उसे बिल चुका देने के अतिरिक्त और कोई दिक्कत नहीं उठानी है तब वह स्वभावतः अपना विज्ञापन उसी पत्र में छपवाता है। अनेक बार विज्ञापनदाता महीने-महीने हेतु विज्ञापन देते हैं इन्हें 'सीजन एडवर्टाइजमेन्ट' कहा जाता हैं। पत्रों में 'बीमे की कम्पनियों' या 'चाय' के ऐसे विज्ञापन प्रकाशित होते हैं। पत्र भी ऐसे विज्ञापनों को पसन्द करते हैं कि क्योंकि एक तो बँधी आमदनी हो जाती है और दूसरे बँधे विज्ञापन का डिजाईन बना लेते हैं जिसके फलस्वरूप बार-बार डिजाईन का श्रम और व्यय बच जाता है। फिर भी योग्य व्यवस्थापक उसको नये-नये ढंग से पेश करता है। महीनों तक एक ही प्रकार की बात को प्रकाशित करना उसके सारे आकर्षण को गंवा देता है। भले ही व्यवस्थापक को कुछ सुविधा हो जाए, खर्च बच जाए परंतु विज्ञापनदाता को उससे कोई फायदा नहीं होता। अगर अवधि विज्ञापनों को दो-दो सप्ताह पश्चात नए तरीके और रूपरेखा के साथ छापा जाए तो उनकी नवीनता, रोचकता और आकर्षण बना रहता है। इस प्रकार के अनेक तरीके अपनाकर पत्र का आर्थिक विकास व्यवस्थापक सुनिश्चित करता है।

व्यवस्थापक का प्रबन्धक होना जितना आवश्यक है उतनी ही आवश्यकता व्यवसायी के गुणों से अलंकृत होने की भी है। इसके साथ ही अगर उसमें जनसेवा और आदर्शवादी एवं उसकी हितरक्षा की भी भावना विद्यमान हो तो उसे सोने में सुहागा के समान समझना चाहिए। यह सच है कि व्यवस्थापक की नियुक्ति पत्र-प्रभु अपने शुद्ध आर्थिक लाभ के नजरिये से ही करता है। जो व्यवस्थापक-पद पर आसीन होता है वह अपने मालिक के सामने जिम्मेदार होता है इसलिए उसे उसके हित, आदेश और आज्ञा एवं मन के अनुकूल ही चलना पड़ता है। इस अवस्था के कारण पत्रों के कार्यालय में अनेक बार संघर्षशील वातावरण बन जाता है जो कार्य की सफलता हेतु अत्यंत आवश्यक होता है। ये परस्पर विरोधी धाराएँ कौन-सी है? एक

ओर पत्रकार और उसका आदर्श, दूसरी तरफ पत्र का मालिक और उसका आर्थिक स्वार्थ, एक ओर सम्पादक और दूसरी ओर व्यवस्थापक। सम्पादक की नजर में पत्र-संचालन का उद्देश्य व्यापार तक ही सीमित नहीं उसके अंदर जनसेवा की भावना होती है। प्रबंधक हेतु उसका प्रयोजन मात्र पैसा अर्जित करना है। सम्पादक व्यवसाय को पूरी प्रकार स्थान देता है उसकी उपयोगिता और जरूरत मात्र इतने हेतु समझता है कि पत्र घाटे में न चलें, दीर्घ आयु हो जाएँ और मुकाबले में टिक सकें। व्यवस्थापक हेतु व्यापार ही सब कुछ है। धन कमाने के लिए, लाभ प्राप्त करने हेतु स्तम्भों में जो भी प्रकाशित करना उचित जान पड़े उसे प्रकाशन हेतु वह तैयार रहता है। उसके लिए पत्रकार का आदर्श विशेष महत्व नहीं रखता है।

ये परस्पर विरोधी प्रवाह एक ही स्थान पर उपस्थित रहते हैं। सम्पादक पत्र के स्तंभों पर पूरा नियंत्रण का दावा करता है। वह चाहता है और उचित ही चाहता है कि उसके स्तम्भ में जो छपे वह उसकी स्वीकृति से छपे। अप्रकाशनीय और प्रकाशनीय के निर्णय करने का पूरा अधिकार उसका है। वह चाहता है कि आर्थिक लाभ हेतु जो आवश्यक हो वह निश्चित छपे और उस सम्बन्ध में उसका निर्णय सर्वमान्य हो। पत्र के कार्यालय में आंतरिक कलह से भारी नुकसान होता है। पत्र मालिकों का रुझान स्वभावतः व्यवस्थापक के अधिकारों को समर्थन प्रदान करने हेतु ही होता है। सम्पादक इसे पसंद नहीं करता। इस समस्या से निपटने हेतु एक नया उपाय खोज निकाला गया है जो प्रबन्ध-सम्पादक के नाम से प्रसिद्ध है। पत्र के मालिकों ने सम्पादन और प्रबन्ध दोनों को एक ही व्यक्ति में केन्द्रित कर दिया जिसके फलस्वरूप प्रबन्धन-विभाग और सम्पादकीय एक ही के अधीन हो गए। अब सम्पादक को यह कहने का मौका नहीं रह गया कि वह प्रबंधक के अधीन नहीं है और स्तम्भ पर सम्पादकीय विभाग का ही अधिकार है। प्रबन्ध-सम्पादक सम्पादक भी है, वह सारे सम्पादकीय विभाग का सर्वोच्च अधिकारी भी है इसलिए स्तम्भ पर सम्पादक का ही अधिकार बना रहा।

यदि इस पर गौर करें कि सम्पादकीय विभाग को अपने अधीन कर देने हेतु यह एक प्रकार से पत्र-मालिकों का षडयंत्र समझें और प्रबंधक अपना ही अधिपत्य समझे तो संघर्ष की स्थिति उत्पन्न हो जायेगी। परन्तु प्रबंधक अगर आदर्शवादी मिल जाए, अगर पत्रों के उद्देश्यों को, उनके नैतिक जिम्मेदारी को और पत्रकार-जीवन की उपयोगिता को समझने वाला हो धन को कम महत्व दे तो दोनों में अच्छा तालमेल हो सकता है। इन सब बातों की सीमा वह निर्धारित कर लेता है और किसी के 'वाद' का अतिरेक होने नहीं देता। सिर्फ वह प्रबन्ध करने में एवं मालिक के आर्थिक हित

की रक्षा करने में ही सक्षम नहीं होता है वरन पत्रकारिता की उज्जवलता और उसकी परम्परा की रक्षा में भी सहयोग प्रदान करता है। अच्छे एवं योग्य प्रबंधक पत्रों के भविष्य का निर्माण करते हैं। हमारी कामना है कि भारत का पत्रकारिता क्षेत्र ऐसे ही आदरणीय प्रबंधकों को अधिकाधिक पैदा कर सके जिसमें हम यूरोप के धनलोलुपतावाद और व्यवसायवाद की निकृष्टतम और घृणित विभिषिका से अपने पत्रों की रक्षा करते हुए मानवता की सेवा का उदाहरण पेश करे।

7

संवाददाता

संवाददाता वह व्यक्ति होता है जो पत्रों के लिए विविध क्षेत्रों में घटने वाली घटनाओं की सूचना देता है। संवाददाता की भूमिका समाचार संकलन करने में एक गुप्तचर और मनोविश्लेषक की होती है। समाचारों की व्याख्या और सुस्पष्ट तरीके से लिखने वाला जोश से पूर्ण व्यक्ति ही संवाददाता कहलाता है। वह समाचार प्रस्तुत करता है, जबकि सम्पादक उसको शुद्ध करके तथा उसमें नवीन विचारों को उल्लिखित करने का प्रयास करता है। गवेषणात्मक प्रतिभा सम्पन्न संवाददाता को लॉर्ड नार्थक्लिफ ने सृजनात्मक और मौलिक साहित्यकार कहा है। पूरे पत्र का आध ार संवाददाता ही होता है।

संवाददाता के सन्दर्भ में यह कहना गलत नहीं है कि वह मानव की तरह आंख-देखकर, कान-सुनकर, नाक सूंघकर पूरे आत्मसमर्पण के साथ सूचनाएं एकत्रित करता है। सशक्त लेखनी से समाचार को एक विशिष्ट रूप देकर उसे जनता के समक्ष सुनाने का कार्य संवाददाता का है, इस वजह से वह मुख है। इस प्रकार आंख, कान, नाक और मुखरूप संवाददाता पत्रकारितारूपी प्राणी का प्रमुख अंग है।

अपने विवेक से संवाददाता ऐसे तथ्यों को भी खोजने का प्रयास करता है जो असंभव होते हैं। ऐ. जे. लिब्लिग ने संवाददाताओं को प्रमुख तीन भागों में बाँटा है जो इस प्रकार है—

1. ऐसे संवाददाता जो वही लिखते हैं जो देखते हैं।
2. ऐसे व्याख्यात्मक संवाददाता जो यथातथ्य प्रस्तुत करते हैं और उसे व्याख्यातियित करते हैं।

3. ऐसे विशेषज्ञ जो अपनी दूरदृष्टि के जोर पर अनदेखे तथ्य को सुस्पष्ट करते हैं।

संवाददाता की उत्पत्ति

प्राचीन काल से ही मनुष्य अपने विचारों का आदान-प्रदान करता चला आ रहा है।

श्री राजेन्द्र ने आधुनिक 'संवाददाता' का आद्यगुरु 'नारद' को माना है। जिस प्रकार पौराणिक काल में नारद एक जगह की बात को तुरन्त दूसरी जगह पहुंचा देते थे, उसी प्रकार आज का संवाददाता भी संवाद को इधर से उधर पहुंचाता है, अर्थात् अपने समाचार-पत्र के माध्यम से वह समाचारों को शीघ्र ही पाठकों तक पहुंचा देता है। इस सन्दर्भ में श्री राजेन्द्र महोदय ने अपने विचार प्रस्तुत करते हुए कहा है–

"प्राचीन मनीषियों ने कदाचित् यह कभी नहीं सोचा होगा कि कलियुग में वह भी समय आयेगा जब लोक से देवलोक और देवलोक से मृत्यु लोक की अनवरत यात्रा करने वाले देवर्षि नारद एक से अनेक हो जायेंगे और स्थान-स्थान एवं नगर-नगर में किसी भी बात को लेकर नयी चर्चा चलाने वाले 'नारद-ही-नारद' चलते-फिरते नजर आयेंगे। इन नारदों के हाथ में वीणा के स्थान पर लेखनी होगी और ये कलियुगी नारद किसी अन्तरिक्ष यान पर सवार होकर भूलोक से चन्द्रलोक पर पहुंचने और पौराणिक 'नारद' की देवलोक जाने की कथा को सच्चा सिद्ध कर दिखायेंगे।"

संवाददाता की कहानी अथवा इतिहास बहुत ही पुराना है। समाचार-पत्रों के विधिवत्-प्रकाशन से पूर्व भी 'संवाददाता' के प्रारम्भिक स्वरूप को देखा जा सकता है। मनुष्य एक जिज्ञासु प्राणी है वह हमेशा अपने आस-पास के वातावरण से लेकर क्या-क्या सोचता है, पता नहीं। संभवतः जानने की यही उत्सुकता पत्रकारिता के जन्म का मूल कारण है।

'जिज्ञासा' की यह प्रवृत्ति पहले जहां इर्द-गिर्द के वातावरण तक ही सीमित थी वहीं सभ्यता के विकास के साथ-साथ इसका क्षेत्र समाज, गांन, नगर, राज्य, राष्ट्र तथा अन्तर्राष्ट्रीय स्तर तक बढ़ता चला गया। आज सारा विश्व मानों एक परिवार हो गया है। एक स्थान पर घटित दर्दनाक घटनाओं से, प्राकृतिक प्रकोपों से दूर-दराज के व्यक्ति भी सहानुभूति तथा संवेदना व्यक्त करते हैं, सहायता करने को तैयार होते हैं। इसी कारण समाचारों के क्षेत्र में भी व्यापकता और विधिवता का समावेश हुआ

है। प्राचीन युग में व्यक्ति कोई संदेश या संवाद एक स्थान से दूसरे स्थान तक किसी भी प्रकार से पहुंचाता था इस संबंध में हैरम्ब्र मिश्र का कथन है

"जो कुछ संवाद या संदेश प्राच्य युग में उपलब्ध होता था, वह आदमी के ही मुख से होता था। तो संवाद या सन्देश देने वाले समय के आदमी को संवाददाता क्यों कहा जाए। किसी के कोई नई बात सुनाने और किसी के उसे सुनने पर ही तो वह संवाद बनती है। मनुष्य ने जब संकेत-भाषा को त्याग कर एक बोली जाने वाली भाषा का विकास किया तो सुनने-सुनाने का सिलसिला शुरू हुआ और वे सब लोग हो गए जो जानकारी प्राप्त कर सुनाने का काम अधिक करते थे।"

हैरम्ब मिश्र ने संवाददाता की प्रचीनता के बारे में लिखते हुए मनु को भी संवाद माना है। उनकी राय में यदि सृष्टि को स्वंय में एक घटना या समाचार कहा गया तो संवाद पुरुष कहा जाएगा। आगे उनका मानना है कि–

"इधर महाभारत काल में इसी प्रकार संजय एक अद्वितीय संवाददाता के रूप में माना जाएगा। कैसी अद्‌भुत संवाद-प्रतिभा थी। कितना बड़ा युद्ध था वह जिसमें अक्षौहिणी सेना लगी थी। किन्तु संजय ही थे एक ऐसे पुरूष जिन्हें प्रतिदिन की घटना मालूम होती रहती थी और वह धृतराष्ट्र को सुनाए जाते थे। संजय को द्वितीय युद्ध-क्षेत्र संवाददाता माना जाएगा।"

हैरम्ब मिश्र ने महात्मा बुद्ध को भी संवाददाता की संज्ञा प्रदान की। उन्होंने चन्द्रगुप्त के कार्यकाल में चाणक्य द्वारा स्थापित 'संवादतन्त्र' का भी उल्लेख किया है।

संवाददाता गुप्तचर जासूस की भूमिका का भी निर्वाह करता है। वह अपने विवेक से घटना को यथोचित जानने का प्रयास करता है। इस प्रकार कहा जा सकता है कि संवाद तथा संवाददाता की अवधारणा मानवीय सभ्यता के उद्‌भव से ही किसी न किसी प्रकार से प्रचलित थी। समय के प्रवाह में यह अवधारणा होती चली गई तथा इसका वर्तमान समय में पत्रकारिता ने स्थान ले लिया है।

संवाददाता का वर्गीकरण

कार्य के आधार पर संवाददाता के निम्नलिखित स्वरूप है–

(1) स्टाफर्स–प्रान्त की राजधानियों में पूर्णकालिक संवाददाता के पद पर नियुक्त होते हैं, जिन्हें स्टाफर्स भी कहा जाता हैं। ये पत्र के नियमित कर्मचारी होते हैं जिनका सीधा सम्पर्क पत्र के मुख्य कार्यालय से होता है।

(2) फुल फ्लेज्ड जर्नलिस्ट—ये महत्वपूर्ण जिला मुख्यालयों पर पूर्णकालिक पत्रकार के रूप में रखे जाते हैं जिनको उपसम्पादक की सुविधाएँ प्रदान की जाती है।

(3) स्ट्रिंजर—लाइनर से थोड़ा ज्यादा सुविधाप्राप्त संवाददाता स्ट्रिंजर है। यह भी पूर्णकालिक पत्रकार नहीं होता। कुछ लोग इसे 'रिटेनर' भी कहते हैं।

(4) लाइनर—छोटे कस्बे से समाचार भेजने वाला लाइनर है जो प्रकाशित संवादों की पंक्तियों के अनुसार पारिश्रमिक पाता है। ऐसे व्यक्ति का मुख्य कार्य कुछ अलग ही होता है, शौक बतौर पर ये कभी-कभी संवाद-प्रेषण कर देते हैं।

सवांददाताओं का समूह

संवाददाताओं को प्रमुख चार वर्गों में वर्गीकृत किया गया है जो निम्नलिखित है—

(1) मुफस्लिमन संवाददाता—पत्र-कार्यालय से दूर अवस्थित छोटे-छोटे स्थानों से संवाद भेजने वाले को मुफस्लिमन संवाददाता के रूप में जाना जाता है।

(2) विदेश संवाददाता—दूसरे देशों से समाचार भेजने वाला विदेश संवाददाता होता है।

(3) कार्यालय संवाददाता—पत्र के कार्यालय में रहकर मौजूदा संवादों का संकलनकर्ता कार्यालय संवाददाता कहा जाता है।

(4) विशेष संवाददाता—संवादों के संकलन के साथ ही उनका विश्लेषण व विवेचन करने वाला विशेष संवाददाता कहा जाता है। विशेष स्थिति में इसकी सेवा ली जाती है।

वेतन के अनुसार से भी संवाददाता को चार भागों में बांटा गया है :

(1) मुख्य कार्यालय संवाददाता—इन्हें चीफ रिपोर्टर भी कहते हैं जो विशेष संवाददाताओं से दूसरी श्रेणी में आते हैं।

(2) विशेष संवाददाता—समाचार-पत्र के सहायक सम्पादक, सम्पादकीय लेखक व समाचार-सम्पादक के सामने महत्वपूर्ण व्यक्ति विशेष संवाददाता होता हैं।

(3) कार्यालय संवाददाता—संवाददाताओं के चौथे वर्ग में कार्यालय संवाददाता आते हैं। इन्हें संवाददाता भी कह सकते हैं।

(4) उपमुख्य कार्यालय संवाददाता—ये संवाददाताओं के तीसरे वर्ग में शामिल होते हैं।

डॉ. श्यामसिंह 'शशि' के अनुसार संवाद-समितियों में संवाददाताओं के तीन समूह होते हैं जो इस प्रकार है—

प्रथम समूह—मुख्य कार्यालय, विशेष संवाददाता व विदेशी संवाददाता।

द्वितीय समूह— वरिष्ठ संवाददाता व प्रधान संवाददाता।

तृतीय समूह—संवाददाता व कार्यालय संवाददाता।

विशिष्ट कार्य

प्रसिद्ध संवाददाता के कार्यों का उल्लेख जाने-माने पत्रकार मोरिस फेगेस ने अपने शब्दों में किया है—समाचारों के तीव्र संकलन, उनकी सुस्पष्ट व्याख्या व शुद्धता के साथ पाठकों के लिए उसे बनाने का कार्य संवाददाता का है। गुप्तचर, मनोवैज्ञानिक तथा वकील के गुणों से सम्पन्न होकर वह अपनी प्रतिभा के बल पर समाज-सेवा करता है। यह कार्य सरल नहीं है। संवाददाता गुप्तचर बनकर समाचार सूँघता है, उसे नाटकीय रूप धारण करना पड़ता है। उसमें मनौवैज्ञानिक के गुण भी होते हैं। मनुष्यों से मिलकर, उनके पूर्ण निर्णय निकाल लेता है। वह वकील की तरह प्राप्त तथ्यों, उदाहरणों से तर्कपूर्ण निर्णय निकाल लेता है। संवाददाता को आरम्भ में ही समझ लेना चाहिए कि उसका कच्चा माल 'समाचार' के महत्व को उसे सम्यक् असावधानितावश रूप से जानना होगा। उसकी थोड़ी सी गलती का असर के तुरंत 'अफवाह' दंगे के रूप में देखने को मिल जायेगा। अकुशल संवाददाताओं के हाथों पड़कर समय पार कभी डायनामाइट से भी ज्यादा घातक बन सकता है। इसीलिए एक प्रबुद्ध सम्पादक ने कहा है कि—

संवाददाता के लिए निम्नलिखित पंक्तियां बहुत ही आवश्यक है—

एक पक्ष की बातों को जानकर संवाददाता हमेशा अंधेरे में रहता है, उसे गलतियों का शिकार होना पड़ता है लेकिन पक्ष-विपक्ष दोनों की बातें सुनकर वह स्पष्टतः नारद मुनि की भूमिका निभाता है।

डॉ. सम्पूर्णानन्द ने संवाददाताओं को नारद मुनि कहकर पुकारा है और उनकी प्रत्युत्पन्नमति व क्षिप्रकारिता का प्रमाण प्रस्तुत किया। साथ ही, समाचारों के संकलन और विवरण की निपुणता के पीछे समाज-कल्याण की रचनात्मक भूमिका को स्पष्ट किया है। वास्तव में संवाददाताओं के भीतर ही गणेश की भांति तीव्रता से तथ्यबोध

की क्षमता होती है। संवाददाता एक हंस के समान है जो घटनाओं के मानसरोवर में से मोती निकालकर समाचारों को संजोता है। चुनाव और अपहरण की विशिष्टता के कारण महात्मा मंशीराम शर्मा ने संवाददाताओं को 'वार्ताहर' की संज्ञा प्रदान किया है।

रिपोर्टर और संवाददाता की तुलनात्मक व्याख्या

प्रायः रिपोर्टर एव संवाददाता दोनो का अर्थ एक है फिर भी इसमें सूक्ष्म अंतर पाया जाता है। विष्णुदत्त शुक्ल ने अपनी पुस्तक 'पत्रकार-कला' में इनके मध्य सूक्ष्म अन्तर किया है। वे लिखते हैं–

"रिपोर्टर समाचार-पत्रों का ऐसा साधारण कर्मचारी है, जो स्थान-स्थान पर और किसी भी अवसर पर जाकर समाचार संग्रह करता है और उन्हें पत्र के पास भेजता है, किन्तु संवाददाता हमेशा इधर-उधर नहीं जाया करते। उनकी नियुक्ति विशेष अवसरों पर और विशेष स्थानों पर ही की जाती है। जब कहीं कोई खास घटना घटी, कोई उत्सव हुआ, सभा हुई और वारदात हुई, तब संवाददाताओं की नियुक्ति होती है। वे उस स्थल और अवसर पर जाकर तमाम बातों की छानबीन करते हैं और उसकी सूचना समाचार-पत्र के पास भेजते हैं। वे लोग भी संवाददाता कहलाते हैं जो किसी विशेष स्थान के रहने वाले होते हैं और उन्हें उस स्थान के या उसके आस-पास के समाचार भेजने का अधिकार या हुक्म दे दिया जाता जाता है। रिपोर्टर एक ही स्थान के लिए बंधे नहीं होते हैं उनके जिम्मे सब तरह के काम होते हैं।"

रिपोर्टर वेतन मंडल के आधार पर वह व्यक्ति है जो किसी निश्चित केन्द्र पर समाचार संकलित और प्रस्तुत करता है। संवाददाता वह व्यक्ति होता है जो समाचार-पत्र के प्रकाशन केन्द्र के अतिरिक्त किसी भी केन्द्र से समाचार संकलित कर उसे तार, डाक या अन्य किसी भी माध्यम से प्रेषित करता है।

विशेष संवाददाता

विशेष संवाददाता वह व्यक्ति है जो सहायक, सम्पादकीय लेखन व समाचार सम्पादक तीनों में प्रमुख भूमिका निभाता है। वेतन मंडल द्वारा दी गई परिभाषा के अनुसार विशेष संवाददाता वह व्यक्ति है जो केन्द्रीय सरकार के मुख्यालय पर अधिस्वीकृत अथवा अन्य प्रकार से अथवा किसी विदेशी केन्द्र पर अथवा एक से अधिक राज्य में अथवा अन्य किसी स्थान पर जहां उसको अधिकृत किया गया हो,

संवाददाता के रूप में सभी प्रकार की संसद सम्बन्धी, राजनीति सम्बन्धी और अन्य सामान्य प्रकार की गतिविधियों के नियमित रूप से समाचार लिखे और उनका विश्लेषण करे।

समाचार-पत्र संस्थान में विशेष संवाददाता की भूमिका प्रमुख होती है। छोटे समाचार-पत्रों में संवाददाताओं के कार्यक्षेत्र सीमित होते हैं किन्तु बड़े समाचार-पत्रों में संवाद संकलन के लिए इनमें कार्यों का विस्तृत विभाजन किया जाता है। विशेष संवाददाता के कार्य व्यापक, विस्तृत तथा ठोस होते हैं। संसदीय, राजनैतिक, आर्थिक आदि क्षेत्रों के विशेष समाचारों की अपेक्षा इनसे की जाती है। सामान्य समाचारों का संकलनकर्ता भी सामान्य संवाददाता कहलाता है, किन्तु विशेष संवाददाताओं से यह उम्मीद की जाती हैं कि वे उनकी उचित एवं सम्यक् व्याख्या भी करें।

इस संबंध में एम. वी. कॉमथ महोदय का कथन है, "विशेष संवाददाता का यह विशेष दायित्व है कि वह पाठक को तथ्यों का अर्थ भी सूचित करे। यही उसकी प्रतिभा की आवश्यकता होती है। उसे विचार प्रकट करना होता है, किन्तु विचार सूचनाओं के साथ इस प्रकार अंतग्रंथित हो कि पाठक को पूरा समाचार मिल सके। विचार की कमी में तथ्य बेकार है तथा तथ्यों के अभाव में विचार अहंकार है। विशेष संवाददाता को तथ्यों के बिना विचार देने की प्रकृत्ति से सावधान रहना चाहिए।"

पत्रकारिता के लम्बे समय तक कार्य अनुभव के आधार पर विशेष संवाददाता के पद तक पहुंचा जा सकता है। उदाहरणार्थ संसदीय समाचार के संकलन करते समय यदि विशेष संवाददाता सिर्फ संसद की बहस के समाचारों में यही लिखे कि किसने क्या कहा तो यह ठीक नहीं होगा। यह कार्य तो समाचार समितियों पर छोड़ दिया जाना चाहिए। विशेष संवाददाता संसदीय बहस की पृष्ठभूमि तथा महत्व आदि के बारे में भी बताता है। अतः आवश्यक है कि उसे अपनी 'बीट' के बारे में गहरी तथा विशेष जानकारी हो।

विशेष संवाददाता विश्लेषक तथा व्याख्याकार होता है। जेम्स गोरडन बेनेटने ने उसे 'आधा कूटनीतिज्ञ तथा आधा जासूस' की संज्ञा प्रदान की है। कृष्ण लाल धरानी के अनुसार विशेष संवाददाता में निम्नलिखित योग्यताएँ होनी चाहिए–

1. विशेष संवाददाता में गुप्त रूप से प्रकट की गयी बात को सार्वजनिक रूप से प्रकट न होने देने की योग्यता होनी चाहिए, कभी-कभी कोई ऐसा रहस्य प्रकट करने का प्रस्ताव अस्वीकार कर देने का साहस, जिसके साथ प्रतिबन्ध लगाये गये हों। ऐसी बातें सुनने से इनकार

कर देने की क्षमता जिन्हें प्रकट न होने देने की बाध्यता रखी गयी हो।

2. बातचीत करने की कला जिसका मुख्य स्वरूप दूसरों को आपसी बात करने के लिए प्रोत्साहित करना किन्तु साथ ही यह न प्रकट होने देना कि आप स्वयं कुछ कहना नहीं चाहते, थोड़ी सी ढिठाई (विशेषकर विदेशों में तथा युद्ध क्षेत्र में) घुड़की आदि देकर निषिद्ध क्षेत्रों में हो आने की चतुरता।
3. शारीरिक सहनशीलता और नैतिक साहस। कुछ अवसरों पर निद्रा का परित्याग कर सकने की भी क्षमता और लोगों के साथ रहकर और कठिन परिस्थितियों में अपना काम चला लेने की क्षमता। सौहार्द्रपूर्ण मुस्कान, जिससे ऐसी बातें प्रायः आसानी से प्रकट कर दी जाती हैं जिनमें प्रत्येक मनुष्य की दिलचस्पी होती है।
4. व्यापक क्षेत्र के विभिन्न तरह के लोगों से सम्पर्क–सरकारी अफसरों से, विरोधी दलों के लोगों से, राजदूतावासों से, अन्य सहयोगी संवाददाताओं से, निजी सचिवों से और एक या दो महान् एवं शक्ति-सम्पन्न व्यक्तियों से गवेषणा की प्रवृत्ति जो सामाजिक शास्त्रों तथा मानव प्रवृत्तियों में ग्रहण की गयी पहले की शिक्षा पर आधारित हो। सच्ची बात जान लेने की उत्कट अभिलाषा होनी चाहिए।
5. कल्पना तथा सीधी-सादी, उज्जवल शैली, कार्य, वर्ण एवं जीवन से नये सिरे से प्रभावित होने की योग्यता।

अन्तर्राष्ट्रीय व विदेशी संवाददाताओं के सन्दर्भ में श्री धरानी महोदय का मानना है कि वे अखबारी दुनिया के राजदूत सरीखे होते हैं जो युद्ध तथा शान्ति में हमेशा हिस्सा ग्रहण करते हैं भले ही इसका उन्हें ज्ञान न हो। विदेशी संवाददाताओं के लिए इन दो प्रमुख बातों का होना भी आवश्यक है–

1. शब्द चित्र प्रस्तुत करने की स्वाभाविक योग्यता।
2. विदेशी भाषाओं का ज्ञान।

विशेष संवाददाता का कार्य प्रशासनिक विभाग तथा विभिन्न मंत्रालयों के समाचारों के अलावा राजनैतिक घटना चक्र से संबन्धित समाचार एकत्रित करना है। राष्ट्रीय अंतर्राष्ट्रीय घटना चक्र की महत्वपूर्ण घटनाओं के ये प्रत्यक्ष द्रष्टा होते हैं। चतुर राजनीतिज्ञों, महान् खिलाड़ियों, प्रखर साहित्यकारों, लोकप्रिय अभिनेताओं–कलाकारों आदि जैसे लोगों से इनका संबंध अत्यधिक पाया जाता है। घनिष्ठ होता है। ये अपने

सम्पर्कों के कारण इनके विचार हम तक पहुँचाते हैं। राजेन्द्र महोदय के शब्दों में "वे अपनी आँखों के सामने बड़े-बड़े समाचारों को घटित होता देखते हैं, तो वे इतिहास द्रष्टा होने का गौरव प्राप्त कर लेते है।"

समस्त प्रकार की घटना पर प्रकाश डालना प्रमुख रूप से सभी समाचार-पत्रों का मौलिक अर्थ है। विशेष संवाददाता उसी घटना को अपने विवेक से पाठकों के लिये प्रस्तुत करता है। वही उसकी विशेषता है। घटना से जुड़े विविध पक्षों की छानबीन कर वह उसका सम्यक् विवेचन और विश्लेषण कर मूल्याँकन करता है। इसके लिए आवश्यक है कि उसमें सूक्ष्म निरीक्षण की क्षमता हो जिससे वह तुरन्त सम्बन्धित स्थितियों को भाँप तथ्य एकत्रित और विश्लेषित कर सके।

प्रवीण दीक्षित ने 'बीट' के आधार पर संवाददाताओं को निम्नलिखित भागों में विभाजित किया है।

1. आर्थिक संवाददाता
2. संसदीय संवाददाता
3. राजनीतिक संवाददाता
4. सांस्कृतिक संवाददाता
5. खेल संवाददाता
6. अपराध संवाददाता
7. विदेश संवाददाता।
8. युद्ध संवाददाता
9. बाजार संवाददाता
10. श्रम संवाददाता
11. विज्ञान संवाददाता
12. औद्योगिक संवाददाता

संवाददाताओं के प्रमुख गुण

समाचार-पत्र विभाग में संवाददाता का महत्वपूर्ण स्थान होता है। इन विभागों में संवाददाता का कार्य समाचारों का संकलन। संप्रेषण करना है उसके लिए संवाददाताओं में योग्यता होनी चाहिए, उनकी योग्यता के आधार पर पत्र का भविष्य उज्जवल हो सकता है। संवाददाताओं द्वारा भेजे गये समाचारों को उपसंपादक अन्तिम रूप देकर प्रकाशनार्थ भिजवाता है। अतः उपसंपादक के लिए कुछ योग्यताओं का

होना अपेक्षित है। रंगास्वामी पार्थसारथी ने संवाददाताओं की योग्यताओं पर विभिन्न प्रकाश डाला जिनमें से कुछ इस प्रकार है–

1. काम करने की क्षमता–तेज गति से कार्य करने में सक्षम हो तथा समय के दबाव में वह टूटे नहीं। दुर्घटनाओं, विपदाओं तथा अन्य स्पॉट समाचारों को न्यूनतम समय में संकलित करने की योग्यता उसमें होनी चाहिए अन्यथा डेडलाइन के कारण समाचार छूट सकता है।
2. समन्वयक दृष्टि–संवाददाता का व्यक्तित्व आकर्षक होना चाहिए और नाम तथा पतों की जांच कैसे की जाए, इसकी जानकारी उसे होनी चाहिए।
3. संवाददाता को अपने समाचार स्रोतों की जानकारी होनी चाहिए।
4. प्रवीणता–समाचार संकलन की प्रक्रिया में विशेषकर अन्वेषणात्मक समाचार संकलन करते समय उसे मौलिकता का प्रयास करना चाहिए।
5. सम्पर्क बनाने की योग्यता उसमें होनी चाहिए। उससे अपने मित्रों और परिचितों की एक सूची तैयार रखनी चाहिए जो किसी समाचार के लिए अधिकृत सूचना उपलब्ध करा सके।
6. उसे प्रत्यक्ष कथनों को अपने समाचार में अवश्य लेना चाहिए, यदि वे समाचार के प्रमुख अंग हों तो। यदि वह नगर संवाददाता है तो उसे अपनी 'बीट' का पूरा ज्ञान हो और अपने वायदों का उसे सम्मान करना चाहिए।
7. संवाददाता पुलिस का विश्वासपात्र हो। समाचार संकलित करते समय संवाददाता को तथ्यों ही महत्ता तथा उनके स्रोतों या साधनों का ज्ञान होना चाहिए और उसमें समाचार पहचानने की योग्यता होनी चाहिए।
8. परिशुद्धता–संवाददाताओं को अकाट्य सूचनाओं को प्राप्त करना चाहिए। अनुमान व अन्दाज पर आधारित तथा लापरवाही से जाँची गई सामग्री हानिप्रद होती है। संवाददाता का यह सिद्धान्त होना चाहिए–'सबसे पहले प्राप्त करो, किन्तु पहले सही प्राप्त करो'।
9. अभिव्यक्ति की स्पष्टता –लेखन तथा वक्तृत्व कला दोनों में ही संवाददाता की अच्छी अभिव्यक्ति होनी चाहिए। संवाददाताओं को अपने कार्य के दौरान अनेक बार कई व्यक्तियों से साक्षात्कार करना पड़ता है तथा कई बार समाचार डेस्क पर टेलीफोन से भी समाचार लिखवाना पड़ता है, जहां प्रत्येक शब्द को स्पष्ट करने के लिए संवाददाता की मौलिक अभिव्यक्ति भी मजबूत होनी चाहिए।

श्री के. एस. श्रीवास्तव ने संवाददाता की विभिन्न योग्यताओं जैसे—दूरदर्शी, आत्मानुशासन, सत्यनिष्ठा, निर्भीक और स्पष्टवादी, व्यवहारशीलता, पहल करने की क्षमता, गतिशील, परिश्रमी, समाचार बोध, स्पष्टता, वस्तुनिष्ठता, परिशुद्धता, जागरूकता, गति, शान्त, उत्सुकता, सन्देह, समय की पाबन्दी, धैर्य तथा कल्पना पर प्रकाश डाला है।

डॉ. अर्जुन तिवारी ने संवाददाताओं के गुण, योग्याताओं पर प्रकाश डाला हैं—पैनी दृष्टि तथा विस्तृत श्रवण शक्ति, मुद्रलेखन, आशुलेखन एवं टंकण का ज्ञान, सत्यनिष्ठा और निर्भीकता, मातृभाषा के अतिरिक्त एक विदेशी भाषा पर अधिकार, जटिल घटनाओं, विविध समस्याओं को समझने की शक्ति, समाचार सूँघने या 'nose for news' की क्षमता तथा अनन्त जिज्ञासा वृत्ति और अटल उत्सुकता आदि।

प्रवीण दीक्षित द्वारा संवाददाताओं की विभिन्न अध्ययनशीलता, भाषा का अधिकार, वर्तमान घटना क्रम का सामान्य ज्ञान, शारीरिक और मानसिक स्वस्थता, अनन्त जिज्ञासा वृत्ति, समाचार तत्व की समझ, व्यावसायिक नैतिकता, मुद्रलेख और आशुलिपि का ज्ञान, विश्वासपात्रता तथा कार्य के प्रति अटल उत्सुकता आदि योग्यताओं पर प्रकाश डाला गया है।

उपर्युक्त वर्णित तथ्यों से स्पष्ट समझा जा सकता है कि संवाददाता समाचार की दुनिया की अहम कड़ी है। वह अपने कार्य में तभी सफल हो सकेगा जब भाषा पर उसका अच्छा अधिकार हो तथा उसकी अच्छी अभिव्यक्ति हो। भाषा और अभिव्यक्ति दो महत्वपूर्ण पक्ष हैं। यही वे दो महत्वपूर्ण आधार हैं जिनके आधार पर संवाददाता अपनी बात को सही परिप्रेक्ष्य में पाठक तक पहुंचाता है।

पत्रकारिता के क्षेत्र में संवाददाता की भूमिका महत्वपूर्ण है। यह उसकी योग्यता पर निर्भर करता है कि उसने जो सूचनाएं एकत्रित की है उसमें कितनी बुद्धिमता का परिचय दिया है। किसी घटना के महत्वपूर्ण तथ्यों की जानकारी कर वह उस आधार पर पूर्ण समाचार तैयार करता है। यदि उसे 'समाचार क्या हैं?' इसी का पता नहीं चलेगा तो वह न तो तथ्य ही एकत्र कर पाएगा और न ही समाचार बना पाएगा। समाचार बोध के साथ-साथ समाचारों के सम्भावित स्रोतों की भी उसे अच्छी जानकारी होनी चाहिए। इस दृष्टि से उसे अपने सम्पूर्ण परिवेश की उचित जानकारी भी होनी चाहिए।

किसी भी संवाददाता की सफलता या असफलता उसके क्षेत्र पर भी आधारित होती है। उसकी व्यावहारिकता और उच्चपदों पर आसीन लोगों से सम्बंधों का भी सूचना एकत्रित करने में सीधा प्रभाव होता है। यहाँ यह भी ध्यान रखना आवश्यक

है कि मित्रता के आवरण में कहीं वह अपने पत्रकारिता के व्यवसाय की ईमानदारी को न छोड़ दे। पत्रकार को इस बात से भलीभांति परिचित होना चाहिए कि उसके नियम उसके अधिकारों का गलत लाभ न उठायें।

संवाददाता का कार्य-कठिन होने के साथ ही बहुत रिस्की है। सामाजिक-राजनीतिक जीवन में व्याप्त भ्रष्टाचार के कारनामों को प्रकट करने पर कई बार अपराधियों से उसे धमकियाँ मिल सकती हैं। अतः उसमें रिस्क लेने की प्रवृत्ति के साथ हिम्मत तथा स्वाभिमान का भाव होना चाहिए। किसी समाचार के तथ्यों को एकत्रित करते समय हर सम्भव प्रयास करना चाहिए।

प्रायः संवाददाताओं में अध्ययन का अभाव पाया जाता है। अधिक से अधिक अध्ययन न सिर्फ उनकी भाषा व शैली का परिष्कार करता है, किन्तु कई बार इससे उसे अपने समाचारों को पूर्ण बनाने में भी सहायता मिल सकती है। समाचार के साथ विभिन्न सन्दर्भ बनाकर वह अपने समाचार को नवीन स्वरूप भी दे सकता है।

संवाददाता को समय का ध्यान रखते हुए समारोह में पहुंचना चाहिए यदि वो देरी से पहुंचता है तो कुछ महत्वपूर्ण तथ्य भी छूट सकते है। समय बिना किसी के इन्तजार और चिन्ता के तीव्र गति से गुजरता रहता है। समय चक्र अविराम चलता रहता है। अतः समय का विशेष ध्यान रखना आवश्यक है। संवाददाता को किसी समाचार को लिखते समय इस बात पर ध्यान देना चाहिए कि उसमें किसी एक पक्ष विशेष्र के ही विचार न दिए जाएं। समाचार पक्षपातहीन हो और सभी पक्षों के विचारों को उसमें स्थान मिले—इस बात का अपने संज्ञान में रखना जरूरी है।

संवाददाता की जिम्मेदारी

सामान्य संवाददाता को सामान्यतः उस व्यक्ति को सम्बोधित किया जाता है जो विभिन्न प्रकार के समाचार पत्रों के लिए सूचनाऐं एकत्रित करता है। विश्व के समस्त क्षेत्रों में उनकी नियुक्त रहती है। जिस देश में समाचार-एजेंसी है वहाँ के प्रमुख शहरों में तथा विदेशों की राजधानियों तथा कुछ प्रसिद्ध नगरों में रिपोर्टर और संवाददाता का जाल बिछा रहता है। जो अपनी एजेंसी कार्यालय को जरूरी समाचार भेजा करते हैं। उन एजेंसियों के कार्यालय इन्हीं समाचारों को अपने ग्राहक-पत्रों या दूसरी कम्पनियों को बेच देते हैं और इसके लिए अपना निश्चित तथा निर्धारित मूल्य प्राप्त करते रहते हैं। जिस तरह समाचार एजेंसियों के रिपोर्टर और संवाददाता होते

हैं उसी तरह पत्र भी अपने रिपोर्टर और संवाददाता नियुक्त करते हैं जो अपने कार्यालय को समाचार भेजा करते हैं। पत्रकारिता के क्षेत्र में समाचार संकलन करने वालों का प्रभावशाली और विस्तृत जाल है। ये समाचार-संग्रह करनेवाले साधारण रूप से रिपोर्टर या संवाददाता कहे जाते हैं, लेकिन अनेक श्रेणियाँ होती हैं तथा उनके कार्यों में भी थोड़ा बहुत अंतर पाया जाता है।

विभिन्न प्रकार की सूचनाओं व समाचारों का संकलन करने हेतु पत्र जहाँ से छपता है वहीं से अपने रिपोर्टरों की नियुक्ति तथा उनके क्षेत्र का परिसीमन करता है। उनमें यदि शक्ति हो तो वे चाहे तो संसार के किसी कोने को छोड़ भी नहीं सकते जहाँ उनके संवाददाता न हों। इतना ही नहीं अपितु उनमें यदि क्षमता हो तो सारे संसार के सामाजिक जीवन के अंग-प्रत्यंग का समाचार तथा विवरण भेजने के लिए अपने प्रतिनिधि नियुक्त कर सकते हैं। जिससे इनकी संख्या बहुत अधिक होती है। जहाँ से पत्र प्रकाशित होता है वहीं स्थानीय रिपोर्टरों की ही नियुक्ति होती है। संवाददाताओं को दो वर्गों में विभाजित किया जाता है—प्रथम वे जो घटनाओं से संबंधित समाचारों को एकत्र करते है, और दूसरे वे जो किसी विशिष्ट मसले की सूक्ष्म जानकारी एकत्र करते हैं। पत्रकारों की भाषा में एक को रिपोर्टर तथा दूसरे को संवाददाता कहते हैं। रिपोर्टर का क्षेत्र विस्तृत है। उसका काम उस नगर या स्थान के जहाँ उसकी नियुक्ति हुई है उन सम्पूर्ण समाचारों को खोज लाना है जो समाचार कहलाने योग्य हैं। कहीं चोरी हुई हो, आग लगी हो, हड़ताल हुई या बाजारों में गड़बड़ी हुई हो, हत्या हो गई हो, अदालत में कोई मामला चल रहा हो, सभा सोसाइटी, व्याख्यान, भोज, नृत्य, चायपार्टी इत्यादि किसी भी क्षेत्र के किसी भी समाचार का संकलन कर सकता है और जिसका प्रकाशन उसे अनिवार्य लगता वह उसे ढूढ़ ही लेता है।

संवाददाता का भी कार्य रिपोर्टरों की भांति ही होता है लेकिन कुछ विशिष्ट कार्यों के लिए उन्हें प्राथमिकता दी जाती है। दिल्ली में केन्द्रीय सरकार तथा लोक सभा/राज्य सभा की रिपोर्ट के लिए, कांग्रेस अधिवेशन या हिन्दी साहित्य-सम्मेलन या ऐसे ही किसी खास समारोह का वर्णन जानने के लिए किसी अकाल-पीड़ित या बाढ़ क्षतिग्रस्त स्थान की अवस्था देखने के लिए, किसी महान् आन्दोलन का खास रूप से समीक्षात्मक अध्ययन करने के लिए समय-समय पर संवाददाताओं की नियुक्ति होती है वे विशेष संवाददाता कहलाते हैं। रिपोर्टर और संवाददाता के काम अक्सर समान ही होते हैं पर खास संवाददाता और रिपोर्टर के कार्य में थोड़ा अन्तर स्पष्ट दिखाई देता है। रिपोर्टर का प्रमुख कार्य सभी मनोरंजक घटनाओं तथा समाचारों

का संकलन करने का होता है और उनका क्षेत्र व्यापक होता है। यही कारण है कि रिपोर्टर या साधारण संवाददाताओं के लिए यह अच्छा नहीं समझा जाता कि वे जिन घटनाओं का विवरण भेजें उन पर अपना मत भी प्रकट करें अथवा निर्णय दिया करें। माना यह जाता है कि रिपोर्टर अपनी रिपोर्ट में किसी घटना के सम्बन्ध में मत प्रकट करने का काम सम्पादकीय विभाग पर छोड़ देगा। किन्तु जहाँ रिपोर्टर को ऐसा करने का अधिकार नहीं होता वहाँ विशेष संवाददाता अपने अधिकारों का प्रयोग करते हुए घटनाओं में अपनी सूझबूझ का परिचय दे सकता है।

विशेष संवाददाताओं की नियुक्ति के समय उनकी योग्यता से किसी प्रकार का समझौता नहीं करना चाहिए। यदि किसी विज्ञान-सम्मेलन का विवरण लाने के लिए किसी संवाददाता की नियुक्ति की जाती है तो इस बात का ध्यान रखना आवश्यक होता है कि नियुक्त संवाददाता उस विषय की जानकारी रखता हो तथा उसकी उस ओर रुचि तथा गति भी है या नहीं। ऐसे विशेष कार्यों के लिए नियुक्त किए गए लोग विशेष प्रतिनिधि के नाम से प्रसिद्ध होते हैं। इनके अलावा साधारण संवाददाता अथवा रिपोर्टर प्रान्त और देश के अलग-अलग क्षेत्रों में समाचार-संकलन के रूप से नियुक्त किए जाते हैं जो अनेक संवाद इकट्ठा करके अपने कार्यालय को प्रेषित करते रहते हैं। समाचार कंपनियाँ समाचार-एजेंसियों के संवाद जहाँ सीधी-सादी प्रकृत घटना के रूप में होते हैं वहाँ इन लोगों को उसकी गहरायी से जांच करने का स्वतंत्र अधिकर होता है। विदेशों में नियुक्त संवाददाता 'विदेश संवाददाता' के नाम से विख्यात होते हैं। युद्ध इत्यादि के छिड़ जाने पर शक्तिशाली और सम्पन्न पत्र अपने संवाददाता भिन्न-भिन्न मोर्चों पर भी रखते हैं। उनका काम विशिष्ट रूप से खतरनाक तथा बहुत ही जोखिम भरा होता है। ऐसे लोगों को सैनिक-संवाददाता के नाम से पुकारा जाता है। वर्तमान दौर में तो राजनीतिक संवाददाता के नाम से अति कार्यकुशल, सावधान और पारदर्शी दृष्टिवाले पत्रकार नियुक्त किए जाते हैं जो अलग-अलग देशों के राष्ट्रीय विभाग में चलने वाले कूटनीतिक चक्रों की गतिविधि का पता लगाया करते हैं। इन संवाददाताओं पर अलग-अलग देशों की सरकारें कड़ी निगरानी रखती है। वहाँ के राजनीतिज्ञ उनसे भयभीत रहते हैं। मालूम नहीं ये कब किस रहस्य का मंडाफोड़ कर दें और न जाने उसका क्या नतीजा हो जाए। पाकिस्तान एवं इराक से तो न जाने कितने विदेशी राजनीतिक संवाददाताओं को बाहर निकाल दिया गया और उनको दंडित भी किया गया है।

हमारा कहने का तात्पर्य यह है कि विविध ग्रुपों व समूहों में बांटकर विभिन्न प्रकार के समाचार को एकत्रित करने वाले रिपोर्टरों या संवाददाताओं का वर्ग बहुत

विस्तृत है जिस पर आधुनिक पत्रकार-कला और पत्रों का वर्तमान स्वरूप काफी कुछ निर्भर है। ये लोग चाहे समाचार एजेंसियों के लिए कार्य करते हों अथवा खास पत्रों के लिए, पत्रकारों में पहला स्थान रखते हैं। इनका पद और स्थान किसी समय भले ही छोटा समझा जाता रहा हो परन्तु आज के युग में इन्हें एक प्रमुख स्थान प्रदान किया जा रहा है। कहने को तो संपादक या प्रधान उपसम्पादक इनका नियन्त्रण करते हैं और ये उन्हीं के अधीन काम करते हैं परन्तु सम्पादकों के काम और उनकी आँखें ये ही लोग होते हैं जिनकी मदद लेकर ही पत्र का संचालन करना सम्भव होता है। इनके परिश्रम, सतर्कता, सूझ और समाचार-बोध पर ही पत्र की सफलता निर्भर है। बड़े-बड़े राजनीतिज्ञ और शक्तिशाली सरकारें भी इनकी उपेक्षा नहीं कर सकतीं। यदि समाचार-पत्रों के समर्थन को प्राप्त करना है अथवा किसी राजनीतिज्ञ को पत्रों की मदद चाहिए तो उसे पत्र-प्रतिनिधियों से मिलकर अपने विचारों को पहुंचाने के लिये, अपनी नीति का स्पष्टीकरण करने के लिए समाचार पत्रों के अलावा दूसरा कोई चाट या साधन उपलब्ध नहीं है। रेडियो और टेलीविजन के साधन अवश्य उपलब्ध है, लेकिन पत्र की प्रतिस्पर्धा से पीछे है। इस आलेख में यहाँ इतना ही कहेंगे कि पत्रों का स्थान अब तक इस दिशा में अग्रणी है। अतः समाचार-पत्रों तक सरकारों को पहुंचने का माध्यम संवाददाता ही है।

समाचार-पत्रों का सबसे अधिक महत्व प्रजातांत्रिक राष्ट्रों में होता है। निरंकुश और स्वच्छंद अधिनायकवादी अनुत्तरदायी सरकारें भले ही संगीनों के बल पर शासन करने की नीति अपनाकर पत्रों की अवहेलना करे या उन्हें अपने इशारे पर नचा लें। लेकिन प्रतिनिधि मूल्य शासन-प्रबन्ध की नीति पर निर्भर सरकारों को जनमत के इस प्रतीक की मदद तथा समर्थन प्राप्त करने के लिए प्रयासरत रहना पड़ता है। पाठक समाचार-पत्रों में पत्र प्रतिनिधियों के सम्मेलन का समाचार पढ़ते होंगे। पत्र-प्रतिनिधि बुलाये जाते हैं और उनके बीच बड़े-बड़े मन्त्री अथवा उच्च पदस्थ सरकारी अधिकारी आकर प्रश्न-विशेष के सम्बन्ध में अपनी नीति स्पष्ट करते हैं तथा पत्र-प्रतिनिधियों के सभी प्रश्नों का उत्तर देते हैं। जब द्वितीय विश्वयुद्ध आरम्भ हुआ और अमेरिका युद्धलिप्त राष्ट्र बना तब से प्रति मंगलवार को वाइट हाउस में पत्र-प्रतिनिधियों का सम्मेलन होता था और खुद राष्ट्रपति रूजवेल्ट वहाँ उनके सामने आकर उनके प्रश्नों का उत्तर देते थे। इंग्लैंड में भी प्रधानमन्त्री अथवा युद्ध-मन्त्रिमंडल का कोई भी सदस्य ऐसे सम्मेलन का आयोजन करता है तथा वहाँ सरकारी नीति को आम जनता के लिए बताया जाता है। भारत में भी आज ऐसे सम्मेलनों की धूम रहती है। सभी विचारों और दलों के बड़े-बड़े नेता पत्र-प्रतिनिधियों के सम्मेलन में

आकर अपना विचार प्रकट व्यक्त करते हैं। इन सम्मेलनों में पत्रों तथा समाचार-एजेंसियों के संवाददाता भी उपस्थित रहते हैं। अधिकारी या लोकनायक पहले संवाददाताओं को संतुष्ट करने का प्रयास करते हैं। फिर अपने मत का प्रसार पत्रों द्वारा होना देखना चाहते हैं और उनके समर्थन की तुलना करते हैं। इन बातों से स्पष्ट है कि पत्रों के संवाददाताओं का स्थान देश के सामाजिक और राजनीतिक जीवन में महत्वपूर्ण हो गया है जिनसे सबको अच्छे परिणाम की उम्मीद होती है।

वैश्विक स्तर पर समाचार पत्रों की उपयोगिता दिन प्रतिदिन बढ़ती जा रही है। समाचार-पत्र विश्व की परिस्थितियों का आम जनजीवन को सूचनाओं के अध्ययन से व्यक्त करते है। समाचार संकलन का सम्पूर्ण कार्य संवाददाता द्वारा किये जाने से संवाददाता ने समाचार-पत्र में अपना महत्वपूर्ण स्थान बना लिया है। अपनी इस सजीवता से वे दुबारा जीवन को प्रभावित करते हैं तथा जीवित नर-नारियों के हृदय तथा मस्तिष्क के सामने उन्हीं के जीवन को नियन्त्रित करके स्पन्दित कर देते हैं। पत्रों का यही धर्म तथा उपयोग है। इसमें सफलता प्राप्त करने के लिए यह जरूरी है कि पत्र प्रमाणिकता की सहकारियों से खुद स्पन्दित हों। संवाददाता अपने विवेक से विभिन्न क्षेत्रों में रहने वाले नागरिकों को किस तरह प्रभावित करता है। भले ही परदे में पीछे बैठकर पत्राभिनय का सारा संचालन, नियमन और नियन्त्रण तथा आयोजन करने वाले संपादक और उपसंपादक तथा व्यवस्थापक और मिस्त्री हों लेकिन रंगमंच पर सम्मुख अभिनय करने वाला तो रिपोर्टर ही होता है। जनता की नजर उसके जीवन के सम्पर्क में पत्र के सजीव प्रतिमा के रूप में, उसके प्रतीक हैसियत में कौन उपस्थित रहता है? क्या यह पत्र का संवाददाता ही नहीं है जो अपने चारों ओर जिज्ञासा तथा उत्सुकता और सक्रियता तथा गतिशीलता के लिए हरसम्भव प्रयास करता है।

समाज के विभिन्न पहलुओं को संवाददाता अपनी बुद्धि और विवेक से उजागर करने का प्रयास करता है। प्रकृति का विनाश एवं सृष्टि की लीला को, जीवन की ग्रन्थियों और कठिनाइयों को, सामाजिक उत्थान, विकास और पतन तथा पथ-भ्रष्टता को विछोह और सान्त्वना को अभिव्यक्त करने वाला वही होता है। कहीं हँसी और कहीं रोना, कहीं राग और कहीं द्वेष, कहीं जीवन और कहीं मृत्यु, कहीं विलाप और कहीं वुभुक्षा के द्वन्द्वात्मक नैसर्गिक घर्षण से भरे वातावरण का उल्लेख करना संवाददाता की जिम्मेदारी होती है। प्रत्यक्ष रूप से रहस्यमयी शक्ति का प्रतिनिधित्व सामान्य जन-जीवन में करने का श्रेय उसे ही प्राप्त होता है चूँकि वही उसके अत्यन्त सन्निकट पहुँचा हुआ रहता है। परिणामतः यदि उसका महत्व हो और उसे हम

प्रभावशाली कहें तो इसमें न कोई आश्चर्य की बात है और न यह अनुचित समझा जाएगा। क्योंकि आधुनिक युग में इसका रोग लगातार व्यापक होता जा रहा है।

सूचनाओं व समाचारों की उपयोगिता एवं महत्व कोई नवीन अवधारणा नहीं है। समाचारों को जानने की जिज्ञासा यदि मानव जीवन में अति आरम्भ समय से ही रही है तो समाचारों का संकलन करके उनके तथा उस जिज्ञासा को सन्तुष्ट करने का काम भी किसी-न-किसी रूप में तभी से होता आया है। आधुनिक युग की भांति प्राचीन युग में इतने समाचार पत्र नहीं थे फिर भी सूचनाओं का आदान-प्रदान किसी न किसी रूप में होता रहता था। समाचार-संकलन करने वालों और उन्हें ले जाने वालों पर सरकार की नाराजगी आज भी रहती है सो बात ही नहीं है। हमेशा से ऐसे लोगों पर सरकारें रोक लगाने का प्रयास करती रही है। इंग्लैंड में साप्ताहिक समाचार-पत्र सन् 1622 ईसवी से ही निकलने लगे थे पर संसद में आयोजित होने वाले सम्मेलनों का उल्लेख पत्रों में 100 वर्ष तक नही किया यह पाठकों को आश्चर्य चकित करने से कम नहीं है। चार्ल्स प्रथम के बाद क्रामवेल के युग में थोड़े-बहुत विवरण पत्रों में प्रकाशित हो जाते थे पर उसके बाद जब चार्ल्स द्वितीय दुबारा सत्तारूढ़ हुए तो कानून बनाकर यह अधिकार छीन लिया गया। फिर चार्ल्स प्रथम के समय में थोड़ी छूट दी गयी पर सन् 1738 ईसवी में पार्लियामेंट ने दुबारा यह अधिकार छीन लिया।

विधान सभा की सामान्य सभा को इस कालांतर में सन् 1774 ईसवी में रिपोर्टों को संकलन करने का अधिकार प्राप्त हुआ। इसी समय लगभग तीस वर्ष तक डॉक्टर जानरान प्रगुख रूप से विधान सभा के विवरणों का संकलन करते रहे जिसके फलस्वरूप नवीन विधान सभा की कार्यवाही का उल्लेख प्राप्त हो सका जो आज भी विधान सभा के कहानी की कला को जोड़ने में सहायक होता है। जिस तरह शताब्दियों पहले शासक वर्ग सावधानी के साथ उन्हें दबाए रहने में सचेष्ट था उसी तरह रिपोर्टर एवं रिपोर्टिंग पर आज भी सशंक नजर रखी जाती है। वर्तमान समय में संवाददाताओं के अधिकार में बढ़ोतरी हुई है जिससे उनकी अवहेलना करने की कोई कोशिश नहीं करता है। उनके प्रवेश के लिए कहीं भी प्रतिबंध नही होता है। कांग्रेस का अधिवेशन हो अथवा केन्द्रीय एवं प्रान्तीय व्यवस्थापक सभाओं का, संघ न्यायालय हो या मन्त्रियों के गृह, कोई भी नृत्य अभिनय हो या क्रिकेट का मैच, सर्वत्र उनके लिए प्रवेश पत्रों को व्यवस्था पहले से ही की जाती है और 'प्रेस' के बैठने के लिए सबसे अच्छे स्थान पर प्रबन्ध किया जाता है। 'प्रेस' वाले भी नाराज न हों इसलिए उनके लिए विशेष व्यवस्था की जाती है क्योंकि बहुत हद तक वे सभा अथवा

समारोह की सफलता या असफलता में महत्वपूर्ण होते हैं। सुन्दर सहानुभूतिपूर्ण और व्यापक रिपोर्टिंग से उनका प्रचार होता है तथा वे ही प्रेस वाले यदि उपेक्षा कर दें तो किये गये कार्य पर पानी फिर जाता है।

आधुनिक समय में रिपोर्टर या संवाददात पूरी तरह से स्वतंत्र है वे किसी भी विभाग में आ जा सकता है। काफी जरूरी होता है तभी पार्लियामेंट या व्यवस्थापक सभाओं अथवा सभा-समितियों के गुप्त अधिवेशन किए जाते हैं एवं बाद में अधिकारियों की ओर से प्रामाणिक वक्तव्य प्रकाशनार्थ दे दिया जाता है। पत्रकारों में इसी वजह से यह कहावत प्रचलित है कि मरने के बाद रिपोर्टर स्वर्ग और नरक दोनों के प्रवेश-पत्र प्राप्त होंगे। चूँकि इनमें से किसी के अधिष्ठता को शायद यह साहस न होगा कि उनका प्रवेश अपने यहाँ बन्द कर दें। रिपोर्टरों के अधिकार और स्थिति इतनी महत्वपूर्ण हो गयी है कि उच्चस्तरीय प्रशासनिक अधिकारी और नेता भी इनसे चौकन्ने रहते हैं क्योंकि पता नहीं कब ये कैसी रिपोर्ट जनता के सामने पेश कर दें जो उनके किये गये सारे श्रम पर पानी फेर दें। जिसने चतुर राजनीतिज्ञों को पत्र-प्रतिनिधियों के प्रश्नों की बौछार से त्रस्त तथा परेशान होते देखा होगा वह जानता होगा कि उनकी दशा कैसी दयनीय हो जाती है। वे प्रतिनिधि ऐसे-ऐसे प्रश्न कर बैठते हैं कि राजनीतिज्ञ नाराज हो जाते हैं पर बेचारे अपने क्षोभ को प्रकट नहीं कर सकते चूँकि उन्हें रिपोर्टरों के नाराज हो जाने का भय रहता है। उनके साथ कठोरता का व्यवहार करना खतरनाक हुआ करता है। श्रीमती विजयालक्ष्मी पंडित जब संयुक्त प्रान्तीय कांग्रेसी सरकार के मन्त्रिमंडल की सदस्या थीं तो स्वास्थ्य सुधार के लिए इंग्लैंड गई थीं। उन्होंने वहाँ के पत्रकारों को अपना मत व्यक्त करते हुए कहा था कि 'पत्रकार भयावने कीटाणु होते हैं और इस क्षेत्र की महिलाएँ उनसे भी काफी डरावनी होती हैं।' सम्भवतः पत्रकारों के प्रश्नों तथा उनकी उत्सुकता ने उन्हें इतना क्षुब्ध कर दिया था।

किन्तु सूचनाओं व रिपोर्टिंग की उपयोगिता इसलिए है कि वे विस्तृत अधिकारों का उपभोग करते हैं। उनका महत्व इसलिए भी है कि उनका कार्य काफी जिम्मेदारी का होता है। उनकी रिपोर्टिंग जहाँ जनता का ज्ञान बढ़ा सकती है, मानव को मानव का स्वरूप समझने में सहायता प्रदान कर सकती है तथा विभिन्न देशों को जोड़ने का भी कार्य करती है तथा विश्व धरातल का असली रूप पेश कर सकती है। महान् पदों का सूत्रपात हो जाना अथवा प्रचंड दावाग्नि की भाँति विद्रोहों को फैलाने के लिए इनकी नीति का ही प्रतिफल होता है। ऐसी घटनाएँ घट चुकी हैं तथा घटती रहती हैं, जब पत्र-प्रतिनिधियों द्वारा भेजे गए उनके विवरण के कारण

हिंसा हो चुकी है। इस देश में साम्प्रदायिक दंगों की जानकारी किसे नहीं होगी। साम्प्रदायिक उर्दू पत्रों में कांग्रेसी मन्त्रिमंडल के युग में तरह-तरह के समाचार इस तरह प्रकाशित होते रहे हैं और कांग्रेसी सरकार को हिन्दू सरकार बनाकर उनके द्वारा मुसलमान पर अत्याचार किए जाने के ऐसे निराधार विवरण प्रकाशित होते रहे हैं जो अनेक निरपराध और शान्त नागरिकों के प्राण छीनने के कारण हुए हैं। उन्होंने देश के राष्ट्रीय जीवन में जहर घोलने का काम किया है जिसका व्यापक प्रभाव आज भी देखने को मिलता है। साम्प्रदायिक दंगों को अधिक भड़काने का अनुचित कार्य भी कई बार रिपोर्टर ही करते हैं।

एक पत्रकार ने रिपोर्टरों पर अपनी पुस्तक में कुछ ऐसी विदेशी घटनाओं का उल्लेख किया है कि जब उनके सम्बन्ध में की गई रिपोर्टिंग युद्ध की आग लगाने की सीमा तक पहुँच गई। नरसंहार का डंका बजने से बच गया पर देशों में जो परस्पर क्षोभ और घृणा की भावना भर गयी उसका प्रभाव कई वर्षों तक बना रहा। सन् 1933 ईसवी में मास्को में मेट्रोवीकर्स इंजीनियर्स के नाम एक बड़ा भारी मुकदमा चला था। यह मुकदमा छह अंग्रेज इंजीनियरों पर रूस की बोलशेविक सरकार ने चलाया था। ये इंजीनियर रूस में वहाँ की सरकार द्वारा स्थापित बिजली के कारखाने में काम करते थे। बोलशेविक सरकार के पास इन इंजीनियरों के घूस लेने, सरकार की रहस्यमयी बातों की सूचना दूसरे देशों को देने और ध्वंसात्मक कार्यवाही करने की शिकायत पहुँची और उसने इन पर इन्हीं अभियोग में सोवियत सरकार की 'सुप्रीम कोर्ट' में मुकदमा दायर कर दिया। परिणामतः ब्रिटिश इंजीनियर गिरफ्तार किए गए। उनके गिरफ्तार होते ही ब्रिटिश पत्रों में इस मामले को तूल पकड़ा दिया। वे सोवियत सरकार के विरुद्ध आग उगलने लगे एवं मुकदमा चलने के पूर्व ही उन्होंने यह निर्णय प्रदान कर दिया कि उनके इंजीनियर निर्दोष हैं और यह सब सोवियत सरकार की चाल है जिसमें वह ब्रिटिश नागरिकों को गलत तरीके से फंसाने के का प्रयास किया गया है।

सोवियत प्रशासन ने यह तथ्य कई बार दुहराया कि इन पर खुली अदालत में मुकदमा चलेगा जिसमें सरकार अपने अभियोग सिद्ध करेगी तथा ब्रिटेन के सम्पूर्ण पत्रों को यह अधिकार है कि स्वयं आकर मुकदमों की रिपोर्ट देख लें फिर भी ब्रिटिश पत्रों को शांति नहीं मिली। लन्दन के 'टाइम्स' जैसे गम्भीर पत्रों ने रूस को गाली देते हुए लिखा कि उसे 'न्याय' के नाम पर मास्को की अदालतों द्वारा किए जाने वाले गढ़न्त तमाशे में कोई विश्वास नहीं हो सकता। द्वितीय विश्व युद्धकालीन ब्रिटिश प्रधानमन्त्री श्री विंस्टन चर्चिल, जो बाद में युद्धकाल में रूस के मित्र बने थे, उस

वक्त यहाँ तक कह गए कि रूस की सरकार घृणित और जहरीली सरकार है जिस पर विश्वास करना सबसे बड़ी मुर्खता होगी।" शोर-शराबा करने के बाद और हो-हल्ला मचाने के पश्चात् अन्त में पत्रों ने अपने प्रतिनिधि इस मामले की रिपोर्टिंग के लिए भेजे। एक ब्रिटिश पत्रकार ने, जो उस समय मास्को में इस अदालत की कार्रवाई की रिपोर्टिंग करने के लिए भेजा गया था, ब्रिटिश रिपोर्टरों के सम्बन्ध में जो लिखा है वह उन्हीं के शब्दों में प्रस्तुत है "मेरी समझ में इस मामले की रिपोर्टिंग जिस तरह ब्रिटिश पत्रों में की गई वह हमारे देश की पत्रकारिता के इतिहास की अत्यन्त निन्दनीय घटना के रूप में रहेगी।" संवाददाता रिपोर्टिंग करते हुए अभियुक्तों के खिलाफ प्रस्तुत किए गए प्रमाणों को दबा देते थे। अदालत का अपमान करने और उसकी आलोचना करने के अलावा कोई बात उठायी नहीं जाती थी। प्रत्येक पत्र उन्मत्त हो गया था एवं पत्रकार विचित्र रंग में रंगकर अपनी रिपोर्ट भेजा करते थे।

यह पत्रकार अपनी पुस्तक में आगे यह भी लिखता है ग्रेट ब्रिटेन के अलावा सम्पूर्ण यूरोप के पत्र रूसी सरकार द्वारा प्रस्तुत किए गए अभियोगों की सरलता देखकर ब्रिटेन के समर्थक नहीं हो सके, मेरा विश्वास है कि गलत रिपोर्ट होने से विश्व को एक बार फिर युद्ध के लिए प्रेरित करती है। इसी कारण आज संवाददाताओं का बड़ा कर्तव्य समझा जाता है। बड़ी-बड़ी बातों के सिवा छोटी-मोटी घटनाओं का वर्णन देते हुए भी उनका वही उत्तरदायित्व उपस्थित रहता है। उनको हमेशा सही रिपोर्ट भेजनी चाहिए। फलतः अपने अधिकार और उत्तरदायित्व के कारण संवाददाता या रिपोर्टर का पद तथा कार्य विशेष रूप से महत्व रखता है। पत्र सम्बन्धी कार्य में जिसका इतना महत्वपूर्ण स्थान हो उसमें कैसी योग्यताएँ होनी चाहिए यह जान लेना जरूरी है। जो पत्रकारिता के क्षेत्र का चयन करे उसे उसके कार्यों के बारे में जानकारी होना आवश्यक है।

एक संवाददाता व रिपोर्टर में समाचार संकलन तथा उनको पहचानने की प्रतिभा पहले से ही विद्यमान होनी चाहिये। किसी तरह की शिक्षा या विश्वविद्यालय की उपाधि किसी से इस योग्यता का सृजन नहीं कर सकती। जिनमें यह चेतना होती है उन्हें साधारण या असाधारण रूप में अनायास समाचार की गन्ध मिल जाती है। जिस बात को आप सामान्य समझते है वह उसे महत्वपूर्ण दिखाई दे सकती है तथा जिसे आपकी नजर महत्वपूर्ण देखती है उसमें समाचार के तत्वों का अभाव है तो उसका कोई मूल्य नहीं है। घटनाओं को देखते ही या सुनते ही वह जिसका समाचार-बोध उद्‌बद्ध और उन्नत होगा वह समझ लेगा कि उस घटना के गर्भ में

समाचार की नजर से आज कितना तथ्य है और भविष्य के लिए कितना मसाला है। समाचार-बोध के साथ रिपोर्टर दूर-दृष्टि तथा कल्पना शक्ति सम्पन्न होना चाहिए। संवाद किसी रिपोर्टर को माँगने से नहीं मिलता प्रत्युत उसे प्राप्त करने की कोशिश करनी पड़ती है।

जिस देश में पत्रकार की नियुक्ति हुई है वहाँ के आधुनिक इतिहास को समझना, वहाँ के उद्धत प्रश्नों और समस्याओं को मुख्य रूप को जानना, राष्ट्रीय जीवन में जो अनेक और बहुधा विरोधी धाराएँ प्रवाहित हो रही हैं उनके रहस्य को समझना, वहाँ के नेताओं को बहुत नजदीक से जानना होगा और उनके प्रति मित्रता का भाव रखने तथा स्वयं उनका विश्वास प्राप्त करने की कोशिश करनी होगी जिससे आसानी से सूचनाऐं प्राप्त हो सकें। राजनीतिक की विश्वास नीयता यदि संवाददाता को प्राप्त है तो उसे अपने प्रतिद्वन्द के मुकाबले सभी प्रकार के समाचार सुलभ हो सकते हैं। संवाददाता या रिपोर्टर को अपने प्रतिद्वन्द्वी संवाददाताओं से सदा सतर्क तथा सावधान रहना चाहिए। प्रायः यह स्मरण होना चाहिए कि हमें अन्य लोगों से आगे बढ़ने की कोशिश करनी है तथा इसे मूर्त रूप भी प्रदान करना है। समाचार-संकलन करना एवं दूसरों की तुलना में उसे पहले अपने पत्र में प्रकाशित कर देने में सक्षम होना ही उसकी विशेषता है। जो बात दूसरे पत्रों में छप गई उन्हें बाद में अपने पत्र में लाना मात्र खानापूर्ती के बराबर है।

एक अच्छे रिपोर्टर में संवाददाता की क्षमता का होना भी जरूरी है जिससे वह अपने क्षेत्र में संपादक की भूमिका अदा कर सकता है। समाचार प्राप्त करना, उसकी समीक्षा करना, उपर्युक्त संवादों को छाँटकर पृथक् करना और तुरन्त उनको चित्रित करना तथा तुरंत प्रकाशनार्थ भेज देना उसका काम होता है। इसमें विलम्ब करना अपराध माना जायेगा। आलस्य किसी भी संवाददाता का सबसे बड़ा दुश्मन कहलाता है। इस लाभ को कल कर देंगे या आज छुट्टी मनाएँगे—का भाव जिस संवाददाता में हो वह बहुत जल्दी ही प्रतिस्पर्धा में पिछड़ जाएगा। कोई नहीं कह सकता कि कब मोबाईल की घंटी घनघना उठेगी तथा उसे तत्क्षण कमर कसकर अपने पत्र के लिए संवाद-संग्रह करने की नजर से दौड़ पड़ना होगा। उसको किसी तरह का आलस्य नहीं करना चाहिए। रात को ठंड पड़ रही हो अथवा मेघ भीषण जलवर्षा कर रहे हों या जेठ की दुपहरी तप रही हो संवाददाता समाचार मिलने की सूचना पाकर वहां नहीं पहुंचता तो वह अपने कार्य की अवहेलना का दोषी है। परिणामतः उसमें वह उत्साह, समाचार प्राप्त करने की वह मादकता और शरीर और स्वास्थ्य में वह बल होना चाहिए जो उसे हमेशा समाचार की गन्ध पाते ही उत्तेजित कर सके।

सूचना संकलन के लिए कोई निर्धारित ऋतु या समय नहीं होता है इसमें 24 घंटे ड्यूटी है। जाड़ा और गरमी, दिन और रात, या बरसात उसके लिए कोई मायने नहीं रखती। प्रत्येक क्षण उसकी ड्यूटी है। रात को बारह बजे कोई घटना घटी और संवाददाता यह कहकर छुट्टी नहीं पा सकता कि उसकी ड्यूटी सिर्फ दस से चार बजे शाम तक करने की है। उसे तो गिद्ध की भाँति न सिर्फ दूर तक देखने में समर्थ होना है अपितु सदा अपने शिकार की खोज में रत रहना होता है। कोई संवाददाता किसी एक स्थान से समाचार प्राप्त करने का प्रयास मात्र नहीं होता है वह इसके लिए हमेशा भ्रमण करता रहे। कोतवाली, पुलिस के दफ्तर, नगर के थाने, म्युनिसिपल और डिस्ट्रिक्ट बोर्ड के अदालतों के कमरे, दफ्तर, बाजारों और मंडियों का फेरा, नगर का स्वास्थ्य विभाग, मुख्य और महत्वपूर्ण सार्वजनिक संस्थाओं के कार्यालय, नगर के मुख्य सार्वजनिक नेता या कार्यकर्ता इत्यादि स्थानों में ज्यादा सूचनाएं प्राप्त होती है। इसलिए इन स्थानों का नियमित दौरा करें।

संवाददाता को अपनी क्षेत्रीयता के माहोल की पूरी जानकारी रखना अनिवार्य होता है तथा उसके विकास के लिए समय समय पर समीक्षा प्रस्तुत करता रहे। उसे यदि इन बातों का ज्ञान है तो रिपोर्टिंग करने के लिए ऐसी बातें झलक उठेंगी जिनके महत्व को सामान्य आदमी आज समझ भी नहीं सकता। इसलिए संवाददाता की बुद्धि सदा सतर्क हो। वह सूक्ष्मद्रष्टा हो जो बातों की तह तक पहुँच सके। इसके लिए उसकी बुद्धि तो पैनी होनी ही चाहिए साथ-साथ व्यवहार में कुशलता भी नितान्त जरूरी है। चतुर संवाददाताओं की कला देखते ही बनती है। वे सबसे अपनी मित्रता स्थापित कर लेते हैं। वह प्रशासनिक अधिकारियों का दोस्त बन जाता है। बड़े-बड़े नेताओं को खुश कर देता है जिससे वह अनेक लाभ उठा लेता है। परस्पर विरोधी विचार, स्वभाव एवं मत रखने वाले लोगों से संवाददाता समान रूप से मिलता है और सबकी समान रूप से मित्रता प्राप्न करता है एवं सबको अपने व्यवहार से यह विश्वास दिला देता है कि वह उन्हीं का मित्र है। उसकी गम्भीरता की तुलना समुद्र से करना अतिश्योक्ति नहीं होगी। जो एक दूसरे के खिलाफ हैं उनकी बात सुनेगा, दोनों के हृदय के भाव, कार्यक्रम तथा नीति का ज्ञान प्राप्त करेगा पर मजाल नहीं कि एक की बात की भनक भी किसी दूसरे को मिल जाए; सबकी बातें सुनना और सुनकर उनके सामने कोई प्रतिक्रिया व्यक्त नहीं करता है। संवाददाता अपने मतलब की बात उसमें से निकाल लेगा तथा अपना कार्य करके बाकी पचा जाएगा। अपने इसी गुण के बल पर वह सफल होता है। संकीर्ण मानसिकता वाले व्यक्ति को

पत्रकारिता के क्षेत्र का चयन नहीं करना चाहिये क्योंकि वह पत्र के व्यवसाय को हानि के अतिरिक्त कुछ नहीं दे सकता।

पर्यवेक्षण से तो संवाददाता को संवाद प्राप्त हो जाते है परन्तु कभी-कभार ये बेकार में इसी प्रकार आ जाते है जैसे मृत्यु सहसा पहुँच जाती है। बातें करते हुए, रेल में सफर करते हुए, होटल में बैठकर खाना खाते हुए, किसी दुकान में सामान खरीदते हुए, ऐसे समय जब आप उसकी कोई आशा नहीं करते समाचार आपको खुद ब ख़ुद प्राप्त हो जाता है। इसके लिए संवाददाता को बुद्धि एवं विवेक दोनों का इस्तेमाल करते हुए आगे पैर रखना चाहिए। हेमिल्टन फाइल ने अनायास प्राप्त होने वाले समाचारों का उल्लेख करते हुए एक कहानी 'दि प्रेस परेड' नामक पुस्तक लिखी है। पाठकों के मनोरंजनार्थ उसे यहाँ देना गलत न होगा। सन् 1930 ईसवी की बात है। एक विशाल ब्रिटिश वायुयान फ्रांस में गिर पड़ा। आर. 101– यह विमान नया-नया बना था जिस पर वायुयान-विभाग के ब्रिटिश मन्त्री सत्तर साथियों के साथ सवार होकर उनकी सफलता के लिए जुड़े थे। दुर्भाग्य से पहली ही उड़ान में वह फ्रांस में अचानक जमीन पर आ गिरा और उसमें सवार काफी लोगों की जाने भी चली गयी। समाचार को ब्रिटिश यूनाइटेड प्रेस ने आश्चर्यजनक तरीके से प्राप्त कर लिया। यूनाइटेड प्रेस के कार्यालय में समाचार-सम्पादक फ्रांस का समाचार प्राप्त करने के लिए टेलीफोन मिला रहा था। अचानक उसके टेलीफोन में एक व्यक्ति की आवाज सुनाई दी। वह व्यक्ति नष्ट हुए विमान से जिन्दा बच गया था। दुर्घटना का समाचार ब्रिटिश वायुयान-विभाग के कार्यालय को वह दे रहा था। गलती से उसके टेलीफोन का सम्बन्ध यूनाइटेड प्रेस के कार्यालय से हो गया जहाँ बैठा हुआ समाचार-संपादक फ्रांस से टेलीफोन मिलाने का प्रयास कर रहा था। व्यक्ति ने यह जानकर कि वह सरकारी वायुयान-विभाग से बातें कर रहा है समस्त का सभी विवरण कह डाला। इधर समावार-सम्पादक बराबर सुनता रहा और नोट करता जा रहा था। कहने वाले को क्या पता कि वह पत्रकार से बातें कर रहा है। दुर्घटना बात सुन लेने के बाद पत्रकार ने उसे धन्यवाद देते हुए बता दिया कि वह यूनाइटेड प्रेस नामक समाचार-एजेंसी का संवाददाता है और इस दर्दनाक घटना की सूचना जल्दी से जल्दी ब्रिटिश वायुयान-विभाग को भेज दी जायेगी।

यूनाइटेड प्रेस के कार्यालय ने सूचना अतिशीघ्र प्रशासन को भेज दी परन्तु अन्य सभी एजेंसियों को पीछे छोड़कर घटना का समस्त वर्णन भी अपने ग्राहकों के पास भेज दिया। पत्रकारों को जीवन में ऐसे अनेक अनुभव हुए होंगे जब अकल्पित तरीके से समाचार प्राप्त हो गया होगा। एक घटना हमें याद आ रही है कि कुछ सालों

की बात है कि काशी के 'एयरोड्रोम' से (जहाँ वायुयान उतरते हैं) 'आज' कार्यालय में सम्पादक के नाम टेलीफोन आया। 'एयरोड्रोम' से टेलीफोन नहीं आया करते थे इस लिए यह देखकर उत्सुकता हुई। टेलिफोन उठाने पर सम्पादक से टेलीफोन करने वाले ने प्रश्न किया कि 'क्या आप कोई ऐसी व्यवस्था कर सकते हैं कि मुझे पन्द्रह-सोलह गैलन पेट्रोल मिल जाए?' असंगत प्रश्न से सम्पादक की उत्सुकता बढ़ गई। कोई व्यक्ति सम्पादक से पेट्रोल दिलाने की बात करे यह असाधारण बात थी, लेकिन पत्रकारिता की प्रवृत्ति ने इस असाधारण को विशिष्ट समझकर उसे महत्व प्रदान किया। संपादक ने पूछा–'आप कौन हैं और पेट्रोल की खोज क्यों कर रहे हैं?' तब उसने उत्तर देना शुरू कर किया। वह व्यक्ति बोला, मैं टाटानगर का हूँ और टाटा के विमान का संचालक हूँ। जमशेदपुर से अपने विमान में पंडित जवाहरलाल नेहरू को लेकर लखनऊ जा रहा था। खराब मौसम की वजह से रास्ते से भटक गया और चक्कर काटता रहा जिससे मेरे विमान का सारा पैट्रोल खत्म हो गया। परिणामतः बनारस में यहाँ उतर पड़ा हूँ मुझे पेट्रोल की टंकी अभी भर लेनी है और पंडित जी को लेकर उड़ जाना है। मैं जानता नहीं कि पेट्रोल कहाँ मिलेगा इसलिए आपको टेलीफोन किया हूँ।'

उपर्युक्त कहानी कितनी सुन्दर व रोचक थी। उसके आगे संपादक ने पेट्रोल का प्रबन्ध तो शीघ्र ही कर दिया पर मनोरंजक समाचार भी प्राप्त किया। कुछ देर बाद विमान जवाहरलाल जी को लेकर उड़ा पर अब प्रयाग की बात सुनिए। प्रयाग में यह सूचना प्रकाशित हो चुकी थी कि जवाहरलाल नेहरू जी नहीं हैं और टाटानगर गए हुए हैं तथा निश्चित तिथि को उनके आने की सम्भावना है। वह तिथि अभी नहीं आई थी। काशी से जो विमान उन्हें लेकर उड़ा वह लखनऊ जाने वाला था पर मौसम परिवर्तन हो गया। विमान चालक मार्ग फिर भूल गया, घंटों आकाश में इधर-उधर भटकता रहा। आंधी और तेज हवा चल रही थी, अन्धकार हो रहा था, इस प्रकार उसने रास्ते में ही विमान को उतारने का फैसला किया परंतु सौभाग्यवश वह प्रयाग ही पहुँचा था और इस प्रकार वहीं विमान को उतार दिया। जवाहरलाल जी बमरौली से उतरकर आनन्द भवन पहुँच गए। किसी को प्रयाग में इस घटना की खबर न थी। 'नेशनल हेरल्ड' का प्रयाग स्थित संवाददाता दैवात् आनन्दभवन के सामने से टहलता हुआ जा रहा था। उसने जवाहरलाल जी के कमरे में रोशनी देखी। उसकी पत्रकार सुलभ उत्सुकता जाग उठी। जवाहरलाल जी के कमरे में रोशनी क्यों? अभी उनके आने की तिथि भी तो नहीं आई! वह आगे बढ़ा। दरबान से पूछा–'पंडित

जी की कोई खबर है?' दरबान ने उत्तर देते हुए कहा, 'वे कमरे में ही हैं।' संवाददाता हैरान हो गया। उत्सुकता के आवेश में कमरे में घुसा। प्रश्न करने पर पंडित जी ने पूरा किस्सा सुना दिया। अगले दिन पत्रकार ने जवाहरलाल जी के साथ जो घटित हुआ उसे "हेराल्ड" में प्रकाशित करा दिया।

जब पत्रकार अपने जीवन में इस तरह के तथ्यों का संकलन कर लेता है तो उसका आत्मविश्वास सातवें आसमान पर पहुंच जाता है। पर ऐसे समाचारों से फायदा उठाने के लिए पत्रकार में सहज उत्सुकता और संवाद सूँघकर ढूँढ निकालने की प्रवृत्ति होनी चाहिए। पेट्रोल कहाँ मिलेगा? यदि असाधारण प्रश्न से आप सचेत होने की क्षमता नहीं रखते अथवा जवाहरलाल जी के कमरे में बेवक्त रोशनी देखकर आप ठनक नहीं जाते और आपके मन में जिज्ञासा नहीं उत्पन्न होती तो आए हुए समाचार का कोई लाभ भी नहीं उठा सकते। रिपोर्टर के लिए जहाँ संवाद प्राप्त करने में सफल होना जरूरी है वहीं उसे रिपोर्टिंग करने में भी सक्षम होना चाहिए। रिपोर्टिंग का प्रमुख आधार यही है कि संवाददाता द्वारा दिया गया विवरण वास्तविक और सत्य पर आधारित हो। इसके लिए उसमें वह गुण होना चाहिए, जो इतिहास-लेखक में होता है। वास्तव में पत्रकार वर्तमान विश्व का तथा जीवन्त इतिहास का लेखक कहा जा सकता है। इसलिए बड़ी-से-बड़ी बातों से लेकर छोटी-से-छोटी घटना का विवरण देते हुए इस बात का विचार सर्वोपरि रखना चाहिए कि उसमें निरर्थक शब्दों का प्रयोग न हो। रिपोर्टर चाहे वह किसी गाँव या कस्बे का हो या विदेशी संवाददाता हो, यह अनिवार्य समझे कि उसकी जिम्मेदारी महान् है इसलिए उसकी लेखनी में प्रवाहित शब्दावली व्यापक समाज के जीवन की गति पर प्रभाव डाल सकती है।

इसके साथ-साथ वह अपने पत्र का नेतृत्व भी करता है। उसकी लापरवाही अथवा अयोग्यता से जनता का विश्वास उठ जाता है। जनता के विश्वास से वंचित पत्र ज्यादा दिनों तक अपने जीवन की रक्षा नहीं कर सकता तथा यदि किसी तरह टिक भी गया तो उसे पूर्णतः बेकार ही समझना चाहिए। किसी पत्र का इससे बढ़कर दुर्भाग्य क्या हो सकता है जिसमें प्रकाशित संवादों पर विश्वास नहीं किया जा सकता। इसका जिम्मेदार संवाददाता ही होता है।

एक प्रमुख तथ्य यह भी है कि संवाददाता या रिपोर्टर को समाचार-पत्र सम्बन्धी अधिनियमों का ज्ञान भी होना चाहिए। किसी अदालत में चलने वाले मामलों की रिपोर्टिंग करते हुए यदि वहाँ कार्रवाई के सिवा संवाददाता किसी तरह की टीका-टिप्पणी कर दे तो अदालत का अपमान समझा जायेगा जिससे वह फंस

जायेगा। कोई गवाह या अभियुक्त या वादी अथवा प्रतिवादी अदालत में जो बयान दे उसकी रिपोर्ट आप दे सकते हैं, पर अदालत के बाहर कही गई किसी बात को प्रकाशित करना अपराध माना जायेगा। अदालत के अपमान का जुर्म तो लग ही सकता है, किसी पक्ष की ओर से मानहानि करने का दावा भी ठोंक दिया जा सकता है। किसी भी घटना की रिपोर्टिंग करते हुए देख लेना चाहिए कि जो लिखा जा रहा है वह विश्वसनीय है कि नहीं यदि है तो उसक लिए सबूत भी होने चाहिऐं।

एक बार संवाददाता द्वारा प्रेषित की गयी सूचना एक पत्र के कार्यालय में आई जिसके अन्तर्गत यह लिखा गया था कि "अमुक स्थान के पुलिस सब-इंस्पेक्टर पर कुछ गुंडों ने आक्रमण किया तथा उसकी नाक काट डाली।" समाचार इतना सरल था कि उसके सम्बन्ध में सन्देह नहीं हो सकता था। अच्छे और कर्तव्यपरायण सब-इंस्पेक्टर के खिलाफ गुंडे तंग आकर ऐसी कारवाई कर सकते हैं। अतः पत्र में समाचार प्रकाशित हो गया। कुछ समय भी नहीं बीता था कि पत्र-संपादक को सब-इंस्पेक्टर की ओर से नोटिस मिला कि झूठा समाचार प्रकाशित कर उसकी मानहानि की है। पत्र यदि क्षमा मांग ले तो उचित रहेगीं नहीं तो उसके खिलाफ कानूनी कार्यवाही होगी। जाँच करने पर ज्ञात हुआ कि ऐसी ही अफवाह सुनकर वहाँ के संवाददाता महोदय ने रिपोर्ट भेज दी थी जो वास्तव में निराधार है। पत्र को अपमानित होना पड़ा और सार्वजनिक रूप से अपने स्तम्भों में क्षमा माँगनी पड़ी। एक बार भी ऐसी असावधानी करने वाले रिपोर्टर का विश्वास हमेशा के लिए समाप्त हो जाता है। अतः समाचार-संकलन के लिए उसे जितना ही उत्सुक और व्यस्त रहना चाहिए उतना ही अपने विवरणों की यथार्थता और सत्यता के सम्बन्ध में सावधान, सतर्क और आश्वस्त भी होना जरूरी है। संवाददाता अपने इस गुण से न सिर्फ जिम्मेदारी का निर्वाह और अपने पत्र की सेवा करता है बल्कि अपना व्यक्तिगत फायदा भी करता है। उसकी यथार्थता का सिक्का यदि जम गया तो वह अपने पत्र के अधिकारियों का विश्वासपात्र हो जाता है; इससे उस पर अधिक जिम्मेदारी सौंप दी जाएगी और उसका कार्यक्षेत्र व्यापक हो जायेगा। दूसरी ओर वह जनता का तथा उन लोगों का विश्वासपात्र बन जाएगा जिनके सम्पर्क में आता है तथा जिनसे समाचार प्राप्त करने में मदद लेता है। पत्रकार का सबसे प्रमुख गुण उसकी विश्वसनीयता है जिस पर उसका भविष्य निर्धारित होता है।

सूचनाओं की दूसरी महत्वपूर्ण बात लिखित सूचना है। इसे हम दुबारा कला कहेंगे तथा विस्तार से इसकी समीक्षा करना बहुत ही कठिन कार्य है जैसे सौन्दर्य की व्याख्या करना कठिन समझते हैं। फिर भी कुछ संकेत प्रदान करना तो जरूरी

ही है। संवाददाता को घटना का वर्णन वास्तविकता को नजर में रखते हुए जीवन्त बनाने का प्रयास करना चाहिए। संवाददाता की लेखन की क्षमता अद्भूत होनी चाहिए। वह किस प्रकार से घटना को रोचक, आकर्षक, मनोरंजन और प्रेरणाप्रद तरीके से प्रस्तुत करता है। यदि आपकी शैली तथा विवरण का तरीका नीरस, शुष्क, निर्जीव है, यदि आपकी लिखी बातें बगैर कोशिश साधारण पाठक की सामान्य बुद्धि में बैठ नहीं जातीं, यदि वे उसकी कल्पनाशीलता को उत्तेजित नहीं कर देतीं जो अनुभूति लेखक को हो रही है तथा यदि वे हृदय में स्पन्दन और उत्सुकता का प्रजनन नहीं कर देतीं तो आप पत्रों के स्तम्भों में लिखने के योग्य नहीं हैं। यदि समाचार प्रस्तुत या लिखने की विधि दोषपूर्ण है तो बड़े-से-बड़ा समाचार प्राप्त करने तथा उसका विवरण प्रकाशित कर देने की कोई कीमत नहीं है। अपने पत्र के पृष्ठों को उज्ज्वल तथा स्फूर्तिदायक बनाना भी पत्रकार का काम है। उसमें तो वह गति तथा जीवन्त प्रेरणा होनी चाहिए जो लोगों के विचारों को उत्तेजित कर दे, उनकी कल्पना में जान डाल दे, उन्हें तत्सम्बन्धी बातों पर विचार तथा तर्क करने के लिए मजबूर कर दे तथा पत्र के दूसरे संस्करण को देखने के लिए उत्सुकता बनी रहे। यही पत्रकार के जीवन की साधना है जिसकी सफलता के लिए एकाग्र रहना चाहिए।

पत्रकारिता के क्षेत्र में सफलता प्राप्त करने के लिए पत्रकार को अपनी कला की कृति में अपने व्यक्तित्व को, अपनी अनुभूति को, अपनी सजीव अनुभूति को भर देना होगा। भाषा पर अच्छा अधिकार हो तथा साधारण तरीके से लिखने का अभ्यास हो। उसके लेख में हो सके तो सरल शब्दों का प्रयोग करें। अपने भाव को प्रबल रूप से अभिव्यक्त करने में सक्षम होना चाहिए। यह अभ्यास से सम्भव हो जाता है; पर अभ्यास के लिए लिखने वाले में कुछ आधार होना चाहिए। रिपोर्टर का मस्तिष्क भावों से भरा हो, तथा उसे उदारचरित होना चाहिए, दृढ़ संकल्पित होना चाहिए। संवाददाता का यह प्रमुख दायित्व बनता है कि पत्रकारों के जरिये लिखे गये लेखों, वर्णनात्मक विवरणों, समीक्षात्मक एवं तुलनात्मक ग्रन्थों का अधिक से अधिक अध्ययन करे तथा विविध विषयों की जानकारी से अवगत होने का प्रयास करे। साहित्य, इतिहास, राजनीति, अर्थनीति का इतना ज्ञान हो कि सिद्धपयक बातों को समझ सके यह अत्यन्त जरूरी है। संसार की आधुनिक समस्याओं, प्रश्नों तथा विचारधाराओं से परिचित हो। इस तरह वह भाव तथा भाषा दोनों का सामंजस्य कर सके। फिर उसे सजीव, आकर्षक और साधारण तरीके से अभिव्यक्त करने के लिए अभ्यास की जरूरत रह जाएगी। यह अभ्यास से ही सम्भव हो सकता है।

संवाददाता का प्रमुख लक्ष्य सूचना की अभिव्यक्ति करना है। पर किस घटना

पर कौन सा अंश समाचार की दृष्टि से महत्वपूर्ण है यह समझे बिना उसका सही विवरण नहीं दिया जा सकता है। पर इसका पता कैसे चले कि अमुक घटना का अमुक अंश प्रधानता रखता है? हम इस प्रश्न का उत्तर दे सकते हैं कि यह निर्वाचन और आविष्कार संवाददाता के समाचार-बोध और उसकी सजग चेतना पर निर्भर है। इस तथ्य को एक उत्तम उदाहरण द्वारा स्पष्ट किया गया है—कानपुर के एक पूँजीपति की पत्नि रात के समय अपने बाहरी बरामदें में घूम रही थी किसी ने उस पर गोली चलाई। उसे गोली लगी और वह घायल हुई परन्तु जीवन उसका बच गया। आक्रमणकारी भाग गया। यह समाचार स्वयं सनसनी पैदा कर देने के लिए पर्याप्त है लेकिन यहां पर भी पत्रकार अपनी योग्यता पेश कर सकता है। 'आक्रमणकारी ने गोली चलाई' यह बहुत महत्वपूर्ण घटना है परन्तु पूँजीपति और उसके पत्नि में हुरी हुरा व अनबन चल रही है क्या? गोली क्यों चलाई गई, इत्यादि बातों का पता लगाकर यदि विवरण में रख दिया जाए तो क्या वह भविष्य की ओर और घटना के रहस्य की ओर अप्रत्यक्ष संकेत नहीं कर देता? लिखते समय आक्रमण वाली घटना को प्रमुखता जरूर दी जाएगी। फलतः खास दिशा की ओर जनता का ध्यान चला जाएगा और इस घटना की सनसनी को समझना आवश्यक है।

संवाददाता में पाये जाने वाले कुछ प्रमुख गुणों की व्याख्या यहाँ पर करना अति आवश्यक है। समाचार का संकलन करने तथा उसे व्यक्त करने में सक्षम होने के लिए जिन विशेष बातों की जरूरत होती है उनका वर्णन हम कर चुके हैं। पर इनमें सफलता प्राप्त करने के लिए संवाददाता में कुछ सामान्य बातें जरूरी होती हैं। कहते हैं कि रिपोर्टर को त्रिनैन होना चाहिए। उसकी एक आँख अपने काम पर रहे, दूसरी घड़ी पर और तीसरी जनता पर जिसके लिए संवाद-संकलन किया जा रहा है। संवाददाता खुद भावुक होते हुए भी भावना में नहीं डूब सकता। किसी भी घटना को चाहे वह कितनी भी भावमयी या बड़ी क्यों न हो वह सिर्फ एक ही नजर से देखता है। नजर यह होती है कि उसमें समाचारत्व कितना है। जनता को, पाठकों को किस सीमा तक उसे जानने की जिज्ञासा होगी, कहाँ तक वह उनमें उत्सुकता उत्पन्न करेगी तथा पत्र की ओर आकृष्ट करने में किस सीमा तक सफल होगा। जनता की इस रुचि और मनोभाव पर एक दृष्टि रखना इसी कारण अनिवार्य होता है। कोई यह न समझे कि संवाददाता को अभावुक होने का, निर्लिप्त बनने का परामर्श देना जड़ बना देना है। वस्तुतः निर्लिप्तता उसका उसी तरह का गुण है जिस तरह डॉक्टर अथवा वकील का गुण होता है। डॉक्टर रोगी की शल्य-चिकित्सा करते हुए भावुकता के चक्कर में फँसना सहन कर सकता है? वह जानता है कि जीवित शरीर में उसे छुरा

भोंकना है। वह यह भी जानता है कि इससे रोगी की मृत्यु हो सकती है पर उसका उत्तरदायित्व सिर्फ इतना होता है कि वह रोग को देखे और उसके उपयुक्त उपचार की चिन्ता और प्रयास करे।

घटनाओं की संवेदना व मार्मिकता का सीधा प्रभाव पत्रकार पर पड़ता है। लेकिन संवाददाता को अपने विवेक और भावना पर सन्तुलन बनाये रखना होता है। उदाहरणार्थ—कहीं किसी की हत्या हो गई तथा मृतक के घर वाले रो रहे हैं। वहाँ संवाददाता समाचार लाने पहुँचता है। रोने वालों के चीत्कार से भले ही उसका कलेजा पिघल जाए पर उसका काम उसे मजबूर करेगा कि इन दृश्यों पर ध्यान न देकर घटना के तथ्य की ओर देखे, समाचार की नजर से उसके महत्व को तौले। फलतः इस निर्लिप्तता का अभ्यास करना ही होगा। संवाददाता को प्रत्युत्पन्नमति और मन को स्थिर रखने में भी सफल होना चाहिए। कोई भी परेशानी या खतरा होने पर डर नहीं सकता है। आवश्यकता पड़ सकती है कि भीड़ में खड़े-खड़े भाषण की खबर ले, पानी में भीगते हुए स्थान की खास घटनाओं की जानकारी की कोशिश करे। सफल और विख्यात पत्रकारों की तो ऐसी कहानियाँ हैं जो आश्चर्य में डाल देती हैं। न्यूयार्क के 'ईवान न्यूज' नामक समाचार के संवाददाता श्री हेराल्ड लिटिलडेल अन्तर्राष्ट्रीय नौकाओं की रिपोर्ट लेने के लिए गए थे। वे एक वायुयान को उड़ाते हुए यह दौड़ देख रहे थे। दुर्भाग्यवश वायुयान का इंजन बिगड़ गया और तीन हजार फुट की गहराई वाले अटलांटिक महासागर में डूब गया। अब श्री लिटिलडेल की दशा देखिए। उन्होंने तुरन्त अपने पत्र को इस वायुयान के पतन का समाचार बेतार के तार से देना शुरू किया। उन्हें अपने सहयोगियों की चिन्ता नहीं हुई परन्तु समाचार-पत्र को संवाद देने की बात सूझी।

फलस्वरूप उन्होंने समाचार भेज दिया। इसी बीच उन्हें किसी तरह बचा लिया गया, पर बच जाने पर भी उसकी प्रसन्नता उनकी पत्रकारिता पर हावी न हो सकी। उन्होंने छट से अपना जेबी कैमरा निकाला और गिरते तथा डूबते हुए वायुयान का चित्र लेना शुरू किया। दूसरे दिन सारी घटना सचित्र उनके पत्र में छप गई। मन की स्थिरता, बुद्धि की ऐसी दृढ़ता, अकल्पित गहरी सूझ और खतरे से न घबराकर और प्राणों की चिन्ता छोड़कर भी पत्रकार प्रवृत्ति, मस्त होकर समाचार प्राप्त करने की उन्मत्तता पर कौन आश्चर्यचकित नहीं होगा। यही कारण है कि ये अपना नाम अमर कर जाते हैं।

एक सफल कुशल संवाददाता के अंदर संकटपूर्ण स्थिति में भी धैर्य तथा साहस के साथ शांतचित्त होकर समाचारों को संकलित और प्रस्तुत करने की योग्यता हों।

जिनके स्नायुतन्तु इतने प्रौढ़ नहीं होते, स्वास्थ्य खराब तथा मन कमजोर होता है वे समय आने पर चारों खाने चित्त हो जाते हैं। दुर्बल हृदय किस तरह निकम्मा हो जाता है इसका एक उदाहरण है। एक संवाददाता महाशय थे जिन्हें एक बार एक स्थान पर चल रहे भयावने हिन्दू-मुस्लिम झगड़ों की रिपोर्ट इकट्ठा करने का काम दिया गया। उन्होंने काम तो उठा लिया पर चारों ओर आग, लूट, हत्या, आघात और विनाश तथा उन्मत्त हुई जनता की दैत्यलीला देखते-देखते वे इस तरह घबरा गए कि उनका मस्तिष्क विकृत हो गया। कई महीनों तक वे विक्षिप्त स्थिति में पड़े रहे। ऐसी अनेक घटनाओं का अनुभव पत्रकार को जीवन में होता रहता है। धीर हृदय प्राप्त करने का प्रयास करना जरूरी है अन्यथा मनोभावों की उथल-पुथल से काम करना सम्भव नहीं हो सकता है। पत्रकार निर्लिप्त बने, एक तरह का संन्यासी हो जाए, भावना का विरोध करने में सफल हो।

ऐसी भी कुछ बातें होती है जिनके अभाव में पत्रकार सफलतापूर्वक संवाददाता की भूमिका का निंवहन नहीं कर सकता है। उदाहरणार्थ—अधिक से अधिक लोगों से मित्रता प्राप्त कर लेना व्यवहारकुशल होना है। उत्तेजित किए जाने पर भी मन को बेकाबू न होने देना, यथासम्भव लोकप्रिय होना, क्रोध प्रलोभन को सिर उठाने का मौका न देना इत्यादि पत्रकार को अपने व्यक्तित्व व व्यवहार से यह प्रकट करना चाहिए कि वह किसी का अविश्वास नहीं करता; पर मन में पक्की तरह से यह सिद्धान्त बना लेना चाहिए कि किस बात पर केवल किसी के कह देने से वह तब तक विश्वास नहीं करेगा जब तक स्वयं अपनी छानबीन से उसकी असलियत के सम्बन्ध में पूरा-पूरा पता न पा जाएगा। घटनाओं को यथासम्भव संक्षेप में चित्रित करने का भी अच्छा अभ्यास होना चाहिए। पत्र में स्थान निश्चित होता है और प्रकाशनीय बातों की कमी नहीं रहती; परिणामतः बातें पूर्ण रूप से संक्षेप में लिखने वाला संवाददाता आदर का पात्र होता है।

कई बार जिलों से संवाद भेजने वाले संवाददाता एक-एक घटना का विवरण व्यापक रूप से भेजते हैं। वे तो जैसे यह समझते ही नहीं कि उनका कस्बा या जिला ही विश्व नहीं है और सिर्फ वहाँ के संवाद छापने के लिए समाचार-पत्र प्रकाशित होता है। परिणाम यह होता है कि प्रधान उपसंपादक ज्यादातर लम्बे विवरणों को 'अस्वीकृत' की फाइल के हवाले कर देता है। समाचार का सृजन करते समय इस तथ्य पर अत्यधिक बल देना चाहिए कि अक्षर स्पष्ट हों, स्लिप के दाईं ओर लिखा जाए तथा लाइनों के मध्य में इतना स्थान छोड़ दिया जाए कि संपादक के लिए जरूरी संशोधन करने का स्थान मिल सके। आशुलिपि एवं इन्टरनेट का ज्ञान जिस

संवाददाता में होता है उसका महत्व और अधिक बढ़ जाता है। वर्तमान दौर में इन दोनों की कितनी जरूरत होती है इस पर लिखना व्यर्थ है। आजकल चित्र तो खास रूप से पत्रों के प्राण हो रहे हैं। इस कार्य को सीख लेना अपने कार्य की उपयोगिता को कई गुना बढ़ा देना है। 'शार्टहैण्ड' की जरूरत भी कम नहीं है हालाँकि उसे अनिवार्य नहीं कह सकते। रिपोर्ट में 'शार्टहैण्ड' काफी सहायक होती है पर शार्टहैण्ड जानता हो या न जानता हो संवाददाताओं की स्मृति और धारणा की शक्ति जाग्रत ही होनी चाहिए। ज्यादातर बातों का विवरण उसे अपनी स्मृति के भरोसे ही करना है। किससे कब मिलना है, कहाँ जाना है, कौन-कौन से उत्सव या समारोह कब हो रहे हैं जिनकी रिपोर्ट लेना है इत्यादि बातों की स्मृति उसे होनी चाहिए। इसलिए इन सब बातों को अपनी डायरी में भी नोट कर के रखना अच्छा है। ऐसे लोगों के पते जिनसे काम में मदद मिल सकती हो, अपनी डायरी में लिख छोड़ना भी जरूरी होता है पर यह सब करते हुए भी उसे अपनी स्मृति को करते रहने का अभ्यास करना ही चाहिए। संवाददाता का काम इसके बिना नहीं चल सकता इसलिए सब बातें न डायरी में नोट की जाती हैं और न सदा अवसर ही मिलता है।

साक्षात्कार का भी पत्रकारिता के क्षेत्र में अत्यधिक महत्व है। रिपोर्टिंग के क्षेत्र में साक्षात्कार का कार्य सबसे मुश्किल माना जाता है। इसके संबंध में श्रेष्ठ पत्रकारों का मानना है कि नैसर्गिक गुणों के आधार पर इसमें सफलता हासिल की जा सकती है। पर थोड़ा काफी तार्किक गुण तो सभी कामों को करने के लिए होना चाहिए लेकिन इसका यह अर्थ नहीं है कि कोई सामान्य परन्तु जागरूक व्यक्ति इसे करने की मान्यता प्राप्त नहीं कर सकता। कुछ जरूरी बातें हैं जिन्हें हृदयंगम कर तथा तदानुकूल व्यवहार करके अभ्यास कर लेने पर इस दिशा में कोई भी संवाददाता कामचलाऊ सफलता प्राप्त कर सकता है। भेंट और वार्तालाप करने की कला में प्रवीण होने के लिए नवागत रिपोर्टरों को शुरू से ही अभ्यास करना चाहिए। वस्तुतः कठिनाई इसलिए होती है और संवाददाता असफल इस कारण होता है कि वह शुरू में ही किसी महान् व्यक्ति से भेंट करने के लिए भेज दिया जाता है। उरा 'महान्' के व्यक्तित्व का रौब बेचारे नौसिखिए पत्रकार पर पहले से ही छाया रहता है। बड़े के बड़प्पन की भूमिका उसकी रही-सही शक्ति चेतना को भी लुप्त कर देती है।

संवाददाता उस महान व्यक्ति से प्रश्न करने का साहस तो दूर की बात है वह उसके सामने अपना मुँह भी खोल नहीं पाता है। परेशानी में पड़कर वह उन प्रश्नों के तालिका और क्रम को भूल जाता है जिससे वह भेंट करने जाता है। भेंट-मुलाकात को एक तरह की 'जिरह' समझिए। भेद केवल यह होता है कि वकील या बैरिस्टर

जहाँ आपको अपने प्रश्न का उत्तर देने के लिए बाध्य कर सकता है वहाँ पत्रकार ऐसा नहीं कर सकता। इन बातों को भूलाकर भेंट करने के लिए गया हुआ पत्रकार वास्तव में बहस करने के लिए तैयार हो जाता है। भेंट और वार्तालाप करने का क्या लक्ष्य है? जिससे आप मिलने जाते हैं उससे कुछ विशेष बातों या प्रश्नों के सम्बन्ध में उसके विचार तथा उसका मत जानने के लिए जाते हैं। आप चेष्टा करते हैं कि उसके हृदय की गढ़ी बातों को निकाल लेने की। तभी सम्भव है जब आप उस व्यक्ति के रोब में जिससे वार्तालाप करने गए हैं, पहले ही न दबें। बड़े-से-बड़े बड़प्पन को अपना प्रभाव स्थापित न करने देना, अपने पद की मर्यादा को अक्षुण्ण बनाए रखना जरूरी है। अपनी इस क्षमता को विकसित करने हेतु तथा किसी प्रभाव को हावी न होने देने के लिए नव-नियुक्त रिपोर्टर को आरम्भ से ही जरूरी अभ्यास करने में शामिल होना चाहिए। अभ्यास इस तरह किया जा सकता है कि नगर की विभिन्न संस्थाओं, अधिकारियों, सार्वजनिक नेताओं, विविध विषयों के पंडितों, खासज्ञों तथा प्रोफेसरों का नाम नोट कर लें। उनमें से जिस किसी से पहले मिलना हो उसके विषय के अनुकूल कुछ प्रश्नों की रचना कर ले। पहले ही निश्चित कर लें कि किस बात का पर्दाफाश उसके द्वारा कराना अपना लक्ष्य है। इस तरह तैयार होकर बारी-बारी से लोगों से भेंटकर अपने वार्तालाप की रिपोर्ट तैयार करें। धीरे-धीरे आप अभ्यस्त हो जाएँगे और वक्त आने पर किसी भी महान् व्यक्ति का साक्षात्कार लेने में समृर्थ हो जायेगें। बड़े दुःख की बात है कि इस देश के पत्र, चाहे वे अंग्रेजी के हों या देशी भाषा के, इस ओर काफी कम ध्यान देते हैं। वे अपने रिपोर्टरों को उपर्युक्त तरह से भेंट करने के लिए न प्रेरित करते हैं तथा न इसको जरूरी ही समझते हैं। आवश्यकता इस बात की है कि इस ओर विशेष ध्यान दिया जाए और भेंट-मुलाकात की रिपोर्टों को पत्र की एक विशेषता बनाया जाए। इंग्लैंड और अमेरिका के पत्र इस मामले में काफी बढ़े हुए हैं और उनके पत्रकार भी समाचार तैयार करने के कार्य में कुशल और चतुर हैं। गुन्थर, वेबमिलर, लुइफिशर, लियान्स इत्यादि ऐसे ही जगत् प्रसिद्ध संवाददाता हैं जिन्होंने स्टालिन और हिटलर, मुसोलिनी, रजाशाह, गांधी और च्यांग-काई-शेक जैसे लोगों से भेंट और वार्तालाप कर पत्रकारिता के क्षेत्र में कहानी की रचना कर डाली है।

नौसिखिए रिपोर्टर धीरे-धीरे उपरोक्त ढंग से चतुर हो जायेगा और बड़े से बड़े मामले तथा बड़े से बड़े लोगों से भेंट करने में संकोच नहीं करेगा। इस सम्बन्ध में कुछ और बातों की ओर ध्यान आकर्षित कर देना उचित है। आप जिनसे वार्तालाप करना चाहते हैं उनमें प्रायः तीन तरह के लोग होते हैं। एक तो वे जो अधिक बोलते

हैं, दूसरे वे जो काफी कम बोलते हैं और तीसरे तरह के लोग वे होते हैं जो बिल्कुल चुप रहना ही पसंद करते हैं। पत्रकार को तीनों तरह के लोगों से काम लेने के लिए तत्पर होकर चेष्टा करनी पड़ती है। कार्य की कठिनता कल्पना के क्षेत्र से बाहर नहीं है। कोई असंगत और अनर्गल प्रलाप करता है फिर भी आप उसे रोक भी नहीं सकते। उसकी बातों के जाल में से अपने मतलब की बातें निकाल लेना आपकी सूझ और बुद्धि पर निर्भर है। दूसरे वे हैं जो बार-बार उत्तेजित किए जाने पर भी चुप रहने में अपनी सफलता व भलाई मानते हैं। उनसे अपनी चातुरी तथा व्यवहार सरलता से आपको काम निकालना है। इन समस्याओं के कारण ही वार्तालाप में सफल पत्रकार अपने क्षेत्रों में ज्यादा प्रशंसा तथा आदर के पात्र होते हैं। जो पत्रकार सफलता चाहता हो वह स्वयं किसी भी बात से, किसी की विचलितता अथवा किसी मौन से, कभी भी नाराज़ न हो। वह धैर्य और समझदारी के साथ बोलने वाले के प्रत्येक शब्द उसकी भावभंगिमा, उसकी मुखमुद्रा और उसके विचारों को अत्यंत सावधानी से आत्मसात करता जाए। अच्छे संवाददाता भेंट करते समय अपने प्रश्नों को कापी में नोट करने का प्रयास नहीं करते। जिससे वह बहस कर रहा है ज्यादातर भड़क उठता है तथा सम्भव है तो मौन ही धारण कर ले। अतः मन से तमाम बातों को समझने और चित्त में बैठाते जाने का कोशिश करते जाइए। सम्भव हो तो उसके कुछ जोरदार वाक्यों को शब्द-प्रतिशब्द याद कर लीजिए और रिपोर्ट लिखते हुए उनका प्रयोग कीजिए। जो अत्यधिक चुप व मौन प्रकृति के होते है उनके साथ काफी सतर्कता से पेश आने की जरूरत है। उनके रंग-रूप को देखकर यदि उनके स्वभाव का अनुमान लगा सकते हों तो उसका भी आश्रय लीजिए। फिर आवश्यकतानुसार चाटुकारिता करके, उनके अहम् की भावना अध्ययन करके, उनके प्रति सहानुभूति प्रदर्शित करके, उनकी भावना को उत्तेजित कर अपना काम निकालने की चेष्टा करनी होती है। धीरे-धीरे ये बातें अभ्यास से ग्रहण की जा सकती हैं। अच्छे पत्रकारों से बड़े-बड़े बुद्धिमान और प्रत्युपन्नमति लोगों को भी घबराते देखा गया है।

यहाँ सबसे प्रमुख तथ्य यह है कि पत्रकार जिसका इंटरव्यू लेता है उससे वैयक्तिक रूप से ही बातचीत होती है। इस प्रकार अच्छा यह है कि वार्तालाप की रिर्पोट तैयार करके जिससे भेंट की गई है उसे दिखा ली जाए तथा उसकी स्वीकृति प्राप्त करके तब प्रकाशित की जाए। भेंट करने वाले संवाददाता में लिखने की शक्ति तो होनी ही चाहिए पर उसके अलावा उसका ज्ञान विस्तृत हो, उसे व्यक्ति तथा प्रश्नों की अच्छी जानकारी हो, व्यवहारकुशल हो, मिलनसार हो, विवेकी और तीक्ष्णबुद्धि हो। भेंट करने के लिए सामान्यतः प्रसिद्ध व्यक्ति चुने जाते हैं। भारत में तो किसी प्रसिद्ध

राजनीतिक नेता अथवा सार्वजनिक व्यक्ति से ही भेंट-मुलाकात करने की परम्परा है लेकिन यूरोप में इसके लिए भिन्न-भिन्न प्रकार के प्रसिद्ध लोग चुने जाते हैं। राजनीतिक नेता और सरकारी विधाता के अलावा किसी बड़े विद्वान्, वैज्ञानिक, लेखक, कलाकार, अभिनेता या अभिनेत्री तथा कभी-कभी भयानक गुनाहों के प्रसिद्ध गुनहगार तक से भेंट की जाती है। भेंट-मुलाकात की सूचना लिखने की विधि भी दो प्रकार होती है। प्रथम प्रश्नोत्तर के रूप में, और दूसरा लेख के रूप में। संवाद संग्रह की अपेक्षा यह कार्य कहीं ज्यादा जरूरी होता है। इस प्रकार विदेशी पत्र इसके लिए प्रसिद्ध तथा श्रेष्ठ पत्रकारों या संवाददाताओं को ही नियुक्त करते हैं। किसी से वार्तालाप करके उसकी रिपोर्ट लाने के लिए वे पर्याप्त धन भी खर्च करते हैं। भारतीय पत्रों को इस दिशा में भी काफी कुछ करना है। अब तक वे इस तरह के विवरणों का महत्त्व अनुभव परिस्थितियों से कर सके हैं। भारतीय पत्रकार-कला को अपना स्तर ऊँचा करने के लिए इस ओर ध्यान देना आवश्यक है।

हर संवाददाता को यह विशेष रूप से स्मरण कर लेना चाहिए। अपने पत्र की सजीव मूर्ति के रूप में वही सबसे ज्यादा जनता के सम्मुख और निकट रहता है। समाचार-पत्र को सम्मानजनक और विश्वनीय बनाने हेतु संवाददाता को अपने चरित्र, मूल्यों और कर्तव्य के प्रति सचेत रहना चाहिए। वह अपने पत्र का प्रतिनिधि है जिसके गौरव, सुयश और सुनाम की रक्षा का भार उसका है। पत्र की नीति को वह सदा अपने सामने रखे, उसकी सेवा करने तथा उसकी मर्यादा तथा पद को बनाए रखने में कोई कसर न रखें। उस मर्यादा तथा पद की रक्षा तभी हो सकेगी जब वह अपने चरित्र को उज्ज्वल रखेगा तथा अपने पेशे को तप समझकर और यदि जरूरी हो तो जीवन भी उत्सर्ग कर देने के लिए तत्पर रहेगा। उसे अपने स्वाभिमान की रक्षा भी करनी चाहिए। सत्य की पूजा में एकान्त भाव से लगे रहने का दृढ़ संकल्प कर लेना चाहिए। दुनिया का कोई भी भय, कोई भी लोभ या शक्ति उसे पथ से विरत न करने पाए। इसी में उसके स्वाभिमान की रक्षा और उसके पत्र का गौरव है। एक बार अमेरिकी पत्रकार वेबमिलर एक सैनिक प्रदर्शन देखने तथा उसकी रिपोर्ट लेने गए। वे टहल ही रहे थे कि सामने से एक बड़ा जनरल ठाट-बाट से आता दिखाई पड़ा। वेबमिलर के पास पहुँचकर उसने उनको अपमानित करने की दृष्टि से अथवा सैनिकों के सामने अपना रोब जमाने के लिए डाँटकर कहा, 'तुम नहीं जानते कि मैं जनरल हूँ सलाम करो।' वेब-मिलर जनरल के इस व्यवहार से अचम्भित हो गये। जनरल ने सोचा कि हमने तो रौब जमा दिया पर उनकी हाजिरजवाबी ने साथ दिया। वे बोल उठे 'तुम नहीं जानते कि मैं पत्रकार हूँ। पत्रकार सलाम नहीं किया करता

केवल उसका उत्तर देता है।' अब जनरल के हतप्रभ हो जाने की बारी थी। यह उत्तर सुनकर झुंझला उठा, लेकिन करे क्या? हतप्रभ जनरल अपने ही सैनिकों के आगे अपनी इज्जत की रक्षा करने के लिए शीघ्र सीधे खड़ा हो गया और होशियार की मुद्रा में जिसमें सैनिक सलाम करते हैं वेबमिलर को सलाम करते हुए जोर से कहा, 'अच्छा, अब सलाम करो।' वेबमिलर ने उसका उत्तर सलाम में ही दे दिया।

इस प्रकार पत्रकारों को हमेशा अपनी मर्यादा, अपने स्वाभिमान की रक्षा करनी चाहिए। हठधर्मी और मिथ्याभिमान से नहीं परन्तु अपने चरित्र की उज्ज्वलता और आदर्शवादिता से। संवाददाता का विवेक और व्यवहार कुशलता समाचार से कलम में प्रमुख भूमिका निभाता है। संवाददाता को देश की प्रगति को प्रमुखता देने के साथ-साथ व्यवहारकुशल होना भी आवश्यक है।

8

समाचार-पत्र की डिजाइन तथा पृष्ठ सज्जा (ले-आउट)

समाचार-पत्र का ले आउट उसकी लोकप्रियता का दूसरा आधार है यह पाठकों की उत्सुकता को बढ़ाता है एवं उनकी संख्या में वृद्धि करता है। आज समाचार पत्र की डिजाइन या ले-आउट आधुनिक तकनीकों पर आधारित है जिनमें कम्प्यूटर का विशेष योगदान है। आज तो समाचार-पत्र के प्रस्तुतीकरण में पत्रकारिता, मुद्रण रूप, मुद्रण विज्ञान और विज्ञापन कला का पूरा-पूरा संयोजन ध्यान में रखा जाता है और उसका उपयोग किया जाता है। यहाँ तक कि विज्ञापन भी समाचार-पत्र में चाहे जहाँ नहीं छापे जाते। यह सभी प्रधान कारक आलेख-कला में शामिल हैं।

पत्रकार सदानन्द अच्छे मुद्रण पर विशेष ध्यान देते थे। प्रारम्भ में कागज और मुद्रण की गुणवत्ता आज जैसी नहीं थी लेकिन उस समय भी सीमित साधनों के बावजूद पृष्ठ सज्जा पर विशेष ध्यान दिया जाता है। उपयुक्त सामग्री का समाचार-पत्र में उपयुक्त स्थान सज्जा कहलाता है। इससे समाचार-पत्र का आकर्षण बढ़ेगा और पाठकों की रुचि भी समाचार-पत्र के प्रति बढ़ेगी। समाचार पत्र के मुख्यतः दो भाग है एक है शीर्षक का और दूसरा है समाचार का। खबर के महत्व और उसकी लम्बाई के अनुसार समाचार के एक या दो उपशीर्षक भी हो सकते हैं। समाचार की मुख्य पंक्तियाँ ऐसी होनी चाहिए कि उनसे उसका महत्व प्रकट हो। उसका यह महत्व तब प्रकट होता है, जब टाइपों का सोच-समझ कर उपयोग किया जाय।

समाचारों को प्रभावशाली बनाने के लिए सामग्री का मुद्रयोजन पैराग्राफ शीर्षकों के साथ किया जाता है। सूत्रपात का मुद्रयोजन बहुधा बड़े मुद्राक्षरों में दो या तीन कॉलमों में किया जाता है। फिर कुछ समाचारों का एक भाग बड़े या तिरछे (जो अलग चमकें) मुद्राक्षरों में भी किया जाता है। उसके बाद पृष्ठ पूरा हो जाने पर उसका पहला प्रूफ निकाला जाता है। प्रूफ वाचन के बाद दूसरा और कभी-कभी तीसरा प्रूफ भी निकाला जाता है। इन सभी प्रयत्नों के बावजूद प्रायः गलतियाँ चली जाती हैं, जिन्हें अँग्रेजी में 'प्रिण्टर्स डेविल' नाम दिया गया है। प्रूफ पढ़ने के बाद सागग्री मेकअपमैन के पास भेज दी जाती है, मेकअप मैन से ही उप-सम्पादक़ डमी तैयार करा लेता है। वह सभी मदों को पृष्ठ पर निर्दिष्ट प्रतिरूप (डमी) के अनुसार जमा देता है। बची हुई गलती को सुधारने के लिए पेज प्रूफ निकाला जाता है।

प्रारम्भ में छोटे समाचार-पत्रों में यह पृष्ठ सिलिण्डर मशीन पर निकाले जाते थे, अब यह चलन ऑफसेट मशीनों के प्रचलन के कारण बन्द हो गया है। प्रायः सभी समाचार-पत्र ऑफसेट मशीनों का उपयोग करने लगे हैं। ऑफसेट मशीनों में प्लेट का प्रयोग होता है जिसे स्टीरियो कहते हैं। मुद्रयोजन भी अब ढले हुए मुद्राक्षरों से नहीं होता, अब यह विधि कम्प्यूटर मुद्रयोजन ने ले ली है। मुद्रण यन्त्र (छपाई की मशीनें) में भी इतनी उन्नति हो गई हैं कि वह छापती भी हैं और अखबारों को साथ-साथ मोड़ती भी हैं और बण्डल तक तैयार करती है। अतः समाचार-पत्र सीधा छपकर वितरण करने की स्थिति में आ जाता है।

रंगीन छपाई बहुत आसान हो गई है, मशीनों के माध्यम से अनेक प्रकार के रंगों का एक बार में छापा जा सकता है। इस तरह की बहुरंगी छपाई ने विज्ञापनों को समाचार-पत्रों में और भी आकर्षक बना दिया है। अब विज्ञापन भी अखबारी साज-सज्जा के मानदण्ड हो गये हैं।

साज/सज्जा का अर्थ

साज-सज्जा को तीन शब्दों के द्वारा परिभाषित किया है :

1. डिजाइन
2. मेकअप
3. ले-आउट

डिजाइन अर्थात् संरचना के अनुसार ब्रुस वेस्टले ने लिखा है–

"रेखांकन से तात्पर्य है पृष्ठ के पूर्ण स्वरूप के निर्धारण की समस्या पृष्ठ के आकार से लेकर शेष रहे स्थान के लिए सामग्री चयन तक।" मेकअप का अर्थ है

पृष्ठ सज्जा व निर्माण। पृष्ठ पर सज्जित किए जाने वाले समाचारों के शीर्षक के टाइप की विभिन्नता तथा आकार-प्रकार, छायाचित्र, विज्ञापन आदि का संतुलित संयोजन ही मेकअप है। वेस्टले ने मेकअप का अर्थ स्पष्ट करते हुए कहा है कि–

"मेकअप मुख्यतः शीर्षक पंक्ति तथा कला (सज्जा) का समायोजन है।"

श्री थॉमस एफ. बर्न हार्ट के अनुसार–

"समाचार-पत्र का मेकअप स्थान के विभाजन तथा प्रयोग से होता है–समाचार-पत्र के पृष्ठ में टाइप, सज्जा सामग्री तथा अक्सर विज्ञापन का समायोजन। इस प्रकार समाचार-पत्र पृष्ठ का मेकअप कला चित्रों के रेखांकन से तुलनीय है।"

ले-आउट का संबंध समाचार पत्र के प्रारूप से होता है। पृष्ठ का निर्माण करने से पहले उसका 'ले-आउट' या 'डमी' तैयार कर ली जाती है। डमी निर्माण करते समय एक कागज पर निश्चित अनुपात के कॉलम बनाकर पत्र के पृष्ठ के अनुरूप तैयार कर ली जाती है। पत्र का नाम, समाचार, चित्र, नक्शे, विज्ञापन आदि किस स्थान पर देने हैं, शीर्षकों को टाइप करने व प्रस्तुत करने का पूर्ण उल्लेख उस डमी पर होता है। मुद्रण विभाग को दिए जाने वाले निर्देशों का भी संकेत इस डमी पर किया हुआ होता है।

आफसेट के द्वारा पृष्ठ सज्जा का कार्य बहुत सरल एवं रोचक बन गया है। अधिकतर समाचार भी 'डमी' के आधार पर साज सज्जा के बजाय सज्जा कर्म के समय स्वयं मौजूद रहना अधिक पसन्द करते है। हालांकि 'डमी' बनाकर कार्य करना भी एक तरह से सुविधाजनक होता है क्योंकि उसमें सज्जा कर्म के समय स्वयं उपस्थित रहने की आवश्यकता नहीं होती है। परंतु ऑफसेट मुद्रण पद्धति वर्तमान में अधिक प्रचलित है। सज्जाकार का कार्य-ज्ञान को निम्न प्रकार से उल्लेखित किया गया है।

सज्जाकार का कार्य-ज्ञान

सज्जाकार की योग्यताओं को निम्नप्रकार से उल्लेखित किया गया है :

1. आधुनिक मुद्रण ने सज्जाकार की कल्पनाओं को जीवंत किया है। जिसके द्वारा वह पृष्ठ सज्जा को नवीन स्वरूप दे सकता है। पर्याप्त प्रशिक्षण, तुरन्त निर्णय की क्षमता तथा कड़ा परिश्रम सज्जा-कार्य में सफलता की आवश्यक शर्ते हैं। सम्पादकीय कार्य प्रणाली तथा छपाई व कम्पोजिंग का पूरा ज्ञान सज्जाकार के लिए अनिवार्य है।

2. सज्जा कार्य करने वाले को सदैव 'कम समय में अच्छा काम' के सिद्धान्त पर कार्य करना चाहिए। दैनिक पत्रों में समय का बहुत महत्व होता है, तभी इसे 'सुई की नोक पर सज्जा कार्य' कहा है। इसलिए उसे तीव्र गति से कार्य करना होता है ताकि निश्चित समय पर पत्र पाठकों के पास पहुँच सके। यह उल्लेखनीय है—
3. सज्जा करते समय यह ध्यान रखा जाता है कि सज्जा जो आज हो वैसी ही कल नहीं हो। सज्जा आकर्षक हो अनावश्यक नहीं—अर्थात् प्रतिदिन नवीन एवं आवश्यक सज्जा ही करनी चाहिए। सज्जा का मुख्य सिद्धान्त है—समाचार-पत्र में स्थान की बचत तथा सम्पादकीय और प्रेस विभाग की समय में बचत। साथ ही मुद्रण आदि क्षेत्रों में प्रतिदिन होने वाले बदलाव के विषय में भी उसे जानकारी होनी चाहिए।

पत्र सज्जा के लिए आवश्यक समन्वय

पत्र सज्जा के लिए समन्वय पक्ष अति महत्वपूर्ण है। इसके अंतर्गत समाचार के आधार पर चित्रों, आकड़ों और ग्राफिक्स का बेहतर और संतुलित चयन आवश्यक है। उपसंपादक, संवाददाता और फोटोग्राफर के बीच विचारों की समानता जरूरी है।

उदाहरणार्थः जब किसी खास स्थानीय खबर के संकलन के लिए गए हुए संवाददाता और फोटोग्राफर में उपयुक्त सामग्री ऐन वक्त पर मिलने की संभावना होने पर आपसी विचार विमर्श कर फोटोग्राफ और समाचार के स्थापन के लिए उचित जगह छोड़कर शेष सज्जा का कार्य पूरा कर लिया जाता है। यह कम समय में अच्छा समाचार लिखने का तरीका है। ऐसी स्थिति में कई बार सज्जा कर्म के लिए जिम्मेदार व्यक्ति अपनी रुचि या योजनानुसार सम्बन्धित पक्षों को समाचार लिखने या छायाचित्र तैयार करने के लिए भी कह सकता है। इस प्रक्रिया से सम्बन्धित समाचार को उसके महत्वानुसार स्थान उपलब्ध करा पाने में आसानी होती है।

डिजाइनिंग का आधार

(1) कागज (Paper)—मुद्रण कार्य के लिए भिन्न प्रकार के कागजों का उपयोग होता है। समाचार-पत्र छापने के लिए प्रयुक्त कागज 'अखबारी कागज' (Newsprint) कहलाता है तथा दूसरे कार्यों के लिए प्रयुक्त कागज 'ह्वाइट प्रिन्ट' कहलाता है। पुस्तकों में अलग प्रकार के कागज का प्रयोग करते हैं। कागज के स्तर

के अनुरूप ही डिजाइन तैयार करने पड़ते हैं तथा कागज के आकार को ध्यान में रखते हुए ही समाचारों की संख्या आदि का निर्धारण किया जाना चाहिए।

(2) टाइप (Type)—टाइपों की विविधता सज्जा का विस्तृत क्षेत्र प्रस्तुत करती है। टाइपों का चुनाव इस प्रकार करें कि उसकी पठनीयता में स्पष्टीकरण हो। शीर्षकों तथा उप-शीर्षकों के लिए टाइप का प्रयोग विशेष दक्षता के साथ किया जाना चाहिए। समाचार-पत्र को विशेष गरिमा तथा व्यक्तित्व प्रदान करने के लिए अलग-अलग टाइप का उपयोग होता है। टाइप जहाँ पाठक को आकर्षित करता है, वहीं वह विज्ञापन को भव्यता प्रदान कर वस्तुओं की बिक्री बढ़ाता है। कम्पोजिंग कार्य में कम्प्यूटर के प्रयोग से अब पहले की तरह शब्दों के प्वाइंट सम्बन्धी परेशानी का हल मिल गया है।

आज कम्प्यूटर प्रयोग से अनगिनत आकार-प्रकार के इच्छित प्वाइंटों का उपयोग किया जाता है। इस सुविधा ने मुद्रण जगत में काफी संभावनाएँ पैदा की है।

कम्प्यूटर पर निकाले गए कुछ विभिन्नता वाले प्वाइंट अक्षर वाक्य नीचे दिया जा रहे हैं।

समाचार-पत्र 10 प्वाइंट

समाचार-पत्र 12 प्वाइंट

समाचार-पत्र 14 प्वाइंट

समाचार-पत्र 16 प्वाइंट

समाचार-पत्र 20 प्वाइंट

समाचार-पत्र 24 प्वाइंट

समाचार-पत्र 36 प्वाइंट

आधुनिक ऑफसेट मुद्रण तकनीक के द्वारा इस क्षेत्र में नवीनतम परिवर्तन हुआ है। अब हर प्वाइंट में कम्पोजिंग किया जाना सम्भव हो गया है। अब तो यहाँ तक सम्भव है कि मनचाही जगह में मनचाहे आकार-प्रकार के शब्दों को फैलाकर या खींचकर प्रयोग किया जा सके। कम्प्यूटर ने निश्चय ही प्वाइंट साइज में अंततः विभिन्नता एवं आकर्षण को उत्पन्न किया है।

(3) सुसज्जित (Illustration)—चित्र, ग्राफ तथा कार्टून के लिए चित्रात्मकता आवश्यक है। महत्वपूर्ण कार्टून, नक्शे आदि के लिए निश्चित स्थान तय कर लेना सामान्यतः ठीक रहता है। कुछ पत्रों के कार्टून आदि इतने लोकप्रिय होते हैं कि पाठकों की नजर पत्र खोलते ही उन्हें ढूंढती है। अतः निश्चित स्थान पर इन्हें देने से पाठकों को सुविधा रहती है। अन्य प्रमुख स्तम्भों का भी स्थान निश्चित कर लेना उचित रहता है। ये स्तम्भ, कार्टून व चित्र आदि भी पत्र के मेकअप में महत्वपूर्ण स्थान रखते हैं।

(4) स्याही (Ink)—सज्जा कार्य में स्याही का एक महत्वपूर्ण योगदान है। रंगीन पत्रिकाओं में तो स्याही का प्रयोग विशेष आकर्षण पैदा करता है किन्तु दैनिक समाचार-पत्र सामान्यतः काली स्याही का ही प्रयोग करते हैं। वर्तमान समय में कुछ प्रमुख पत्र अपने रविवारीय अंकों में चार से पाँच रंगों का प्रयोग कर रहे हैं।

(5) मुद्रण (Printing)—सबसे अंत में समाचार की छपाई उसे आकर्षित बनाती है। आधुनिक युग में मुद्रण की विभिन्न तकनीकें प्रचलित हैं जिनमें प्रमुख हैं—लेटर प्रेस, ऑफसेट तथा फोटोग्रोव्योर प्रणाली।

श्री के.पी. नारायणन के शब्दों में—"मुद्रण, चाहे उसका रूप कैसा भी हो, विचारों की अभिव्यक्ति है। मुद्रण ध्वनि का सम्प्रेषण नहीं करता (जैसा कि रेडियो करता है) किन्तु ध्वनि के प्रतीकों को पुनःप्रस्तुत करता है। वह किसी फुटबाल मैच का दृश्य प्रस्तुत नहीं कर सकता (जैसा कि टेलीविजन करता है) किन्तु वह चित्रों और शाब्दिक वर्णन द्वारा उस मैच को साकार रूप में प्रस्तुत कर देता है।"

साज-सज्जा में सहायक तत्व

साज-सज्जा के लिए नियमों का निर्धारण संभव नहीं फिर भी पृष्ठों में संवाद के आधार पर पत्र की सज्जा की जाती है। सामान्यतः हिन्दी दैनिक आठ से बारह पृष्ठों के ही प्रकाशित होते हैं। प्रत्येक पृष्ठ कॉलमों में विभाजित होता है। इन पृष्ठों का सामान्य वर्गीकरण इरा प्रकार किया जा सकता है—

समाचार-पत्र का नाम

समाचार का नाम उसकी पहचान होता है। प्रथम पृष्ठ पर पत्र का नाम विशिष्ट-शैलियों में दिया जा सकता है। यह शैली इतनी प्रचलित हो जाती है कि उस डिजाइन को दूर से ही देखकर हम पत्र को पहचान लेते हैं। सामान्यतः नामं के डिजाइन में बदलाव नहीं किया जाता। नाम पट्टिका का स्वरूप तय करके उसका

स्थाई ब्लाक या निगोटिव/पोजिटिव बना लिया जाता है जिसका प्रयोग प्रतिदिन किया जाता है। समाचार-पत्रों की नाम पट्टिका प्रायः गहरे काले रंग की होती है। अक्षरों की बनावट भी विशेष प्रकार की होती है। पत्र का नाम सरल हो तो वह पाठकों को भाता है।

भारत के समाचार-पत्रों में नाम पट्टिका के दोनों ओर के रिक्त स्थान पर पैनल विज्ञापन दिये जाते हैं। कुछ पत्रों में इस स्थान को खाली छोड़ देने की भी परम्परा है। जब कभी विज्ञापनों की कमी रहती है, तब महत्वपूर्ण समाचार भी इन स्थानों पर छाप दिए जाते हैं। कुछ पत्र इन स्थानों में समाचार-पत्र के अन्दर की बातें संक्षिप्त में देते हैं।

समाचार-पत्र की यह नाम पट्टिका "नए पाठकों के लिए परिचयात्मक फीचर तथा पुराने पाठकों के लिए मान्यता प्राप्त फीचर" का कार्य करती है। इसी नाम पट्टिका के भाग में पत्र की पंजीयन संख्या, प्रकाशन, स्थल, दिनांक, पृष्ठ संख्या, मूल्य, वर्ष, अंक संख्या आदि का भी उल्लेख किया जाता है। कुछ समाचार-पत्र इसी के साथ अपने पिछले अंक की प्रसार संख्या का अंकन भी करते हैं। कुछ पत्रों में नाम पट्टिका के ऊपर उसका मोनोग्राम भी प्रकाशित किया जाता है।

प्रथम पृष्ठ

किसी भी समाचार पत्र का प्रथम पृष्ठ उसकी अंतरात्मा होती है। यह पाठकों में उत्साह अथवा उदासीनता जाग्रत करती है। पत्र की सम्पूर्ण छवि की एक झलक इस पृष्ठ को देखने पर मिल जाती है। समाचार-पत्र को खरीदने से पूर्व पाठक इस पृष्ठ को देखता है फिर खरीदने का निर्णय लेता है।

प्रथम पृष्ठ पर अति महत्वपूर्ण सामाचार प्रकाशित करने के लिए 72 से 100 प्वाइंट का मोटा शीर्षक दिया जा सकता है। यह शीर्षक तीन से आठ कॉलम तक की चौड़ाई का हो सकता है। इसे बैनर शीर्षक कहा जाता है। यह शीर्षक अत्यधिक महत्वपूर्ण समाचारों के लिए बनाए जाते हैं। सामान्यतः तीन या चार कॉलम तक की चौड़ाई के शीषर्क 48 से 60 प्वाइंट के टाइप में जाते हैं। कई बार यह प्रश्न उठता है कि महत्वपूर्ण समाचार पृष्ठ के किस भाग में दिए जाएँ—बाएँ से दाएँ, ऊपर या नीचे।

मनुष्य की सामान्य प्रकृति आधार पर पृष्ठ के ऊपरी हिस्से के बाईं ओर महत्वपूर्ण समाचार होता है। दाएँ हिस्से में दिए जाने वाले समाचार को द्वितीय लीड समाचार कहते हैं। कुछ सम्पादक पृष्ठ के दाएँ भाग को महत्वपूर्ण मानकर उसी ओर

महत्वपूर्ण समाचार देना उचित समझते हैं इसके लिए कोई विशेष नियम निर्धारित नहीं है किन्तु मात्र सुविधा के लिए ही उपर्युक्त पद्धति को मान सकते हैं। यदि हम मध्यवर्ती पृष्ठों पर नजर डालते हैं, तो हमारी निगाह सम संख्या वाले पृष्ठों (अर्थात् दूसरे, चौथे, छठे आदि) पर पहले बाईं ओर तथा विषम संख्या (तीसरे, पाँचवें, सांतवें) वाले पृष्ठों पर दांई ओर केन्द्रित होती है।

इग्लैण्ड के समाचार-पत्र बाएं हिस्से को ज्यादा महत्व देते हैं और समाचारों के महत्व को समझते हुए उसे संयोजित किया जाता है। अमेरिकी समाचार-पत्रों में मुख पृष्ठ का दायाँ भाग अधिक महत्वपूर्ण माना जाता है।

ऐसा भी नियम है कि पत्र में शीर्षक घटते हुए क्रम में हों। इसका तात्पर्य यह है कि बड़े-बड़े शीर्षक ऊपर की ओर तथा नीचे क्रमशः छोटे शीर्षक। क्योंकि पाठक पहले बड़े-बड़े शीर्षक पढ़ेगा तथा ऊपर से नीचे की ओर समाचारों को क्रम से पढ़ता जाएगा।

आधुनिक सज्जा उपयोगिता, सन्तुलन, संगति आदि पर नियम की सीमा नहीं लगाई जा सकती। उसका उद्देश्य तो मात्र पाठक के हृदय पर पत्र का समग्र प्रभाव उत्पन्न करना है। सादगीपूर्ण किन्तु नवीनता और प्रयोगात्मकता की मिश्रित दृष्टि से युक्त प्रभावपूर्ण शैली आधुनिक सज्जा की प्रमुख विशेषता है लेकिन यह आधुनिक दृष्टि भी परम्परागत शैलियों को अपनाये हुए हैं।

मुख पृष्ठ और टाइप

मुख्य पृष्ठ पर टाइप को संयोजित करने के विभिन्न प्रकार है। विज्ञापनों की संख्या कम होने के कारण टाइपों को विभिन्न रूपों में एक निश्चित संतुलन में सजाकर पृष्ठ को भव्यता एवं आकर्षण प्रदान किया जा सकता है। पहली मुख्य बात है—सन्तुलन, टाइपों को इस प्रकार जमाया जाए कि उसमें एक अनोखा संतुलन दिखाई दे।

सम संतुलन

पृष्ठ के दाएँ व बाएँ भाग में निश्चित सन्तुलन कायम रखने के लिए मेकअप उचित ढंग से आवश्यक है। पृष्ठ के सन्तुलन से तात्पर्य यहाँ टाइप एवं चित्र के संतुलन से है। पृष्ठ के मध्य में यदि हम एक विभाजन रेखा खींच कर देखें तो हमें जैसा मेकअप पृष्ठ के बाईं ओर दिखाई देता है (अर्थात् जैसी सामग्री बाईं और दी गई है) वैसा ही मेकअप दाई ओर भी दिखाई दें—तो वह पृष्ठ संतुलित कहा जा सकता है।

औपचारिक संतुलन

इसके अंतर्गत "शीर्षक के समानान्तर शीर्षक, चित्र के समानान्तर चित्र, वाक्य के समानान्तर वाक्य व सज्जा सामग्री के समानान्तर सज्जा" आती है। इस प्रकार पृष्ठ की आकृति ज्यामिति के आधार पर निर्मित हो जाती है। इसको 'औपचारिक संतुलन' कहते हैं। अल्बर्ट ए. सुटान ने यह सिद्धांत दिया है। हमारे देश के समाचार-पत्रों में इस सन्तुलन सिद्धान्त के विपरीत साज-सज्जा दिखाई पड़ती है। अमेरिकी समाचार-पत्र 'न्यूयार्क टाइम्स' तथा 'रूटलैण्ड हैराल्ड' में हर प्रकार के मेकअप दिखाई पड़ते है। इस प्रणाली का मुख्य अवगुण इसकी एकरसता है। प्रतिदिन एक प्रकार के पृष्ठ लेखन से पाठकों के अन्दर जिज्ञासा समाप्त होने लगती है। दूसरी समस्या यह है कि पृष्ठ के बाएँ भाग में कोई दो कॉलम का समाचार है तो संतुलन हेतु दाएं भी होना चाहिए परंतु समाचार को उतना विस्तृत या संक्षेप होना हर रोज संभव नहीं इससे पत्र का सौन्दर्य भी प्रभावित होता है।

असन्तुलन की पद्धति में सन्तुलन की संकीर्ण सीमाओं से निकलकर सम्पादक को कुछ ज्यादा आजादी होती है। डॉ. श्याम सुन्दर शर्मा ने सम और असम सन्तुलन की तुलना करते हुए अपने विचारों को निम्न भांति व्यक्त किया है–

"सम और असम सन्तुलन के लिए तराजू और चम्मच की तुलना सहारा होगी। सन्तुलन तराजू के समान होता है जिसमें केन्द्र से एक सी दूरी पर लटके होते हैं और दोनों में बराबर-बराबर वजन रखने से सन्तुलन प्राप्त होता है किन्तु यदि तराजू के स्थान पर चम्मच को सन्तुलित करना हो तो उसे बीचों-बीच लटका कर सन्तुलित नहीं किया जा सकता क्योंकि इसके सिरे पर वजन अधिक है। इसलिए जिस केन्द्र पर चम्मच सन्तुलित होता है वह चम्मच की लम्बाई से कुछ हटकर होता है। इस प्रकार अधिक वजन वाली वस्तु सन्तुलन केन्द्र के अधिक निकट होती है और कम वजन वाली वस्तु उससे दूर अवस्थित होती है। असम सन्तुलन में पृष्ठ को बीच से दो भाग करके नहीं देखा जाता वरन् पृष्ठ के वे निकट भारी वजन वाली समाग्री का सन्तुलन केन्द्र से दूर अवस्थिति कम व्यवस्था वाली वस्तु से किया जाता है।"

यह एक स्फूर्तिजनक, मैत्रीपूर्ण और रूचिकर शैली है जो पाठकों के आकर्षक का केन्द्र होने के साथ ही साथ समाचारों के बेहतर सजावट की सम्भावना प्राप्त करती है जो पाठकों के आकर्षण का केंद्र होने के साथ ही साथ समाचारों के बेहतर सजावट की सम्भावना प्राप्त करती है।

प्रकाश

समाचार पत्र के पृष्ठ के ऊपरी हिस्से में प्रकाश अथवा फोकस डाला जाता है ताकि समाचार की सामग्रियां स्पष्टतापूर्वक दिखायी दें। इसका मूल आधार यही है कि सभी पृष्ठ रुचि पूर्ण हो तथा ऊपरी दायां भाग ऐसा हिस्सा है जहाँ से पाठक की नजर आसानी से पृष्ठ के समाचारों पर जाती है। दो या तीन कॉलम के शीर्षक द्वारा यह कार्य सरलता से हो जाता है। इसके कुछ प्रमुख कारक अग्रलिखित हैं—

इस शैली के द्वारा पाठकों की रुचि को मुख्य समाचार की ओर खींचा जाता है। शैली सजावट की अधिकता के बिना भी समाचारों के प्रभावी प्रस्तुतीकरण में योग देती है। इस शैली में आकर्षक तथा महत्वपूर्ण घटना को उचित स्थान इस पद्धति द्वारा दिया जा सकता है। विशेष विधियों के द्वारा पृष्ठों को आकर्षक बनाने के लिए साज सज्जा बहुकॉलमी, एक कॉलमी शीर्षकों द्वारा इस प्रकार का मेकअप किया जाता है तथा सम्पादक का भी इसमें पूर्ण योगदान हो सकता है।

मिश्रित मेकअप का चरम सर्कस मेकअप देखने में आकर्षक एवं रोमांचक होता है, जो कभी-कभी ही देखा जाता है। सामान्यतः ऐसे पृष्ठ वर्ग पहेली जैसा दिखाई देता है। इमर्सन के अनुसार आप जोर से चिल्ला कर जो कुछ कहते हैं वह मैं नहीं सुना सकता। बस यही स्थिति सर्कस मेकअप के साथ है। इस प्रकार का मेकअप आकर्षक नहीं लगता जो साज सज्जा के बाद भी सज्जाहीन है। इससे पाठकों में किसी प्रकार का आकर्षण या रुचि उत्पन्न नहीं होती तथा टाइपों के संतुलन की पद्धति की भी अवहेलना है।

जो विज्ञापन प्रथम पृष्ठ पर दिये जाते हैं उनके लिए विशेष प्रकार की सावधानी बरती जानी आवश्यक है। सामान्यतः पत्रों की यही नीति होती है कि वे यथासम्भव मुख पृष्ठ पर विज्ञापन नहीं देते अथवा एक-चौथाई पृष्ठ से बड़ा विज्ञापन प्रकाशित नहीं करते। प्रथम पृष्ठ मुख्यतः समाचार हेतु ही निर्धारित किया जाता है।

मध्यवर्ती पृष्ठों का मेकअप

मुख्य पृष्ठ की भांति ही मध्य पृष्ठों का मेकअप किया जाता है। मुख पृष्ठ को हमेशा ही महत्वपूर्ण समाचारों हेतु सुरक्षित रखा जाता है। किन्तु अन्य पृष्ठों के सन्दर्भ में निश्चित वर्गीकरण कर लेना श्रेयस्कर है। सभी पृष्ठों के मेकअप पर पूरा ध्यान देना आवश्यक है। यदि पाठक के गन गें यह धारणा बैठ गई कि पत्र विशेष का अमुक पृष्ठ स्तरहीन है, तो यह पत्र को लोकप्रियता के अभाव व पाठकों की संख्या की कमी का कारण हो सकता है।

समाचार-पत्र का पहला पृष्ठ अन्त में प्रिन्ट होने के कारण उसके मेकअप के लिए कम समय होता है। अतः मध्यवर्ती पृष्ठों का मेकअप तनाव रहित होकर करना चाहिए। पाठकों की यह प्रवृत्ति रहती है कि वह प्रथम पृष्ठ पढ़ने के उपरान्त अन्तिम पृष्ठ पर ध्यान केन्द्रित करता है। इसलिए आखिरी पृष्ठ का मेकअप बेहतर होना चाहिए। कुछ समाचार-पत्र जहाँ अन्तिम पृष्ठ खेल समाचारों के लिए निश्चित कर लेते हैं, तो कुछ प्रथम पृष्ठ के शेषांश अन्तिम पृष्ठ पर देते हैं ताकि पाठकों को शेषांश खोजने के लिए अधिक श्रम न करना पड़े। पत्र खोलते ही पाठकों की दृष्टि तीसरे, पाँचवे पृष्ठ पर होती हैं जहां मुख्यतः कथाएँ (Comic Strip) होती है।

पृष्ठ के ऊपर के प्रमुख भाग जहाँ समाचारों के लिए सुरक्षित रखे जाते हैं, वही नीचे के तथा किनारों के कम महत्वपूर्ण स्थान विज्ञापनों के लिए सुरक्षित रहते हैं। इसलिए इन पृष्ठों का मेकअप करते समय यह बात ध्यान में रखनी चाहिए कि समाचारों एवं विज्ञापन में साम्य हो, पाठक समाचार पढ़ने के साथ-साथ विज्ञापन पर भी ध्यान केंद्रित हो। कहीं समाचारों और विज्ञापनों के असन्तुलित मेकअप के कारण समाचार-पत्र के ये पृष्ठ उपेक्षित या अनर्थ न लगने लगे, पृष्ठों की मेकअप विधियों का उल्लेख निम्नतः किया जा सकता है—

(1) कूपसम सज्जा—इस पद्धति के अनुसार मेकअप इस प्रकार होने चाहिए कि पृष्ठ के दोनों ओर विज्ञापन ऐसे समायोजित करें कि वहां कुएं जैसी आकृति बन जाय। इस पद्धति में पृष्ठ की सौन्दर्य वृद्धि के साथ-साथ समाचार पर भी एक विशेष प्रकार का बल दिया जा सकता है। पृष्ठ का ऊपरी भाग समाचारों के लिए शेष रह जाता है जहाँ किसी भी रूप में उसे प्रस्तुत करने की स्वतन्त्रता सम्पादक के पास रहती है।

(2) द्वीप मेकअप—इसमें विज्ञापनों को समुद्र में स्थित द्वीप के समान प्रस्तुत किया जाता है। इस पद्धति के समर्थकों का मानना है कि यदि पृष्ठ पर विज्ञापन इधर-उधर बिखरे पड़े हैं, तो पाठक उन्हें पूरी तरह पढ़ेगा। इसलिए इससे विज्ञापन-क्षमता में बढ़ोतरी की उम्मीद रहती है। इस पद्धति का दोष यह है कि इससे जहाँ पृष्ठ की एकता छिन्न होती है वहीं समाचार तथा विज्ञापन का उचित विभाजन न होने से उसके सौन्दर्य तथा आकर्षण का अभाव होता है।

(3) स्तूप मेकअप—इसमें विज्ञापन साधारण अर्द्ध पिरामिड या त्रिकोणात्मक रूप से प्रस्तुत किए जाते हैं। शिखर पर एक विज्ञापन देकर फिर क्रमशः नीचे की ओर दाएँ या बाएँ विज्ञापन दिए जाते हैं। इस प्रकार की संरचना के कई लाभ है। सबसे प्रमुख लाभ तो यही है कि इसमें सुव्यवस्थित स्वरूप प्रकट होता है। साथ ही

साथ इस व्यवस्था में पत्र के ऊपरी मुख्य हिस्से समाचारों के लिए सुरक्षित रह जाते हैं तथा विज्ञापनों के अतिरिक्त शेष रहे स्थान पर समाचारों तथा विज्ञापनों को पृथक् करती हुई पाठक की दृष्टि को दोनों ओर आकृष्ट करती है। परंतु विज्ञापन पिरामिड का विशाल रूप समाचार-प्रकाशन पर प्रतिकूल प्रभाव डाल सकता है।

(4) दो पृष्ठीय सज्जा—इस प्रणाली में आमने-सामने के पृष्ठ इस प्रकार संयोजित हो कि इनमें दिए गए विज्ञापन मिलकर एक स्तूप का निर्माण करें। एक पृष्ठ पर बाईं ओर से तथा दूसरे पृष्ठ पर दाईं ओर से विज्ञापन दिए जाए जिससे वे एक स्तूप की आकृति ग्रहण कर लें। इससे दो पृष्ठीय कूपसम सज्जा (Two Page Well Makeup) की संरचना हो सकेगी। इस विधि को रूचिकर एवं लोकप्रिय बनाया जा सकता है। छोटे समाचार-पत्रों के लिए यह पद्धति सुविधाजनक हो सकती है। इसमें समाचारों और विज्ञापनों का जहाँ उचित विभाजन किया जाता है वहीं समाचारों के लिए पर्याप्त स्थान मिल जाता है।

(5) हैल्टर-शेल्टर मेकअप—यह मध्यवर्ती पृष्ठों की मेकअप की प्रमुख विधि है। इसके अन्तर्गत पृष्ठ के पूरे भाग पर विज्ञापन ही जाता है। परंतु अनेक कमियाँ हैं। समाचारों और विज्ञापनों के अनुचित विभाजन से इसमें समाचारों के प्रस्तुतीकरण के अवसर शून्य हो जाते हैं।

साज-सज्जा का कार्य कुशलता एवं कल्पनाशक्ति का द्योतक है।

अधिकांश हिन्दी समाचार-पत्रों के पृष्ठों की संख्या आठ होती है। परंतु विज्ञापन के चलन के कारण विज्ञापन के दबाव की वजह से कुछ हिन्दी पत्रों ने पृष्ठों की बढ़ोतरी की हैं। तथा वे प्रतिदिन औसतन बारह से सोलह पृष्ठ तक प्रकाशित करने लगे हैं। प्रायः सभी प्रमुख दैनिक पत्र अपने रविवारीय संस्करण को पृथक् रूप से प्रकाशित करते हैं। विभिन्न पृष्ठों पर दी जाने वाली विषय सामग्री के विश्लेषण से ज्ञात होता है कि प्रथम पृष्ठ महत्वपूर्ण समाचारों के लिए सुरक्षित रहता ही है। ये समाचार सम्पादक पाठकों की सुविधा हेतु अन्य पृष्ठों पर दिए जाने वाले समाचारों के स्वरूप को निर्धारित करते हैं।

इसी तरह स्थानीय समाचार, देश के समाचार, जिलों अथवा प्रान्त की चिट्ठियों, व्यापार-वाणिज्य समाचार, खेल-समाचार, फिल्म-समाचार, सांस्कृतिक समाचार, अदालती समाचार, कार्टून, हास्य-व्यंग्य स्तम्भ, सम्पादकीय, विचारोत्तेजनक लेख, पाठकों के पत्र आदि विभिन्न विषयों के लिए भी पृष्ठों का चयन एवं वर्गीकरण करते हैं। इससे पाठकों को भी लाभ मिलता है। उदारणतः क्रीड़ा-जगत् में रुचि रखने वाले पाठक समाचार-पत्र आते ही खेल समाचार का पृष्ठ देखेगा तो नौकरी की तलाश में

भटकता बेरोजगार युवक विज्ञापन का पृष्ठ देखेगा। फिल्मों के शौकीन जहाँ फिल्म समाचारों में अपनी उत्सुकता प्रकट करेंगे वहीं बुद्धिजीवी व्यक्ति सम्पादकीय पृष्ठ की तरफ आकर्षित होगा। विभिन्न विषयों के पृष्ठ निर्धारित करने से पाठक को सुविधा होती है। इसका दूसरा लाभ यह भी होता है कि परिवार में समाचार-पत्र आते ही सभी सदस्य अपनी-अपनी रुचि के पृष्ठ देख सकेंगे तथा पृष्ठों का आसानी से विभाजन हो जाएगा।

विभिन्न प्रकार के विज्ञापनों को उनके शीर्षकों के आधार पर संबंधित वर्ग में रखा जाता है जैसे वैवाहिक के अंतर्गत विवाह से संबंधित विज्ञापन रखते हैं।

पाठक पृष्ठ

यह पृष्ठ पाठकों की रूचि का महत्वपूर्ण अंग है। यह हिन्दी समाचार-पत्र के चौथे अथवा पाँचवें पृष्ठ में होता है। यह पाठकों के आकर्षण का केंद्र होता है। यह पत्र की नीतियों का प्रतीक होता है तथा जन-चेतना को प्रेरित तथा उद्वेलित करने की कोशिश करता है। सामयिक विषयों पर सम्पादकीय टिप्पणियों के अतिरिक्त आर्थिक, सामाजिक, राजनीतिक आदि क्षेत्रों की उस समय घटित घटनाओं का विश्लेषण करने वाले विचारोत्तेजक लेख भी इसी पृष्ठ पर रहते हैं। 'पाठकों के पत्र' तथा व्यंग्य एवं हास-परिहास के स्तम्भ भी इसी पृष्ठ पर दिए जाते हैं।

सामान्य पृष्ठों की भांति ही इस पृष्ठ का भी मेकअप होता है। किन्तु सम्पादक को उपलब्ध स्थान तथा सामग्री के आधार पर प्रभावी मेकअप करने का प्रयास करना चाहिए। इस हेतु पृष्ठ के मुख्य स्तम्भों के विशेष प्रकार के ब्लाक भी बनाए जा सकते हैं। सम्पादक के नाम पत्र-स्तम्भ में रुचिकर पत्रों पर कार्टून आदि बनाकर भी उन्हें शामिल कर सकते हैं। सम्पाकीय पृष्ठ के बाएँ भाग की ओर दो कॉलम में दो अथवा तीन सम्पादकीय होते हैं। इसे सन्तुलित करने के लिए दाईं ओर महत्वपूर्ण विषयों के फीचर या स्तम्भ भी दो कॉलम में दिए जाते हैं। इनके मध्य में किसी भी सामयिक विषय पर लेखादि होते हैं।

सम्पादकीय पृष्ठों का निर्धारण हेतु कोई नियम नहीं है। इसे किसी भी पृष्ठ पर दिया जा सकता है किन्तु चार पृष्ठ के समाचार-पत्र में तीसरे तथा आठ पृष्ठ के समाचार-पत्र में चौथे पृष्ठ पर इसका स्थान प्रायः नियत रहता है। अधिकांश राष्ट्रीय समाचार-पत्रों में बाएँ भाग के पृष्ठ पर सम्पादकीय पृष्ठ होता है। इसके विपरीत 'हिन्दुस्तान टाइम्स' का संपादकीय दाएँ भाग के पृष्ठ की ओर होता है। महत्वपूर्ण

घटनाओं पर सम्पादकीय मुख पृष्ठ पर भी दिए जा सकते हैं जिस पर अधिक प्रभाव डालने के लिए सम्पादक अपना नाम भी प्रकाशित करता है।

प्रायः दो कारणों से सम्पादकीय के लिए स्थान रिक्त छोड़ दिया जाता है। इसका एक कारण यह है जब सरकार के किसी कदम का प्रतीकात्मक विरोध करना हो। देश में जब 1975 में आपातकाल की घोषण की गई और समाचार पत्रों पर सेन्सरशिप लागू कर दी गई तो देश के कुछ प्रमुख पत्रों ने सम्पादकीय का स्थान खाली छोड़ दिया। इसका तात्पर्य यही था कि पत्र सरकार के इन कदमों का विरोध करता है।

कुछ समाचार-पत्र ऐसे भी होते हैं जो किसी महत्वपूर्ण व्यक्ति के मरने पर सम्पादकीय नहीं लिखते हैं। यह उस पत्र की दिवंगत आत्मा के प्रति मौन श्रद्धांजलि होती है। सम्पादक उस असामयिक निधन से इतना भाव-विह्वल हो जाता है कि वह कुछ भी लिखने में स्वयं को असमर्थ पाता है। उदाहरणतः श्रीमती गाँधी की हत्या पर कुछ पत्रों ने काले हाशिए में जगह खाली छोड़ कर दिवंगत आत्मा के प्रति अपनी श्रद्धांजलि अर्पित की थी।

संपादकीय पृष्ठ विज्ञापन रहित होते हैं। परंतु उचित सामग्री मेकअप तथा कार्टून एवं चित्रों के अच्छे चयन से इसे प्रभावकारी बनाया जा सकता है।

हिन्दी समाचार पत्र व्यापार-वाणिज्य व खेल समाचारों के लिए अलग से पृष्ठ निर्धारित करते है। इन पृष्ठों को भी पठनीय एवं आकर्षक बनाने की दिशा में विशेष कार्य करने की आवश्यकता है। इसी भाँति अन्य विषयों को भी पत्र में उचित स्थान देना चाहिए।

कई बार समाचार के शेष भाग से लिए स्थान निर्धारण समाचार काफी लम्बा हो जाता है तथा वह पूरा एक पृष्ठ या स्थान पर नहीं दिया जा सकता है। वैसे प्रयास तो यही होता है कि शेषांश देने का अवसर ही नहीं आए। यदि समाचार की अधिक लम्बाई से सज्जा में व्यवधान आए अथवा किसी अन्य महत्वपूर्ण समाचार का समायोजन उस पृष्ठ पर करने में कठिनाई अनुभव हो तो शेषांश दिया जाता है।

लेकिन प्रश्न है कि शेषांश कहाँ दिया जाना चाहिए? वैसे तो सम्पादक इस बात के लिए पूर्ण रूप से स्वतन्त्र है कि वह इच्छानुसार कहीं भी शेषांश दें किन्तु यह व्यवस्था पाठकों की सुविधानुसार होनी चाहिए। प्रथम पृष्ठ का शेषांश विषम संख्या वाले पृष्ठ पर जैसे पहले का तीसरे, पाँचवे, सांतवे अथवा अन्तिम पृष्ठ पर देना अच्छा रहता है। प्रत्येक पत्र की अपनी व्यवस्था होती है तथा जिससे इस समाचार का पाठक उसका अभ्यस्त हो जाएगा और उसे किसी भी प्रकार की परेशानी नहीं

होगी। इन पृष्ठों के पूर्व पृष्ठों पर किसी भी प्रकार का शेषांश नहीं दिया जाना चाहिए उदाहरण के लिए, तीसरे पृष्ठ का शेषांश दूसरे पृष्ठ पर। पाठक की गति सदैव आगे बढ़ने की रहती है। इसी प्रकार एक ही पृष्ठ पर यदि शेषांश दिया जाए तो उसे अगले कॉलम में देना चाहिए। ऐसा न हो कि सातवें कॉलम का शेष भाग तीसरे कॉलम पर दिया जाए।

शेषांश देने के दौरान शेषांश के पृष्ठ एवं कॉलम का सही उल्लेख करना आवश्यक है। इसी तरह शेषांश के नीचे भी मूल समाचार के संकेत शब्द को सही रूप से अंकित करना चाहिए ताकि पाठक को सरलता से शेषांश मिल जाए तथा समाचार की क्रमबद्धता भी भंग न हो। शेषांश का उचित शीर्षक भी उसे मूल समाचार से जोड़ देता है तथा सज्जा की दृष्टि से भी उपयोगी होता है। लंबे शेषांश को हमेशा दो कालम में देना चाहिए।

सम्पादन हेतु उचित चित्रों का चुनाव

चित्रों का दिल एवं दिमाग पर गहरा असर पड़ता है। इसलिए इनका चयन एवं सम्पादन किया जाना अत्यंत आवश्यक है। चित्रों के चयन एवं सम्पादन में भाषा और राष्ट्रीयता का कोई खास महत्व नहीं है। चित्र के द्वारा अपनी बात दूसरों को समझाने की मानवीय वृत्ति बहुत पुरानी है। मोहनजोदड़ो की मुहरों पर हमें अनेक घटनाओं के चित्रांकन मिलते हैं। यह आदिम चित्र पत्रकारिता का उदाहरण है। चित्रों का पृष्ठ पर अपना ही आकर्षण होता है। इससे समाचार की विश्वसनीयता एवं प्रामाणिकता में वृद्धि हो जाती है वहीं प्रेषणीयता भी बढ़ जाती है। चित्र ऐसे भावों को स्पष्ट कर सकता है जो कि हजारों शब्द व्यक्त नहीं कर सकते हैं। इसके विपरीत चित्र चयन में अपेक्षित सावधानियों का ध्यान रखना चाहिए नहीं तो पृष्ठ का स्वरूप भी भद्दा हो जाता है। अगर चित्र के बिना पहला पृष्ठ आकर्षणविहीन होता है, तो गलत चित्र या गलत ढंग से प्रकाशित चित्र पत्र की साज-सज्जा और प्रतिष्ठा को आघात पहुंचाते हैं। चित्रों का चयन करते समय अग्रलिखित बातों का ध्यान देना आवश्यक है।

1. चित्र का परिचय देते हुए कम से कम शब्दों का प्रयोग करना चाहिए।
2. व्यक्ति विशेष के जीवन पर प्रतिकूल प्रभाव डालने वाले चित्रों का प्रकाशन नहीं करना चाहिए। 'अपमान और अपयश' के दोषी बन सकने वाले चित्रों के प्रयोग से बचें।

3. समाचार एवं चित्र के विवरण की सत्यता को परख कर ही चित्र दें। चित्र भावपूर्ण होना चाहिए। वही चित्र श्रेष्ठ माना जाता है जिस पर शीर्षक देने की आवश्यकता न पड़े तथा जो स्वयं ही सारी बात को स्पष्ट कर दें।
4. चित्र में पृष्ठभूमि जितनी कम हो उतना ही अच्छा है। इससे आकृति विशेष पर ही अधिक ध्यान रहेगा।
5. चित्र चयन में अखबारी कागज, नेगेटीव/पोजीटीव बनाने की कला एवं प्रक्रिया तथा मुद्रण का ज्ञान होना आवश्यक है। अन्य पत्र-पत्रिकाओं की अपेक्षा समाचार-पत्र में चित्र-सज्जा के अवसर एवं उपयोग के तरीके सीमित होते हैं।
6. समाचार-पत्रों में कभी-कभी मानवीय भावों, पशु पक्षियों तथा अन्य विषयों से सम्बन्धित चित्र प्रकाशित होते रहते हैं। यह आवश्यक नहीं है कि उसके पीछे कोई समाचार भी निहित हो।
7. चित्र का चयन समाचार के अनुसार ही करें। चित्र के अनावश्यक भागों को काटकर अलग कर देना चाहिए तथा उसमें आवश्यक भाग को ही ध्यान में रखकर उसे विस्तार देते हुए छापा जाएं। यह ध्यान रखा जाए कि वह इतना बड़ा न हो जाए कि चित्र का स्वरूप ही विकृत हो जाए, साथ ही यह भी ध्यान रखना चाहिए कि छोटा ब्लॉक बनाते समय वह इतना छोटा न हो जाए कि उसका महत्वपूर्ण भाग ही अस्पष्ट हो जाए।
8. ऐसे चित्र साधारणतया नहीं दिए जाने चाहिए जिनसे यह प्रतीत हो कि मानो लोग चित्र खिंचाने के लिए ही बैठे हैं। उनके नेत्र कैमरे की ओर नहीं होने चाहिए। चित्रों में कला और सौन्दर्य का विशेष ध्यान रखा जाना चाहिए।
9. सादा या साधारण चित्रों की अपेक्षा क्रियात्मक गतिशील चित्र अधिक प्रभावकारी माने जाते हैं।
10. चित्र इस प्रकार के होने चाहिए कि उनमें कुछ भाव या घटना या विचार व्यक्त किया गया हो, मात्र स्थान भरने की दृष्टि से चित्रों का चयन करना सही नहीं है।
11. समाचार की दृष्टि से चित्र के महत्व का मूल्यांकन करना चाहिए। परन्तु वीभत्स एवं कुत्सित भावनाओं को प्रोत्साहित करने वाले, कानून व सुरक्षा सीमाओं का उल्लंघन करने वाले तथा बेजान आकर्षणहीन चित्रों का प्रकाशन नहीं करना चाहिए।

इस प्रकार उचित चित्रों का चयन किया जा सकता है तथा ज्यादा चित्रों के द्वारा किसी बात को प्रभावी तरीके से व्यक्त किया जा सकता है। जीवन के विविध

रूपों—हास्य, करुणा, दुःख, शोक आदि की मार्मिक और सजीव अभिव्यक्ति चित्र शब्दों की अपेक्षा अधिक प्रभावी ढंग से व्यक्त कर सकता है। मानवीय संवेदनाओं और भावनाओं को छूने वाला चित्र अधिक उपयोगी और प्रभावी होता है। परंतु चित्रों का समाचार के संबंधों में संतुलन हो।

समाचार पत्रों को आकर्षक बनाने के लिए जीवन्त चित्र ज्यादा उपयुक्त होते हैं। जिन लोगों के चित्र प्रकाशित किए जा रहे हों ऐसे चित्र उन व्यक्तियों की भावनाओं को व्यक्त करने वाले हों। चित्र में समाचार तत्व (News Value) निहित होती है। चित्रों के साथ उचित कैप्शन भी लगाया जाता है। कैप्शन में चित्र में उपस्थित व्यक्तियों के नाम क्रमानुसार लिखे जाते हैं। कैप्शन में 'बाएँ से दाएँ' लिखने के स्थान पर 'बाएँ से' लिखना चाहिए। इसी भाँति 'इस चित्र के अनुसार' अथवा 'चित्र में यह प्रदर्शित किया गया है' आदि कैप्शन में लिखना उचित होता है।

भारत में कुछ गिने-चुने समाचार-पत्र है जो प्रभावशाली चित्र प्रकाशित करते हैं। हमारे यहाँ के पत्रों में प्रकाशित चित्र प्रायः प्रमुख व्यक्तियों के विदेश गमन अथवा देश में आगमन से लेकर सामान्य घटना प्रधान चित्र होते हैं जो आकर्षणविहीन होते हैं। भारत में प्राकृतिक एवं मानवीय सौन्दर्य पर आधारित चित्र प्रायः कम देखने को मिलते हैं। यही कारण है कि पाठकों की रूचि समाचार पत्र में कम है। समाचार-पत्र की न सिर्फ पृष्ठ-सज्जा की दृष्टि से वरन् उसमें मानवीय संवदनाओं का अनुभूतिपरक पक्ष जोड़ने की दृष्टि से चित्र चयन में विशेष ध्यान देने की आवश्यकता है।

पृष्ठ-सज्जा का आधुनिक तरीका

पृष्ठ सम्बन्धी तथ्य

1. आठ या छः कॉलमों की पूरी चौड़ाई 38 सेमी. होती है।
2. आठ कॉलम/पृष्ठ व्यवस्था में प्रति पृष्ठ उपलब्ध प्रकाशन स्थान 440 वर्ग कॉलम सेमी. होता है।
3. छः कॉलम/पृष्ठ व्यवस्था में प्रति पृष्ठ उपलब्ध प्रकाशन स्थान 330 वर्ग कॉलम सेमी. होता है।
4. आमतौर पर एक समाचार-पत्र का पृष्ठ 8 कॉलमों (स्तम्भों) में विभक्त होता है।
5. कुछ समाचार-पत्र 6 कॉलम में भी प्रकाशित किए जाते हैं।

6. आठ कॉलम/पृष्ठ वाले कॉलम की चौड़ाई साढ़े चार सेमी. होती है।
7. दो कॉलम के बीच की खाली जगह आठ मिमी. होती है।
8. एक कॉलम की लम्बाईं 55 सेमी. होती है।
9. छः कॉलम/पृष्ठ वाले कॉलम की चौड़ाई 6 सेमी. होती है।

पृष्ठ-सज्जा सम्बन्धी तथ्य

1. कभी भी दो सिंगल कॉलम खबरे सटकर नहीं लगी होनी चाहिए।
2. पृष्ठ सज्जा में सहायक कुछ कॉलम सूत्र

   2 कॉ + एक कॉ + 2 कॉ + एक कॉ +2 कॉ

   3 कॉ + एक कॉ + 3 कॉ + एक कॉ

   एक कॉ + 3 कॉ + एक कॉ +3 कॉ

   चार कॉ + एक कॉ + 2 कॉ + एक कॉ

   चार कॉ + एक कॉ + 3 कॉ

   3 कॉ + एक कॉ + 4 कॉ

   2 कॉ + एक कॉ + चार कॉ + एक कॉ

   5 कॉ + एक कॉ + 2 कॉ

   2 कॉलम + एक कॉ + 5 कॉ

   एक कॉ + 6 कॉ + एक कॉ
3. दूसरी लीड खबर की हैडिंग का आकार पहली लीड से छोटा हो।
4. पहली लीड खबर की हैडिंग का आकार सबसे बड़ा हो।
5. एक से अधिक फोटो का प्रतिस्थापन इस प्रकार किया जाए कि पृष्ठ बोझिल न लगे।
6. बहुकॉलम खबर के ठीक नीचे उतने ही कॉलम में खबर देने से बचना चाहिए।
7. दो फोटो नजदीक न हो।
8. पृष्ठ के सबसे नीचे फैलाकर लगाई गई अथवा अंतिम खबर की हैडिंग पहली व दूसरी लीड का औसत होना चाहिए।
9. समाचार के साथ चित्र का संयोजन केन्द्रीकृत हो।
10. विज्ञापन नीचे से ऊपर की ओर क्रमशः घटते हुए आकार में प्रतिस्थापित किए जाते हैं।

11. दाएँ हाथ के पृष्ठों अर्थात् विषम संख्या (1, 3, 5, 7, 9...) वाले पृष्ठों पर विज्ञापन का प्रतिस्थापन दाएँ हाथ की तरफ से प्रारम्भ होता है।
12. बाएँ हाथ के पृष्ठों अर्थात् सम संख्या (2, 4, 6, 8...) वाले पृष्ठों पर विज्ञापन का प्रतिस्थापन बाएँ हाथ की ओर प्रारम्भ होता है।
13. सिंगल कॉलम का संयोजन हैडिंग के आकार के हिसाब से ऊपर से नीचे की ओर गिरते हुए क्रम में तथा नीचे से ऊपर की ओर भी गिरते हुए क्रम में किया जाना चाहिए।
14. दो बहुकॉलमीय खबरों के बीच एक सिंगल कॉलम खबर अवश्य होनी चाहिए।
15. पृष्ठ-सज्जा में यह स्मरण रहे कि कभी भी दो बहुकॉलम खबरें सटकर न लगे।

9

ऑनलाइन समाचार संपादन

वर्तमान समय में जहां सूचना के स्त्रोत एवं सेवाओं में परिवर्तन हुआ है। वहां उनके संपादन करने के माध्यम में भी परिवर्तन हुआ है। इंटरनेट के माध्यम से न केवल समाचारों को पढ़ा जा सकता है बल्कि उसका संपादन भी किया जा सकता है। संपादन, समाचार चयन, फोटो- संयोजन से लेकर लेखन, पठन-पाठन तक की समस्त गतिविधियां इस प्रविधि द्वारा संचालित की जा सकती हैं। आज की यह प्रविधि पत्रकारिता के इलेक्ट्रॉनिक क्षेत्र में अत्यधिक महत्त्व की मानी जाती है। इसे ऑनलाइन जर्नलिस्म की संज्ञा दी गई है।

समाचार-पत्र का इलेक्ट्रानिक संस्करण

जब से कम्प्यूटर का आविष्कार हुआ इसने विश्व के प्रत्येक क्षेत्र में व्यापक प्रभाव डाला है। पत्रकारिता के क्षेत्र में लगभग सभी समाचार-पत्र जिनकी प्रसार संख्या बड़ी है वे अपने पृष्ठों को सीधे कम्प्यूटर स्क्रीन पर कम्पोज करते हैं। फोटो विज्ञापन, सामग्री फीचर, शीर्षक, ले-आउट आदि सभी कार्य कम्प्यूटर स्क्रीन पर ही सम्पादित होते हैं। विज्ञापन भी सैटेलाइट के द्वारा समाचार एजेन्सी या विज्ञापन एजेंसी से सीधे समाचार-पत्र के कार्यालय में आकर उपस्थित होते हैं। स्केनर, प्रिन्टर व डिजिटल कैमरे के संयुक्त प्रयोगों से सम्पूर्ण समाचार-पत्र का निर्माण किया जा सकता है। कम्प्यूटर की इस क्षमता व उसके कम खर्च ने अखबारों के कई संस्करण निकालने का रास्ता खोल दिया है। ग्राहक संख्या भी इससे प्रभावित होगी।

सीधे संस्करण में सम्पादक समाचार पृष्ठ के प्रत्येक हिस्से की डमी को कम्प्यूटर स्क्रीन पर जांच सकता है। उसे कहीं भी कागज पर प्रूफ व पेज बनाने की आवश्यकता नहीं है। मनचाहा आकार, रंग-संयोजन, कॉलम बहुत सरलता तथा कम समय में मात्र की-बोर्ड व माउस की क्लिक से निपटाए जा सकते हैं। इसके अतिरिक्त एक अखबार के भिन्न-भिन्न संस्करणों की सामग्री को इंटरनेट, उपग्रह, कॉम्पेक्ट डिस्क आदि की सहायता से एक स्थान से दूसरे स्थान पर आसानी से भेजा जा सकता है। सुविधा की बात यह भी है कि फोटो-फीचर, परिशिष्ट आदि तैयार पृष्ठों के साथ आसानी से समायोजित किए जा सकते हैं।

कम्प्यूटर की मदद से ही छपाई हेतु तैयार पृष्ठ की डमी नेगेटिव आदि तैयार करने के क्रम में प्रस्तुत की जा सकती है। यह पुराने तरीकों को छोड़कर नये युग में नवनिर्माण की योजना है। ऑनलाइन एडिटिंग में आज सम्पादक व संवाददाता के पास कागज-कलम नहीं होता है। उसकी उंगली की बोर्ड एवं माउस के बटनों पर और नजर कम्प्यूटर स्क्रीन पर होती है दिमाग एडिटिंग करता है। इससे कार्य में गुणवत्ता तो आती ही है साथ में समय और श्रम की भी बचत होती है

ई-न्यूजपेपर

आज के समाचार पत्रों की पद्धतियों एवं प्रस्तुतीकरण में सूचना और तकनीकी विस्फोट के कारण काफी परिवर्तन आया है। इंटरनेट के माध्यम से घर बैठे राष्ट्रीय और अन्तर्राष्ट्रीय समाचार-पत्रों को क्षणभर में जाना जा सकता है। समाचार-पत्र की प्रति चाहे वह किसी भी दिनांक की हो अपने पीसी पर आप देख सकते हैं।

इस प्रकार प्रस्तुत की गई सामग्री व समाचार-पत्र ही 'साइबर न्यूजपेपर' है। जिसे ई न्यूजपेपर भी कहते हैं। हर बड़े अखबार व संस्थान की अपनी वेबसाइट है। पाठक के लिए वेबसाइट से सम्बन्धित समाचार-पत्र तक पहुँचना आसान है। इंटरनेट पर उस संस्थान के वेबसाइट के पते को अंकित कर इच्छित सामग्री इंटरनेट के द्वारा हम कहीं भी किसी भी सूचना सामग्री को प्राप्त कर सकते हैं। समाचार-पत्र के प्रसारण स्थल या क्षेत्र में रहना या होना अब आवश्यक नहीं है। इसके लिए वेबसाइट का पता होना आवश्यक है। इस 'साइबर न्यूजपेपर' का लाभ यह है कि इससे वर्गीकृत विज्ञापन की सामग्री तक सम्पर्क हो सकता है, समाचार विवरण प्राप्त हो सकता है, फोटो देखे जा सकते हैं साथ ही आवश्यकता के अनुसार किसी भी सामग्री को प्रिन्टर की सहायता से मुद्रित रूप में कहीं भी प्राप्त किया जा सकता

है। अब समाचार-पत्र के लिए सुबह की प्रतीक्षा आवश्यक नहीं। उसे 'साइबर न्यूजपेपर' द्वारा ई-न्यूजपेपर द्वारा कभी-भी ज्ञात कर सकते है।

पत्रकारिता एवं ले-आउट की प्रविधियाँ

पत्रकारिता के क्षेत्र में तकनीकी परिवर्तन का कारण वेब जर्नलिज्म है। सूचना तकनीक के अधिकाधिक प्रयोगों एवं इंटरनेट (Internet) के प्रयोग के चलते सम्पूर्ण दुनिया के पक्ष एवं दृष्टिकोण बदल रहे हैं। विश्व के परिवर्तित होते दृष्टिकोण को मद्धेनजर रखते हुए लेखन को सफल व प्रभावी बनाने के लिए निम्नांकित तथ्यों पर ध्यान दिया जाना आवश्यक है–

1. मानवीय रुचि के पक्षों का समावेश।
2. सामयिकता,
3. आत्मीयता,
4. खबरों की विश्वसनीयता व सत्यता,
5. वैचारिक व प्रस्तुतिगत स्पष्टता,
6. संक्षिप्त एवं प्रभावी,
7. सुरुचि व संस्कारपूर्ण, तथा
8. घटना एवं तत्संबंधी स्थल के विवरण व परिप्रेक्ष्य।

समाचार लेखन में अग्रलिखित नियमों का पालन किया जाना आवश्यक माना है–

1. प्रक्रिया (Method),
2. प्रबंधन (Administration),
3. उद्देश्य (Intention),
4. सूचना (Imformation),
5. पारस्परिक संचार (Intercommunication).

अर्नेस्ट हेमिंग्वे के निर्देश के अनुसार समाचार लेखन का सूत्र है–

Use short sentences.

Use short paragraphs.

Be positive.

सम्पादन के कार्य में कुछ प्रमुख चीजें महत्त्वपूर्ण गानी जाती हैं। प्रस्तुत सामग्री के क्रम में उसके स्वरूप को देखते हुए विषय एवं प्रकृति के अनुरूप संपादकों की श्रेणियाँ विविध हैं जो विविध क्षेत्रों में तथ्यों को प्रस्तुति के योग्य बनाती हैं। ये क्षेत्र

हैं : सांस्कृतिक, साहित्यिक,धार्मिक, फिल्में, विवरणात्मक, सन्दर्भ, शैक्षिक, विकास, राजनैतिक, विज्ञान, अपराध, आर्थिक, सम्पादक समाचार-पत्र का महत्वपूर्ण अंग है जो पाठकों की आकांक्षानुरूप समाचारों के विभिन्न पहलुओं को आकर्षक एवं रोचक तरीके से प्रस्तुत करता है।

वर्तमान युग में समाचारों एवं प्रस्तुति को केवल दर्शकों के सम्मुख प्रस्तुत कर देना भर ही महत्वपूर्ण नहीं है बल्कि समाचारों व कार्यक्रमों के अच्छे संकलन को उचित साज-सज्जा व फॉरमेट में प्रस्तुत करना भी आवश्यक है। परिवर्तित युग की आकांक्षाओं के आधार पर ले-आउट आवश्यक तत्व है। कुछ प्रमुख तथ्यों पर विशेष रूप से ध्यान देना आवश्यक है–

1. संतुलन,
2. फोकस,
3. विरोधाभास,
4. संगति, और
5. गति।

समाचार के प्रभावशाली प्रस्तुतीकरण के लिए संतुलन अहम कारक है। यह संतुलन दो तरीकों से हो सकता है : (i) वास्तविक या (ii) काल्पनिक।

अगर प्रस्तुति के एक दृश्य पृष्ठ में एक ओर तो ढेर सी रंग-बिरंगी सामग्री हो और दूसरी ओर दो-चार लकीरों मात्र की प्रस्तुति ही हो तो वह प्रस्तुति देखने में प्रभावी नहीं होगी। अलबर्ट ए. सुटान ने इस विषय में कहा है कि –

"Formal balance is obtained when masses of equal weight are located at equal distances from the optical centre, with the design so arranged that a straight vertical line moved dividing into equal units which would be superimposed if one half were folded over the other."

एक उदाहरण के माध्यम से असम संतुलन की स्थिति को स्पष्ट किया जा सकता है–माना कि हमें 'चम्मच' को संतुलित करना है तो हमें चम्मच के बीचोंबीच केन्द्र की स्थिति प्राप्त नहीं हो सकती है जबकि चम्मच के मुँह वाले सिरे के निकट केन्द्र की स्थिति मिल सकती है। अधिक वजन वाली वस्तु संतुलन केन्द्र के अधिक निकट होती है। कम वजन वाली वस्तु उससे दूर स्थिर होती है। असम संतुलन की स्थिति में संपादक ज्यादा स्वतंत्र नहीं होता है।

संतुलन के बाद फोकस को महत्त्वपूर्ण माना जाता है। यह वह बिन्दु होता है

जो सर्वाधिक ध्यान आकृष्ट करता है। किसी भी पृष्ठ के केन्द्र और ऑप्टिकल (Optical) केन्द्र की स्थिति इस प्रकार होती है :

ऑप्टिकल केन्द्र की स्थिति से यह स्पष्ट होता है कि स्वाभाविक रूप से दर्शक की आँख किस बिन्दु के किस क्षेत्र पर सबसे पहले पड़ती है। विरोधाभास की स्थिति भी दर्शक का ध्यान खींचने की एक विशिष्ट स्थिति है। इसे कंट्रास्ट (Contrast) के रूप में भी जाना जाता है। प्रस्तुति के विपरीत पक्षों जैसे बड़े अक्षरों के साथ छोटे अक्षर, गहरे रंग के साथ हल्के रंग या ऐसी ही किसी विपरीत स्थिति के चलते दर्शक का ध्यान खींचा जा सकता है।

'संगति' में नाम के अनुरूप स्थितियों की संगतता पर जोर दिया जाता है। एक संगीतिपूर्ण पृष्ठ में प्रत्येक वस्तु अपने स्थान पर संगत ढंग से रखी दिखाई देती हैं और उसके सभी पक्षों में सामंजस्य भी दृष्टिगोचर होता है।

'गति' के क्रम में भी इस बात पर ध्यान जाता है कि एक निश्चित स्थान पर दर्शक की आँख टिककर किस स्वरूप में गतिमान होती है। इस स्वाभाविक स्थिति के अनुरूप ही 'ले-आउट को संयोजित किया जा सकता है।

समाचार वेबसाइट को सर्फ एवं ब्राउस करना

इंटरनेट पर देश-विदेश के सभी समाचार उपलब्ध होते हैं। इसे कम्प्यूटर (Computer) की सहायता से सरलता से प्राप्त किया जा सकता है। सर्फ (surf) एवं ब्राउस (browse) करने के लिए कम्प्यूटर में अग्रलिखित उपकरणों का होना आवश्यक माना जाता है।

1. इंटरनेट रेडी की-बोर्ड (Internet Ready Key-Board).
2. मोडम (Modem), बाहरी या आंतरिक (External or Internal).
3. टेलीफोन कनेक्शन (Telephone Connection)
4. विंडोज (Windows) आधारित पर्सनल कम्प्यूटर (Personal Computer).
5. कम से कम 16 एम.बी. रेम. (16 M.B. RAM.) हो।
6. 386 या अधिक क्षमता के प्रोसेसर से युक्त।

समाचार साइटों को सर्फ करने के लिए यह जानना जरूरी है कि आखिर सर्फ क्या है? इंटरनेट कनेक्शन, पर्याप्त सुविधा एवं क्षमता युक्त कंप्यूटर व वेब ब्राउसर की सहायता से युक्त कंप्यूटर द्वारा वेब (Web) पर घूमने को सर्फिंग (Surfing) की संज्ञा दी जाती है।

जो बड़े आकार वाली समाचार साइट (News-Site) होती है, उसे वर्ल्ड वाइड वेब (www) के माध्यम से जाना जाता है। वेबसाइट वे कम्प्यूटर उत्पादन हैं जिन पर सूचनाएँ संग्रहीत होती हैं। इन बेवसाइट्स में पाठ्य (Text), तस्वीर (Photo) एवं आवाज (Voice) भी होती है। विश्व के इंटरनेट (Internet) पर बना रखी है। इन्हीं पर सर्फिंग के माध्यम से जाया जा सकता है।

इसको मुख्य पेज 'होम पेज' (Home Page) कहा जाता है। इसे यूनिवर्सल रिसोर्स लोकेटर के नाम से भी जाना जाता है। जैसे ही 'सर्फिंग' के माध्यम से होम पेज प्राप्त होता है मनचाही न्यूज जानने के लिए संबंधित विकल्प पर क्लिक करे।

जो सामग्रियाँ होम पेज पर उपलब्ध होती है उनके वेब पेज में प्रयुक्त तकनीक हायपर-मीडिया तकनीक कहलाती है और एक वेब पेज में शब्दों एवं ग्राफिक्स (Graphics) का हायपरलिंक होता है। इन्हीं हायपरलिंक शब्दों एवं ग्राफिक्स पर माउस (Mouse) को क्लिक (Click) करने से उस विषय से संबंधित पेज कम्प्यूटर स्क्रीन (Computer Screen) पर उपलब्ध हो जाता है। इस तरह समाचार वेबसाइट की सूचना प्राप्त करने वाला उपयोगकर्ता होम पेज से अन्य अनेक पेजों तक पहुँच सकता है। होम पेज से अन्य पेज व उससे दूसरे अन्य पेजों तक घूमने की प्रक्रिया ही सर्फिंग कहलाती है।

ब्राउसर ब्राउसिंग के कार्यों में काफी मदद करता है। ब्राउसर एक प्रकार का सॉफ्टवेयर (Software) है जो कम्प्यूटर प्रयोक्ता को किसी भी वेबसाइट (Website) से जोड़ता है। साथ ही उस साइट में उपलब्ध सूचना (Information) को देखने, सुनने, पढ़ने व स्टोर (Store) करने से संबंधित सुविधा को उपलब्ध कराता हैं। कम्प्यूटर व उसकी प्रविधि के अनुसार भिन्न-भिन्न किस्म के ऑपरेटिंग सिस्टम (Operating System) उपलब्ध है जैसे विन्डोज व यूनिक्स (Windows & Unix)। इन पर निम्न प्रकार के ब्राउसर उपलब्ध होते हैं–

(1) Windows (विंडोज) के तहत

1. इंटरनेट एक्सप्लोरर (Internet Explorer),
2. नेटस्केप नेवीगेटर (Netscape Navigater),

(2) Unix (यूनिक्स) ऑपरेटिंग सिस्टम के ब्राउसर

(i) लाइनक्स (Lynux): वेब-ब्राउसर वांछित वेब-साइट के लिए संबंधित सर्वर (Server) कम्प्यूटर को संदेश देता है। सर्वर द्वारा इससे संबंधित वेबसाइट को प्राप्तकर्ता कम्प्यूटर पर भेजा जाता है। वेब ब्राउसर (Web Browser) को यह सूचना अलग-अलग पैकेट (Packet) के रूप में मिलती है। इस समग्र सूचना को

ब्राउसर व्यवस्थित करके कम्प्यूटर स्क्रीन पर दिखाता है। यह सम्पूर्ण प्रक्रिया ब्राउसिंग (Browsing) कही जाती है।

ज्यादातर कम्प्यूटर विंडोज आधारित होते हैं। इसी के ब्राउसर नेटस्केप नेवीगेटर के द्वारा न्यूज वेबसाइट पर पहुँचने की प्रक्रिया (Browsing) (ब्राउजिंग) निम्न है :

1. प्रोग्रेस बार (Progress Bar) में ऑइकन (Icon) के माध्यम से बेब साइट प्राप्ति की स्थिति इंगित होगी।
2. थोड़ी देर बाद वांछित वेबसाइट (Website) का होम पेज मिल जाएगा।
3. ब्राउसर के एड्रेस बार (Address Bar) में वेबसाइट का पता लिखकर गो (Go) पर क्लिक करें।

कम्प्यूटर क्या है?

वर्तमान में कोई भी क्षेत्र कंप्यूटर के योगदान से वंचित नहीं है। कंप्यूटर के माध्यम से आज विविध प्रयोगों को सुगमता, स्पष्टता एवं क्रियात्मकता के विविध आयाम मिले हैं। कंप्यूटर के द्वारा दृश्य संयोजन, शब्द लेखन, ले-आऊट, संपादन, आदि कार्य होते हैं। जो हमारे अंदर कंप्यूटर के प्रति जिज्ञासा पैदा करता है यह जानने की कि यह कंप्यूटर क्या है व कैसे कार्य करता है।

कम्प्यूटर को अग्रलिखित तरीके से परिभाषित किया गया है। कंप्यूटर एक तेज व सौ प्रतिशत सटीक परिणाम देने वाली इलेक्ट्रॉनिक मशीन है। यह निर्धारित प्रोग्राम के अनुसार डाटा को ग्रहण करके परिणाम को आऊटपुट इकाई में भेज देता है। कंप्यूटर को प्रोग्राम के रूप में निर्देश प्रदान करने पर वह इन्हें ग्रहण करके गणनाएँ कर इच्छित परिणाम प्रदान करता है।

'कम्प्यूटर' शब्द की उत्पत्ति अंग्रेजी में 'कम्प्यूट' शब्द से हुई है जिसका तात्पर्य है गणना करना। प्रारम्भ में कंप्यूटर का उपयोग मूल रूप से गणनात्मक कार्यों के लिए ही हुआ परन्तु आज उसका कार्यक्षेत्र काफी विस्तृत व व्यापक हो चुका है। यह जटिल से जटिल और सरल से सरल गणनाओं को सरलता से एवं कम समय में पूरा कर सकता है।

कम्प्यूटर प्रोग्राम (निर्देशों) को इनपुट उपकरणों द्वारा ग्रहण किया जाता है, फिर इन निर्देशों को 'सेंट्रल प्रोसेसिंग यूनिट' (CPU) द्वारा प्रोसेस किया जाता है। प्राप्त परिणाम आउटपुट उपकरणों द्वारा प्रदर्शित किया जाता है।

कम्प्यूटर का इतिहास

कम्प्यूटर का इतिहास जब कम्प्यूटर का अविष्कार नहीं हुआ था उससे पहले भी यान्त्रिक माध्यमों से गणना के अनेक प्रयत्न किए गए थे। 19वीं शताब्दी के आरंभ में चार्ल्स वैबेज नामक वैज्ञानिक ने इस दिशा में खोज व प्रयास किए किन्तु गणितीय एवं सांख्यिकी सूचना में पूरी प्रक्रिया मनुष्यों द्वारा ही संचालित की जाती थी। अत्यन्त सावधानी के बावजूद इसमें मानवीय कमियाँ रह ही जाती थी। इससे प्रेरित होकर उन्होंने 1822 में 'डिफरेंस इंजिन' (Difference Engine) बनाया। यह लम्बे समय तक प्रयोग में आता रहा।

1833 में उन्होंने 'एनालिटिकल इंजिन' पर कार्य शुरू किया और यही मशीन आगे चलकर कंप्यूटर संरचना का आधार बनी। इस उपकरण की अधोलिखित विशेषताएँ थी–

1. इसमें इनपुट उपकरण होते थे जिनकी सहायता से निर्देश व डाटा को पढ़ा जा सकता था।
2. संख्या को संग्रह करने के लिए इसमें मेमोरी का प्रावधान था।
3. इसमें आउटपुट उपकरण होते थे जिसकी सहायता से परिणाम को प्रिन्ट किया जाता था।
4. इसमें एक अंकगणितीय इकाई थी जिससे गणनाएँ होती थी।

महिला वैज्ञानिक **आगस्टा एडा** (Augusta Ada) ने वैबेज के सैद्धान्तिक काम पर क्रियाशील एनालिटिकल मशीन बनाकर विश्व में प्रथम 'प्रोग्रामर' होने का श्रेय पाया।

1946 में डॉ. जान.एच मुचली ने एनिएक (ENIAC) नामक इलेक्ट्रानिक मशीन का निर्माण किया। इनमें गणनाएँ इलेक्ट्रॉनिक तरंगों के द्वारा होती थी। यह बहुत तीव्रता वाला कंप्यूटर था साथ ही यह बाइनेरी अंको का संग्रह भी कर सकता था।

यह बाइनेरी अंकों 0, एवं 1 पर आधारित था।

एनिएक कंप्यूटर में प्रमुख कमी यह थी कि इसमें प्रत्येक नई गणना हेतु तारों का संयोजन करना पड़ता था। इस समस्या का समाधान गणितज्ञ जॉन वान न्यूकान ने नई मशीन को विकसित करके किया। यह मशीन न केवल प्रोग्राम संग्रहीत कर सकती थी बल्कि नए कार्य हेतु नया प्रोग्राम भी संग्रहीत किया जा सकता था। 'संग्रहीत प्रोग्राम के सिद्धान्त' (Stored Program Concept) की न्यूकान ने खोज की ।

उपरोक्त सिद्धान्तों के मद्देनजर 1949 में न्यूकान ने एडजेक कंप्यूटर का निर्माण किया, उसके बाद मुचली के साथ 1956 में एडवेक कंप्यूटर का निर्माण किया गया था।

मास-मीडिया के रूप में कंप्यूटर का योगदान

आज के युग को कम्प्यूटर के युग की भी संज्ञा दी जाती है। कम्प्यूटर के विकास ने प्रत्येक क्षेत्र में क्रान्ति ला दी है। आज अखबारों के छापने से लेकर, फोन, इंटरनेट, फैक्स, वीडियो-कांफ्रेंस तक में कंप्यूटर का इस्तेमाल तेजी से हो रहा है।

वर्तमान में कंप्यूटर के योगदान से पत्रकारिता का क्षेत्र भी बहुत विकसित हुआ है। दुनिया आज एक क्लिक (कंप्यूटर के माउस द्वारा) के इशारे पर सिमट आई है। चाहे वार्तालाप करना हो, चाहे सूचनाओं का आदान-प्रदान, चाहे विज्ञापन चाहिए या चित्र, कोई संशोधन-परिवर्तन चाहिए या सज्जा, उपग्रह से देशों की दूरियाँ लांघनी हो या मुख्य कार्यालय को अन्य कार्यालय से जोड़ना हो। प्रत्येक क्षेत्र में कंप्यूटर तकनीक अपना योगदान दे रही है।

एक देश से दूसरे देश की दूरियों को समाप्त करने में वीडियो कॉन्फ्रेसिंग ने विशेष योगदान दिया है। एक जगह पर स्थित कोई समूह या व्यक्ति दूसरी जगह पर स्थित व्यक्ति या समूह से इस माध्यम से ऐसे बात कर सकता है जैसे कि वह घर बैठे आमने-सामने बातें कर रहे हैं।

इसमें दूरस्थ शिक्षा हेतु क्लास-रूम की तरह पढ़ाई, जन-समस्याओं हेतु समाधान, वार्ताएँ, आदि के प्रयोग सफलतापूर्वक किए जा सकते हैं। इंटरनेट सेवाओं ने संसार को वैश्विक गाँव (Global Village) का रूप दे दिया है।

पत्रकारिता जगत में कंप्यूटर कम्पोजिंग रूम की भांति कार्य करता है। समाचार लिखने से लेकर पेज मेकिंग व सम्बन्धित चित्र लगाने तक के सभी कार्य कंप्यूटर पर सम्पन्न हो सकते हैं। कंप्यूटर की यह क्षमता और कार्य कम खर्च में कई संस्करण निकालने का मार्ग प्रशस्त करता है। इसकी वजह से समाचार-पत्रों के खरीददारों की संख्या में बढ़ोतरी होगी और प्रत्येक क्षेत्र का स्थानीय समाचार एवं विज्ञापन असरदार साबित होगा। सभी अखबार अपने ग्राहकों का विवरण कंप्यूटरीकृत कर सकते है। आजकल कंप्यूटर द्वारा विज्ञापनदाता उपग्रह से विज्ञापन समाचार-पत्रों को प्रेषित करेंगे। विज्ञापन प्रसारण के साथ ही उपभोक्ताओं को उनकी पसन्द का उत्पाद उपलब्ध हो जाएगा। उपग्रह प्रसारण सेवा का लाभ उठाकर पाठक की रुचि

के अनुसार उनके लिए विशेष परिशिष्ट तैयार किए जा सकेंगे। छपाई में क्रान्तिकारी परिवर्तन आएगे। रंगों, चित्रों व पृष्ठ सज्जा का अनोखा सम्मिश्रण इसमें देखने को मिलेगा।

डिजिटल कैमरों व कंप्यूटर की कारीगरी से अनेकानेक नए प्रभाव तथा ग्राफिक्स तैयार करके फोटोग्राफी के क्षेत्र में क्रांतिकारी परिवर्तन किया जा चुका है। फोटो को इंटरनेट के माध्यम से कही भी भेजा जा सकता है। फोटो में रसायनों का इस्तेमाल नहीं होगा ओर विशेष उपकरणों का उपयोग फोटोग्राफी की गुणवत्ता को नवीन आयाम देगा।

संचार व्यवस्था के प्रमुख भागों में टेलीफोन को काफी महत्त्वपूर्ण माना जाता है। इंटरनेट टेलीफोनी के उपयोगी से कंप्यूटर ने संदेश को एक स्थान से दूसरे स्थान तक पहुँचाने में क्रान्तिकारी रूप दिया है। समाचार संकलन व प्रस्तुति के लिए यह प्रणाली कारगर सिद्ध हुई है। इसके अलावा दूरदर्शन, रेडियो, फिल्मों आदि के लिए कंप्यूटर का आगमन एक वरदान सिद्ध हुआ है। प्रस्तुति व प्रभाव के अनेक आयाम इससे सामने आये हैं। कार्यक्रम निर्माण, परिकल्पना, प्रभाव को कंप्यूटर पर पहले ही आकलित किया जा सकता है। फिल्म व धारावाहिक निर्माण में विशेष आडियों वीडियो प्रभाव डालकर उन्हें और भी आकर्षित बनाया जा सकेगा। कंप्यूटर प्रौद्योगिकी ने मास मीडिया के क्षेत्र में एक क्रांति पैदा की। जिसका परिणाम विकास है।

कम्प्यूटर हार्डवेयर

कम्प्यूटर कार्यक्रमों के दिशा निर्देशों के अनुसार कार्य करने वाली एक उच्चस्तरीय तकनीक है। कंप्यूटर में बहुत से उपकरण एक-दूसरे से संलग्न होते हैं और वे मिलकर कार्य करते हैं। कंप्यूटर के 'भौतिक उपकरण' उसके 'हार्डवेयर कहलाते हैं। एक सामान्य डिजिटल कंप्यूटर के 'हार्डवेयर' उपकरण मुख्य रूप से तीन प्रकार के होते हैं—इलेक्ट्रॉनिक, चुम्बकीय और यांत्रिक। इनके अलावा इनपुट व आउटपुट उपकरण भी कंप्यूटर के मुख्य हाईवेयर हैं।

1. इनपुट उपकरण—माऊस, की-बोर्ड, लाइटपैन 3
2. सिस्टम के भीतरी उपकरण—मदर-माइक्रोप्रोसेसर, हार्ड-डिस्क, वीडियोकार्ड, प्रिन्टर कार्ड आदि।
3. आऊटपुट उपकरण—मॉनीटर, प्रिन्टर, स्पीकर

4. संकलन उपकरण—फ्लॉपी डिस्क, ड्राइव, सीडी मेगनेटिक टेप, जिप ड्राइव आदि।
5. पावर सप्लाई—सीवीटी, यूपीएस आदि।

प्रमुख हार्डवेयर उपकरणों की सूची

1. सीडी राइटर
2. मॉडेम
3. सीवीटी
4. यूपीएस
5. प्रिन्टर
6. हार्ड-डिस्क
7. स्पीकर
8. स्विचेज
9. राउटर
10. हब
11. कलर फ्लैटबेड स्केनर
22. स्टोरेज डिवाइस
13. मदर बोर्ड
14. साउण्ड कार्ड
15. पीसीएमसीआई एक कार्ड
16. डिस्पले कार्ड
17. रेम
18. माऊस
19. सीपीयू चिप
20. लन एडप्टर कार्ड
21. की-बोर्ड
22. मॉनीटर
23. सीडी रोम ड्राइव
24. ग्राफिक एक्सीलरेटर
25. डीवीडी रोम
26. सीडीआर/डब्ल्यू ड्राइव

कम्प्यूटर सॉफ्टवेयर

कंप्यूटर से कार्य लेने के लिए उसे कमांड देनी पड़ती है। ये कमांड किसी कंप्यूटर भाषा में ही दिए जाते हैं। इन निर्देशों के समूह को एक प्रोग्राम कहा जाता है। प्रोग्राम किसी प्रक्रिया विशेष के लिए बनाया जाता है। यह आवश्यक नहीं है कि जिस व्यक्ति को कंप्यूटर से कार्य लेना हो उसे कंप्यूटर की भाषा आती ही हो ताकि वह कंप्यूटर को अपने कार्य के लिए निर्देशित कर सके। ऐसे ही कार्यों को ध्यान में रखकर कुछ प्रोग्राम बनाए जाते हैं जिससे कंप्यूटर परिचालन आसान कार्य हो जाता है। पूर्व में ये प्रोग्राम एप्लीकेशन कहलाते हैं।

किसी कार्य विशेष की सभी प्रक्रियाओं को सम्पन्न करने के लिए कुछ एप्लीकेशन के समूह होते हैं जो साफ्टवेयर कहे जाते हैं। इस प्रकार सॉफ्टवेयर के द्वारा गणनाएँ, ग्राफ, चित्र बनाना, आलेख व रिपोर्ट बनाना, दैनिक जीवन के सामान्य कामकाज, खाते सारणियाँ, सूचनाएँ, आरेख आदि सम्पन्न किए जा सकते हैं।

मीडीया के क्षेत्र को और विस्तृत एवं लोकप्रिय बनाने के लिए नये-नये साफ्टवेयरों को तैयार किया जा रहा हैं।

प्रमुख सॉफ्टवेयर

कुछ प्रमुख साफ्टवेयर उपकरण निम्नलिखित हैं–

1. विण्डोज 98,
2. पेजमेकर 7.7
3. एमऐस ऑफिस एक्सपी,
4. कोरल ड्रॉ,
5. एमएस डॉस,
6. नॉवेल नेटवेयर,
7. स्टेलर,
8. नॉरटोन एण्टीवायरस,
9. एमएस विजुअल स्टूडियो प्रोफेशन,
10. विण्डोज एमई,
11. एनएवी कॉरपोरेट एडीशन,
12. विण्डोज 2007,
13. टेली 7.5,
14. आरकेल 91 वर्कग्रुप,

15. विजुअल C++ प्रोफेशनल,
16. एडोब पब्लिशिंग कलेक्शन,
17. मेक्रोमीडिया वेब डिजायन स्टूडियो,
18. कोरल 13 अपग्रेड,
19. फोटोशॉप 8

कम्प्यूटर की-बोर्डः कार्य पद्धति

की-बोर्ड कम्प्यूटर का प्रमुख भाग है। यह एक इनपुट डिवाइस है। इसके माध्यम से कम्प्यूटर को निर्देशित किया जाता है। की बोर्ड में भिन्न प्रकार की कीज होती है जो निम्न हैं–

1. स्पेशल कीज
2. न्यूमेरिक
3. एल्फाबेटिकल
4. फैक्शन
5. करसर

(1) स्पेशल कीज

स्पेशल कीज के द्वारा विशेष प्रभाव डाल सकते हैं। किन्तु वर्तमान में कंप्यूटर की क्षमता व कार्य के अनुरूप मल्टीमीडिया की-बोर्ड आने लगे है। उनमें डिस्पेल, वॉइरा, रीडी ऑन ऑफ, अप-डाउन, कंट्रास्ट, रिपीट आदि अनेकानेक विशिष्ट बटन होते हैं।

(2) न्यूमेरिक बटन

न्यूमेरिक की अंकों को प्रविष्ट करने का कार्य करती है। की-बोर्ड पर 0 से अंक 9 तक के बटन होते हैं। इनके अलावा कुछ अन्य अंक जैसे @,#,$.% आदि होते हैं। ये अंकों के ऊपरी सतह पर होते हैं जिन्हें शिफ्ट (Shift) बटन का इस्तेमाल कर प्रिन्ट किया जा सकता है। जैरो % का चिह्न अंकित करना है तो शिफ्ट बटन के साथ 5 अंक वाले बटन के दबाने से यह अंकित हो जाएगा।

(3) एल्फाबेटिकल बटन

न्यूमेरिज कीज के बाद 3 पंक्तियों में (A-Z) तक के एल्फाबेट्स की पंक्तियाँ

हैं। ये 26 बटन होते हैं। शिफ्ट दो दबाने से छोटे-बड़े अक्षर अंकित किए जा सकते है।

1. *बैक स्पेस की (Back Space Key):* इस बटन का प्रमुख कार्य करेक्टर को हटाना है। यदि कुछ गलत अक्षर टाइप हो गया है तो बैक स्पेस की सहायता से उसे मिटाया/हटाया जा सकता है।

2. *एन्टर की (Enter Key)*: इस प्रकार के बटन का प्रयोग दो रूपों में किया जाता है। पहले तो टाइप करते समय यदि हमें दूसरी पंक्ति में जाना हो तो इसे दबा कर दूसरी पंक्ति में करसर को ले जाया जा सकता है। दूसरी कंप्यूटर को यदि कोई कमांड दिया गया है तो इस बटन के द्वारा कंप्यूटर रिसपांस (Computer Response) प्राप्त किया जा सकता है।

3. *इंसर्ट की* (Insert Key): दो करेक्टर के बीच में नया करेक्टर डालना इस बटन का प्रमुख लक्ष्य है। इस बटन को दबाकर मनचाहे अंकन किए जा सकते हैं।

4. *केप्स लॉक (Caps Lock)*: इस बटन के द्वारा केपीटल व स्माल लैटर्स को अंकित किया जा सकता है।

5. *शिफ्ट की (Shift Key):* यह की-बोर्ड के दोनों ओर होती है। इसकी सहायता से विशिष्ट अंकन जैसे @,#,$,%, &, *, () आदि स्क्रीन पर प्रिन्ट हो जाते है।

6. *स्पेस बार की (Space Bar Key):* यह की बोर्ड का सबसे लम्बा बटन होता है। यह की-बोर्ड पर सबसे अन्त में होता है। दो करेक्टर के बीच में स्थान डालने के लिए स्पेस बार का प्रयोग होता है।

(4) फंक्शन बटन

यह बटन F1 से F12 तक अंकित होते हैं। की-बोर्ड की सबसे ऊपरी लाइन में ये स्थित होते हैं। बेसिक लेंग्वेज (Basic Language) के लिए बटन पृथक्-पृथक् निर्धारित क्रियाएँ उत्पन्न करते हैं। साथ ही साथ मल्टीमीडिया की-बोर्ड के बटन उन पर लिखी कार्यवाही को अंकित करते है। जैसे CD On बटन को दबाने पर सीडी शुरू हो जाएगी। वॉल्यूम बटन से ध्वनि को कम या ज्यादा किया जा सकेगा।

(5) करसर कीज

चारों दिशाओं के चारों प्रकारों की तरह कर्सर कीज के तीर भी चारों दिशाओं

में इंगित किए होते हैं। इन तीरों की स्थिति के अनुरूप बटन दबाने पर कर्सर आगे गति करता है।

कम्प्यूटर अनुप्रयोग का कानून

कम्प्यूटर में नकरात्मक बाधाओं को दूर करने के लिए कुछ कानूनी पक्षों का अनुसरण करना आवश्यक है। प्राथमिक तौर पर आजकल ग्रे-मार्केट में विभिन्न हिस्सों से संयोजित (Assembled) कम्प्यूटर बहुतायत से मिलते है।, जिनसे उनके अनुप्रयोगों में खामियां उभरती हैं। इनके सॉफ्टवेयर प्रोग्राम भी पाइरेटेड होते हैं। इससे प्राथमिक तौर पर कम्प्यूटर पाइरेसी का कानूनी प्रपंच सामने आता है। फिर शुरू होता है, नकली सीडी, वीसीडी व फिल्मों का कारोबार क्योंकि इन सभी की प्रक्रिया इतनी आसान है कि छोटा प्रयोगकर्त्ता व कम शिक्षित व्यक्ति भी इन कार्यों को आसानी से कर लेता है। परिणामस्वरूप इसकी दुकान हर गली मुहल्लों तक फैल चुकी है।

कम्प्यूटर अनुप्रयोगों के सॉफ्टवेयर भी बड़ी मात्रा में नकली होते हैं। साथ ही इंटरनेट जैसे माध्यम में सामग्री को चुराकर तोड़-मरोड़कर प्रस्तुत करने की या नकल की घटनाएं भी सामने आती हैं। कम्प्यूटर के अनुप्रयोग में नकली सीडी फिल्में, अवैध सूचना सामग्री से जुड़े मसले गम्भीर रूप से सामने आ रहे हैं। साथ ही अश्लीलता, मादक द्रव्य व कूट भाषा में अनैतिक व अप्रिय तथ्यों का संप्रेषण व प्रयोग भी कम्प्यूटर में कानून की बड़ी चुनौतियां हैं।

कॉपीराइट मुद्दा

आजकल कम्प्यूटर द्वारा सभी कार्य किये जा रहे हैं। संसार के प्रत्येक भाग में इन्टरनेट का प्रसार बढ़ रहा है। कम्प्यूटर और इन्टरनेट के प्रयोग से जहां जानकारी की सुलभता आसानी से होती है वही पर्याप्त सामग्री उपलब्धता के कारण असली और नकली सामग्री में अन्तर करना मुश्किल हो जाता है।

कई ऐसे पोर्टल एवं वेबसाइट है जो अपने सर्वाधिकार को सुरक्षित रखने के लिए इन कॉपीराइट प्रावधानों का पालन करते हैं। साथ ही अभिनव सामग्री के लिए कई सुरक्षा विधियां अपनायी जाती हैं। चोरी रोकने के लिए तकनीक व कार्यक्रमों में समय-समय पर उपयोगी परिवर्तन किए जाते हैं। पर महत्वपूर्ण यह है कि इन माध्यमों के बढ़ावे के साथ सुनिश्चित किया जाए कि सामग्री का कॉपीराइट सुरक्षित रहे। साथ ही जन-जागरण भी विकसित किया जाए। सॉफ्टवेयर की नवीनता का

स्वरूप और प्रस्तुति के अभिनव प्रयोगों से कॉपीराइट के नकारात्मक पक्ष को रोका जा सकता है।

इंटरनेट से अभिप्राय

इंटरनेट के आविष्कार से संसार के देशों के बीच दूरियाँ सिमट गई है। एक 'मोडेम' टेलीफोन लाइन, इंटरनेट कनेक्शन की मदद से आपका कम्प्यूटर 'इंटरनेट' सुविधा का प्रदाता बन जाता है। आप इस प्रकार इससे सूचनाएं प्रदान भी कर सकते हैं और ले भी सकते हैं। इंटरनेट के लिए न तो कोई 'कंट्रोल केन्द्र' होता है न ही कोई 'पर्यवेक्षक'। इस तन्त्र की समस्त गतिविधियां स्व-संचालित होती हैं।

जब इसका उद्‌भव हुआ था उस समय किसी व्यक्ति ने यह नहीं सोचा था कि यह माध्यम एक 'क्लिक' के इशारे पर पूरे विश्व में सूचना तन्त्र को सक्रिय कर सकेगा। इसकी शुरुआत 1960 के अन्तिम दशकों की देन है। तब अमेरीकी सरकार ने एक ऐसे यन्त्र की स्थापना के विषय में सोचा जिसमें सभी संचार लाइनों को 'न्यूक्लिअर युद्ध' की दशा में सुचारु रखा जा सकें। वे नहीं चाहते कि इन्हें केन्द्रीय कंट्रोल में लाया जाए, क्योंकि ऐसी दशा में इससे जुड़ा सम्पूर्ण तन्त्र बेकार एवं अप्रभावी हो सकता था। उनकी 'एडवांस' रिसर्च प्रोजेक्ट एजेन्सी' (ए.आर. पी. ए.) ने विकेन्द्रीकृत-व्यवस्था का एक नमूना तैयार किया। जो 1960 में तैयार हुआ और इसने विश्वविद्यालयों को 'अर्पानेट' (ARPANET) के नाम से जोड़ा। धीरे-धीरे यह तन्त्र सक्रिय हुआ और सम्पूर्ण विश्व को इसने 'इंटरनेट' नाम से जोड़ दिया। इंटरनेट जिसे संक्षिप्त में 'नेट' कहा जाता है का सबसे महत्वपूर्ण पहलू है 'वर्ल्ड वाइड वेब' (www. or World Wide Web)। इसके अतिरिक्त कुछ सेवाएँ निम्नलिखित हैं–

1. इलेक्ट्रानिक मेल या ई-मेल (E-Mail)
2. चेटिंग या चेट (Chat).

इंटरनेट उपयोगिता के कारण

सामान्य जीवन में इंटरनेट की बढ़ती उपयोगिता के निम्नलिखित कारण हैं–

1. ई-मेल (E-Mail),
2. सर्च (Search),
3. डाऊनलोड (Download).

4. चेटिंग (Chatting),
5. न्यजग्रुप्स (Newsgroups),
6. संचार (Communication)।

इंटरनेट की इन प्रमुख विधियाँ की सहायता से किसी भी संदेश को कहीं भी भेजा जा सकता है। 'न्यूजग्रुप' में नियत स्थान पर सूचना प्राप्त की जा सकती है साथ ही अपनी बात भी कही जा सकती है। सामान्य लोग अपने विचारों का आदान-प्रदान भी इससे कर सकते हैं। मात्र एक फोन कॉल की तरह कम्प्यूटर की स्क्रीन पर आप लिखित स्वरूप में बात कर सकते हैं। आवश्यकता पड़ने पर बातचीत के दौरान किसी तस्वीर को प्रेषित भी किया जा सकता है। दुनियाभर की मनोरंजक व ज्ञानवर्धक सामग्री, छायाचित्रों, सारणियों, आंकड़ों आदि को चाहे जहां से अपनी इच्छा की वेबसाइट से चुनकर संकलित व मुद्रित किया जा सकता है। चैट के माध्यम से बातचीत व सूचना को संप्रेषित किया जा सकता है। 'सर्च' में दुनिया भर की तमाम वेबसाइटों से उपयोगी सामग्री को अपनी आवश्यकता एवं संदर्भ के लिए 'डाउनलोड' किया जा सकता है। इन्हें इच्छा के अनुसार फ्लॉपी या डिस्क पर संग्रहीत किया जा सकता है। यदि आप चाहें तो जानकारी को अपनी आवश्यकता के अनुरूप प्रिन्टर की सहायता से मुद्रित भी कर सकते हैं।

इंटरनेट की उपयोगिता

उपयोगिता के आधार पर इंटरनेट के दो पक्ष है—

सकारात्मक पक्ष—ये सकारात्मक पक्ष निम्नांकित हैं—

1. कहीं भी, कभी भी, किसी भी वांछित सूचना, प्रकार व क्षेत्र-विशेष की जानकारी।
2. उद्योग, व्यापार, बैंकों, समाचार-पत्रों, संस्थानों आदि के दूर-दराज के कार्यालयों व व्यक्तियों का आपस में निकट संपर्क।
3. ज्ञान-विज्ञान व सूचनाओं का प्रसार-प्रचार।
4. सम्पूर्ण विश्व का एक छोटे दायरे में आना।
5. दुनिया के प्रत्येक क्षेत्र पर घर बैठे एक माऊस के क्लिक से नजर व जानकारी।
6. टेलीफोन व चैटिंग के माध्यम से सामाजिक सम्पर्क गें बढ़ोत्तरी व व्यक्तित्व विकास के नवीन पहलुओं का योगदान।

7. ग्लोबल वर्ल्ड की अवधारणा का विकास व नौकरी, कैरियर आदि क्षेत्रों का त्वरित सम्पर्क व जुड़ाव।

नकारात्मक पक्ष—इंटरनेट के नकरात्मक पक्ष इस प्रकार है—

1. सरकारी, व्यापारी, घरेलू कम्प्यूटरों में इलेक्ट्रॉनिक घुसपैठ।
2. सामान्य लोगों मे मानवीयता के आधार का क्षरण व खाओ-पीओ, मौज करो की प्रवृत्ति को बढ़ावा।
3. देश की सुरक्षा के प्रति खतरा।
4. धोखाधड़ी, गुमराह व अनैतिक स्थितियों पर रोक के सटीक उपाय नहीं।
5. मशीनी निर्भरता को बढ़ावा।
6. राजनीतिक, सामाजिक क्षेत्रों में नकारात्मकताएं पनपना।
7. बड़े संस्थानों व खुफिया तंत्रों में सेंधमारी व सिस्टम होल्ड कर देने जैसे वायरस के हमले से अकल्पित नुकसान।
8. किशोर एवं युवा पीढ़ी में अश्लीलता व भ्रम की स्थितियों का प्रवेश।

ई-मेल

— यह एक आधुनिक तकनीक है जिसके द्वारा सूचनाओं और पत्रों आदि का आदान-प्रदान किया जाता है।

इसका सामाजिक एवं निजी क्षेत्र दोनों ही में बहुत महत्व है। संचार के अन्य साधनों जैसे डाक-फोन व फैक्स जैसे माध्यमों से यह कही सस्ता, सरल व शीघ्रगामी उपाय है। इसके द्वारा संदेशों को कहीं भी बेरोकटोक भेजा जा सकता है।

इंटरनेट के द्वारा ई-मेल सुविधाएँ प्रदान की जाती है। साथ ही आप संदेशों का आदान-प्रदान भी कर सकते हैं। बधाई कार्ड, संदेश, सूचनाएं आदि का आदान-प्रदान ई-मेल के माध्यम से किया जा सकता है। वर्तमान वैज्ञानिक परिवेश एवं बदलते संदर्भों में ई-मेल पारस्परिक कागजी संचार से अधिक सुविधाजनक व लचीला है।

वर्डवाल कॉम वेबसाइट के द्वारा आप 42 भाषाओं में ई-मेल कर सकते हैं। ई-मेल के लिए आपके कम्प्यूटर पर ई-मेल प्रोग्राम एवं इंटरनेट कनेक्शन का होना आवश्यक है। आप अपने नाम से ऐसी वेबसाइट पर जो ई-मेल सुविधा सुलभ कराती है पर अपना खाता खोल सकते हैं। इस प्रयोजन के लिए सेवा-प्रदाता कम्पनी की शर्तें माननां आवश्यक होता है। ई-मेल के लिए डाक के पते की तरह आपका एक निजी कोड़ होता है। उदाहरण के लिए आप सुनील हैं और पत्रिका आनलाईन की

वेबसाइट पर खाता खोल रहे हैं तो आपका पता (खाता संख्या) इस प्रकार होगा : sunil@patrika online. com (सुनील एट टी रेट पत्रिका ऑन लाइन डॉट कॉम)।

इस पते से यदि सम्पर्क स्थापित करना हो तो ई-मेल की सेवा ली जा सकती है। ई-मेल प्रोग्राम को शुरू के लिए अलग-अलग कार्यों के निर्देशों के अनुरूप सेंड (Send), रिसीव (Receive), कम्पोज (Compose), इन-बॉक्स (In-box), आउट-बॉक्स (Out-box) आदि कमांड होते हैं। यदि आपको अपना संदेश भेजना हो तो Compose बटन दबाएं इससे कम्प्यूटर स्क्रीन पर एक विंडो खुलेगी जिसमें भेजने वाले का नाम, जिसे संदेश भेजा जाना है उसकी खाता संख्या, विषय व संदेश लिखने के बाद आप Send कमांड से अपना संदेश भेज सकते हैं। कुछ ही समय में आपका संदेश नियत स्थान पर पहुंच जाता है। इस प्रक्रिया में गोपनीयता के लिए पासवर्ड की सुविधा होती है। अधिकृत व्यक्ति ही ऐसे पारावर्ड को पढ़ सकता है।

वेब साइट्स

किसी संस्था विशेष से सम्बन्धित जानकारियों की प्राप्ति के लिए वेबसाइटों का इस्तेमाल किया जाता है। इसमें सूचना का मल्टीमीडिया समावेश होता है जिसमें ध्वनि, चित्र, फिल्म, आलेख आदि सभी आवश्यक सामग्री संकलित होती है।

टिम बर्नर्स ली (Tim Berners Lee) जो कि यूरोपियन प्रेक्टिकल फिजिक्स लेबोरेटरी, जिनेवा, स्विट्जरलैंड के वैज्ञानिक थे ने वेबसाइट का आधारभूत ढांचा 1989 में प्रतिपादित किया।

वेबसाइट को दूसरे स्वरूप में वर्ल्ड वाइड वेब www भी कहा जाता है। वर्तमान में साहित्य, समाज, उद्योग, खोज, राजनीति, सूचना आदि क्षेत्रों में वेबसाइट्स ने क्रान्तिकारी पहल की है व ज्ञान-विज्ञान के अभिनव क्षेत्रों का प्रतिपादन किया है।

यदि किसी मुद्दे से सम्बन्धित जानकारी चाहिए तो वेबसाइट के माध्यम से इंटरनेट पर सम्पूर्ण जानकारी मिल जाती है। www आज कम्प्यूटर पर नवीन दुनिया का साक्षात्कार कराता है।

वीडियो कान्फ्रेंसिंग व टेलीफोनी

सूचना प्रौद्योगिकी के क्षेत्र में विस्फोट होने के कारण पूरा विश्व एक गाँव बन चुका है। सम्पूर्ण विश्व सिमटता जा रहा है। ऐसे में अब संवाद हेतु दो लोगों का प्रत्यक्ष रूप से आमने-सामने उपस्थित होना आवयश्यक नहीं है। इंटरनेट ने यह

करिश्मा सम्भव कर दिखाया है। टेलीफोन से द्वारा इंटरनेट पर कम्प्यूटर से कम्प्यूटर के बीच अब प्रत्यक्ष स्थितियों की तरह संवाद सम्भव है। इस कार्य से सम्बन्धित कुछ उपकरण निम्नलिखित हैं–

1. वेब कैमरा (Web Camera),
2. वेब माइक्रोफोन (Web Microphone),
3. कम्प्यूटर (Computer),
4. इंटरनेट (Internet).

दो कम्प्यूटर धारक व्यक्ति अथवा समूहों के बीच वेब कैमरा चित्रों को परस्पर आदान-प्रदान करता है और माइक्रोफोन से ध्वनि। इन्टरनेट दोनों के बीच सेतु का कार्य करता है और इस प्रकार तकनीक का यह करिश्मा कम्प्यूटर स्क्रीन पर दोनों पक्षों को आमने-सामने होने का आभास कराता है।

वीडियों कॉन्फ्रेन्सिंग के कार्यों में समाचार, शिक्षा, कारपोरेट जगत, आदि संस्थाओं से सम्बन्धित कार्य प्रमुख है। इससे जहां एक शिक्षक एक साथ अनेक जगहों पर पढ़ा सकता है वहीं कॉरपोरेट जगत का मुखिया अपने कर्मियों को निर्देश दे सकता है, मीटिंग ले सकता है। एक सर्जन इससे दूर बैठे-बैठे निर्देशों के द्वारा ऑपरेशन कर सकता है। प्रशासन के लिए भी यह तकनीक आपदा-प्रबन्धन आदि में अत्यन्त कारगर हो सकती है।

प्रिन्ट एवं इलेक्ट्रॉनिक माध्यमों की समाज में प्रतिस्पर्धात्मक भूमिका

समाज की प्रगति में प्रिन्ट एवं इलेक्ट्रॉनिक माध्यमों ने उल्लेखनीय योगदान दिया है। आजादी के प्रसंगों को देखें तो वह प्रिंट-माध्यमों की ही देन थी कि उन्होंने आजादी की भावना को पूरे देश में गति दी। मुद्रण-माध्यमों का इतिहास गवाह है कि यदि देश की सकारात्मक स्वरूप में गति देनी है तो इन माध्यमों की भूमिका की अनदेखी नहीं की जा सकती है। समाचारों, शैक्षिक, कृषि, विज्ञान मनोरंजन आदि कार्यक्रमों से समाज के किसी न किसी वर्ग को आवश्यक रूप से लाभ होता है। इंटरनेट को भावी स्वरूप देने में मुद्रण माध्यमों का विशेष योगदान रहा है। आज देश के समस्त कारोबारों का जरिया यही माध्यम है। बैंक में पैसे जमा करवाने, खाते की जाँच करने से लेकर प्रवेश, नौकरी, जैसे मुद्दे तक घर बैठे इंटरनेट के माध्यम से हल होते हैं। यह इंटरनेट का चमत्कार ही है कि आज दूर-दराज के ग्रामीण क्षेत्रों में भी देश की नवीनतम प्रौद्योगिकी (Technology) को प्रयुक्त किया जा सकता है।

लैपटॉप एक ऐसा उपकरण है जिसके द्वारा घर बैठे किसी भी प्रकार की सूचनाओं एवं कागजातों की प्राप्ति की जा सकती है। ई-गवर्नेन्स जैसे कार्यक्रमों से ग्रामीण क्षेत्रों में सरकारी कार्यक्रमों, सूचनाओं गतिविधियों को इंटरनेट (Internet) के माध्यम से आसानी से हल किया जा सकता है। किसी भी संस्था, संस्थान के कार्यकलापों, प्रवेश प्रक्रिया, नौकरी के आवेदन, निविदा के जवाब, व्यक्तिगत बाचचीत आदि के पहलू भी आसानी से इस माध्यम से हल हो सकते हैं।

व्यावसायिकता के इस युग में सैकड़ों चैनल जनता को अपनी सेवाएँ प्रदान कर रहे हैं। इन चैनलों में विशुद्ध मनोरंजन से लेकर ज्ञान-विज्ञान, पर्यावरण, उद्योग, प्रौद्योगिकी, शिक्षा, समाचार आदि के पहलुओं पर ढेरों सामग्री देखी-समझी जा सकती है। जीवन का शायद ही कोई पहलू ऐसा होगा जिस पर इन चैनलों के कार्यक्रम न होते हों। यही वह कारण है जिसके चलते समाज के प्रत्येक व्यक्ति को अपनी पसंद चुनने का अवसर उपलब्ध हो पाता है। इन कार्यक्रमों से मनोरंजन के साथ-साथ सूचना, ज्ञान, समझ, प्रक्रिया आदि पक्षों से परिचय भी होता है। चैनलों की दुनिया का तकनीकी पक्ष यह है कि इन्हें विश्व भर में एक छोटी सी डिस्क के माध्यम से कहीं भी देखा-सुनाया जा सकता है।

आज पूरे संसार में मुद्रण माध्यम की भी पहुँच हो चुकी है। सूचना-प्रसार, शिक्षा, मनोरंजन आदि के पक्ष इन्हीं के माध्यम से पूरे होते हैं। देश की आबादी का एक बड़ा हिस्सा अपने दिन की शुरूआत अखबार से ही करता है। अखबार से ही उसे जहाँ समाज की हलचल का पता चलता है वहीं वह यह भी जान पाता है कि कहाँ क्या हो रहा है? नौकरी, व्यापार, शिक्षा, निविदा जैसे समाजोपयोगी पक्षों का समावेश भी इसमें होता है।

विकास एवं शिक्षा के मुद्दों को देखें तो हमें जानकारी मिलती है कि उपर्युक्त माध्यमों को इन प्रयोजनों हेतु आसानी से प्रयुक्त किया जा सकता है। विकास के तमाम पक्षों का भान हमें इन माध्यमों से ही मिलता है। पल्स पोलियो अभियान, पर्यावरण चेतना, शिक्षा की अलख, जैसे पक्षों में हमने देखा है कि देश के दूर-दराज के क्षेत्रों तक जानकारी पहुँची है और लोग जागरूक हुए हैं। कृषि, सिंचाई, गरीबी उन्मूलन की विविध योजनाओं को इन माध्यमों के द्वारा गति मिली और समाज ने विकास की राह पकड़ी।

सूचना के इन साधनों ने शिक्षा जगत में उल्लेखनीय परिवर्तन किया है। आज 'ज्ञान दर्शन', डिस्कवरी, नेशनल ज्योग्राफिक जैसे चैनल तो शिक्षा के आधारस्तंभ बन चुके हैं। विविध क्षेत्रीय जानकारी का खजाना इनके विविध कार्यक्रम हैं। इनके

माध्यम से ज्ञान व विकास के पक्षों के दरवाजे खुलते हैं। समाचार-पत्रों ने तो शिक्षा के क्षेत्र में क्रांतिकारी पक्षों का सूत्रपात किया है। शिक्षा को एक बेहतर शुरुआत के रूप में समाचार पत्रों के पढ़ने की परिपाटी ने समाज को साथ-साथ शिक्षा जगत को भी काफी प्रभावित किया है।

प्रिंट एवं इलेक्ट्रॉनिक माध्यमों के बीच व्यापक प्रतियोगिता के कारण मनोरंजन के साथ-साथ शिक्षा एवं विकास के पक्ष भी सुरक्षित हुए हैं। प्रतिस्पर्धा तो बढ़ी पर नवीन कार्यक्रमों, पक्षों के चलते प्रगति के पक्षों का सूत्रपात सभी स्तरों पर मिलता है। इससे न केवल विकास का मार्ग प्रशस्त होता है बल्कि नवीन उपलब्धियों की ओर भी समाज अग्रसर होता है।

10

रेडियो वार्ता लेखन

रेडियो वार्ता में वक्ता और श्रोता दो पक्ष होते हैं। जब दो या दो से अधिक व्यक्तिओं के बीच बातचीत होती है तो उसे वार्ता कहा जाता है लेकिन रेडियो पर जिस वार्ता का प्रसारण होता है वह इससे अलग है। रेडियो वार्ता में वार्ताकार को इतनी वाकपटुता दिखानी चाहिए जिससे लगे कि वह और श्रोता आमने सामने हैं। इसमें स्पष्ट रूप से व्यक्त होना चाहिए कि वक्ता और श्रोता एक दूसरे के भाव बोध से जुड़े हुए है। श्रोता की संवाही प्रवृत्ति का उत्तरदायित्व वार्ताकार के ऊपर होता है।

रेडियो वार्ता में सिर्फ श्रव्य माध्यम के द्वारा ही सूचनाएं ग्रहण की जा सकती हैं। अधिकारी विद्वान या विशेषज्ञ द्वारा किसी विषय या एक विषय के किसी पक्ष-विशेष के परिचयात्मक विवेचन विश्लेषण के लिए वार्ता का प्रसारण होता है। वार्ता में एक ही व्यक्ति की विचाराभिव्यक्ति होती है। वार्ता का विषय साहित्य-संस्कृति, कला, शिक्षा, विज्ञान, कृषि या सम-सामयिक विचार आदि कुछ भी हो सकता है। वार्ताकार को विषय और उसके उन बिन्दुओं पर वार्ता तैयार करने के लिए अनुबंधित किया जाता है। वार्ताकार का चयन उसकी योग्यता, क्षमता और निष्पक्षता के आधार पर किया जाता है। वार्ता की प्रसारण-अवधि भी वार्ताकार को बता दी जाती हैं। वार्ताकार वार्ता का आलेख संबद्ध अधिकारी या प्रोड्यूसर को देता है। अगर आलेख में किसी तरह की आपत्तिजनक या विवादास्पद बात होती है तो प्रोड्यूसर उसे संशोधित करने को कहता है। वह इस दिशा में कुछ सुझाव भी दे सकता है। वार्ता सारगर्भित, लेकिन सरल और सर्वग्राह्य भाषा में होनी चाहिए। वार्ता का उद्देश्य श्रोता

वर्ग को विषय के विशिष्ट, नए या मौलिक पहलुओं से परिचित कराना होता है। इस उद्देश्य की पूर्ति वार्ता से होनी चाहिए। वक्ता के द्वारा स्वर का उतार-चढ़ाव, प्रवाह, वाक्यों पर बल तथा विराम आदि का सफल निर्वाह वार्ता की प्रस्तुति को प्रभावी बनाता है। 'माइक्रोफोन किसी का मित्र नहीं होता', इसलिए रिकार्डिंग से पहले वार्ताकार को अपनी वार्ता का दो-एक बार सस्वर पूर्वाभ्यास कर लेना चाहिए और प्रोड्यूसर या किसी तकनीकी व्यक्ति द्वारा कोई उपयोगी और रचनात्मक सलाह मिलने पर अगर उसका उपयोग ठीक लगे तो करना चाहिए।

रेडियोवार्ता के आलेख की जरूरत पड़ सकती है। लेकिन इस क्षेत्र में कुछ विवाद भी है। लेखन पद्धति के विपक्ष में मत रखने वालों के विचार है कि प्राकृतिक रूप में सजग वार्ताकार वार्ता नहीं लिख सकता, क्योंकि वार्ता अपने सच्चे रूप में तभी संभव है, जब वक्ता बिना किसी उद्देश्य के बोले। लोग सामान्य रूप से तभी स्वाभाविक रह सकते हैं, जब बिना आलेख के बातचीत की जाये। ऐसे वार्ताकारों में एक पश्चिमी विद्वान श्रीमती रूजबेल्ट का नाम काफी प्रसिद्ध हैं। श्रीमती रूजबेल्ट बिन्ा आलेख के रेडियो पर अपनी वार्ता प्रसारण करती थीं। इसी तरह की वार्ता में भारत के श्रीकपिल देव सिंह को महारत हासिल थी।

इस तरह की वार्ता शांतचित्त से आलेख तैयार कर लें, तो वह प्रसारण और भी उच्च्व स्तर का हो सकता है। आलेख होने से आवश्यकतानुसार डबिंग भी की जा सकती है। इसके न होने से उद्घोषक कभी-कभी कुछ का कुछ उद्घोषित कर जाता है। आलेख के समर्थन में एक प्रमुख वार्ताकार और अंग्रेजी के लेखक जेनेथ डनवर सेट पर काफी लम्बे समय से प्रसारण सुनने के उपरांत मैं इस निष्कर्ष पर आया हूँ कि वार्ताकार के लिये आलेख एक अनिवार्यता है। वैसे आलेख प्रसारण का सिर्फ आधार मात्र ही हो सकता है, न कि वार्ता के रूप में उसका प्रसारण। आलेख पाठ से पृथक वार्ता प्रसारण का अपना स्वरूप होता है। इस स्वरूप की महता की रक्षा उद्घोषक और वार्ताकारों के द्वारा की जाती है।

रेडियो प्रसारण के लिये लिखी जाने वाली स्क्रिप्ट इस तरह की होनी चाहिए कि श्रोता उससे पूरी तरह जुड जाए। बातचीतनुमा वार्ता के बारे में अंग्रेजी लेखक श्री डनवर ने कहा कि वार्ता के लिये आलेख तैयार करने में बातचीत की अन्तर्धारा पर पैनी नजर होनी चाहिये। यदि आप लोगों को ध्यान से बातें करते हुए देखेंगे तो पायेंगे कि बातचीत का अपना एक विशेष तरीका होता है, लेकिन पुस्तकों की प्रकार लम्बे वाक्य और विशेषण भरे वाक्य खण्ड को इस्तेमाल में नहीं लाते। वे मुहावरों में और अच्छे वाक्यों मे बातें करते हैं।

वार्ता विषय में सिर्फ विषय से संबंधित श्रोता नहीं होते हैं। अपितु विषय से इतर भी वार्ता के श्रोता हो सकते हैं। अतः वार्ता के माध्यम से उन्हें भी बाँधने की कोशिश करनी चाहिये। इसके लिए अनिवार्य होगा कि विषय का बड़े ही रोचक और ऐसी चुम्बकीय शक्ति से प्रस्तुत करें ताकि ऐसे श्रोता जो हमारे विषय क्षेत्र से अलग हैं वो भी जुड़ जायें।

रेडियो प्रोग्राम में भाषा और शब्द की विद्वत्ता नही दिखानी चाहिए। रेडियो के लिये अनुसंधान करना वार्ता लिखना अथवा लेख/निबन्ध लिखना नहीं है। शोध और लेख पाठकों के लिये होते हैं। रेडियो वार्ता शब्दों का भागता हुआ तूफान है जो एक ही दिशा में हमेशा आगे बढ़ता रहता है। इसलिये प्रवाहमान शब्दों से जितना कुछ आप श्रोताओं से बातचीत कर सकें वही आपकी और वार्ता की महत्ता है। ऐसा नहीं होना चाहिए जो संबंधित विषय से नहीं हो।

पर्वतारोहण सोपनगमन नहीं, अपितु लोहे के चने चबाने जैसा कार्य है जिसमें बड़े-बड़े जीवटधारियों की महत्वाकाक्षाएँ हताशा में परिणत हो जाती है। इसको रेडियो वार्ता के स्वरूप में ढालने के लिये यों लिखना होगा कि पर्वतारोहण बड़ा ही मुश्किल काम है, बड़े-बड़े जीवट वाले हताश होने लगते हैं।

वार्ता लेखक जो भी लिखे वह विषय से संबंधित योजनाबद्ध रूप में लिखा हुआ होना चाहिए। वार्ता विश्लेषणात्मक ढंग से लिखी जानी चाहिये। ऐसा न करने पर वार्ता के सभी उपादानों में व्याख्या नहीं हो पाती। उदाहरण के तौर पर साहित्य की प्रासंगिकता नामक वार्ता में अगर साहित्य की ही व्याख्या आधे से अधिक समय की जाये तो वार्ता की समाप्ति तक उसके सभी अवयवों की संतुलित व्याख्या नहीं हो पायेगी। इसलिये वार्ता में संतुलन बनाये रखना अनिवार्य है।

वार्ता लेखन में समय का विशेष ध्यान रखना चाहिए क्योंकि प्रोग्राम के लिए समय निर्धारित होता है। उसी के भीतर प्रसारित की जाती है। इसलिये निर्धारित समय के भीतर अपनी बातों को पूर्णता और प्रभावकारी ढंग से कह देना भी वार्ता और वार्ताकार की सफलता है।

वार्ताकार को चाहिए कि वे किसी भी शब्द का बार-बार प्रयोग नहीं करें। उदाहरण के तौर पर हम तमाम लोग जब खुश होते हैं तो हँसते हैं, दुःखी होते हैं तो रोते हैं। खुश होते हैं तो चीखते चिल्लाते हैं और उदास होते हैं तो चुप रह जाते हैं। यहां पर होते हैं शब्द का कई बार इस्तेमाल किया गया है जो उपयुक्त होते हुए भी उचित नहीं है। वार्ता में अनावश्यक शब्द भी इस्तेमाल नहीं होना चाहिए।

वार्ता में ध्वनि साम्य शब्दों को साथ-साथ नहीं लिखना चाहिये क्योंकि ऐसे शब्दों के उच्चारण में छोटी सी भी भूल होने पर अर्थ का अनर्थ संभव हो सकता है। उदाहरण के तौर पर हम सब सभ्य वक्त को निहारते हैं। यहाँ समय और वक्त कभी वक्त समय या समय-समय उच्चारित हो सकते हैं। इसलिये ऐसे शब्दों के प्रयोग से बचना चाहिए।

वार्ता में तारतम्य की भी महत्वपूर्ण भूमिका होती है। विषय से जब कोई श्रोता जुड़ जाता है तो वह विषय के साथ चलना चाहता है। तारतम्य समाप्त होते ही श्रोता स्वप्न भंग की स्थिति में पहुँच कर श्रवण से खुद को दूर कर लेता है।

उच्च कोटि की वार्ता के लिये वार्ता विशेष में उतार चढ़ाव और क्लाइमेक्स का समावेश जरूरी है। ऐसी वार्ता में श्रोता किसी तरह का तनाव नहीं महसूस करते है। इसमें श्रोता वार्ता के साथ चलता हुआ आनन्द महसूस करता है, क्योंकि ऐसी वार्ता से उसे कुछ प्राप्त होता है। वार्ता में बिम्ब, हास्य-व्यंग्य और हाजिरजवाबी का समावेश आवश्यक है।

वार्ता में सूत्रात्मक वाक्यों का प्रयोग नहीं होना चाहिए क्योंकि वे ही वार्ताएँ सफल मानी जाती हैं जिसकी भाषा बोलचाल के नजदीक होने के साथ ही भावाभिव्यक्ति में सहजता लिये हुए हो।

एक वार्ताकार को वार्ता के प्रारंभिक स्वरूप को सुव्यवस्थित, मनोरंजक तथा प्रभावोत्पादक रूप में व्यक्त करना चाहिये। अंग्रेजी में एक कहावत है अच्छा प्रारम्भ आधी सफलता।

वर्ग विशेष के लिए कुछ प्रोग्राम प्रसारित होते हैं जैसे बच्चों के लिये, महिलाओं के लिये, युवा वर्ग के लिये और विद्यार्थियों के लिये आदि। इसके अलावा और भी किस्म-किस्म की वार्ताएँ होती हैं : समाचार, समाचार समीक्षा, परिचर्चा, व्यंग्य-विनोद, खेत गृहस्थी और उद्घोषणाएँ आदि। कुछ वार्ताएँ ऐसी होती हैं जिनमें वार्ता संबंधी समस्त विशेषताएँ लागू होकर भी अपनी एक पृथक पहचान बनाती है। जैसे तथ्यपरक वार्ता, संस्मरणात्मक वार्ता, आत्मकथात्मक वार्ता, वैयक्तिक वार्ता और विवादास्पद वार्ता आदि।

तथ्यपरक वार्ता में तथ्य संबंधी सूचना सही होनी चाहिए जैसे भूल से भी यदि कोई वार्ताकार यह कह गया लाल किला मुंबई में समुद्र के किनारे मुगल बादशाहत का अनोखा नमूना है। ऐसी भूल के लिये वार्ताकार के साथ-साथ प्रोड्यूसर तथा रेडियो अधिकारियों की भी कार्य कुशलता पर प्रश्न चिह्न लग जायेगा। अपने तर्कों तथा तथ्यों को वार्ताकार थोड़ा अन्तराल देकर बदले। श्रेष्ठ वार्ता में अधिक समय तक

एक ही बात को बार-बार नहीं बोलना चाहिए। इसके तहत शोधपूर्ण, वैज्ञानिक, डाक्टरी और कृषि उद्योग सम्बन्धी वार्ताएँ हैं।

वार्ता लेखन को सर्वोत्तम बनाने के लिए तथ्यपरक उदाहरण का प्रयोग किया जाना चाहिए। अगर वार्ता लेखक का विषय परिवार नियोजन अथवा अल्प बचत पर है तो हवा में व्याख्यान देने से अच्छा है कि किसी परिवार द्वारा उन सच्चाईयों की प्रतिष्ठा करके ठोस आधार निर्धारित करें। ऐसी वार्ता से श्रोता प्रभावित होगा, क्योंकि उसे यह अनुभव होगा कि यह बात इस्तेमाल के आधार पर सत्यापित की जा चुकी है।

अच्छी वार्ता का एक उदाहरण नीचे प्रस्तुत किया गया है। वार्ता का विषय है सागर और मनुष्य। "कहते हैं जीवन का आरम्भ जल से हुआ, इसलिये जीवधारियों का आकर्षक इसके प्रति रहा है। यह आकर्षण सहज सौन्दर्य बोध के कारण नहीं, इसके पीछे मनुष्य का स्वार्थ भी रहा है। (सभ्यता की शुरूआत से ही सागर, व्यापार वाणिज्य का माध्यम रहा। सागर के प्रति मनुष्य के लगाव का एक और भी कारण है। सागर ने मनुष्य को सदैव से अनुप्राणित किया हैं।) सागर में तैरती मछलियों और काइयों को पहले तो उसने काफी उत्साहित होकर देखा पर उपरांत में भोजन के लिए उपयोग में लाने लगा। मछुआ गीतों में सागर को माता कहा जाता है।"

उपर्युक्त लिखित वार्ता में जो पंक्तियाँ कोष्ठक में दी गई हैं वे प्रोड्यूसर के माध्यम से जोड़ी गई हैं और उन्हें आलेख से अलग कर प्रसारण का प्रस्ताव बनाया गया है। वार्ता को सुग्राही और प्रभावकारी बनाने के लिए कुछ शब्द जोड़ना और घटाना आवश्यक है।

रेडियो के लिये संस्मरण प्रधान वार्ताएँ रुचिपूर्ण एवं उपयोगी हैं। इस प्रकार की वार्ता में कहीं न कहीं कथा तत्व का समावेश अनिवार्यतः रहता है, जो श्रोता को वार्ता से जोड़े रखता है। वर्ण्य विषय के आधार पर ही वार्ताकार संस्मरणात्मक वार्ता में उस व्यक्ति घटना, स्थान आदि से सम्बन्धित बातें करेगा। ऐसी वार्ता में मैं का इस्तेमाल पूरी तरह वर्जित है।

आत्मकथात्मक वार्ता में वार्ताकार को अपने बारे में कहने की काफी छूट रहती है। ऐसी वार्ताओं का विषय किसी ख्यातिलब्ध और प्रमुख व्यक्तित्व से सम्बन्धित होता है अथवा एक साधारण आदमी से, जो कुछ ऐसी बातों को बतला रहा हो जिससे श्रोता चमत्कृत हो जाये।

'मैं' की वैयाक्तिक वार्ता में काफी संभावना होती है। इनमें वार्ता किसी व्यक्ति से सम्बन्धित होती है, पर उसका आधार व्यक्ति न होकर कोई दूसरा विषय

होता है जैसे पान पर वार्ता दी गई। इसमें वार्ताकार खुद के दृष्टिकोण को अभिव्यक्त करता है। यदि यह वार्ता किसी वनस्पति शास्त्री को दी गई तो यह वार्ता वैयाक्तिक न होकर तथ्यपरक हो जायेगी। यहाँ वार्ता के विषय का अर्थ है पान खाना।

उत्तम वार्ता लिखी होने पर भी अनेक बार वार्ताकार उसका वाचन शुद्ध रूप से नहीं कर पाता। कुछ वार्ताकार तो ऐसे भी होते हैं जो माइक्रोफोन के समीप आकर घबरा जाते हैं जिसके कारण वार्ता प्रभावी नही हो पाती। ऐसी स्थिति में वाचन का पूर्वाभ्यास बहुत जरूरी हो जाता है। कभी कभी तो वार्ताकार दो चार वाक्य के उपरांत विषय और व्याकरण दोनों को भुला बैठते हैं। ऐसी स्थिति में वार्ताकार को अपनी वार्ता बार-बार पढ़कर वाचन और व्याकरण संबंधी त्रुटि को सुधार लेना चाहिये। आत्मशक्ति बढ़ती है जिससे वार्ता अत्यधिक प्रभावी होती है।

11

दूरदर्शन समाचार संपादन

समाचार-रिपोर्टिंग

आधुनिक समय में दूरदर्शन मानव जीवन का अभिन्न अंग बन गया है। दूरदर्शन पर अनेक प्रकार के चैनलों के माध्यम से समाचार प्रस्तुत किए जाते हैं। जिससे हमें देश विदेश में हो रही घटनाओं की जानकारी प्राप्त होती है। दूरदर्शन को एक महत्वपूर्ण कला भी कहा जा सकता है। इसमें घटना का स्वरूप भिन्न-भिन्न न होकर एक ही प्रकार का होता है। यह एक ऐसी विषय-वस्तु है, जिसमें समाचार संकलनकर्ता किसी भी घटना को अपनी प्रतिभा के बल पर अधिक प्रभावशाली बनाता है। अनुभव, व्यक्तिगत योग्यता एवं परिपेक्ष्य के अलावा न्यूज रिपोर्टिंग में निम्नलिखित तत्त्वों जैसे समाचार परिपूर्ण किंतु संक्षिप्त हो, प्रस्तुत घटना के प्रामाणिक पक्षों को संयोजित किया जाए, दृश्य एवं श्रव्य पक्षों का तालमेल, प्रस्तुति में तारतम्य हो तथा दृश्यात्मकता के पक्ष को व्यापक प्राथमिकता देना जरूरी है।

दूरदर्शन रिपोर्टिंग

दूरदर्शन समाचार-रिपोर्टिंग के विभिन्न पहलुओं के अन्वेषण के लिए निम्नलिखित प्रमुख बिंदूओं पर प्रकाश नीचे डाला गया है–

1. *समाचार अवधारणा*

कैमरा आपके मस्तिष्क द्वारा सोची गयी बात को आपकी आंखों से देखकर

ही अंकित करता जाता है। न्यूज को विजुअलाइज करते समय एक प्रखर मस्तिष्क के साथ तकनीकी व वैचारिक समृद्धता आवश्यक है।

दूरदर्शन समाचार कान पर, मन पर, तथा आँखों को प्रभावित करते हैं। अतः 'समाचार' के विषय में अवधारणा करते समय तीनों पक्षों पर नजर डालना परम आवश्यक है। तकनीकी दृष्टि से यह कार्य भले ही जटिल हो पर विभिन्न कोणों से तालमेल बैठाने पर इसके बेहतर परिणाम सामने आते हैं। समाचार-संकलन से प्रस्तुति तक बहुधा ऐसा होता है और लोगों ने तन-मन-धन से भूकम्प प्रभावित लोगों को सहयोग दिया। समाचार के जरिये से विपदा के समय लोग संघर्ष के लिए उठ खड़े होते हैं। न्यूज-विजुअलाइजेशन हेतु निम्नलिखित बिंदुओं पर प्रकाश नीचे डाला गया है–

(1) प्रेरक, सकारात्मक, सांस्कृतिक, ऊर्जावान मूल्यवर्द्धक समाचारों में न्यूज-विजुअलाइजेशन को प्राथमिकता मिले।
(2) तार्किकता व दृश्यता का सम्बन्ध सटीक हो।
(3) दृश्य को इस प्रखरता से कैमरे में कैद किया जाए कि वह जनमानस को सकारात्मक रूप में उद्वेलित करे।
(4) परिकल्पना व प्रस्तुति में आए बदलाव को ध्यान में रखा जाए।
(5) समाचार साधारण से लेकर अति-विशिष्ट तक के लिए होता है और उसके प्रभाव व्यापक होते हैं। अतः यह दृष्टिकोण हमेशा ध्यान में रखना चाहिए।

2. *अन्वेषण सम्पादन एवं मौखिक प्रविधि*

इलेक्ट्रॉनिक उपकरणों में अन्वेषण करना संपादक का प्रमुख पहलू है। टेलीविजन के लिए समस्त कार्यवाहियों के लिए 'कैमरे' का इस्तेमाल करता है। कैमरा वह पहलू है जो हर क्षण दर्शकों के सामने 'आँखों-देखी' प्रस्तुत करता है। यह तय बात है कि आँखों देखा सच को झुठलाया नहीं जा सकता है। खोजी पत्रकारिता हेतु सक्षम संवाददाता व कैमरा मिलकर क्रान्ति कर सकते हैं। हाल ही में रक्षा-मन्त्रालय में की गई सौदेबाजी व पाकिस्तान टी.वी. पर भारत विरोधी दुष्प्रचार के सच का खुलासा खोजी पत्रकारिता के सबल पक्षों का उदाहरण है। अन्वेषण सम्पादन में अग्रलिखित बिन्दु बहुमूल्य भूमिका निभाते हैं जिन पर नीचे प्रकाश डाला गया है –

(1) किसी भी स्रोत की अनदेखी न करें। बहुधा नाउम्मीद वाले स्रोतों से महत्वपूर्ण लीड मिलती है।

(2) कानून की परिधि की पालना आवश्यक है वरना आपको परेशानी में डाल सकती है।

(3) योजना, विवरणों, तथ्यों को साथ लेकर चलें।

(4) कठिन परिस्थितियों हेतु जोश व तकनीकी समृद्धता रखें।

(5) मानसिक प्रक्रिया पूरी रखें। संकेत, स्रोत, अध्ययन, कार्य-पद्धति, दृष्टिकोण निरीक्षण आदि तत्व बेहद उपयोगी होते हैं।

(6) अच्छे विश्वसनीय सूत्र जटाएँ। जन-सम्पर्क अधिकारी जैसे लोग इसमें सहायक हो सकते हैं।

(7) संस्था व विभाग की रीति-नीति के अनुरूप छोटे तथा बड़े अधिकारियों से मिलकर तथ्यों की पुष्टि करें।

(8) स्रोत एवं सम्पर्कों को निरन्तर बनाए रखें। व्यक्तियों से निजी सम्पर्क व सामाजिक मेल-मिलाप से खोजी पत्रकार विश्वसनीय सिद्ध होता है और मौके-बेमौके उसे काम की सूचनाएँ मिलती है।

न्यूज निष्पत्ति

'न्यूज' निष्पत्ति में सगाचार कहने वाले को समाचार कहते समय विशेष सावधानी बरतनी होती है। यह महत्वपूर्ण है कि इसमें वाचक की वाणी में स्पष्टता और उतार-चढ़ाव होना चाहिए। भाव के अनुरूप प्रस्तुति दी जानी आवश्यक है। हालांकि दूरदर्शन पर वाचक के बोलने के साथ-साथ चित्र भी आते हैं। इसलिए आवश्यक है कि वाचक को दोनों में तालमेल बैठाना होगा। समाचार-वाचन के क्रम में दृश्य दिखाए जाते समय वाचक को अवकाश मिल जाता है। इसके साथ ही किसी संवाददाता की विशिष्ट रिपोर्ट में आवाज भी दूसरे एंकर की होती है। इसमें विशेष घटना, व्यक्ति या तथ्य के विषय में संवाददाता या अन्य द्वारा अपने स्वर में जानकारी दी जाती है। वर्तमान समय में दूरदर्शन पर सीधा प्रसारण दिखाया जाता है। दूरदर्शन के साथ समाचार-वाचक का सीधा संबंध बनाए रखने के लिए समाचार पढ़ते समय लेपटॉप टेलीप्रॉम्पटर जैसे उपकरणों को संयोजित किया जाता है। इससे यह सुविधा रहती है कि बजाए कागज के समाचार वाचक टेलीप्रॉम्पटर या लेपटॉप के स्क्रीन पर नजर आ रहे वाक्यों को सहजता से पढ़ते हुए अपनी प्रस्तुति दे सकता है। देखने वालों को ऐसा न प्रतीत हो कि कैमरे का सीधा सम्बन्ध समाचार वाचक की आंखों से नहीं है।

सम्पादक द्वारा उचित समाचारों का चयन किया जाता है तथा और प्रसारण

हेतु उपयुक्त समाचारों को सम्पादक द्वारा उसमें से चयनित किया जाता है। समाचार लेखन के साथ ही वाचक द्वारा उसे संभव होने पर पूर्व में बोलकर देख लिया जाता है ताकि कहीं भटकाव या उच्चारण दोष की संभावना न रहे। यदि वाचन की दृष्टि से कहीं कमी होती है, तो वचन के अनुरूप सुधारा जाता है। चयनित समाचारों में से प्राथमिकता के अनुसार समाचार चुने जाते हैं और इस प्रक्रिया में समाचारों को क्रमवार चयन किया जाता है। सबसे पहले प्रमुख समाचार को पहले लिया जाता है, उसके पश्चात न्यूज विषय के अनुरूप क्लिपिंग (Clipping) प्रस्तुत की जाती है। (क्लिपिंग समाचार के महत्वपूर्ण पक्ष का दृश्य हिस्सा होती है।) मुख्य समाचारों के पश्चात् सम्पूर्ण समाचारों का विवरण दिया जाता है। अंतिम रूप में खेल-मनोरंजन व मौसम से जुड़े समाचार होते हैं। वर्तमान में समाचारों का मध्य प्रदेश (अवकाश) दिए जाने लगे हैं।

पैकेजिंग : निष्पत्ति-स्वरूप

आधुनिक काल में टेलीविजन चैनलों में प्रतियोगिता की होड़ मची है। इस प्रतियोगिता दौड़ में पैकेजिंग अत्यंत महत्वपूर्ण हो गया है। इसके आने वाले निम्नलिखित बिंदुओं पर नीचे की पंक्तियों में प्रकाश डाला जा रहा हौ।

(i) प्रस्तुति का आकर्षक स्वरूप।
(ii) सेट, डिजाइन एवं रंग संयोजन
(iii) दृश्य-ध्वनि के विशेष प्रभाव।
(iv) कार्यक्रम में अवकाश और विज्ञापन संयोजन।
(v) समाचार प्रस्तुति के साथ दर्शकों हेतु प्रभावी तत्व जैसे ग्राफिक्स, लाइव-डिस्पले,
(vi) समाचार के साथ-साथ टी.वी. स्क्रीन के नीचे गतिमान पट्टी पर हिन्दी अंग्रेजी के वाक्यों के समाचार, लोगो, सेन्सेक्स, मौसम आदि की प्रस्तुति की निरंतरता।
(vii) प्रमुख समाचारों के साथ सिगनेचर टयून (Signature Tune), संगीत आदि का संयोजन।
(viii) फ्लैश चित्र प्रस्तुति (Flash Photo Display)
(ix) दृश्य-श्रव्य प्रस्तुति को युक्तिपूर्ण स्वरूप में लाना।

साक्षात्कार, एक्सक्लूजिव स्टोरी आदि दर्शकों के सामने प्रस्तुत किया गया

अंतिम कार्यक्रम है। जैसा कि विदित ही है अच्छे कार्य के साथ उसका अच्छा एवं सार्थक प्रदर्शन भी आवश्यक है। पैकेजिंग भी अच्छा एवं सार्थक प्रदर्शन है। जिस प्रकार माला में सुंदर फूलों को संयोजित कर एक आकर्षक स्वरूप प्रदान किया जाता है, उसी प्रकार पैकेजिंग कार्यक्रम की वह प्रस्तुति है जिसका दर्शका पर अपेक्षित प्रभाव पड़े।

पूर्व में न्यूज रीडर के समक्ष क्रमवार कागज रखे रहते थे और वह उन समाचारों-पत्रों को एक मेज पर जाकर पढ़ा करता था। पर आज जैसे ही समाचार बुलेटिन की सिगनेचर ट्यून के रूप में संगीत रचना सुनाई देती है और चैनल का लोगो (प्रतीक चिन्ह) कलापूर्ण स्वरूप में प्रस्तुत होता है। इसके बाद खुलता है माया-दर्पण, भव्य सैट, शानदार न्यू टेबल, बैकग्राउण्ड में चित्रों का संयोजन, रंग व्यवस्था, प्रकाश की प्रभावी व्यवस्था और न्यूज रीडर के मुस्कराते चेहरे। फिर सिलसिला शुरू होता है, समाचार पढ़ने का। समाचार के साथ ढेरों दृश्य, आँकड़े, सजीव प्रसारण और फ्लैश चित्र, कंप्यूटर एनीमेशन आदि के सम्मिलित प्रभाव से समाचारों के साथ-साथ प्रस्तुति की भव्यता के दर्शन भी होते हैं। समाचारों के मध्य अवकाश, मुख्य समाचार-प्रस्तुत, विज्ञापन प्रदर्शन, प्रमुख समाचार को तरजीह आदि अनेक पक्ष हैं, जो पैकेजिंग में सम्मिलित किए जाते हैं। इनसे ही समाचार-बुलेटिन आकर्षक जान पड़ता है।

न्यूज निष्पत्ति प्रक्रिया : प्रोडक्शन-पूर्व एवं प्रोडक्शन-पश्चात्

समाचार प्रस्तुति अपने आप में श्रमसाध्य स्थिति है। देखने में भले ही एक मिनट का समाचार छोटी-सी प्रस्तुति देता हो पर उसके पीछे पूर्व (pre) एवं पश्चात् (post) प्रोडक्शन के कई घंटे लगते हैं।

दूरदर्शन का समाचार संपादक जब समाचार प्रस्तुति हेतु अपने लाखों दर्शकों के दृष्टिकोण से कोई प्रारंभिक रूपरेखा तय करता है, तो उसे इस प्रयोजन हेतु बहुत सी तैयारियों से गुजरना होता है। समाचार की प्रारंभिक प्रक्रिया में शामिल हैं :

(i) साउण्ड-रिकॉर्डिस्ट द्वारा ध्वन्याँकन।

(ii) ऑडियो-वीडियो फुटेज में से संपादक द्वारा दृश्य-श्रव्य की सटीक प्रस्तुति को छाँटना।

(iii) समाचार-वाचन हेतु स्क्रिप्ट लिखना/लिखवाना।

(iv) समाचार हेतु प्रारंभिक में शामिल हैं:

(अ) संवाददाता की 'बीट' के अनुरूप समाचार संकलन हेतु योजना।

(ब) कैमरामैन (Cameraman) द्वारा दृश्यों का कवरेज।

एक बार जब प्रोडक्शन पूर्व की प्रारंभिक तैयारियाँ हो जाती हैं, तो पोस्ट-प्रोडक्शन हेतु निम्नलिखित व्यवस्थाएँ की जाती हैं :

(i) सेट की समस्त व्यवस्थाएँ।

(ii) सीधे प्रसारण हेतु संवाददाता, घटना-स्थल पर ओबी. वैन, प्रकाश, कैमरा, ध्वनि व संपर्क हेतु समस्त व्यवस्थाएँ।

(iii) बुलेटिन के समय के अनुरूप समस्त व्यवस्थाओं का सुचारु संचालन।

(iv) समस्त विभागों, व्यक्तियों, तकनीकी व्यक्तियों आदि के मध्य समन्वय।

(v) टेलीप्रॉम्पटर और संकेत पट्टों के माध्यम से स्क्रिप्ट की व्यवस्था ताकि न्यूज रीडर उसे सटीक स्वरूप में पढ़ सके।

(vi) उपर्युक्त समाचार वाचक का चयन।

(vii) समाचार वाचन हेतु टेबल, ध्वनि प्रकाश-स्टूडियो की समस्त तैयारियाँ।

(viii) दृश्यांकन एवं सजीव प्रसारण हेतु ऑनलाइन कैमरामैन एवं संपादक का संयोजन।

(ix) समाचार प्रस्तुति के साथ दर्शकों हेतु प्रभावी तत्व जैसे ग्राफिक्स, लाइव-डिस्पले, उक्त वर्णित सभी व्यवस्थाओं के होने पर समाचार बुलेटिन अपनी प्रस्तुति को प्राप्त होता है। वर्तमान समाचार बुलेटिनों में दृश्यात्मक अंश के साथ शाब्दिक प्रस्तुती भी संवाददाताओं द्वारा ही दी जाती है। दूरदर्शन इस सिद्धांत पर कार्य करता है कि जहाँ कुछ घटित हुआ है वह आप हमारे साथ देखें-सुने और उसी के अनुरूप "आँखों देखी-कानों सुनी" बात समाचार बुलेटिन के माध्यम से प्रस्तुत की जाती है।

दिल्ली दूरदर्शन, आज तक, जी टी.वी. एवं स्टार टी.वी. समाचारों का प्रारूप एवं तथ्यपरक विश्लेषण

आधुनिक युग तकनीकी युग है और समाचार सुनने वाले समाचार के घटित होने के साथ ही उसके सम्पूर्ण विवरण एवं प्रस्तुति के पक्षों की ओर आकर्षित होता है। यही कारण है कि दृश्य-श्रव्य प्रस्तुति के रूप में समाचार चैनलों में गलाकाट

प्रतिस्पर्द्धा है और इसी के चलते प्रारूप एवं प्रस्तुति के आयामों में नित प्रतिदिन नये-नये बदलाव देखने को मिल रहे हैं।

आधुनिक समय में बड़े स्तर पर कई चैनलों में प्रतियोगिता देखने को मिलते हैं। इसका प्रमुख कारण मूल समाचार, घटना का विवरण, तार्किक-विश्लेषण, फोटों कवरेज आदि हैं। आइए जानें कि इन सभी के बीच क्या समान है और क्या असमान। श्रोता किससे प्रभावित होता है, किससे नहीं, समाचार बुलेटिनों के प्रारूप क्या हैं? प्रस्तुतिकरण कैसा है, तथ्यपरक अवयव कैसे हैं, और उसकी खासियत क्या है जिसमें चैनल को एक नयी पहचान मिलती है।

डी.डी. न्यूज

वर्तमान समय में टेलीविजन चैनलों में डी.डी. न्यूज बहुत ख्याति प्राप्त कर लिए हैं। इस चैनल के प्रति आज प्रत्येक श्रोता के मन में आस्थापरक भाव उत्पन्न होता है। सरकार का प्रतिनिधि चैनल होने के नाते इसकी 'विश्वसनीयता' असंदिग्ध है। वर्तमान में यह पूरे 24 घंटे चलने वाला समाचार चैनल है। सरकार की व्यापकता, मशीनरी, स्रोतों, आंकड़ों, सुविधाओं, संवाददाताओं व दूरदराज पहुँच का लाभ इसे मिलता है। सामयिक राजनीतिक, विधिक मुद्दों के विशेष पहलुओं में जहाँ अन्य चैनल लाख कोशिश के बाद भी नहीं पहुँच पाते हैं, वहाँ प्रतिनिधि (सरकारी) होने के नाते इसे वे लाभ स्वतः ही मिल जाते हैं। देश के प्रधानमंत्री, राष्ट्रपति के देश के नाम संबोधन, स्वतंत्रता दिवस व 26 जनवरी के विशिष्ट प्रसारण, विषम परिस्थितियों के सर्वाधिक विश्वसनीय वक्तव्यों के कारण इसकी विशिष्ट साख है।

प्रमुख रूप से खेल, विकास, शिक्षा, राजनीति, संस्कृति, मौसम आदि के मुद्दों को डी.डी. ए. न्यूज पर प्रस्तुत किया जाता है। प्रस्तुति में गानवीय मूल्यों, शालीनता, वक्तव्य की विश्वसनीयता की रक्षा की जाती है। समाचार कहने वाले देश के जाने-माने चेहरे हैं। प्रस्तुति व उच्चारण प्रखर है। भरपूर संसाधनों, तकनीकी युक्तियों, लाइव शो के माध्यम से प्रस्तुति आकर्षक बन पड़ती है। अपने घोष वाक्य 'सम्पूर्ण सत्य, सर्वत्र' के अनुरूप प्रसारणों में इनका आधार दिखाई देता है। चर्चित घटनाक्रमों में विषय-विशेषज्ञों से बातचीत और तार्किक विश्लेषणे के साथ पैनल चर्चाएँ भी आयोजित की जाती है। शेयर जगत के उतार-चढ़ाव, आर्थिक विश्लेषण, राजनीतिक परिस्थितियों पर बहस, मौसम का पूर्वानुमान, खेल जगत की गतिविधियाँ और समकालीन मुद्दों को प्राथमिकता दी जाती है।

न्यूज टेबल पर लेपटॉप के माध्यम से समाचार द्वारा बातचीत एवं घटना के चित्र दिखाए जाते हैं। डी.डी. न्यूज का यादगार प्रसारणों का एक लंबा इतिहास है। अपने प्रमुख बुलेटिनों के अतिरिक्त राज्यों से समाचार, मेट्रो न्यूज और न्यूज आधारित छोटे-छोटे कार्यक्रम प्रमुखताएँ हैं। पर इतना अवश्य है कि डी.डी. न्यूज को अपने प्रचुर संसाधनों, तकनीक एवं माध्यम को आंकलित करते हुए अधिक विजुअल्स एवं दृश्य प्रसारण बढ़ाने चाहिए। क्योंकि समाचार प्रस्तुति में न्यूज रीडर द्वारा समाचारों को पढ़ा जाना और कैमरे का काफी देर तक केवल न्यूज रीडर तक ही केंन्द्रित रहना समाचार के पीछे की व्यावहारिक कमियों एवं अनुपयुक्त कवरेज को प्रदर्शित करता है।

आज तक

'आज तक' समाचार चैनल टेलीविजन चैनलों का प्रसिद्ध चैनल है जो चैनलों में आपसी भेद के बाद भी अपनी अलग पहचान बनाए हुए है। इसका प्रमुख कारण यह है कि यह एक निजी चैनल है। इस चैनल में तकनीक के आयामों में विविधता एवं नवीनता है। नवीन किस्म के सैट, प्रस्तुति का अलग अंदाज, वैज्ञानिक उपादानों का प्रयोग, वीडियो कॉन्फ्रेंसिंग, लाइव कवरेज आदि इसकी विशेषताएँ है। आज तक की समाचार-प्रस्तुति की अपनी शैली है और हिन्दी की प्रयुक्ति का स्तर भी प्रभावी है। समाचारों में वैविध्यता है, विजुअल्स उपयुक्त है। समाचार प्रस्तुतीकरण की कलाओं पर अत्यधिक मेहनत की जाती है। देश के साथ-साथ ही विदेश की घटनाओं का कवरेज भी इसकी प्रमुख विशेषता है। 'सबसे तेज' की अपनी अवधारणा के अनुरूप ही यह समाचार चैनल राजनीतिज्ञों से तीखी बहस और बेबाक टिप्पणियों के लिए प्रसिद्ध है। आज तक में सभी पक्षों जैसे– कला, राजनीति, मौसम, खेल, फिल्म, संस्कृति व समकालीन मुद्दों की प्रस्तुति रहती है। समाचार प्रस्तुतिकरण में इन्होंने न्यूज-टेबल पर बैठे रहकर समाचार पढ़ने की प्रथा को तोड़ा है।

इनके संवाददाताओं के माध्यम से सैट पर खड़े रहकर समाचार प्रस्तुति का पक्ष अलग हटकर है। बातचीत में बड़े लिक्विड क्रिस्टल डिस्पले मोनीटर का प्रयोग प्रभावी लगता है। दूर-दराज के क्षेत्रों से संवाददाताओं द्वारा लाइव-न्यूज के रूप में प्रस्तुत की जाने वाली खबरें भी प्रभावी होती हैं। हाँ इतना अवश्य है कि कई बार समाचार बुलेटिनों के प्रसारण में पूर्व-प्रसारण ही की सामग्री हूबहू प्रस्तुत होती है और समाचारों को अनावश्यक विस्तार दिया जाता है। क्राइम सेगमेंट की खबरों में भी कई बार पात्रों की स्थिति को दूसरे स्वरूप में ड्रामेटाइज कर प्रस्तुत करते हुए स्थितियाँ

अपरिचक व बचकानी लगती हैं। पत्रकारिता को मिशन के रूप में लेने वाले लोगों की बजाए मार्केटिंग का आधार प्रभावशीलता है।

जी टी.वी. न्यूज

वर्तमान समय में प्रसिद्ध टेलीविजन चैनल जी.टी. वी. न्यूज चैनल अपने विस्तृत एवं त्वरित कवरेज के लिए प्रसिद्ध है। चमचमाते सेटों, आधुनिक वैज्ञानिक उपादानों से लैस, प्रस्तुति का स्मार्ट अंदाज और धाराप्रवाह प्रस्तुति भी आकर्षक है। खेल, व्यापार, राजनीति, आर्थिक, सामाजिक, नैतिक आदि पक्षों को लेकर लगातार रिपोर्टिंग प्रभावी बन पड़ती है। समकालीन मुद्दों की पड़ताल के लंबे कार्यक्रम भी इनकी विशेषता है। समूह चर्चा, प्रतिनिधि वक्तव्य, घटनाओं के ब्योरे, विश्लेषण आदि में भी प्रभाविता होती है।

विशेष रूप से जटिल मुद्दों पर राजनीतिक बहसें देखते ही बनती है। अयोध्या में आतंकवादी हमले के मुद्दे पर राजनीतिक नुमाइंदों की बहस का प्रस्तुतीकरण व्यापक व प्रभावी था। जी टी.वी. ने अपने सेटेलाइट चैनल और ओ.बी. बैंन की सहायता से दूर-दराज के क्षेत्रों की व्यापक रिपोर्टिंग के पक्षों को प्रस्तुत किया है। लाइव शो में तकनीकी पक्ष की प्रचुरता और घटना का सटीक आकलन दिखाई देता है। तीखी बहस और घटना की जड़-खोद तहकीकात के लिए जी टी.वी. जाना जाता है। कृषि-मौसम व आर्थिक पक्षों पर भी समाचारों के साथ प्रस्तुत फीचर व्यापक आयामों को सामने लाते हैं। हाँ, गुणात्मक स्थितियों के साथ-साथ महत्वपूर्ण समाचार के बीच ब्रेक के बाद मिलने और मई की भरी दोपहर में वाचक को सूट में समाचार पढ़ते देख 'कॉर्पोरिट' और व्यावहारिक जगत की असंगतता को दर्शक पचा नहीं पाता है। 'सरलता' का पक्ष भी सहज जुड़ाव के लिए प्रभावी एवं जरूरी है।

स्टार टी.वी. न्यूज

टेलीविजन का एक प्रमुख चैनल स्टार टी.वी. न्यूज भी है जिसका समाचार प्रस्तुतीकरण मनोरम और आकर्षक है। परी लोक सा सजा न्यूज टेबल एवं संबंधित सेट न्यूज पढ़ने वालों के जगमगाते चेहरे और प्रस्तुतीकरण की भव्यता बरबस ही स्टार टी.वी. को नवीन पक्ष प्रदान करती है। इस चैनल में सबसे बड़ी खासियत यह है कि इसके संवाददाताओं और खासकर महिला समाचार-वाचकों की 'हिन्दी' इतनी प्रभावी है कि उसके सम्मुख अन्य चैनल नहीं ठहरते। हाल ही में लन्दन में हुई शाही शादी का लंदन से सजीव प्रसारण के अंतर्गत समाचार-वाचकों के प्रभावी हिन्दी

उच्चारण ने बरबस दर्शकों का ध्यान खींचा। तकनीक की जटिलता के साथ-साथ उसके सार्थक एवं जादुई प्रयोगों की प्रस्तुति 'स्टार टी.वी. न्यूज' से सीखी जा सकती है।

वस्तुतः यह सत्य है कि इस सबके लिए कैमरे के पीछे काफी परिश्रम करना होता है। ढेर से विजुअल्स, आँकड़े, संदर्भ और विश्लेषण से प्रत्येक समाचार कक्षा का दायरा तो बढ़ता है दर्शक की जिज्ञासा का शमन भी होता है। कृषि, शिक्षा, खेल, राजनीति, सामाजिक, आर्थिक पक्षों का व्यापक सर्वेक्षण एवं प्रस्तुतिकरण स्टार टी.वी.न्यूज के सकारात्मक पक्ष हैं। भव्यता के साथ तात्विकता का संयोजन भी प्रभावी होता है। बड़े नामों की बजाए नए चेहरों को भी पूरी तैयारी एवं संभावना के साथ समाचार प्रस्तुति देते देख दर्शक के रूप में 'संतोष' की विषयवस्तु उपस्थित होती है। इस चैनल में कभी-कभी असंगति पक्ष देखने को मिलता है। परन्तु इस असंगति पक्षों में कुछ सकारात्मक पक्षों को देखते हुए दर्शक सहजता महसूस करता है। आज भी लोग स्टार टी.वी. की कारगिल युद्ध एवं सुनामी-त्रासदी की जीवंत तस्वीरों व कवरेज के दीवाने हैं।

12

विभिन्न फीचर लेखन

आधुनिक समय में संस्कृति तथा सभ्यता की प्रगति परिवेश में परिवर्तन, मूल्यों में बदलाव, इस समय की जरूरत के अनुसार नाट्य साहित्य अनेक रूप ग्रहण किए हुए है। प्राचीन परम्परा से ग्रहीत और आधुनिकता से प्रेरित पोषित नाट्य साहित्य बदलकर जनसाधारण तक पहुँचाने का कार्य नाट्य साहित्य के माध्यम से ही संभव हो सका है, जिसकी प्रतिक्रियास्वरूप साहित्य विशाल जनसमूह से जुड़ा है। विषयवस्तु की जीवन्तता व्यक्ति को अपनी तरफ मोह लेती है। किसी रचना को पढ़कर या सुनकर ही मानव कल्पना के ताने-बाने बुनने लगता है। उसके मानस पटल पर दृश्य घटनाएँ एवं पात्र जी उठते हैं। वह उनसे तारतम्य कर लेता है। उनसे नैकट्य की कल्पना कर कुछ समय हेतु उन्हीं के सुख दुख में रम जाता है। अगर उसी रचना को किसी भी माध्यम द्वारा जीवन्त रूप से देख लें तो जिस मादक सुख की उसको अनुभूति होगी वह अव्यक्त अवर्णनीय होगी। यही कार्य नाट्य रूपान्तरण के माध्यम से हुआ है।

श्रव्य जगत रो धारण किन तत्वों को दृश्य में बदला गया। विषय वस्तु की जीवन्तता ने मानव मन का मोह लिया और इस अनोखी साहित्य सर्जना से जनमानस आन्दोलित हो उठा। रूपान्तरण का सूत्रपात साहित्य में कई दशक पहले हो गया था। गुजराती, कन्नड़ मलयालम, तेलगू, बंगला, मराठी, संस्कृत, विदेशी भाषाओं की प्रसिद्ध कृतियों के रूपान्तर द्रुतगति से हुए और उनका रंगमंच पर प्रस्तुतीकरण किया गया। इससे प्रभावित होकर हिंदी साहित्य के रंगकर्मी भी इस ओर आकर्षित हुए और उन्होंने साहित्य की कई विधाओं को रंगमंच के अनुरूप रूपान्तरित किया। आधुनिक युग

में इस कला का इतना अधिक विकास हुआ है कि इसकी प्रतिष्ठा एक स्वतंत्र विधा के रूप में हो गई। रूपान्तरण मौलिक साहित्य सर्जना से कठिन है क्योंकि मौलिक रचनाकार उन्मुक्त रूप से कल्पना के प्रांगण में विचरण कर सकता है किन्तु रूपान्तरकार को रचनाकार के साथ अपनी जिम्मेदारी का निर्वाह भी करना पड़ता है। उसे इस बात का ध्यान रखना पड़ता है कि मूल रचना की आत्मा, रचनाकार का लक्ष्य व उद्देश्य की सुरक्षा हो सके। नाटक के दृश्याबंध में बँध कर भी रचना का घटनाक्रम वहीं रहे। शुरू, विकास, चरम सीमा और अंत भी मूल रचना की भाँति हो।

मूल कथावस्तु और बदले कथावस्तु में इतना अंतर न हो कि दर्शक मूल कथावस्तु को ढूंढते रहे। किसी भी रचना का रूपान्तरण करने से पूर्व मंच एवं मीडिया का चयन जरूरत के अनुरूप करना चाहिये और फिर उसी के अनुसार नाटकीय शैली का इस्तेमाल करना चाहिए, क्योंकि हर मीडिया का शिल्प विधान, रंगकर्म, साज-सज्जा, दृश्याबन्ध तथा प्रस्तुतीकरण प्रणाली, तकनीक अपनी-अपनी होती है। प्रकाश व्यवस्था, रंगमंच में परिवेश, अभिनय, मंचसज्जा, ध्वनि, वेशभूषा आदि तत्व अनिवार्य हैं तो आकाशवाणी में संवाद, ध्वनि प्रभाव एवं संगीत के माध्यम से कथा की प्रस्तुति होती है। दूरदर्शन में दृश्य संयोजन, घटनाओं की गतिमयता, ध्वनि, संगीत, अभिनय और संवादों के माध्यम से कथा के प्रस्तुतीकरण की संभवना है। इलेक्ट्रॉनिक मीडिया में समयावधि के अनुरूप ही नाटकीय आलेख लिखना होता है। विभिन्न नाट्य शैलियों में कथा को पिरोया जा सकता है। रूपांतरण को ही इस बात का फैसला करना है कि कौन सी कथावस्तु किस प्रकार की शैली के लिए ठीक होगी। एकाकी, नृत्यनाटकों, मोनोलॉग, नाट्य, नाटक, गीतनाट्य, छाया नौटंकी आदि किसी भी नाटकीय शैली को अपनाया जा सकता है। दूरदर्शन हेतु कुछ अन्य शैलियाँ हैं जैसे डाक्यूड्रामा, ग्राफिक्स शैली एवं टेलीफिल्म आदि।

साहित्यिक विधाओं को भिन्न-भिन्न माध्यमों से प्रस्तुत किया जाता है। आकाशवाणी हेतु नाट्य रूपान्तरण करने से पूर्व रेडियो की तकनीक को समझना आवश्यक होगा। रेडियो अनिवार्य रूप से शब्द और ध्वनि का माध्यम है। कलाकार सशक्त संवाद और सार्थक अभिव्यक्ति के माध्यम से श्रोताओं को बाँध सकता है। कथावस्तु का विकास संवादों के माध्यम से होता है। अतः रेडियो नाटक की संरचना हेतु जिन तत्वों पर खासतौर से ध्यान देना पड़ता है, वे हैं– कसी हुई कथावस्तु, संवाद, ध्वनि प्रभाव और संगीत। विषय वस्तु का चुनाव करते वक्त इस बात का विशेष ध्यान रहे कि उसमें नाटकीय प्रसंग हो, उसका कैनवास इतना बड़ा न हो कि उसे एक विशेष अवधि में समेटा न जा सके। कथावस्तु में मर्मस्पर्शी प्रसंग हों और कथा

प्रभावोत्पादक हो, वह लोगों की पंसद हो और उसमें बिना किसी आवश्यकता का विस्तार न हो। प्रसारण अवधि के अनुरूप ही सामग्री का चयन होता है। कथावस्तु को संवादों में पिरोना पड़ता है। कथावस्तु सूत्र है तो संवाद बहुरंगी भँवरे जो ध्यान आकर्षित करते हैं। संवादों द्वारा ही प्रारम्भ, विकास-चरम सीमा और अंत होता है। अतः रूपान्तरकार को संवाद लिखने में निपुण होना चाहिए। संवाद द्वारा ही नाटक का प्रसारण होता है। अतः संवाद ऐसे लिखने चाहिए कि वे भावाभिव्यंजना सही ढंग से कर सकें। संवादों में अभिनय का अंग भी होना चाहिए वह पात्रों के अन्तर्द्वन्द्व की अभिव्यक्ति कर सकें। श्रोताओं में संवेदना जगा सकें, परिस्थितियों से परिचय करा सकें। शब्दों के उतार चढ़ाव के माध्यम से पात्रों के चरित्र को उभार सकें। सशक्त, पैने, कसे हुए संवादों के माध्यम से ही कथावस्तु धीरे-धीरे होते हुए चरम सीमा तक पहुँचती है। भावानुकूल गुँथे हुए संवाद रेडियो नाटक हेतु अत्यंत जरूरी हैं। ये संवाद कथावस्तु से ज्यों के त्यों रूप में लिए जाते हैं। रूपान्तरकार को रचना के संवाद अपनी रचना में उसी रूप में लेने चाहिए और जरूरत के अनुरूप अन्य संवाद लिखने चाहिए। जो संवाद कथानक में बाधा पैदा करें, उन्हें हटा देना चाहिए। संवादों को हमेशा साधारण, सर्वग्राह्य और संप्रेषणीय होना चाहिए। भाषा साहित्यिक और संस्कृतगर्भित हो तो उसे साधारण और बोलचाल के अनुरूप कर लेना चाहिए क्योंकि रेडियो का श्रोता बुद्धिजीवी से लेकर सामान्य से सामान्य व्यक्ति होता है। इसलिए जनसाधारण भाषा से ही श्रोताओं को बांधा जा सकता है तथा यही भाषा रेडियो नाटक के लिए ठीक होती है।

आकाशवाणी हेतु नाट्य रूपान्तरण करते समय ध्वनि प्रभाव की तकनीक को अपनाया जाता है। रंगमंच एवं दूरदर्शन पर तो रंगसज्जा दृश्य बदलाव द्वारा नाट्य को विस्तार दिया जाता है। परंतु यहाँ वक्त परिस्थिति के बदलाव में सबसे ज्यादा जरूरत होती है ध्वनि प्रभाव की। पार्टी, विवाह, वाहन, ऋतु, वर्षा, युद्ध, सरिता, सागर, तट आदि सभी की अनुभूति ध्वनि प्रभावों के माध्यम से दिया जाता है। लेखक को इन सबका उल्लेख कर देना चाहिए जिससे निर्देशक को प्रस्तुतीकरण में किसी तरह की परेशानी न हो। पात्रों की मनःस्थिति एवं दृश्य बदलाव वातावरण की सृष्टि में संगीत अत्यन्त आवश्यक होता है। इससे कथा के विस्तार और भावों के प्रस्तुतीकरण तथा घटना के विकास में मदद प्राप्त होती है। नाट्य रूपान्तरण करते समय रचनाकार को रेडियो के तकनीकी शब्दों का स्पष्ट उल्लेख करना चाहिए। दृश्याक्रम, स्वर विलयन (फेड आउट) स्वरोदय (फेड इन) पूर्व दीप्ति (फ्लैशबैक) संयुक्त दृश्यक्रम (मोन्टाज सीक्सवेस) डिजॉक्व, पॉज आदि। इन संकेतों के माध्यम

से प्रस्तुतीकरण आसान हो जाता है। अंक विभाजन न होकर रेडियो स्क्रिप्ट में दृश्यक्रम होता है। नाटक की कथावस्तु को अधिक विस्तृत रूप में प्रस्तुत करना चाहिए। जहाँ रेडियो एक ओर ध्वनि का माध्यम है वहीं यह श्रव्य और दृश्य भी है। अतः उसके रूपान्तरण में जरूरी है कि उसके आलेख में श्रव्य तथा दृश्य का संतुलन हो।

दूरदर्शन में अधिक बल दृश्य संयोजन पर दिया जाता है। एक ओर जहाँ रेडियो नाटक में कथा का विस्तार संवादों के माध्यम से किया जाता है वहीं दूसरी ओर दूरदर्शन में दृश्य का ही महत्व है। संवादों की कुशल अभिव्यक्ति रेडियो नाटक की विशेषता होती है। दूरदर्शन की स्क्रिप्ट लिखते समय दृश्य एवं आंतरिक दृश्यों का विशद रूप में स्पष्ट उल्लेख करना पड़ता है। रंगमंच की भाँति कथानुसार सेट की व्यवस्था दूरदर्शन में भी करनी पड़ती है। सेट पारम्परिक हों या सांकेतिक इसका उल्लेख पांडुलिपि में करना जरूरी होता है। पात्रों का प्रवेश रंगमंच पर किस ओर से होगा इसकी जानकारी भी निर्देशक को पांडुलिपी में देनी होती है। प्रकाश एवं वेशभूषा का वर्णन भी अपेक्षित है। रेडियो की अपेक्षा दूरदर्शन में नैरेशन और संवाद का बाहुल्य नहीं होता। पात्रों के क्रियाकलापों व चेहरे पर आये हुए भावों के माध्यम से ही कथा को आगे बढ़ना है। पात्रों की जीवन्त कला और भाव कहानी की प्रगति करते हैं। लिखते समय दृश्य, प्रकाश, भावभिव्यक्ति, वेशभूषा, परिवेश आदि सभी का विशद वर्णन निर्देशक को उचित दिशा देता है। दूरदर्शन की तकनीक मद्देनजर अगर किसी कहानी या उपन्यास का नाट्य रूपान्तरण किया जाए तो जीवन्त सीरियल बनाये जा सकते हैं। चित्रों के साथ-साथ संगीत का होना भी अत्यन्त जरूरी है। क्योंकि उसी के जरिये कथा का विकास होता है। उसमें भराव दिया जा सकता है। साहित्य की किस विधा के लिए, कौन सी शैली उपयुक्त रहेगी जैसे वृतचित्र, डाक्यूमेन्ट्री, ग्राफिक्स आदि इसका भी निर्णय रूपान्तरकार ही करता है। क्योंकि पांडुलिपि में ट्रीटमेंट का चयन करना पड़ता है। स्क्रिप्ट लिखते समय ध्यान रखना पड़ता है कि शब्द की तुलना में पात्र के भावों पर ज्यादा बल दिया जाये क्योंकि दूरदर्शन में भाव ही भावाभिव्यक्ति का विशेष साधन है। लेखक को यह ध्यान में रखना चाहिए कि संवादों में कसाव हो, जीवन्तता हो एवं अभिनय हो। भाषा अतिसाधारण, बोधगम्य और संप्रेषणीय हो। आकाशवाणी की तरह शिल्पगत दृश्याबंध, उपकरण स्वरविलयन, स्वरोदय, डिजाल्व, फ्लैशबैक, ध्वनि मिक्सिंग, प्रभाव संगीत आदि का उल्लेख भी स्क्रिप्ट में किया जाता है। स्क्रिप्ट इतनी स्पष्ट हो कि निर्देशक और छायाकार को छायांकन करते वक्त कठिनाई न हो।

दूरदर्शन की तरह रंगमंच के लिए नाट्य रूपान्तरण करते वक्त रंगमंच की तकनीक एवं नाटकीय तत्वों की संपूर्ण जानकारी लेखक को होनी चाहिए। आज के युग में उपन्यास, कहानी, लोककथा, कविता, लोकगाथा आदि सभी को रंगमंच मिला है जिसके माध्यम से साहित्य काफी लोकप्रिय हुआ है। विषयवस्तु का अध्ययन, चयन, चिंतन और मनन रूपान्तरण हेतु अत्यन्त अनिवार्य है। मुख्य नाटकीय अंशों का चयन, आवश्यकता के अनुरूप प्रसंगों की कल्पना तथा अनावश्यक प्रसंगों का निष्कासन, साथ ही कथावस्तु में रोचकता लाने में लेखक की कल्पना सशक्त होनी चाहिए। मूल कथ्य की सुरक्षा का दायित्व भी लेखक पर है।

इसलिए इस बात को ध्यान में रखते हुए उसका सजग होना जरूरी है कि पाठक नाटक देखते समय मूल कथावस्तु खोजने का प्रयत्न न करे। रंग-निर्देश, मंचसज्जा, प्रकाश व्यवस्था, संगीत, ध्वनि प्रभाव, परिवेश सभी का उल्लेख पांडुलिपि में आवश्यक है। रूपान्तरकार को नाट्यशिल्प से पूरी तरह परिचित होना चाहिए तभी वह किसी भी माध्यम, किसी भी रंगमंच, किसी भी मीडिया हेतु विषयवस्तु के रूपान्तरण में सफल हो सकता है। डॉ. गिरीश रस्तोगी ने आचार्य हजारीप्रसाद द्विवेदी के उपन्यारा 'बाणभट्ट की आत्मकथा' को भरत मुनि की शास्त्रीय पद्धति में रंगपीठ रंगशीर्ष के विभाजन पूर्व रंग की कल्पना, अभिनय पद्धति, संगीत मुद्राओं आदि से युक्त रूपान्तरण करने की कोशिश की और उसका प्रस्तुतीकरण किया। लोकनाट्य शैली में भी प्रसिद्ध रचनाओं के रूपान्तरण तीव्र गति से हो रहे हैं। गीतिनाट्य शैली काव्य हेतु अधिक सुंदर रहती है। मधुर गीतों की धुनों में बँधे काव्य के अंश दर्शकों को मंत्रमुग्ध कर लेते हैं।

आज के युग में नाट्य रूपान्तरण प्रणाली ने इतनी अधिक प्रगति की है कि जनसामान्य की अभिरुचि साहित्य की ओर हुई है। ऐतिहारिक इतिवृत, लोक कथाएँ, मिथक, परीकथाएँ, सामाजिक विषयवस्तु, उपन्यास, कविता आदि के नाट्य रूपान्तरण दर्शकों के अन्तर्मन में साहित्य के प्रति रुचि जगाने में सफल हए हैं। इस विधा ने नाट्य साहित्य को ऊर्जा, गतिमयता और लोकप्रियता प्रदान की है एवं प्रयोगधर्मिता के नये द्वार खोले हैं। इस प्रणाली से रूपान्तरकार के स्वतंत्र, रचनात्मक कल्पनाप्रवण तथा प्रबुद्ध व्यक्तित्व को ख्याति प्राप्त हुई है।

डाक्यूमेन्ट्री लेखन

अंग्रेजी शब्दकोशों के अनुसार 'डाक्यूमेन्ट्री'' शब्द का संबंध डॉक्यूमेंट शब्द से

है। डॉक्यूमेंट का कोशीय अर्थ होता है लेख का प्रमाण पत्र। इसके साथ डाक्यूमेन्ट्री के हिन्दी रूपान्तरण वृत्तचित्र के सम्बन्ध में कोश में उल्लिखित हैः शिलालेख, विशिष्ट घटना अथवा कार्य की जानकारी हेतु दिखाया जाने वाला सिनेमा चित्र । डाक्यूमेन्ट्री के उपर्युक्त शब्दकोशीय अर्थ देखने से "डाक्यूमेन्ट्री" तथा वृत्तचित्र शब्द में प्रथम दृष्टया कोई समानता नहीं दिखायी पड़ती, परंतु यदि गंभीरता से अध्ययन किया जाता है ता पता चलता है कि इन दोनों अर्थों के एक तत्व में समानता होती है। वह है प्रमाण और सत्यता। "डीड" सरकारी स्वीकृति प्राप्त प्रामाणिक प्रपत्र है और "न्यूज" भी सत्यता और प्रमाण की माँग करती है। शिलालेख प्रचार के प्रामाणिक, ऐतिहासिक माध्यम होते हैं और घटना का घटित होना सत्यता पर बल देता है। लेख में सत्य तथ्यों और प्रमाण की माँग करता है। अर्थात् उपर्युक्त वर्णन के आधार पर कहा जाये तो यह कहा जा सकता है कि डाक्यूमेन्ट्री वह विधा है जो कि किसी तथ्य सूचना, सत्य घटना व्यक्तित्व और परिस्थिति पर आधारित होती है एवं जिसका उद्देश्य मनोरंजन की तुलना में शिक्षा और सूचना देना अधिक होता है। जब यह कार्य दृश्यों के माध्यम से जाता है तो इस प्रक्रिया को फिल्म या टेलीविजन डाक्यूमेन्ट्री कहते हैं और जब ध्वनि माध्यम से प्रस्तुत किया जाये तो ध्वनि अथवा रेडियो डाक्यूमेन्ट्री कहलाती है।

ध्वनि अथवा रेडियो डाक्यूमेन्ट्री रेडियो की विधा है, इसे रूपक में समाहित कर सकते हैं। दूरदर्शन पर प्रसारित होने वाली 'डाक्यूमेन्ट्री' अधिकांशतः चित्रों, ध्वनि, संगीत सम्मिश्रित होती है। लेकिन यह स्मरणीय है कि यह जरूरी नहीं है कि डाक्यूमेन्ट्री सदैव संवादात्मक हो अथवा कमेन्ट्री के माध्यम से प्रस्तुत की जाये अपितु आवश्यकता या उद्देश्यानुसार इसे मूक रूप में भी प्रस्तुत किया जा सकता है। डाक्यूमेन्ट्री के साथ सामान्यतः तीन ट्रीटमेन्ट होते हैं। प्रथम डाक्यूड्रामा शैली, द्वितीय जीवंत दृश्यों का संकलन एवं तृतीय स्थिर चित्रों में एकजुटता। डाक्यूड्रामा शैली में पात्र स्वयं कहानी कहते हैं, लेकिन अन्य दोनों विधाओं में कथा स्पष्ट होते हुए भी उद्घोषक अथवा कमेन्टेटर की सहायता से कथ्य को सम्प्रेषणीय बनाया जाता है। इसके अलावा एक बात और ध्यान में रखनी चाहिए कि डाक्यूमेन्ट्री में संकलन और तारतम्यता का तत्त्व विशेष रूप से समाहित है। जैसे सिनेमाघरों में न्यूजरील के बारे में फिल्म शुरू होने से पहले बताया जाता है कि जो डाक्यूमेन्ट्री की विधा है। इसमें साप्ताहिक या मासिक या वार्षिक घटनाओं को एकत्रित करके क्रमबद्ध प्रस्तुत किया जाता है अर्थात् डाक्यूमेन्ट्री में अन्य दृश्य विधाओं की प्रकार शॉट, सीन व सीकवेन्स का ज्यादा महत्व है। आइये! अब डाक्यूमेन्ट्री लेखन की विधि पर ध्यान दें।

टेलीविजन हेतु डाक्यूमेन्ट्री लिखने हेतु सबसे पहले विषय का चुनाव करना अत्यंत जरूरी होता है।

इसके बाद डाक्यूमेन्ट्री के उद्देश्य पर विचार किया जाना चाहिए। लक्ष्य का निर्धारण दर्शक वर्ग पर निर्धारित होता है। इसके उपरांत जो सबसे जरूरी पहलू है वह है अवधि। संबंधित विषय को कितने समय के कार्यक्रम के माध्यम से दिखाया सकता है? इसका निर्धारण लेखक को ही करना पड़ता है किन्तु यह सभी निर्णय लेने हेतु लेखक स्वतंत्र नहीं होता अपितु निर्माता की आर्थिक स्थिति एवं प्रस्तुतकर्ता विषय विशेषज्ञ आदि से मिलकर किया गया विचार विमर्श अंतिम होता है। इसी विचार विमर्श में विषय की प्रस्तुति अथवा कहें कथ्य के साथ किये जाने वाले ट्रीटमेंट का निर्धारण करना होता है अर्थात् यह निश्चित किया जाता है कि प्रस्तुति डाक्यूमेन्ट्री शैली में होगी अथवा कमेन्ट्री द्वारा या एनीमेशन द्वारा। कभी-कभी ऐसे भी वक्त आते हैं कि किसी विशेष स्थान को उद्देश्य बनाकर कैमरा टीम भेज दी जाती है और जब दृश्य बंधीकरण करके स्टूडियो आ जाता है तो उसे देख कर लेखक लेखन करता है और फिर उन एकत्रित दृश्यों को क्रमबद्ध करके प्रस्तुति योग्य बनाया जाता है। अवधि विषयक तथ्यों का संकलन हेतु गंभीर शोध काफी जरूरी है क्योंकि डाक्यूमेन्ट्री में सत्यता का तत्व बहुत जरूरी है।

तथ्य एकत्रित करने के उपरांत उन्हें एक आलेख के रूप में प्रस्तुत किया जाता है। मान लीजिए आप फुटबाल पर एक वृत्तचित्र बनाना चाहते हैं। इस वृत्तचित्र को बनाने हेतु अवधि को ध्यान में रख अलग-अलग पहलुओं पर विचार करना पड़ेगा। सबसे पहले फुटबाल का महत्व, लोक प्रचलन का वर्णन करने हेतु सामग्री एकत्रित करनी पड़ेगी, फुटबाल खेलने वाले राष्ट्रों के खिलाड़ियों का उल्लेख करना पड़ेगा, प्रमुख समारोह गिनाने पड़ेंगे। इतना ही नहीं, विषय तथा समय के अनुरूप फुटबाल बनाने की प्रक्रिया, बनाने की सामग्री, उसका बाजार, कारीगरों की स्थिति आदि का भी वर्णन करना उचित होगा। इसके उपरांत पटकथा लेखक, कैमरामैन, ध्वनि व्यवस्थापक, अभिनेतों, रंगदीपक मंच व्यवस्थापक आदि की आवश्यतानुसार संकेतों का वर्णन करते हुए, आलेख को पटकथा में परिवर्तित करना पड़ेगा। पटकथा लेखक को दूरदर्शन प्रणाली का ज्ञाता और कल्पनाशील होना अत्यन्त अनिवार्य है क्योंकि उसे अपने मस्तिष्क में दृश्यों की काल्पनिक संरचना करते हुए संबद्ध व्यक्तियों को संकेत देने पड़ते हैं। जैसे कैसा होगा? उसकी उम्र, वेशभूषा, हाव-भाव, जाति वर्ण, वातावरण संस्कृति कैसा होगा? इसका संकेत भी देना पड़ता है। उसे कैमरामैन को

संकेत देना होगा कि उसे कब क्लोजअप लेना है, कब बिग क्लोजअप लेना है, कब मिड शॉट और कब क्लासरूम शॉट आदि? यहाँ तक कि अभिनेता से उम्मीद किए गए कार्य व्यापार, व्यवहार आदि के संकेत की भी पटकथा लेखक से आशा की जाती है। इसके साथ ध्वनि व्यवस्थापक को कैसी ध्वनि देनी है, किस समय शूटिंग करनी हैं कौन कौन से दृश्य होंगे आदि संकेत भी देने पड़ते हैं। क्योंकि पटकथा लेखक के मस्तिष्क में अपने प्रोजेक्ट का खाका तैयार होता है।

अतः उससे यह भी आशा की जाती है कि अगर प्रस्तुति में वर्जित स्थान पर जाने हेतु किसी विशेष जानकारी की जरूरत हो तो उससे भी सदस्यों का परिचय करा दें, तो उचित है। जैसे कि सूर्योदय कब होगा अथवा सूर्यास्त कब होगा? मौसम क्या होगा? जाने हेतु कौन-कौन से सामान जरूरी हैं आदि। कहने का तात्पर्य यह कि अत्यधिक भार पटकथा लेखक पर ही होता है।

लेखन में भाषा पर अत्यधिक ध्यान देना पड़ता है वैसे तो मीडिया हेतु सामान्य सिद्धान्त है कि भाषा आम बोलचाल की हो, संक्षिप्त वाक्यविन्यास हो, स्वाभाविकता सहजता विद्यमान हो। लेकिन दूरदर्शन पर प्रस्तुत डाक्यूमेन्ट्री में लेखक को शब्द इस्तेमाल में कंजूसी करनी चाहिए क्योंकि दूरदर्शन कानों का नहीं आँखों का माध्यम है। वस्तुतः आंखों से देखी गयी बात कानों से सुनी गयी बात की अपेक्षा अधिक समय तक जिंदा रहती है। दूरदर्शन पर दृश्य सब कुछ स्वयं कहते हैं। अतः लेखक से यह आशा की जाती है कि वह अनावश्यक शब्दों के उपयोग से बचे लेकिन यह भी जरूरी है कि दृश्य अधिक संवेदनशीलता हो जो दर्शक को प्रभावित करें, अतः दृश्य और शब्द के बीच समन्वय होना काफी अनिवार्य है, क्योंकि यदि बोले हुए शब्द और दिखाए हुए दृश्य में थोड़ी सी भी असमानता दिखायी पड़ेगी तो सम्प्रेषणीयता प्रभावित होगी। डाक्यूमेन्ट्री के प्रचलन तथा तकनीक के आधार पर कई रूप दिखाई पड़ते हैं। डाक्यूमेन्ट्री के कुछ प्रमुख प्रकारों को इस तरह से विभाजित किया जा सकता है—

ऐतिहासिक डाक्यूमेन्ट्री : इसमें तथ्य को पूरी तरह ऐतिहासिक तथ्यों में दर्शाया जाता है। इसके अंतर्गत किसी भी बात को कृत्रिम पात्रों और काल्पनिक विश्लेषणों से नहीं दर्शाया जाता है। ऐतिहासिक तथ्यों में व्यक्तित्व तथा सामाजिक चेतना और संस्कृति तथा सामाजिक-आर्थिक घटनाओं को भी उसी परिप्रेक्ष्य में प्रस्तुत किया जाता है।

शोधपरक डाक्यूमेन्ट्री : इस तरह की डाक्यूमेन्ट्री का लक्ष्य किसी विषयवस्तु को लेकर उसकी खोज करना एवं अन्त में सच्चाई को उभारकर दर्शकों को सही गलत

का आभास कराना है। जैसे अमेरिका के राष्ट्रपति जान कैनेडी की हत्या का पर्दाफाश इसी श्रेणी के तहत आता है। नकली शराब पीने से होने वाली मौतों को सबके सामने रखना भी ऐसा ही है। कभी-कभी चरित्रों के माध्यम से अभिनय करवा कर असली स्थिति को काल्पनिक ढंग से दर्शाया जाता है ताकि उसी माहौल को प्रस्तुत किया जा सके।

सामाजिक डाक्यूमेन्ट्री : इसमें समाज में होने वाले बदलाव, उतार चढ़ाव तथा लोगों की मानसिकता को दर्शाया जाता है। गहन विचार और सच्चाई पर खासतौर से ध्यान दिया जाता है। इस विधा के माध्यम से लोगों की सामूहिक रूप में तथा राष्ट्रीय रूप में सहभागिता दिखायी जाती है। इतना ही नहीं, सामाजिकों की विचाराधारा तथा दुःख सुख को तथ्यों के साथ अथवा कृत्रिम दृश्यों के माध्यम से प्रस्तुत किया जाता है जिससे दर्शकों के अंदर मानवीय भावनाएँ, शिक्षा, देशप्रेम, जन जागरूकता, जन आन्दोलन पैदा हो सके। इस तरह के वृत्तचित्रों को दिखाये जाने का लक्ष्य सामाजिक बदलाव लाने के लिए प्रोत्साहित करना होता है।

सूचनात्मक डाक्यूमेन्ट्री : वर्तमान दौर में ऐसे वृत्तचित्रों का काफी प्रचलन है। इन्हें तथ्यों के आधार पर प्रस्तुत किया जाता है। किसी विषय पर आधरित तथ्यों का चुनाव कर और अग्रणी मानकर उसी तथ्य को प्रमाणों की सहायता से आगे बढ़ाया जाता है। जैसे-जैसे तथ्य रखे जाते हैं वैसे-वैसे डाक्यूमेन्ट्री का प्रभाव लोगों पर पड़ता जाता है। इस तरह की डाक्यूमेन्ट्री का लक्ष्य लोगों को ज्ञान तथा कुछ सीखने का मौका देना होता है। इस तरह के वृत्तचित्र लोगों को मानसिक व्यायाम कराने के साथ साथ उनके आत्मविश्वास को बढ़ाने में सहायता करते हैं। अतः यह कह सकते हैं कि तथ्यों के माध्यम से सूचना देते हुए दर्शकों को कुछ सीखने का मौका देने वाले वृत्त चित्र सूचनात्मक वृत्तचित्र कहलाते है।

यात्रा वृत्तान्त डाक्यूमेन्ट्री : डाक्यूमेन्ट्री का स्वरूप पूर्व वृत्त चित्रों से भिन्न होता है। इसमें तथ्य पहले से एकत्रित नहीं किये जाते अपितु स्थान अथवा उद्देश्य निर्धारित होने के पश्चात् विशेषज्ञ, कैमरामैन आदि को लेकर निकल पड़ता है निश्चित विषय के अनुरूप उसे जो भी सामग्री, दृश्य घटनाएँ साक्षात्कार आदि उपयोगी लगते हैं, वह उन्हें एकत्रित करके स्टूडियो ले जाता है। जहाँ पटकथा लेखक उसको (संकलित दृश्यों) देखकर एक वृतचित्र हेतु कमेन्ट्री लिख देते हैं। उदाहरण के लिए एक गोताखोर को समुद्र के अन्दर जाकर गहराई में जो जीवन तथ्य जानकारी मिलेगी उसे वह अपनी आँखों से देखेगा एवं कैमरे के द्वारा दृश्यांकन कर लेगा। इसी तरह यात्रा में आने वाली परेशानियाँ, मौसम, स्थान, दृश्य, लोगों का चरित्र, वहाँ का

खान पान, निवासियों के कथन वृत्तान्त आदि को संगीत, चित्रों तथा ध्वनि के माध्यमों से दिखायी जाने वाली चित्र कथा, इस विधा में आती हैं।

न्यूज डाक्यूमेन्ट्री : इसके जरिये नामो विशेष विषयों को गंभीरता एवं गहराई से दिखाया जाता है। इसमें विशेषज्ञ संबंधित कारणों से होने वाले प्रभाव और घटनाओं को ज्यों का त्यों प्रस्तुत करता है जैसे घटित होते हैं अथवा हुए हैं।

कहानी डाक्यूमेन्ट्री : यह तथ्य को दिखाने का सक्षम जरिया है लेकिन इसका प्रचलन अत्यधिक कम है क्योंकि इसका स्वरूप फीचर फिल्मों से काफी सामानता रखता है। इस विधा में एक चरित्र द्वारा कहानी को दर्शाया जाता है। उस चरित्र को सहायक चरित्रों एवं तथ्यों के माध्यम से उभारा तथा विकसित किया जाता है। दर्शक इन चरित्रों को अपने से अलग नहीं मानते हैं क्योकि ये चरित्र काल्पनिक होते हुये भी सत्यता से भरे हुए होते हैं। इस तरह की डाक्यूमेन्ट्रीज कल्पना से उद्भूत विषय पर बनायी जाती है।

निष्कर्ष—उपर्युक्त वर्णित तथ्यों के अध्ययन से पता चलता है कि टेलिविजन डाक्यूमेन्ट्री का क्षेत्र काफी बड़ा है। यह डाक्यूमेन्ट्री किसी भी विषय पर शिक्षा, सूचना, ज्ञान या मस्तिष्क व्यायाम हेतु किसी भी बिन्दु को आधार मानकर लिखी जा सकती है। इसके लिए लेखक में सर्जनात्मकता एवं कल्पना के साथ-साथ कर्मठता, समयबद्धता आदि के गुण होना आवश्यक है।

रूपक लेखन

अचानक आने वाले समाचार के बाहर किसी भी खण्ड, चित्रावली या समाचार वृत्त को रूपक कहा जाता है। इसे अपनी इच्छानुसार लिखा जा सकता है, जिसमें रसात्मकता कां संयोजन लेखकीय कौशल से होता है। समाचारों को मनभावन बनाने की शैली ने इस विधा को जन्म दिया है। समाचार की मुख्य घटनाओं को एक लघु कथा जैसा ताना-बाना पहनाकर रूपक का सृजन करके पाठकों को समाचार पढ़ने के लिए प्रवृत्त करने की कला का इसमें चतुराईपूर्वक समावेश होता है। इस विधा ने समाचार को एक लेखांश या लेख के रूप में अंगीकार न करके उसमें कहानी तत्व को स्वीकार किया है।

रंगीन वृतात्मक रचनाओं के रूप में सम्प्रति रूपकों का विकास हुआ है। सीधा समाचार मानवीय अभिरुचि में एक साधारण सी बात होकर समा गया है। अतः मानवीय अभिरुचि के तत्वों के समावेश द्वारा उसे असाधारण रूप देकर रूपक का काम हो गया है। यह एक लेखकीय कौशल है जो सम्वाद को व्यापक बनाने के लिए

किया जाता है। यह एक ऐसी तकनीक है जो समाचार को हृदयंगमनीय सन्दर्भ में प्रस्तुत करता है। सम्प्रति दैनिक पत्रों के रविवारीय संस्करणों, साप्ताहिक और मासिक पत्रों में आज बड़े रुचिपूर्ण रंगबिरंगों और बड़े तथ्यपूर्ण संवाद आलेख अथवा न्यूज रूपक प्रकाशित होते हैं। पाठक भी इन्हें पसन्द करते है। समाचार-पत्र अगर चाहें तो अपने समूचे खाली स्थान को संवादों से भर सकते हैं पर वे ऐसा नहीं करते। आज तो दैनिक समाचार पत्र की लगभग एक-चौथाई अथवा एक-तिहाई जगह संवाद आलेखों से भरी जाती है।

आधुनिक काल से 25-30 वर्ष पहले का पाठक बलात्कार एवं अपहरण तथा हत्या की कथाएं पढ़ने की इच्छा रखता था ऐसा उसी समय के समाचार-पत्रों के संपादकों का विचार था। इसलिए इन्हीं संवादों को खूँटी मानकर इन पर वे अपने संवाद आलेखों की झोली टाँगते थे। उनका यह भी कहना था कि पाठकों की दिलचस्पी लड़कियों में भी कम नहीं है। इसलिए वे फिल्मीय तारिकाओं के प्रेम प्रसंगों को उछालते थे जिनसे कई तारिकाएँ निर्वसन होकर आकाश में कंदील की प्रकार टंग जाती थीं जो दैनिक पत्र अथवा पत्रिका कन्दील टाँगने हेतु बाँस गाड़ते थे। तब रूपक अपने माथे पर नामपट्ट लगाकर समाचार पत्र उसे छापते थे और पाठक पढ़ते थे चाहे वह घटिया ही क्यों न हो? कई बार "ऊँची दुकान फीके पकवान" की बात बिल्कुल ठीक ही थी।

लोगों में पढ़ने की इच्छा के साथ शिक्षा में वृद्धि होने लगी इसलिए भिन्न-भिन्न नए समाचार-पत्र छापे जाने लगे। पत्र-पत्रिकाओं का लक्ष्य जन-रुचि का पोषण करना था, इसलिए कई पत्र-पत्रिकाओं में संवाद कथा का लेखन कुछ इस प्रकार से किया गया कि यह बताना मुश्किल हो गया कि कहाँ संवाद खत्म होता है और कहाँ से कथा आरंभ होती है। संवाददाता अगर अच्छा हुआ तो वह अपना संवाद ही कथा की प्रकार शुरू करता है जैसे– "एक है रसनवा गाँव। स्टेशन से कोई 10-15 किलोमीटर दूर। यहाँ पिछड़ी जातियों के 30-40 झोपड़े मुँह लटकाये खड़े हैं।" कहने का अर्थ है कि जहाँ प्रारंभ के एक दो वाक्यों में संवाद लिखा जाना चाहिए, वहाँ प्रारंभ इस प्रकार से की जाती है, मानो संवाददाता पाठक का हाथ पकड़कर घटनास्थल की ओर लिये जा रहा हो और कह रहा हो चलो तुम्हें दिखायें रसनवा गाँव अथवा किसी और गांव में क्या घटना घटित हुई।

एक थी रानी कहानी का एक ही ढंग दादा-दादी अथवा नाना-नानी कहा करते थे हमें आज भी अपनी ओर आकर्षित करता है। संवाद कथा अथवा न्यूज रूपक लिखने वालों के माध्यम से यही शैली अपनायी गयी है। उनकी तकनीक यह है कि

संवाद को ऐसी गाथा की प्रकार पेश किया जाये कि आप उसे पढ़ें ही नहीं, उसके साथ एकाकार हो जायें हँसें अथवा रोयें। इसके लिए लेखक अथवा संवाददाता अपनी दृष्टि घटना से संबंधित नायकों और उसके दूसरे पात्रों पर टिकाता है। इस कार्य के साथ कथोपकथन को भी दर्ज करता है, घटनास्थल को उसकी संपूर्ण रंगीनी के साथ पेश करने के साथ सूत्रधार की तरह बताता है कि जो घटना घटी वह वहीं क्यों घटी और कुछ विशेष व्यक्ति ही उसके नायक अथवा खलनायक क्यों बने? वह उस पेड़, गाय-बैल, चूल्हा-चौके, गली अथवा घाट को भी नहीं भूलता जो संवाद कथा को एक ही आशय या प्रारूप नहीं प्राप्त होता है।

इस प्रकार के आलेखों के बारे में यह नहीं कहा जा सकता कि इससे एक महत्वपूर्ण घटना अपने नायक और खलनायक के साथ पाठक के सामने घूमने लगेगी, अथवा कोई दस्यु आपके सामने भुवनमोहनी बन कर खड़ा हो जायगा पर इतना अवश्य है कि यह लेखन शैली घटना, व्यक्ति अथवा स्थान के प्रति सार्वजनिक रुचि में वृद्धि है, साथ ही यह खतरा भी हमेशा बना रहता है कि लेखक भाव प्रधान होकर घटना को तोड़फोड़ डाले अथवा पात्रों को तोड़-मरोड़ कर पेश कर दे कि न संवाद रहा और न कथा। पृथ्वी अथवा आकाश राकेट के परीक्षण को दशहरा की आतिशबाजी की प्रकार पेश करना मानो गुड़ गोबर करना ही होगा। सबसे बड़ा आरोप आज पत्रकार और पत्रकारिता के विरुद्ध यह लगाया जाता है कि वह गंभीर से गंभीर प्रसंग को साधारण बना देता है। राई को पहाड़ बनाना अगर गलत है तो यह भी सही नहीं कि आप पहाड़ को फूंक मार कर उड़ायें अथवा किसी साधारण गाँठ को इतना उलझा दें कि रस्सी ही टूट जाये। साधारण बात तो साधारण तरीके से कहें, पर उलझन भरे प्रसंगों को इस प्रकार लिखना और बताना ही उपयुक्त है, उसके गंभीर होने का पता चले रहस्य स्पष्ट हों और उसका मतलब भी समझ में आना चाहिए। जिस प्रकार पूर्व में कहा जा चुका है कि वायर सर्विस लेने वाले किसी पत्र हेतु मुश्किल नहीं कि सभी पृष्ठ बिना चिकनी चुपड़ी खबरों से भर दें। पर पत्र को बाजार में बेचना है, पत्र के प्रति पाठक में रुचि जागृत करनी है और पत्र को पाठक से इस प्रकार जोड़ना है कि शीर्षकों पर दौड़ लगाकर और उलट पलट कर देख लेने के उपरांत दो चार मिनट में ही उसे रद्दी न साबित कर दे। अस्तु पाठक को पूरा भोजन परोसना होगा, जिसमें अचार, चटनी, मुरब्बा सब कुछ सम्मिलित हैं। कोरी खबरों से पाठक को संतुष्टि नहीं मिलती वे कुछ स्थायी स्तम्भ चाहते हैं। खबरों के पीछे झाँक कर देखना चाहते हैं। व्यंग चित्र, चित्रकथा, पहेलियों आदि सब कुछ और सारे परिवार हेतु चाहते हैं। अधिकतर समाचार-पत्र यह मसाला रूपक एजेंसियों से लेते हैं। सामान्य

अवधारणा है कि दुनिया में सबसे पहली रूपक एजेंसी अमेरिका में गृह युद्ध के दौरान बनी थी। पर यह इस्तेमाल कुछ समय हेतु रहा। 1880 के दशक में सैमुअल एस. मैकक्लूर ने उस वक्त के कई प्रसिद्ध लेखकों स्टीवेंसन, रुडयार्ड, आर्थर कॉनन डायल, किपंलिग, जैक लण्डन आदि के साथ समझौता कर एक रूपक सिण्डीकेट आरंभ किया। मैकक्लूर ने इन बड़े लेखकों के स्तम्भ बेचने का सौदा समाचार पत्रों से किया। रूपक सिण्डीकेट से बँधने के जो कारण समाचार- पत्रों और लेखकों के सामने पिछली सदी के अंत गें थे वही आज हैं। रामाचार-पत्रों को बहुत कम खर्चे पर अच्छे और विविधतापूर्ण लेख उपलब्ध हो जाते हैं और लेखकों को दूर-दूर तक फैले पाठकों के अतिरिक्त निश्चित पारिश्रमिक। पिछले दिनों में कुछ समाचार-पत्रों में जो सूची छपी, उससे यह मालूम होता है एजेंसियाँ अतित्व में हैं।

समाचार-पत्रों और लेखकों की एक साथ रोवा करने के साथ रूपक एजेंसियाँ कुछ समाचार-पत्रों की प्रकार केवल दुकानदारी नहीं करतीं। एक और प्रशंसनीय कार्य कर रही हैं, जो हिन्दी भाषा और हिन्दी पत्र-पत्रिकाओं के सुधार और परिष्कार की दृष्टि से अत्यंत उपयोगी और दूरगामी महत्व का है। वायर सर्विस से प्राप्त खबर जिस भाषा में लिखी होती है वह कोरी दोषपूर्ण तथा उसका अनुवाद भी अधिकांशतः भ्रष्ट होता है। कुछ वक्त पहले ही इण्डोचाइना का अनुवाद करके एक वायर सार्विस के माध्यम से ''भारत चीन प्रायद्धीप'' प्रसारित किया गया और यह संवाद जस का तस प्रकाशित हुआ। रूपक एजेंसी इस दृष्टि से एक प्रशंसनीय कार्य यह कर रही है कि सीमित दायरे में हिन्दी भाषा को स्वस्थ और सुंदर बना रही है। हिन्दी समाचार पत्रों का भी स्तर बढ़ाने के साथ रूपक एजेंसी हर समाचार पत्र के पाठक के ज्ञानवर्धन में मददगार साबित हो रही है। वह पाठकों के मनोरंजन के साथ उनकी पसंद को परिष्कृत करने का भी एक अच्छा माध्यम है। वायर सर्विस हिन्दी पत्रों को विविधता शून्य नीरस एकरूपता प्रदान कर रही है। रूपक एजेंसियां समाचार पत्रों को ठीक इसके विपक्षी तथा बहुरंगी बनाने का उल्लेखनीय कार्य कर रही हैं। संवाद रूपक अथवा रूपक लेखन जन रुचि की संतुष्टि हेतु प्रारंभ हुआ पर अब यह स्वयं में एक विधा बन गयी है जिसका अपना स्वरूप, स्वभाव और नियम है। ऐसा माना जाता है, और यह ठीक भी है, कि समाचार पत्र हाथ आने पर पहले आप संवाद देखते हैं। और खासी वक्त में रूपक पढ़ने बैठते हैं। इस एक बात से रूपक का स्वरूप निर्धारित होता है। रूपक में जानकारी सलाह और कुछ निर्देश भी होते हैं, पर क्योंकि रूपक फुर्सत के वक्त में पढ़े जाते हैं, इसलिए जरूरी है कि वे रुचिवर्धक हों। रूपक का आकार निश्चित करना आसान नहीं है। वह किसी पत्रिका में प्रकाशित तीन-चार

हजार शब्द को अथवा इससे भी बड़े लेख जैसा भी हो सकता है और मानवीय संवेदना से महत्वपूर्ण पाँच-सात सौ शब्दों की संवाद कथा भी रूपक हो सकती है। रूपक तथ्यों पर आधारित संवाद कथा होने चाहिए पर यह जरूरी नहीं कि संवाद कथा की प्रकार वे आज अथवा कल घटी किसी घटना पर आधारित हों। अगर रूपक ताजा घटना पर आधरित है तो पाठक की रुचि उसमें अधिक होगी पर किसी पुरानी घटना को आधार बना कर भी रूपक लिखा जा सकता है।

रूपक किसी भी शैली अथवा ढंग में लिखा जाता है। ध्यान देने की बात सिर्फ यह होती है कि रूपक की शैली, उसकी कथावस्तु और उसके उद्देश्य के अनुसार हो। रूपक लिखते वक्त लेखक अथवा संवाददाता अपनी मौलिकता ज्ञान और जानकारी का भरपूर उपयोग कर सकता है। उस पर बराबर ध्यान रखना चाहिए कि उसका आलेख मौलिक और नया प्रतीत हो। रूपक सुगठित होना चाहिए। रूपक में संवाद की प्रकार इण्ट्रों नहीं होता। पर प्रारंभ में कुछ नयापन होना चाहिए। सोचिये कि आप कोई कहानी सुनाने जा रहे हैं। इस कहानी का पहला वाक्य क्या हो? इस प्रश्न का जवाब ही आपके रूपक की शुरूआत की कुंजी है। सामान्यतः रूपक लेखक शुरू में ही कथा सार दे देते हैं, जिससे पाठक कहानी के साथ संलग्न हो जाता है। एक उदाहरण—1917 में जन्मी क्रांति मर गयी, क्रांति अमर हो! अथवा 1917 की क्रांति में जलकर खत्म हुए रूस की राख से एक नया रूस अंकुरित हो रहा है।

संवाद कथाएँ पृष्ठ संरचना के दौरान काट दी जाती हैं। पर रूपक के साथ ऐसा नहीं किया जाता। इसलिए लेखक अपना फीचर, कथा शैली, कथोपकथन शैली, जासूसी कथा शैली, वर्णनात्मक आदि किसी भी शैली में लिख सकता है। संवाद कथा उल्टे पिरामिड शैली में लिखी जाती है। यह शैली रूपक लेखन के अनुरूप नहीं होती। रूपक कहानी अथवा गल्प नहीं इसलिए लेखक से आशा की जाती है कि वह तथ्यों की ठोस धरातल पर खड़ा हो, पर रूपक ऐसी रपट नहीं जो आँकड़ों के बोझ से दबी हो। रूपक दोस्ताना फराकदिली से अथवा कान्तासम्मत उपदेश के जैसा लिखे जाने चाहिए क्योंकि वे खाली समय अथवा आराम के वक्त में पढ़े जाते हैं और ऐसे पल में पाठक आराम की मनःस्थिति में होता है। ऐसे वक्त कोई पाठक को कुछ निर्देश, उपदेश अथवा जानकारी देना चाहते हैं तो वह कान्तासम्मत शैली में ही होनी चाहिए। आलेख सुगठित हो, आदि से अन्त तक एकसुरता बनी रहे और जिस बात को लेखक उजागर करना चाहता है, वह उजागर हो कर सामने आये। इसके लिए निबन्ध लेखन की सभी प्रभावी शैलियों का उपयोग किया जाना चाहिए। संज्ञा, क्रिया और विशेषणों का सीधा प्रयोग किया जाना चाहिए ताकि पाठक के सामने एक स्पष्ट चित्र उभरे

वह घटनास्थल की आवाजें सुन सके और भावनाओं को छू सके। रूपक लेखन में कर्मवाच्य का प्रयोग करने से बचा जाये। कर्तुवाच्य का प्रयोग करना प्रभावी होता है। कई बार जब कर्मवाच्य का प्रयोग जरूरी हो जाता है, तब ऐसे इस्तेमाल किए जा सकते हैं। सशक्त क्रियापदों का प्रयोग करने से रूपक में शक्ति का संचार होता है। हार के स्थान पर कुचलने रौंदने अथवा भागने की बजाय हवा हो जाने छूमंतर हो जाने जैसे वाक्यांशों मुहावरों से एक प्रभाव का सृजन होता है।

रूपक में स्पष्ट संज्ञा का प्रयोग करना चाहिए। इससे व्यक्ति अथवा जीव की साफ तस्वीर निकलकर सामने आती है। अर्थपूर्ण और महत्वपूर्ण ब्यौरा देना न भूलें। उपमाओं, लोकोक्तियों, मुहावरों आदि का प्रयोग किया जाना चाहिए। परंपरागत ढंग से लेखन से पाठक प्रभावित नहीं होता। बेकार के शब्द भरने से पाठक मनोयोगपूर्ण रूपक पढ़ने के बजाय बेमन से वह पाठ पूरा करता है। पाठक उल्टे सीधे आलेख से तंग हो जाता है। रूपक को अपनी बात साफ तरीके से एवं वाक्य स्पष्ट अथवा छोटे होने चाहिए। लेख में नाटकीयता जरूर होनी चाहिए। इसके बिना पाठक में जिज्ञासा नहीं उभरेगी। अमूर्त आलेख किसी को प्रभावित नहीं करता। आलेख में गति और ताल होनी चाहिए। ताल और गति में भी विभिन्नता होना आवश्यक है।

पाठक और संवाद आलेख के भाव अथवा संदेश के बीच एक निकटता कायम करना ही रूपक की खासियत है। लेखक, जहाँ जरूरी होता है, व्यक्तियों के कथोपकथन से घटना की रुचि में बढ़ोतरी करता है। व्यक्तियों के अनुभवों सुझावों और उनके जीवन की घटनाओं से वह आलेख को जीवन्त बनाता है। आलेख के आरंभ में कुछ कोटेशन देकर आलेख की प्रामाणिकता का सिक्का जमाता है। रूपक में जहाँ तक सम्भव हो मध्यम पुरुष तुम का प्रयोग किया जाये और पाठक को अपने आलेख के वर्ण्य विषय के साथ कर्ता, भोक्ता अथवा दर्शक की प्रकार जोड़ा जाये। आँकड़ों और चित्रों से आलेख को मूर्तरूप प्रदान करने का प्रयास होना चाहिए, ताकि पाठक आलेख पढ़ते वक्त अहसास करता चले कि सब कुछ उसकी आँखों के सामने हो रहा है, वह दुःख सुख में समान रूप से भागीदार है, उसे भोग रहा है। गद्यांश छोटे होने चाहिए जरूरत पड़ने पर वाक्य लम्बे हो सकते हैं, पर ऐसा स्थिति के तकाजे को पूरा करने हेतु होना चाहिए। अपने मन से बड़े अथवा छोटे वाक्य न लिखे जायें। रूपक को एक पहिये जैसा होना आवश्यक होता है जिसका प्रत्येक पहिया दूसरे पहिये से सम्बन्धित होता है और पहिया घूमता रहता है। रूपक लेखन की इस जरूरत को पूरा करने हेतु इति को अर्थ से जोड़ा जाना चाहिए। कहने का तात्पर्य है कि आपको जो परिणाम प्राप्त हुआ है आलेख की शुरूआत से सम्बंधित हो।

रूपक किस प्रकार का हो तथा कैसा लिखा हो ? साथ ही यह ज्ञात होना भी आवश्यक है कि किसी को भी न तो रूपक लेखक बनाया जा सकता है और न हर व्यक्ति रूपक लेखक बन सकता है। रूपक लेखक से पहली आशा यह की जाती है कि वह जिस घटना पर रूपक तैयार कर रहा है उसके घरातल तक पहुँचे। अगर उसमें पानी के ऊपर विशद काई को फाड़ कर सतह तक पैठने की शक्ति नहीं है तो बेहतर है कि वह रूपक लेखन से दूर रहे। रूपक लिखने हेतु सामग्री की कमी नहीं। सड़क के किनारे फटे मैले से काले, चीकट बने और चिलुओं से भरे कपड़े में लिपटा भिखारी भी रूपक का अच्छा विषय हो सकता है। किसान नेता, भारत-भ्रमण से लौटे छात्र और अध्यापक, आदिवासी, नाचने गाने वाले सभी रूपक के अच्छे विषय हैं, जरूरत सिर्फ इस बात की है कि रूपक लेखक के पास अन्तर्भेदी आँखें हों और जिन्दगी के विशाल सागर में गोता लगाने की सामर्थ्य रखता हो।

यदि रूपक लेखक सूक्ष्म दृष्टि रखता है तो अगर उसमें बौद्धिक जिज्ञासा है, किसी व्यक्ति अथवा स्थिति को हर कोने से देखने सुनने और कुरेदने की क्षमता है, अगर वह किसी घटना के पर्दे के पीछे पहुँच सके तो जरूरी ही वह अच्छा रूपक लिख सकता है। उसमें यह विश्वास होना जरूरी है कि हर संवाद पर एक अच्छा रूपक लिखा जा सकता है। यह सब तभी हो सकता है, जब रूपक लेखक हर विषय के प्रति रुचि रखता हो, बुद्धिमान हो, आँख-कान खुले रखता हो और उसमें रुचिपूर्वक लिखने की क्षमता हो। शब्दों और मुहावरों से उसका भण्डार छूटा न हो।

भिन्न-भिन्न प्रकार के रूपक आलेख होते हैं जैसे—संवाद फीचर, सूचना प्रधान फीचर, व्यक्ति पर आधारित फीचर, अनुभव अथवा उपलब्धियों पर आधारित फीचर, जनरुचि के रूपक आदि।

संवाद रूपक—किसी ताजा संवाद को आधार बना कर संवाद रूपक को लिखा जाता है। हाल ही में घटित किसी भी घटना के बारे में थोड़ा बहुत तो सभी को पता होता है। इस प्रकार के रूपक लिख कर पाठक की जानकारी में वृद्धि करने के साथ उसका मनोरंजन भी किया जा सकता है। संवाद रूपक सामयिक होते है और इसीलिए अधिक पढ़े जाते हैं। संवाद रूपक की कथा समाचार पत्रों में संवाद के रूप में प्रकाशित होती है जब कि जनरुचि के रूपक की कहानी शायद संवाद कथा के रूप में कभी न छपे। जनरुचि के रूपक तभी पढ़े जायेंगे, जब तथ्यों को बड़े ही आकर्षक तरीके से प्रस्तुत किया जाए।

संवाद रूपक तैयार करने में रूपक लेखन की किसी भी ऐसी शैली को अपनाया जा सकता है, जो पाठक की रुचि को पैदा करे। कलकत्ता की वह स्त्री जो

टैक्सी चलाती है, अथवा पहली महिला ट्रेन चालक पर संवाद रूपक अच्छे तरह से लिखा गया है।

सूचना प्रधान रूपक—इस प्रकार के रूपक में कल्पना की उड़ान भरने की संभावना नहीं के बराबर रहती है, क्योंकि ऐसे फीचरों को उद्देश्य मनोरंजन कम जानकारी देना अधिक होता है। इस एकत्रित के रूपक लिखने हेतु आवश्यक तथ्य भेंटवार्ता, लाइब्रेरी और अपने अनुभव पर्यविक्षण के माध्यम से एकत्रित किये जाते हैं। इस प्रकार के फीचरों की रोचक सफलता और उपयोगिता की कसौटी यह है कि तथ्य प्रामाणिक तथ्य ही हों। उपलब्ध तथ्य ही इसमें समेटे जाने चाहिए।

व्यक्ति प्रधान फीचर—ये रूपक बड़े ही रुचि से पढ़े जाते हैं। औरों की आँख की फूली देखने में सबको मजा आता है। पर ऐसे रूपक लिखना आसान काम नहीं हैं। किसी व्यक्ति का ऐसा शब्दचित्र प्रस्तुत करना आसान नहीं है। जिसमें उसका समस्त व्यक्तित्व उभरे और दूषण भी भूषण प्रतीत हों। याद रखिए, निन्दा करना ही रूपक लिखना नहीं हैं व्यक्ति के बारे में सब तथ्य उस व्यक्ति, उसके अध्यापकों, सेवकों, सगे सम्बन्धियों, मित्र, उसके स्कूल कालेज के साथियों एवं सहयोगियों आदि से प्राप्त किये जाने चाहिए।

व्यक्ति के जन्म से लेकर आज तक की घटनाओं की डायरी को पेश करना ही रूपक नहीं कहलाता। कोशिश तो यह होनी चाहिए कि चुन-चुन कर उन तथ्यों को कुछ इस तंरह सजाएँ जिससे अपने समस्त ऋण धन के साथ एक व्यक्ति की जीवनधारा प्रवाहित होती नजर आये। आखिर जो रूपक आप लिख रहे हैं, उसका गबराद यटी टै कि रूपक का नायक एक प्रतीक पुरुष अथवा अद्‌भुत व्यक्ति के रूप में उभरे और पाठक को आपके रूपक के माध्यम से उस व्यक्ति का संपूर्ण परिचय प्राप्त हो। यह मत भूलिये कि हर व्यक्ति छोटा हो अथवा बड़ा अपने आप में लासानी होता है। आप क्या पहनते हैं, क्या खाते हैं, कौन सा रंग पंसदीदा है, इस प्रकार के प्रश्न ही न पूछें यह भी पूछे कि सबसे अधिक कष्ट के अथवा आनन्द के पल कौन से थे? प्रत्येक व्यक्ति का घटनाओं के द्वारा ही परिचय दें, उसके जन्म-मुण्डन, कनदेदन, विवाह, बच्चा होना आदि के दिन और तिथि से नहीं । अपने पात्र को पाठक के समक्ष काम करते, लड़ते झगड़ते भागते दौड़ते, खाते-पीते, हँसते-रोते, पहनते ओढ़ते दिखायें। व्यक्ति को काम करते दिखाना ही उसका सबसे अच्छा परिचय माना जाता है। भाषणों, कार्यों, चाल ढाल, दूसरे क्या कहते हैं अथवा सोचते हैं? आदि छोटी-छोटी बातें व्यक्ति के चरित्र प्रतीक हैं। व्यक्ति का चित्रण इस तरह हो, जो पाठक को आरोपित नहीं अपितु स्वाभाविक मालूम पड़े। व्यक्ति के जीवन

की ऐसी घटनाओं और उसकी ऐसी प्रवृत्तियों को चुनें जो उसके व्यक्तित्व और चरित्र को उजागर करती हों। यह ध्यान रखें कि गुसलखाने में हम सब नंगे होते हैं। अगर आप अपने रूपक के नायक को देवता नहीं, इंसान बताना चाहते हैं, तो अवश्य लिखें कि वह छुट्टी वाले दिन अपने बीवी बच्चों के साथ वक्त बिताता है तथा कुत्ते को खिलाता तथा घुमाता भी है। रूपक किसी भी शैली में लिखा जा सकता है पर वह व्यक्ति और विषय के अनुसार होना चाहिए। नेता और नर्तकों का वर्णन एक ही शैली में सही नहीं। व्यक्ति पर रूपक क्यों लिख रहें हैं? यह बात रूपक के शुरूआत में ही साफ कर देनी चाहिए।

अनुभव अथवा उपलब्धि पर फीचर—इस तरह के रूपक ज्यादातर भेंटवार्ता शैली में होते हैं। इस तरह के रूपक किसी व्यक्ति के अद्‌भुत अनुभवों अथवा असाधारण सफलता पर ही आधारित होने चाहिए। रूपक के नायक को अतिमानव सिद्ध करने का प्रयास न करें, अपितु तथ्यों को इस प्रकार से प्रस्तुत करें कि वह अपने आप लगे स्वयं व्यक्ति का परिचय दें।

जनरुचि के रूपक—इस तरह के रूपक किसी सामान्य घटना अथवा स्थिति से पैदा होते हैं। इनकी खासियत यह होती है कि ये पाठक की भावनाओं को झकझोरते रहते हैं। इस प्रकार के रूपक में खबर बस इतनी होती है कि वह किसी ताजा घटना का सहारा लेकर खड़ा होता है। इसके अतिरिक्त ऐसे रूपक में और कोई नयी सूचना नहीं होती। इस प्रकार के रूपकों के पढ़े जाने का प्रमुख कारण यह है कि इनकी शैली ओजपूर्ण होने के साथ-साथ कभी हमें हंसाती है अथवा कभी हमें रूलाती है। अपने इस गुण के कारण ये हमारी जानकारी तो नहीं बढ़ाते, पर हमारा मनोरंजन जरूर करते हैं। इस तरह के रूपक अत्यंत छोटे दो चार सौ शब्द तक भी सीमित होते हैं। ऐसे रूपक जन्तु, व्यक्ति जीवन, स्थान, वस्तु किसी के भी बारे में लिखे जा सकते हैं। इन फीचरों की विशेष बात यह होती है कि किसी संवाद कथा की तरह इनमें लेखक की नीति, अनुभूतियों और संवेदनाएँ होती हैं। इस तरह के रूपक संवाद पृष्ठों का बनाव पटाव की दृष्टि से आकर्षक और प०नीय बनाने हेतु भी उपयोग में लिये जाते हैं। ये रूपक उलटे पिरामिड शैली में नहीं लिखे जाते हैं। ये रूपक सामान्य रूप से लोकोक्तियों जैसे आप भला संसार भला, मानवीय भूलचूक, सौ सुनार की एक लुहार की पर आधारित होते हैं।

जब लेखक की निगाह तेज होती है तभी ऐसे रूपक के लिए सामग्री इकट्ठा करना संभव है। लेखक में प्रत्येक व्यक्ति, वस्तु अथवा स्थिति की गहराई में प्रवेश की रुचि और सामर्थ्य हो। लेखक अगर सतत मननशील है और छोटी-छोटी घटनाओं

को किस प्रकार रोचक कथा के रूप में पेश किया जा सकता है? यह जानता है तो वह अवश्य ही ऐसे रूपक हेतु ठोस सामग्री एकत्रित कर सकता है। ऐसा प्रत्येक घटना पर जो किसी को हँसाती अथवा रुलाती हो, जनरुचि का रूपक लिखा जा सकता है। जिस घटना को देख कर सहानुभूति का भाव पैदा हो अथवा जो घटना आपको असाधारण प्रतीत हो वह जनरुचि का रूपक बन सकता है। किसी शो रूम का उद्‌घाटन, किसी व्यक्ति के बाग में पहली बार फलों का आना, गाँव में पक्की सड़क का पहली बार बनना, गाँव में आरंभ किया गया पहला कुटीर उद्योग, पेयजल संकट वाले गाँव में लगा पहला इंडिया-2 मार्क चंपाकल, किसी रंगाई अथवा रहमान की झोपड़ी में जलता बिजली का बल्ब जो गाँव में बिजली आने का सूचक था, ये सारे 200-400 शब्द में जनरुचि के रूपक के मसाले हैं।

प्रश्न उठता है जनरूचि रूपक को लिखा कैसे जाए? पर जनरूचि का सामान तो पर्याप्त है। पहली दशा तो यही है कि उन बातों, व्यक्तियों और घटनाओं के साथ, जो जनरुचि की है, लेखक कितना एकाकार हो सकता है। किसी की पीड़ा को आप किस गहराई तक महसूस करते हैं? सब कुछ इस पर निर्भर है कि स्वयं आप क्या चाहते हैं और आपमें कितना सामर्थ्य है? जो भाव और भाषा दोनों दृष्टिकोण से दरिद्र हैं, वे इस नदी में छलाँग लगाने से दूर रहें, तभी सबकी भलाई है।

किसी शब्द को लिखने से पहले विचार करें कि शुरूआत कहां से की जाए। जनरुचि की अधिक कथाएँ पिरामिड की प्रकार उठती हैं। आधार लम्बा चौड़ा होता है। पर कथा जैसे-जैसे आगे बढ़ती जाती है वह सिमटती जाती है और अन्त में उसकी चोटी रह जाती है। यह चोटी किस आप्त वाक्य, किसी आह अथवा हँसी या स्थिति का खुलासा करने वाले आखिरी गद्यांशों रूप में होती है। ऐसे रूपक घटना के अनुरूप चलते हैं। कुछ रूपक वर्णनात्मक होते हैं क्योंकि जनरुचि के रूपक छोटे होते हैं। इसलिए लिखने से पहले आप तय कर लें कि किस एक भाव को उभारना चाहते हैं। उन्हीं घटनाओं का चुनाव करें जो इस भाव के परिपाक में मददगार हों। कहानी को इस प्रकार प्रस्तुत करें कि पाठक की अभिरुचि बनी रहे। आपकी प्रस्तावना कौशलपूर्ण और मौलिक हो। रूपक सर्वसामान्य पाठक हेतु लिखें, किसी एक व्यक्ति हेतु नहीं। अगर आपका शैली पर अधिकार है, तो आलेख के माध्यम से आप अपने पाठक से वार्तालाप आरंभ कर सकते हैं। आलेख को किसी व्यक्ति अथवा वस्तु के ऐसे पासपोर्ट आकार के छायाचित्र के रूप में न प्रस्तुत करें कि पाठक स्वयं को घटना के साथ बहता महसूस करें। पिता पुत्र पर बिगड़ रहा था, यह कहने के बजाय उस स्थिति को उभारें, जिसके कारण पिता पुत्र पर बिगड़ा। जनरुचि के रूपक को किसी

एक दृश्य तक सीमित रखे। पात्रों और दृश्यों का मेला न लगायें। प्रारंभ व्यक्ति के किसी वर्णन से करें। कथोपकथन प्रश्न किसी प्रभाव बयान अथवा ऐतिहासिक अथवा ऐसी ही किसी समान घटना के संकेत से करें।

किसी कविता की पंक्ति किसी विसंगति तुलना अथवा विवरण से भी आरंभ कर सकते हैं। पर यह मत भूले कि कथा का मम्र पहले ही न खोल दें। शुरू के तथ्यों पर आये, उपमा और उदाहरण दें। घटना से संबंधित पात्रों के कुछ कथोपकथन उद्धत करें। इससे आपका रूपक हर पाठक का अपना कथोपकथन अथवा वार्तालाप बन जायगा। वह व्यक्तियों को बोलता हुए सुनेगा और स्वंय को वार्तालाप में हिस्सेदार समझेगा। अगर चाहें तो एक संदेह की स्थिति पैदा करें पर इसे लम्बा न खीचें। बेकार की बातें न जोड़ें। एक बात को उस बिन्दु तक ले जायें की आगे कि बात स्वयं समझ में आ जाये। उपदेशक बनने का प्रयत्न न करें। बहुत अधिक भावुकता का भी प्रदर्शन न करें। आलेख रोचक हो, भरसक नीरसता से बचें। यही संक्षेप में रूपक लिखने की तकनीक है।

रूपक सिण्डीकेट—सम्प्रति रूपकों ने इतनी लोकप्रियता हासिल कर ली है कि अत्यधिक संख्या में सिंडीकेटों की स्थापना हो चुकी है। यह सिण्डीकेट समाचार-पत्रों तथा नियतकालिक पत्रिकाओं को रूपकों, फोटोग्राफों, हास्य चित्रों, व्यंग्य चित्रों की पूर्ति करते हैं। भारत में मुम्बई की 'इण्डिया प्रेस सर्विस', 'इण्डियन न्यूज एण्ड फीचर्स एलाइन्स', 'फारेन न्यूज सर्विस' के अलावा कुछ विदेशी सिण्डीकेट भी काम कर रहें है। फीचर चाहे सिण्डीकेटों द्वारा प्राप्त हों या अन्य स्रोतों से फीचर विभिन्न रूपों में समाचार-पत्रों में जगह पाते हैं। जब एक संवाददाता को किसी विशेष घटना के सन्दर्भ में ऐसे शब्द प्राप्त होते हैं जो कि जन साधारण के लिए महत्वपूर्ण नहीं होते परन्तु समाचार-पत्र पाठक के लिए पर्याप्त आकर्षक होते हैं तो संवाददाता उनको एक फीचर के रूप में ढ़ालने की सोचता है या नगर सम्पादक ही उसको ऐसा करने को कहता है। सामान्य तौर पर कुछ समाचार-पत्र में छोटे-छोटे फीचरों को एक बड़े शीर्षक के अंतर्गत छाप देते हैं।

फीचर फिल्म लेखन

फिल्म देखना सबको अच्छा लगता है। फिल्में पूरी दुनिया में लोकप्रिय मनोरंजन तथा व्यावसायिक साधन है। स्पष्ट है कि लोकप्रियता की नयी चुनौतियों एवं व्यावसायिकता की मुश्किल अपेक्षाओं के साथ एक फिल्म का सृजन किया जाता है। फिल्म लेखन इसी ऐन्द्रजालिक सृजन प्रक्रिया का एक महत्वपूर्ण अंग है। फिल्म

लेखन में उत्सुक व्यक्ति को आरम्भिक चरण में ही यह समझ लेना चाहिए कि इस क्षेत्र में सैद्धांतिक ज्ञान के साथ व्यावहारिक दक्षता का गुण अत्यंत आवश्यक है। कारण यह है कि पाँच दस पेज की कहानी अथवा कल्पना को लंबी पटकथा में परिवर्तन के लिए उसमें अनेकों बातें जोड़नी घटानी पड़ती हैं। ऐसा करते समय परदा माध्यम के कई तत्वों को ध्यान में रखना पड़ता है। अभिनय, बजट, स्थान, छायांकन, वातावरण दर्शकों की मानसिकता को ध्यान में रखना होता है। ये सब करते हुए कथा कल्पना में जरूरी परिवर्तन तो होने ही हैं। (पहलः 52 में प्रकाशित राजेन्द्र पांडे का लेख पटकथा लेखन साहित्यिक विधा की ओर 183)। फिल्म लेखन में इस जरूरी परिवर्तन की समझ व व्याख्या ही लेखकीय व्यक्तित्व का निर्धारण करती है। फिल्म लेखन को सैद्धांतिक स्तर पर कथा-विचार, संक्षिप्त कथा, विकसित कथा, पटकथा, तथा संवाद आदि बिंदुओं में विश्लेषित किया जा सकता है।

1. कथा-विचार—कथा विचार की जैसी ही स्थिति पेड़ के बारे में बीज की होती है। अपनी-अपनी सुविधा और समझ के आधार पर लोग इसे थीम, आइडिया, थॉट या वन प्वाइंट का नाम देते हैं। पंडित मुखराम शर्मा (प्रसिद्ध कथा पटकथा संवाद लेखक) के अनुरूप फिल्म लेखन का जो तरीका मैं समझता हूँ वह फिल्म की थीम से शुरू होता है। (साहित्य वार्षिकी *इंडिया टुडे*/ वर्ष 1994/ पृ. 236)। थीम की गहरी और सूक्ष्म जानकारी लेखक की प्रतिभा का प्रमाण होती है। कोई भी लेखक अपनी रुचि और योग्यता के अनुसार धार्मिक, ऐतिहासिक सामाजिक या कामेडी रहस्य रोमांच आदि फिल्मी रूपों में से किसी एक का चुनाव करता है और उसके अनुसार कथा विचार निर्धारित करता है। स्टोरी आइडिया कुछ वाक्यों में होता है। किन्तु फिल्मी क्षेत्र में इसका मूल्य अधिक है। हर वक्त फ्रेश आइडियाज की आवश्यकता यहाँ रहती है। इसीलिए लेखक के पास कई भाषाओं की पुस्तकों व फिल्मों को पढ़ने देखने का विस्तुत अनुभव होना चाहिए। वजह यह है कि तकनीक के स्तर पर अद्‌भुत विकास के पश्चात् भी कंटेन्ट के दृष्टिकोण से फिल्में आज भी एक सुपरिचित कथा में डूबी हुई हैं। जैसे—अमीरी और गरीबी के बीच संबंधों का द्वन्द्व, किसी भी तरह बाधा से जूझते प्रेमी, भाई-बहन देवर-भाभी, भाई-भाई के बीच बनते बिगड़ते रिश्ते, आधुनिकता की चकाचौंध में फँसे एक भोले भाले व्यक्ति की परिणति, नारी का संघर्ष, बचपन में बिछड़ना फिर मिलना, कानून और अपराधी की आँख मिचौली तथा गलतफहमियों के कुहासे में रिश्ते इत्यादि।

दर्शकों के समक्ष ऐसे आइडिया अनेकों बार गुण रूप तथा नाम परिवर्तन कर प्रस्तुत किए गए हैं। हर वक्त फिल्मी दुनिया में कुछ कथा विचार फैशन में रहते

हैं। ऐसा भी होता है कि बाक्स आफिस पर क्लिक होने के पश्चात कोई विशेष फिल्मों को ट्रेन्ड सेटर कहा जाता है। किस्मत (पुरानी), मुगले आजम, गंगा जमना मदर इंडिया, शोले, मैंने प्यार किया, बॉजीगर, दिलवाले दुल्हनिया ले जाएंगे, डान, मुन्नाभाई एम.बी.बी.एस. जैसी फिल्मों ने थीम, आइडिया अथवा कंटेन्ट के संदर्भ में ऐतिहासिक भूमिका अदा की है। लेखक के पास फिल्म लेखन हेतु नए आकर्षक, मनोरंजक और व्यावसायिक दृष्टि से प्रेरक कथा विचारों का खजाना होना चाहिए। जरूरत पड़ने पर इन विचारों को नैरेट करने की योग्यता लेखकों में होना आवश्यक है।

2. संक्षिप्त कथा—आइडिया अथवा थीम अथवा कांसेप्ट के बाद लेखक संक्षिप्त कथा अथवा वन लाइन तैयार करता है। सामान्यः पाँच अथवा छः पेज में लेखक फिल्म के समस्त घटनाक्रम का सारांश प्रस्तुत करते हुए मुख्य पात्रों के चरित्र विकास तथा उनके अन्तःसम्बन्ध की प्रभावी रूपरेखा उपस्थित करता है। लेखक की मार्केटिंग का सारा उत्तरदायित्व इसी वन लाइन पर रहता है। लेखक अपनी कथा कहने की प्रतिभा और माध्यम में अपनी दक्षता को सत्यापित करते हुए निर्माता निर्देशक स्टार को यकीन दिलाता है कि इस कहानी पर निर्मित फिल्म अधिक धन और यश कमायेगी।

संक्षिप्त कथा को विधिवत रूप देने हेतु आवश्यक रूप से कहानी के महत्वपूर्ण बिन्दुओं को समास शैली में प्रस्तुत करना जरूरी है। अत्यंत व्यस्त जीवन पद्धति में निर्माता निर्देशक का तकिया कलाम बन गया है कि आपकी स्टोरी की वन लाइन क्या है? ठीक उसी प्रकार जैसे मुक्तिबोध पूछते थे कि पार्टनर आपका पालिटिक्स क्या हैं?

3. विकसित कथा—यह पटकथा का वह रूप होता है जिसमें विधिवत् क्रमानुसार दृश्यों का विभाजन नहीं किया जाता, निर्देश नहीं होते एवं संवाद नहीं होते। लेखक इस स्तर पर कहानी का आद्योपान्त विवरण करता है, मुख्य पात्रों की पृष्ठभूमि विशेषता संगति विसंगति परिणति विश्लेषित करता है, फिल्म का आदि मध्य अंत निश्चित करता है। अगर अभी तक नहीं हुआ तो एक हेडिंग निर्धारण करता है। इसी चरण में लेखक कथा में गीत, नृत्य, मारधाड़, तथा उपकथा के अनुपात के साथ उनकी प्रकृति तय करता है।

लेखक द्वारा वन लाइन 'स्टोरी आइडिया के बाद विकसित कथा (डेवलप्ड स्टोरी) तैयार करता है। फिल्म से सम्बद्ध प्रमुख व्यक्तियों के सुझावों व संशोधनों के स्वीकार या अस्वीकार का उपयुक्त अवसर इसी चरण में होता है। लेखक में यह

सामर्थ्य होना चाहिए कि वह किसी अप्रासंगिक या अग्रहणीय सुझाव को नजरअंदाज न कर सके। साथ ही अपने पक्ष को तर्क के साथ प्रस्तुत कर सके। निर्माता निर्देशक और उनके प्रिय व्यक्तियों के अनपेक्षित सुझावों को इस संदर्भ में परखना चाहिए कि कथा विचार कहीं क्षतिग्रस्त तो नहीं हो रहा। वैसे संवेदनशील निर्देशक इस तथ्य का स्वयं ध्यान रखते है। इस सन्दर्भ में लेखक निर्देशक महेश भट्ट का वक्तव्य 'धर्मयुग' में इस प्रकार आया था—सर को बनाते वक्त मेरी नीयत और मेरे ख्याल सुस्पष्ट थे, इसलिए फिल्म को मनोरंजक बनाने की कोशिश में मैंने अपने विचार का गला नहीं घोटा। पटकथा में विकसित कथा का प्रयोग संदर्भ ग्रंथ के प्रकार होता है।

4. पटकथा—कई प्रभावी पटकथाएँ विश्व सिनेमा में उपस्थित होने के उपरांत भी यह एक महत्वपूर्ण प्रश्न है कि हाउ टु राइट ए गुड, बैलेन्स्ड, इंप्रेसिव एण्ड पापुलर स्क्रीन प्ले? पटकथा लेखक 60-80 दृश्यों के बीच पूरी फिल्म लिखता है। पटकथा का अर्थ है दृश्य का क्रम निर्धारण। एक अच्छा पटकथा लेखक बनने हेतु दृश्य (सीन) के रेशे रेशे से परिचित होना अत्यावश्यक है। यूँ तो पटकथा लिखने के कई तरीके हैं किन्तु एक महत्वपूर्ण तरीका इस तरह है। लेखक निर्माता और निर्देशक के साथ विचार विमर्श के माध्यम से यह सुनिश्चित करता है कि प्रस्तावित फिल्म की लंबाई क्या होगी? ज्यादातर ढाई घंटे के भीतर फिल्म समेटने का चलन है। निर्देशक यह भी चाहता है कि 60-70 दृश्य ही लिखे जाएँ। एक अपवाद के रूप में 'मेरा नाम जोकर' को छोड़ दें तो एक कसी पटकथा में इससे अधिक दृश्य होने भी नहीं चाहिए। इसके पश्चात लेखक कहानी दिखाने की शैली का चुनाव करता है।

प्रसिद्ध लेखक गुलजार के मतानुसार सिनेमा का फॉर्म नौटंकी अथवा कथावाचन के नजदीक माना जा सकता है। हालांकि उसे बहुत सारे दर्शकों का एक साथ मनोरंजन करना है इसलिए वह कथावाचक की तरह मुख्य कथा में कॉमेडियन अथवा विलेन की उपकथाएँ और नौटंकी के प्रकार नाच-गाना साथ लिए चलता है। लेखक इस अवधारणा में अपनी शैली का समावेश करते हुए पटकथा का सृजन करता है। कुछ पटकथाकार समस्त कहानी को फ्लैशबैक में दिखाते हैं। कुछ के द्वारा कहानी के महत्वपूर्ण हिस्सों को फ्लैशबैक में दिखाया जाता है। उदाहरण हेतु मधुमती, सोल्जर आदि। कुछ में कहानी अ से आरंभ करके ज्ञ तक पहुँचते हैं। हमारी ज्यादातर पटकथाएँ इस अंतिम शैली में ही लिखी जाती हैं। अगर पटकथा सस्पेन्स अथवा क्राइम थ्रिलर है तो लेखक रहस्य रोमांच बनाए हुए कहानी दिखाता है। इसका प्रमुख उदाहरण है—इत्तफाक, धुंध, बीस साल बाद, डर, गुप्त आदि हैं।

(1) फिल्म का आरंभ—कई फिल्मों की ओपनिंग इतनी महत्वपूर्ण होती है कि कई बार इसी के आधार पर फिल्म की माउथ पब्लिसिटी होने लगती है। आरंभ के दृश्य से ही फिल्म का मूड और टेम्परामेन्ट निर्धारित होने लगता है, इसलिए विषय के आधार पर लेखक ओपनिंग निश्चित करता है। इस में कुछ उल्लेखनीय फिल्में हैं : मुगले आजम, शोले, रंगीला, प्यार तो होना ही था, गंगा जमना, आवारा, प्यासा, साहब बीबी और गुलाम, सरफरोश इत्यादि।

अधिकांशतः निर्देशक ही यह तय करता है कि नामावली के उपरांत पहला दृश्य आएगा अथवा नामावली का भी बेहतर उपयोग होगा (जैसे फिल्म रोटी)। लेखक फिल्म का शुरू लिखते हुए फिल्म की गति, प्रकृति और मुख्य पात्र का ध्यान रखता है, यह वय है कि रोचकता और यथासंभव यह स्मरणीय है कि जरूरत तो है ही।

(2) नायक, नायिका और खलनायक की एन्ट्री—नयापन फिल्म एक ग्लैमरस मीडियम है जिसमें हर बात लार्जर देन लाइफ होती है। नायक नायिका और खलनायक जैसे महत्वपूर्ण चरित्र करोड़ों रुपयों में तय किए जाते हैं। भारत में फिल्में हमेशा स्टार्स की परछाई बन कर रही हैं। लेकिन ये बात चिन्ताजनक पक्ष की ओर इशारा करती है।

लेखक द्वारा प्रमुख पात्रों की अच्छे ढंग से प्रस्तुति हर निर्माता व निर्देशक की माँग होती है। अनुभव भी है कि जब पहली बार पर्दे पर हीरो का आगमन होता है तो हॉल तालियों से गूँज उठता है, हीरोइन आती है तो वातावरण आनन्द, श्रृंगार उत्तेजना और उद्दाम अनुभूति से भर जाता है एवं विलेन को देखते ही दर्शक कुर्सियों पर सँभल कर बैठ जाते हैं। उदाहरण के तौर पर गुलाम में रानी मुखर्जी, फूल और पत्थर में धर्मेन्द्र और शोले में अमजद खान के प्रथम दृश्य।

इस प्रकार के दृश्यों की पटकथा लिखते समय बार-बार सोचकर प्रारूपित करना समाहित इनमें पात्र का शारीरिक, मानसिक, आर्थिक और भावनात्मक परिचय भी समाहित है। लेखक चाहे तो मुगले आजम में सलीम (दिलीप कुमार) के प्रथम दृश्य का स्मरण कर सकता है।

(3) मूलकथा का बीजारोपण—योग्य पटकथा लेखक से आशा की जाती है कि वह फिल्म की मुख्यधारा शुरू के पांच दृश्यों में निर्धारित कर दें। इसके बाद उपकथाओं के साथ कथा विकसित होकर बीच और चरमोत्कर्ष की ओर अग्रसर होती है। लेखक के थोड़े से प्रमाद का नतीजा ऊब ही हो सकता है। पटकथा में गति (स्पीड) का अत्यधिक महत्त्व है। साहित्य और सिनेमा पर बात करते हुए गुलजार कहते है कि जनमानस में रचने बसने और अपनी खुशबू बिखेरने में साहित्य को

बहुत समय लगता है। उसकी पंखुड़ियों का सौन्दर्य खुलता है। इसके विपरीत सिनेमा में गति है और जो कुछ भी कहना है तीन घंटे के अंदर कह देना है और वह भी एक साथ सारे देश में लाखों करोड़ों दर्शकों तक पहुँच, पसंद नापसंद का फैसला करा डालता है। इसलिए पटकथा में कहानी के शरीर के सृजन के पश्चात आत्मा रोप कर उसे अन्य गतिविधियों हेतु जल्द से जल्द नियोजित कर देना चाहिए।

(4) चरित्र-संख्या पर नियंत्रण—इस सन्दर्भ में फिल्मकार सुभाष घई का फिल्म सौदागर के बारे में एक कथन, फिल्मफेयर के 657 वे अंक में कुछ इस प्रकार आया था—फिल्म में महत्वपूर्ण पात्रों की संख्या कम से कम होनी चाहिए, क्योंकि हर पात्र का परिचय भी कराना जरूरी होता है और उसके होने का एक औचित्य एवं अंत भी दिखाना होता है। इस सन्दर्भ को और अधिक स्पष्ट करने हेतु दिलीप कुमार से जावेद अख्तर की बातचीत जो साहित्य वार्षिकी-इंडिया टुडे 1993/179 में प्रकाशित हुई थी को भी यहाँ उद्धरित किया जा सकता है—ऐसा न होने पर चरित्रों की अविकसित भीड़ में कहानी भटकती रह जाती है। चरित्र कम होने पर उनके आंतरिक सम्बन्ध बहुत अच्छी प्रकार से प्रकाशित होते हैं। जिस पर अभिनेता दिलीप कुमार अपनी तरह से विचार प्रकट करते हैं, कभी कभी ऐसा भी देखने को मिलता है कि हम अपनी बोल रहे हैं वो अपनी बोल रहा है। वो भी ठीक डायलाग बोलता जा रहा है मेरे भी डायलाग ठीक हैं तीसरा कोई है वो भी बोल रहा है डायरेक्टर ने शॉट ओके कर दिया है। लेकिन उनके अंदर जो इंटरप्ले है वो नहीं हुआ। यह मैनेजमेन्ट आफ इंटरप्ले तभी संभव होता है जब चरित्र न्यूनतम हों और उन्हें पूरे तन मन से चित्रित किया जाए।

(5) फिल्म का मध्यांतर—कई दृश्यों के जरिये से विभिन्न रसों के समुद्र में दर्शकों को डुबकी लगवाते हुए लेखक पटकथा में मध्यांतर सुनिश्चित करता है। कहानी की प्रत्येक समस्या बीच तक विकसित होनी चाहिए उलझनों की सारी गाँठें लग जानी चाहिए और तनाव शीर्ष पर पहुँच जाना चाहिए। किसी रोचक मोड़ अथवा संवाद पर फिल्म का मध्यांतर होना चाहिए। मध्यांतर भी ऐसा कि फिल्म के उत्तरार्द्ध में दर्शक की उत्सुकता धधक उठे। यहाँ तक आते-आते देखना होगा कि पटकथा की बुनावट और कसावट में कोई प्रमाद तो नहीं है।

(6) फिल्म का सेमी क्लाइमेक्स—सेमी क्लाइमेक्स अर्थात् क्लाइमेक्स का प्रस्थान बिन्दु अर्थात् निर्णायक युद्ध की पूर्व संध्या फिल्म की सारी उपकथाएँ इस चरण में एक अन्त प्राप्त कर लेती हैं। लेखक को इस बात की जरूरत है कि इस चरण में ही मुख्य गुत्थी की हल की भूमिका भी तैयार कर ले। एक तरीका यह भी

है कि दृश्यों की लम्बाई कम करके और उनकी संख्या बढ़ा कर उस चरमोत्पर्क को और अधिक जीवन्त किया जाता है। हालांकि इस स्तर पर लेखक नायक के जीवन मरण के प्रश्नों को छोड़कर शेष सभी प्रश्नों का उत्तर दर्शकों को दे देता है।

(7) क्लाइमेक्स—'दि एण्ड' लगने से पहले पटकथाकार को उत्सुकता बनाए रखनी होती है इसलिए फिल्म का चरमोत्कर्ष उसके लिए अत्यंत महत्वपूर्ण होता है। बहुत सारी फिल्में क्लाइमेक्स में आकर बिखर जाती हैं अथवा ढीली पड़ जाती हैं। यहीं पर लेखक फिल्म के शीर्षक का उद्देश्य सिद्ध करते हुए उसकी थीम को एक अंत देता है। अन्त सुखद हो अथवा दुखद अथवा मिश्रित यह विषय लेखक निर्देशक की रुचि पर निर्भर करता है। कई बार जनरुचि का ध्यान रखते हुए निर्देशक प्रयोगशील अथवा कल्पनाप्रवण अन्त से घबराते हैं। ध्यान देने योग्य है कि कुछ फिल्में प्रदर्शन के उपरांत प्रथम सप्ताह में ठंडी रहीं, उन्हें अन्ततः बंद कर पुनःप्रदर्शित किया गया तो नतीजा उत्साहवर्धक रहा। बॉबी फिल्म इसका प्रसिद्ध उदाहरण है। लेखक को कहानी की माँग व्यक्तिगत अभिरुचि और जनरुचि में तालमेल बिठाते हुए फिल्म की सम्पन्न परिणति अंकित करनी चाहिए। अन्त को निरूपित करते हुए इतना उद्देश्य तो रखना ही चाहिए कि दर्शक की कल्पना उसमें विचरण कर सके। हृषिकेश मुखर्जी के अनुसार, श्याम बेनेगल की फिल्म 'अंकुर' के अन्त में एक बाल चरित्र का पत्थर उठा लेना थरथरा दिया था दर्शकों को। आज पिस्तौल, मशीनगन, एक.के.56 आरडीएक्स क्या नहीं है? लेखक इसी स्तर पर फिल्म के उद्देश्य का डंका भी बजाता है।